魏晋南北朝文化史

李力
杨泓
著

新世界出版社
NEW WORLD PRESS

图书在版编目（CIP）数据

魏晋南北朝文化史 / 杨泓, 李力著. -- 北京 : 新世界出版社, 2018.6（2019.5重印）

ISBN 978-7-5104-6461-4

Ⅰ. ①魏… Ⅱ. ①杨… ②李… Ⅲ. ①文化史–中国–魏晋南北朝时代 Ⅳ. ①K235.03

中国版本图书馆CIP数据核字(2018)第017668号

魏晋南北朝文化史

作　　者：李　力　杨　泓
责任编辑：余守斌
责任校对：宣　慧
责任印制：王宝根
出版发行：新世界出版社
社　　址：北京西城区百万庄大街 24 号（100037）
发 行 部：（010）6899 5968　（010）6899 8705（传真）
总 编 室：（010）6899 5424　（010）6832 6679（传真）
http://www.nwp.cn
http://www.nwp.com.cn
版 权 部：+8610 6899 6306
版权部电子信箱：nwpcd@sina.com
印　　刷：河北盛世彩捷印刷有限公司
经　　销：新华书店
开　　本：880mm × 1230mm　1/32
字　　数：306 千字　印张：13
版　　次：2018 年 6 月第 1 版　2019 年 5 月第 2 次印刷
书　　号：ISBN 978-7-5104-6461-4
定　　价：62.00 元

目　录

导　言

中国历史上的魏晋南北朝时期，我们以公元 220 年三国魏文帝曹丕称帝为开始的标志，以公元 589 年隋文帝灭陈重新统一南北为结束的标志，其间共有将近 400 年的历史。这 400 年在中国有文献记载的历史上并不算长，但却是朝代更迭最为频繁、经济文化变革最为剧烈的时期。能说明这一特点的，就是我国权威性的史书二十四史中，竟有占近半数的十一史是记载这一段历史的。

魏晋南北朝时期，我国南北大地上，先后有三十多个汉族或少数民族占统治地位的王朝政权更迭嬗递，先是三国魏、蜀、吴，西晋，后是北方的十六国（其实远不止十六个政权）、北魏，东魏、西魏、北齐、北周，南方的东晋和宋、齐、梁、陈，等等。这些政权的统治时间，长的达百年以上，短的不过一二十年。对于这样一种特殊历史阶段中的文化面貌，便很难像汉、唐大一统王朝那样按部就班地分目描述。因此，本书采取了先按大的历史时期划块，分为三国西晋文化、东晋十六国文化、南朝文化、北朝文化、中外文化交流等几大部分，再于每部分中重点撰述最具时代特色的文化内涵和文化现象。如三国时的曹魏文学，东晋南朝的玄学和书画艺术，北朝佛教石窟艺术，以及中外文化交流方面西方对中国的影响（主要是佛教文化）、中国文化向海东诸国（古代日本和朝鲜半岛）的传播，等等。

总之，本书对于魏晋南北朝文化的研究，除依据古代文献进行梳理分析，从思想、文学、宗教、艺术、史学以及生活习俗的变迁，科学技术的发展，中外文化交流等方面论述外，又特别注意以全新的视角，大量吸收和利用文物考古领域中近数十年间极为丰富的最新发现和研究成果，以充实和提高我们对这一历史时期文化内涵的全面认识和了解。尤其是对以往注意不够，文献记述较少，而又在这一历史时期起过重要作用的鲜卑等古代民族的文化，以及汉文化与其他民族文化乃至外来文化的融合、演变情况，进行了更为详尽和认真的分析。

第一章　三国西晋文化

公元220年，曹操病死，其子曹丕在洛阳（今河南洛阳）代汉称帝，国号魏；公元221年，刘备在成都（今四川成都）称帝，国号汉，世称蜀；公元229年，孙权在建业（今江苏南京）称帝，国号吴。魏、蜀、吴三国鼎立局面正式形成。

公元263年，魏灭蜀，266年司马炎篡魏建晋，史称西晋。公元280年西晋灭吴，统一全国，这是魏晋南北朝370年间仅有的一次统一[1]，维持了短暂的30多年。公元316年，西晋王朝在内部倾轧中走向覆亡。

从公元220年算起的三国时期到公元316年西晋灭亡，在约100年的时间中，中国大地上虽然仍时有战争爆发，但比起东汉末年以来军阀混战、民不聊生的局面，则有了相当的进步。三国鼎

[1] 这里说的370年，是指从公元220年三国魏的建立，到公元589年隋灭陈，共计369年。

立，使得中原、西南、东南三个地区有了较大的发展；西晋的短时统一，更促进了全国社会秩序的进一步好转，还出现了被誉为“太康之治”的繁荣局面。正是在这种社会政治相对稳定的前提下，才有了经济、文化的恢复和发展。

第一节　学校和经学

一、曹魏时学校的复兴

中国文化传统最重教育，把学校作为人的品格修养和充实学识的重要场所，同时也是选拔人才的主要途径之一。两汉时期，“罢黜百家，独尊儒术”，儒家学说成为官方正统思想，对教育产生了巨大的影响。当时国家最高学府太学，便主要以儒家的经典学说五经，即《易》、《诗》、《书》、《礼》和《春秋》为法定课程，设立教职并培养学生。西汉武帝时长安已有太学生 1 万多人，东汉光武帝时洛阳的太学生更增至 3 万多人。同时在私家讲学方面，也出现了伏生、申公、马融等经学大儒，各有成百上千名生徒。

当然，一种良好的学校教育首先需要安定的社会环境、完善的教育机制和优越的师资条件。因此，在东汉末年军阀混战、三国鼎立局面未形成以前的相当长时间内，政治动荡，经济凋敝，人民流离失所，空前规模的战乱将全社会抛入一种无序的状态中。这种险恶的社会环境给教育事业造成极大破坏，使学校教育处于崩溃和停滞的边缘。

在各路酣战的军阀中，以统一天下为己任的曹操开始关注人才的选拔和恢复教育等问题。当他刚刚在建安五年（200年）的官渡之战中挫败袁绍，初步统一了北方及中原广大地区后，便立即开始着手恢复整顿废弃多年的学校教育事业。建安八年（203年）秋七月的诏令说：

> 丧乱以来，十有五年，后生者不见仁义礼让之风，吾甚伤之。其令郡国各修文学，县满五百户置校官，选其乡之俊造而教学之，庶几先王之道不废，而有以益于天下。(《三国志·魏书·武帝纪》)

这道诏令表明曹操要从恢复学校教育入手，重新建立以儒家思想为统治思想的新一代封建王朝，并以此进一步确立这个政权的正统性和合法性。

后来，曹操虽因病死而未称帝，但他的统治纲领和思想仍被他的子孙——曹魏政权的继承者贯彻始终。黄初元年（220年），曹操之子曹丕称帝建魏后不久，便决定重建太学，下令“复始扫除太学之灰炭，补旧石碑之缺坏，备博士之员录，依汉甲乙以考课”(《三国志·魏书·王肃传》注引《魏略》)，即在原洛阳东汉太学的旧址上重建学校。黄初五年（224年），曹魏政府又颁布五经课试之法，规定太学仍以儒家五经为基本教材，培养选拔各级人才，并界定了五经的考核及根据考核结果而定的用人标准。如：

> 满二岁试通一经者称弟子，不通者罢遣。弟子满二岁试通二经者，补文学掌故；不通者，听随后辈试。试通二经，亦得补掌故。满三岁试通三经者，擢高第，为太子舍人；不第者，随后辈复试，试通者亦得为太子舍人。舍人满二岁试通四经者，擢其高第为郎中；不通者随后辈复试，试通亦为郎中。郎中满

二岁能通五经者，擢高第，随才叙用；不通者随后辈复试，试通亦叙用。(《通典》卷 五三《礼》一三)

太和四年，曹丕之子魏明帝曹叡也下诏要求以儒家经学进行太学的课试，“擢其高第者，亟用；其浮华不务道本者，皆罢退之”(《三国志 · 魏书 · 明帝纪》)。明帝青龙年间（233—236 年），太学中的生员已达一千多人，学校的恢复显然取得了很大的成绩。

到了曹丕之孙，高贵乡公曹髦在位时，曹魏国家权力虽已渐落于司马氏之手，但曹髦仍依东汉皇帝们多亲临太学视察、问讲的旧制，亲自到太学问讲儒学经典。《三国志 · 魏书 · 三少帝纪》曹髦本纪中，详细记述了他于甘露元年（256 年），到太学会见儒学博士，与博士淳于俊讨论《周易》，与博士庾峻讨论《尚书》，与博士马照讨论《礼记》的经过。从以上记述中可知，虽经汉末战乱，但两汉盛行的经学，即儒家学说，仍被作为国家学府中学生修习的主要科目，儒家思想仍然是统治阶级的行动准则，虽然在当时新兴的玄学和佛教思想异常活跃，但儒家思想的统治地位，仍然不曾动摇。

魏晋时期，虽然中央和地方的官学得到恢复，但官学的学术地位却已大大降低。这是因为当时各地战乱仍未完全止息，稍有变故，官学便首当其冲受到冲击，难以维持高水平的师资和稳定的教学环境。另外，随着东汉以来世家大族门阀政治的形成，世家大族中家学、私学传承有绪，功力深厚，成为士族子弟修习的主要场所。而此时世家子弟多凭借其门资和品望就可以袭爵而入仕，并不一定要通过学校的课试。《三国志 · 魏书 · 王肃传》注引《魏略》中描述此时的学校教育是“博士率皆粗疏，无以教弟子”。而弟子们也只是为了“避役，竟无能习学；冬来春去，岁岁如是”。官学教育的衰落，一方面表明传统僵化的教育模式已不再适合时代的要求，另一方面也促使社会文化教育呈现出多元性发展的趋势。

二、汉魏洛阳辟雍和太学遗址

汉魏西晋以来，国家最高等级的教育基地是位于国都南郊的辟雍和太学。所谓辟雍，最早是西周时为天子设的大学，《礼记·王制》中说的“大学在郊，天子曰辟雍，诸侯曰泮宫”。汉以后儒学兴起，辟雍遂成皇帝为百官和太学师生宣讲儒学礼教的场所，成为一种国家礼制性建筑物。因为这类建筑外围，多以水面作圆圜状围绕，形似玉璧，所以被称作“辟雍”。《诗·灵台》毛传记：“水旋丘如璧曰辟雍。”蔡邕《明堂月令论》也说：辟雍之名，乃“取其四面周水，圜如璧”。曹魏西晋以来，几乎每个新皇帝登基，都要一次或数次亲临辟雍，为百官和太学师生宣讲儒学，以标榜宣传王朝的正统合法和以儒学治国的大政方针。而这正是继承了汉代的一贯传统，因为两汉时，特别是到东汉，皇帝们都将莅临辟雍宣讲教化看作一件大事而乐此不疲。

20 世纪 60 年代以来，考古工作者对西汉都城长安（今陕西西安）和东汉、曹魏、西晋、北魏的都城洛阳（今河南洛阳东）进行了大规模的考古发掘，在两都南城外偏东的礼制建筑遗址中，都清理出当时辟雍及太学的遗迹和遗物。辟雍遗迹以长安所出较清晰，从而能使我们加深了解汉魏洛阳的辟雍的形制。西汉辟雍遗址位于长安城安门南出大道 1.5 公里处的东侧，据《汉书·平帝纪》应劭注、蔡邕《明堂月令论》和古地理书《三辅黄图》记载，对照此遗址的建筑形制和建造地点，推定为汉平帝元始四年（公元 4 年）创建。平面呈“外圆内方”，方位平正。正中心是中心建筑，建于圆形夯土台上，台面直径 62 米，高出地面 0.3 米。台上的中心建筑平面似“亞”字形，四面对称，每边长 42 米。正中是一个方形的夯土台，每边长约 17 米。发掘时残高 1.5 米，台面已毁没。推测台上原有高大的主体建筑（太室）。在中心台的四角，各有两个方形的小夯土台，大小相同，台面也已毁没。紧邻中心台的小夯土台应是为加固中心台上的主体建筑而设的；外面四角的小夯土台应是衬托主体建筑的 4 个“夹室”的建筑台基。中心台的四边有 4 个厅堂，各长 24 米，应即所谓“明堂”“总章”“青阳”“玄堂”。堂内两侧又各有小房间，应即所谓“左个”“右个”。四堂前面围绕敞厅。[1]

中心建筑的四周有围墙，呈正方形，四边各长 235 米，距中心建筑各 96 米。夯土筑造，残高 0. 15—0.30 米，基宽 1.8 米。围墙内外侧有方形柱础石，排列有序。墙基内外有防水坡，坡下有砖砌的滴水沟。从现存情况看，围墙顶上原应有板瓦覆盖的小坡顶。围墙每边的正中各有完全相同的一座大门，门道宽 4.5 米，长 12.5 米。门道中央有木质门槛和门框柱。门道两侧有夯土台。复原后，门道上方应有楼观式的两层门楼建筑，门楼下部应是木架构造的门阙。围墙内的四隅有曲尺形配房，每边长 47 米。房后紧靠围墙，房前未见门、墙的遗迹。从发掘现状推测，应是单坡顶的敞廊建筑。环绕围墙外侧便是形如圆璧的圜水沟，直径 360 米左右，宽约 2 米，深 1. 8 米，沟壁砖砌。正对四门的水沟上又各有长方形小圜水沟，北边的小水沟与西来的昆明故渠相通。[2]

---

[1] 黄展岳：《汉长安南郊礼制建筑遗址》，《中国大百科全书 · 考古学》，中国大百科全书出版社 1986 年版，第 161 页。

[2] 黄展岳：《汉长安南郊礼制建筑遗址》，《中国大百科全书 · 考古学》，第 161—162 页。

汉魏洛阳故城中的辟雍建于东汉光武帝中元元年（56年），位于开阳门外大路的东侧。平面呈方形，每边长170米，中心为边长45米的方形夯土殿基。殿基北有一条南北向大道。四面筑围墙，并开四门。据记载，辟雍外有圜形水沟，四面门外水沟上架桥通过。曹魏、西晋辟雍都是在这处东汉辟雍旧址上重建。记述西晋武帝司马炎和其太子亲临辟雍史事的著名晋碑《大晋龙兴皇帝三临辟雍皇太子又再莅之盛德隆熙之颂》及其碑座，就出土于这一遗址中。[1]

洛阳汉魏故城中的太学遗址范围很大。经勘探和试掘，主要遗迹有两部分：一部分在辟雍之北，平面略呈长方形，东西约200米，南北约100米。附近曾发现石经碎片，可以认为是东汉太学主要部分之所在。另一部分在它的东北约100米处，遗迹保存较好，平面亦呈长方形，南北约200米，东西约150米，四周筑墙。据文献记载，东汉太学始建于光武帝建武五年，后屡有扩建，至顺帝阳嘉元年（132年）全部竣工。最多时太学生达3万人。灵帝熹平四年（175年）立儒家经典刻石于太学，称《熹平石经》。东汉末董卓烧洛阳宫庙，殃及太学。曹魏于黄初五年在此旧址上重建太学，正始中又新立石经，为《正始石经》。西晋初，依汉魏之制兴学，而咸宁二年（276年）又另立国子学，与太学并存。[2]

三、《正始石经》和经学的发展

1922年，河南洛阳汉魏太学遗址所在地出土了一块石碑残件，碑两面刻文，共约1800余字，正面为《尚书》中的《无逸》《君

[1] 王仲殊：《汉魏洛阳城遗址》，《中国大百科全书·考古学》，第183页。

[2] 王仲殊：《汉魏洛阳城遗址》，《中国大百科全书·考古学》，第183页。

奭》篇，背面为《春秋》中的僖公、文公传记。经考订，此残石属曹魏正始年间著名的官定儒学刻经——《正始石经》。

中国历史上第一次由政府出面，将儒家经典系统刻石立碑，始于东汉熹平年间。起因是汉兴太学，设五经博士，博士传经以家法教授，口耳相传，辗转流播，文字难免有谬误出入。以致太学博士试甲乙科时，竟有贿赂学官，篡改经书，以合其私文者。东汉灵帝熹平四年，朝廷令名儒蔡邕、李巡主持校刊、订正诸经文字，钦定之后，刻于石碑上，作为天下儒生习经的正本，这就是《熹平石经》。《熹平石经》包括《鲁诗》、《尚书》、《周易》、《仪礼》、《春秋》、《公羊传》和《论语》7 部经文，因全部以标准的四分体隶书刻成，故又称“一体石经”。《熹平石经》书刻历 9 年完成，据考证共有 46 块碑石，立于洛阳太学讲堂东侧，上有瓦屋遮覆，四周设栏障围护，并有专人管理。这部历史上最早的石经在当时产生了很大的影响，每天前往观读摹写者众多，他们所乘的车子达上千辆，将附近的街道充塞得水泄不通。官立石经的正本权威作用，使得过去因传抄引起的争论逐渐平息，对于统一思想，稳定学术局面起了一定的作用。汉末董卓之乱中，《熹平石经》遭到严重损毁，后曹魏恢复太学，诏令将石经补刻修复，重新立于太学原址。

《正始石经》是继《熹平石经》后的第二部官定儒家刻经，刊刻于曹魏正始二年（241 年）。据记载这次只刻了《尚书》和《春秋》两部经书。与《熹平石经》不同的是，《正始石经》所刻经文每个字均刻三遍，分别为三种字体，即古文（多系一种战国古文字）、小篆、隶书。因此《正始石经》又被称为“三体石经”。经后世学者考证，此部石经共有 28 块碑石，从已发现的残石看，每一碑面刻有纵横的界格线条，每字三体下行，自左至右书刻。根据书写者的不同，又有一字式和品字式两种格式。一字式为一字三体上下成一直行；品字式为古文在上，篆文在下右侧，隶书在下左侧。碑每面约 33 行，行 60 字。各碑行数不尽相同。

《正始石经》刻成后，立于当时国都洛阳太学讲堂的西侧，与《熹平石经》（立于太学讲堂东侧）并列。

《熹平石经》和《正始石经》在北朝时被多次搬迁，屡遭损毁，到初唐时已十不存一，仅有拓本藏于秘府，后来拓本也因战乱而毁失。宋以后，两石经仅间或有零星残石出土，多发现于洛阳原太学遗址附近。

汉魏官定刊刻的这两部儒家经典石经，在中国古代教育史和儒家经学发展史上占有重要地位，是当时中央政府统一思想、稳定政局的重要措施。作为官方钦定的经学正本，它还具有指导全国经学教育、规范经学课考的意义。同东汉相比，魏晋博士虽多专古文经学，但汉魏今古文石经并立于国家太学之侧，说明今古文合流已十分明显。特别是《正始石经》本身兼容古文、小篆、隶书三体，也正是今古文合流的表现形式。[1]

过去曾有不少学者认为，盛极一时的两汉经学，到魏晋南北朝时便完全衰落了，而那时的思想界是被玄学和佛学思想所控制。诚然，东汉末到魏晋以来，因各种社会矛盾、阶级矛盾的加剧，国家陷入战乱之中，人民被抛于空前惨烈的苦海，在剧烈的社会变革和动荡面前，儒家思想当然不能如两汉时期那样，仍然在民众中保持大一统的独尊地位。而在这种形势下，因佛学的传布和清议玄学的兴起，思想界呈现出缤纷多彩的气象。但这并不表示儒家思想就此

---

[1] 《中华文明史》第四卷，河北教育出版社 1992 年版，第 330 页。

衰没，经学就此不振。曹魏立国后马上恢复太学，皇帝亲临太学问讲儒家经典，正始年间又重新刊刻经学石经，西晋皇帝也一再亲临太学辟雍等事实，都充分说明儒家经学始终是各朝代、各政权统治者的立国、立身之本。因为儒学对于巩固封建社会的纲常伦理秩序说来，是最适合不过的理论武器，它既没有玄学思想所附带的消极性，又不像佛教那样有影响国家租调和兵源（因寺院经济和僧人激增）的威胁，所以自然受到各朝封建统治者的欢迎[1]。尤其是自西汉武帝以来，儒家学说在社会政治、文化、教育、思想等上层建筑领域，已持续了数百年之久的“独尊”地位，具有了汉文化之本的正统资格，对于一般儒士来说，这种思想文化上的正统意识，早已同政权的正统意识融为一体。因此，在思想文化和教育领域中高举儒家经学的旗帜，也是强化政权合法性的重要内容。特别在三国西晋时各政权的建立，多不合名教传统，如在曹魏之篡汉，司马氏之代魏的情况下，大张旗鼓地尊儒刻经，提倡儒家经学，就早已不限于教育本身的范围，而是关系到政权的合法和巩固的战略问题了。[2]

如前所述，东汉至魏晋，中央到地方官办学校的水平和质量已大打折扣，正如有学者指出的：“首都洛阳之太学，失其为全国文化学术中心之地位，虽西晋混一区宇，洛阳太学稍复旧观，然为时未久，影响不深。故东汉以后学术文化，其重心不在政治中心之首都，而分散于各地之名都大邑。是以大族盛门乃为学术文化之所寄托。中原经五胡之乱，而学术文化尚能保持不坠者，固由地方大族之力，而汉族之学术文化变为地方化及家门化矣。故论学术，只有家学可

[1] 王仲荦：《魏晋南北朝史》下册，上海人民出版社 1980 年版，第 875 页。
[2] 《中华文明史》第四卷，第 325 页。

言，而学术文化与大族盛门常不可分离也。”[1] 而此时期的私学、家学，仍以弘扬儒家经学为主旨，三国时曹魏所据有的黄河流域，本是两汉私学传统的根据之地，东汉末年聚徒讲学的经学大师多出于这里，且世代传承，影响广远，虽经汉末董卓之乱，仍持盛不衰。如河南开封郑兴、郑众父子世传家学，精长于《春秋》公羊、左氏传，居乡讲授，为中州一带学人所宗。汉魏之际战乱，天下儒士纷纷离乡避难，私学重心有所迁移，关陇学人多避荆、蜀，齐鲁学人避趋辽东，使辽东一带成为魏初私学发达的地区。两晋之际，私家经学以三个地区最活跃，即江左地区、河洛地区和河西地区。其中河西地区因属中西文化交通要道，战乱中大批内地儒士避乱于此，在当地形成了多种高水平文化聚集汇合的中心，以汉魏经学的师传和佛教学说的流布最为显盛。凉州敦煌一带的几位经学大师，受业弟子都在千人以上[2]。经学的发展在此时形成多元、多变的繁荣景象。

四、大晋龙兴皇帝三临辟雍碑

公元 265 年，司马炎废掉魏主曹奂而称帝，即为晋武帝，国号晋，史称西晋。武帝刚刚坐上皇帝宝座不久，立即着手重振太学，下令重立学官，并在洛阳曹魏太学旧址上修葺殿堂房舍。不仅如此，晋武帝还在短短的 4 年之内 3 次亲临与太学毗邻的皇家礼制性建筑辟雍，举行隆重的宣儒教、讲经学盛典。武帝之子、皇太子司马衷也前往辟雍巡礼。晋咸宁四年（278 年），西晋皇室专门刊刻了一块大型碑石，记载皇帝、

---

[1] 陈寅恪 :《崔浩与寇谦之》，载《金明馆丛稿初编》，上海古籍出版社 1980 年版。

[2]《中华文明史》第四卷，第 330—335 页。

皇太子重教尊儒，数次亲临辟雍的经过事迹，立于当时洛阳辟雍、太学附近。1931 年，此碑在河南洛阳以东的偃师原汉魏洛阳故城中辟雍遗址出土，后来碑座也被发现，这便是著名的《大晋龙兴皇帝三临辟雍皇太子又再莅之盛德隆熙之颂》碑，又称《临辟雍碑》。

此碑以一整块石料刻成，插置于覆斗形碑座之上，通高 3.22 米，宽 1. 1 米，厚约 0.3 米，是中国现存晋碑中最大最完好的一座，由碑首、碑身、碑座三部分组成。碑首约占全碑的三分之一，两侧刻蟠龙，正面碑额上书全名《大晋龙兴皇帝三临辟雍皇太子又再莅之盛德隆熙之颂》，分 4 行，为魏晋的八分体隶书。

碑身正面（碑阳）刻小字碑文及颂文，共 30 行，1500 余字。记述晋皇帝到辟雍行礼，从而追述司马氏家族的发迹历史及其文略武功，记武帝司马炎即帝位后颁布诏书，设立学官，兴办太学，在不到 4 年中 3 次亲临辟雍巡礼视察，考核生员的“德行”“通艺”，督教生员“勤学务礼，遵修旧典”，并分等宴赏太学生员。碑文描述皇帝、皇太子亲临辟雍时百官分列，士儒咸集，礼乐齐奏的盛大场面：“皇帝（司马炎）躬临幸之，……王公卿士，博士助教，治礼掌故，弟子门人，咸在列位，莫不被文相德，祗服宪度。穆穆焉，济济焉，抢抢焉，礼行乐奏……”“皇太子（司马衷）圣德光茂……研精好古，务崇国典……与太保侍中太尉鲁公……及百辟卿士同升辟雍，亲临礼乐，降储尊之贵、敦齿让之制……”从碑文中记述的“廓开太学，广延群生……东越于海，西及流沙，并时集至，万有余人”，可以看出西晋初年国家短暂统一之时，各地文人儒士齐聚京师太学的盛况。[1]

[1] 许景元：《晋辟雍碑》，《中国大百科全书 · 考古学》，第 240—241 页。

碑身背面（碑阴）分10排，依次刻列太学学官、博士、助教、礼生、弟子等的职衔、籍贯、姓名，共400余人，来自西晋全国15个州，70余县。这些记载，可以弥补历史文献的不足，是珍贵的历史资料。[1]

司马氏代魏建晋，是魏晋南北朝历史上的一个大事件。从正始十年（249年）司马懿杀曹爽到嘉平六年（254年）司马师废魏主曹芳，立高贵乡公曹髦（曹丕孙），到甘露五年（260年）司马昭杀曹髦立曹奂（曹操孙），最后于咸熙二年（265年）司马炎称帝，经过前后十五六年的残酷斗争，代表东汉以来世家大族政治利益的司马氏集团终于战胜了代表素族寒门利益的中下层地主集团，夺取了国家的最高权力。继魏曹奂景元四年灭蜀后又在晋太康元年灭吴，结束了三国鼎立的局面，使中国获得了短暂的统一。

治魏晋南北朝史的学者早就精辟地指出[2]："东汉中晚之世，其统治阶级可分为两类人群。一为内廷之阉宦。一为外廷之士大夫。阉宦之出身大抵为非儒家之寒族……主要之士大夫，其出身则大抵为地方豪族，或间以小族。然绝大多数则为儒家之信徒也。职是之故，其为学也，则从师受经，或游学京师，受业于太学之博士，其为人也，则以孝友礼法见称于宗族乡里。……故其学为儒家之学，其行自必合儒家之道德标准，即仁孝廉让等是。"又说："魏为东汉内廷阉宦阶级之代表，晋则外廷士大夫阶级之代表。故魏、晋之兴亡递嬗乃东汉晚年两统治阶级之竞争胜败问题。自来史家惟以曹魏、司马晋两姓之关系目之，殊未尽史事之真相也。本来汉末

[1] 许景元：《晋辟雍碑》，《中国大百科全书·考古学》，第240—241页。

[2] 以下引文均见陈寅恪：《金明馆丛稿初编》，上海古籍出版社1980年版，第42—43页。

士大夫阶级之代表人袁绍，其凭藉深厚，远过于阉宦阶级之代表人曹操，而官渡一战，曹氏胜，袁氏败，于是当时士大夫阶级乃不得不隐忍屈辱，暂与曹氏合作，但乘机恢复之念，未始或忘也。……司马懿生于后汉灵帝光和二年，即公元179年，死于魏齐王芳嘉平三年，即公元251年，乘曹氏子孙孱弱昏庸之际，以垂死之年，奋起一击。二子师、昭承其遗业，终于颠覆魏鼎，取而代之，尽复东汉时代士大夫阶级统治全盛之局。”由此可知，司马氏集团作为世代尊经崇儒的世家豪族之代表，本将振兴儒家礼教视为修身齐家治国平天下的必然政治理想，因而刚做皇帝就全力进行太学的重建和对儒学经典的宣教。如果说曹魏时重建太学，提倡儒学尚有标榜正统、合法的因素，则司马氏晋朝的尊儒重教，就是发自内心地勾画着一幅全面恢复两汉儒学治国的政治蓝图。《大晋龙兴皇帝三临辟雍皇太子又再莅之盛德隆熙之颂》碑正是这一史实的最好说明。

第二节　清议到玄学

一、由清议到清谈

东汉末年，社会矛盾日益激化，特别是在统治阶级内部，为争夺国家的最高权力，宦官集团和外戚及官僚士大夫集团进行了反复的斗争。在斗争中一度处于优势的宦官集团制造了两次“党锢之祸”，给外戚及官僚士大夫集团以沉重的打击。在“破族屠身”、徙边禁官的凶险形势面前，官僚士大夫和文人名士们开始学会缄默，并逐渐将原先无所顾忌品评人物政治的“清议”，变为玄妙虚无的“清谈”。

本来，东汉选拔人才、任用官吏是采用征辟、察举等制度，选拔的标准多是根据地方乡里平日对此人的社会舆论，即“清议”作为品评鉴定程序之一。品评鉴定的重点自是汉代以来儒家的纲常名教、经典伦理。方式往往采用便于上口流传的“风谣”，如七字一句的：

> 五经无双许叔重（《后汉书·许慎传》）。
> 五经纷纶井大春（《后汉书·井丹传》）。

这种风气传到太学，诸生以郭林宗、贾伟节为首，与太尉陈蕃、司隶校尉李膺以及王畅等相互推崇，在太学中传诵：

> 天下楷模李元礼（李膺），
> 不畏强御陈仲举（陈蕃），
> 天下俊秀王叔茂（王畅）。

其中李膺名望最高，士人一旦得到他的赏识，从此便身价倍增。太学诸生与这些当朝官僚由品评人物到抨击时政，认为将“国命委于阉寺”是误国之源，李膺做司隶校尉时便严惩不法宦官，使宦官们十分畏惧，连休息日也不敢走出宫门。这种“清议”与政治斗争相结合，对把持朝政的宦官集团构成了实际的威胁。直到三国曹魏时，清议之风仍有流绪，如有名的曹操问许劭：“我何如人？”劭曰：“子治世之能臣，乱世之奸雄”（《三国志·魏书·武帝纪》注引孙盛《异同杂语》）。名士对官员的评议，可谓切中时弊，既准确又尖锐。

然而自东汉末的两次“党锢”事件后，又进入战乱不已的三国、西晋，政局急剧动荡。特别是在曹魏与司马氏集团之间长期仇杀的过程中，不少文人名士被卷入斗争的旋涡之中，当时享有盛名的孔融，因不满曹操的某些作为，讥讽了曹氏父子，致满门抄斩。著《章华台赋》的有才华文人边让，也因议论曹操的行为而被杀。其他人如崔琰、杨修、祢衡，也都因恃才傲物，有讥讽曹氏政权的言论而获罪致死。而后起的西晋司马氏集团更是对不服从的文人大开杀戒，不仅依附曹氏集团的何晏、邓飏、王浚、诸葛诞、夏侯玄、李丰、嵇康、吕安等人被害，就连依附于司马集团的钟会，也不能幸免。真可谓“魏晋之际，天下多故，名士少有全者”(《晋书·阮籍传》)。如此凶险的时局，迫使那些不满现实而又惧祸的知识分子，转而采取逃避现实、明哲保身的态度。为了保持高雅的名士身份，他们仍不免要说话发言，但此时说的已是没有什么实际作用的玄远高妙之言，他们的行为也有了明显的变异，或纵酒昏酣，或吃药麻痹，常做出一些放诞不羁的举动。

东汉末至魏晋，知识人士由干预时政的“清议”到玄远无为的“清谈”，其原因正如学者早已指出的：

> 魏晋两朝清谈内容之演变，当魏末西晋时代即清谈之前期，其清谈乃当日政治上之实际问题，与其时士大夫之出处进退至有关系，盖借此以表示本人态度及辩护自身立场者，非若东晋一朝即清谈后期，清谈只为口中或纸上之玄言，已失去政治上实际性质，仅作名士身份之装饰品者也。[1]

---

[1] 陈寅恪：《陶渊明之思想与清谈之关系》，载《金明馆丛稿初编》，上海古籍出版社1980年版。

记述魏晋清谈最具代表性的著作是《世说新语》，书中所录名士上起汉代，下迄东晋末刘宋初的谢灵运。书中分门别类，以德行、言语、政事、文学、识鉴、赏誉、品藻等为各篇的题目。从中可以看出当时人品评人物事件的分类标准和内容。

“大抵清谈之兴起由于东汉末世党锢诸名士遭政治暴力之摧压，一变其指实人物品题，而为抽象玄理之讨论，启起郭林宗，而成于阮嗣宗，皆避祸远嫌，消极不与其时政治当局合作者也。”[1] 郭林宗即郭泰，本是李膺最赏识的名士，经常“上议执政，下讥卿士”，在京为太学生所敬仰，一度名震京师。党锢祸后，产生了“天之所废，不可支之”的感慨，终于决定“优哉游哉，聊以卒岁”，后归乡里，闭门教书而终。阮嗣宗即“竹林七贤”之一的阮籍，他常以纵酒佯狂而作为避祸的手段，所以司马昭曾说：天下最谨慎的人，难道不是阮籍吗？我每每与他谈论时政，他的意见都是玄远莫测，从不评论时事人物，这不是再谨慎不过了吗？[2] 清谈已成了封建士大夫在残酷的政治斗争中“避祸远嫌”的一种消极而有效的手段，它的进一步发展形成了风靡一时的魏晋玄学。

二、何晏与王弼

魏晋清谈的主要表现是谈“玄”。“玄”字的本义，是《老子》中的“玄之又玄，众妙之门”，其思想核心是“道”，是“无”。魏晋之际，社会政治动荡，统治集团内部互相倾轧厮杀，人们普遍感

[1] 陈寅恪：《陶渊明之思想与清谈之关系》，载《金明馆丛稿初编》，上海古籍出版社 1980 年版。

[2] 原文见《世说新语·德行篇》注引《魏氏春秋》，中华书局 1983 年版。

到前途未卜，生命无常。原有的社会秩序已被打乱，原来建立的道德准则受到严重的挑战，儒家学说已不能维持一统的局面。而玄学正是在这样的历史背景下风靡起来。

玄学最盛的时期是魏晋交替之际的曹魏正始年间（240—248年），其代表人物是何晏和王弼。

何晏字平叔，是东汉末年外戚大将军何进之孙。何进因谋诛宦官事泄被杀，全家大小均受株连，而何晏的母亲则幸免一死，后被曹操收纳为妾。何晏自幼随母长于曹魏宫中，且受到曹操的喜爱，后娶操女金乡公主为妻。正始时期曹爽当政，晏深得曹爽重用，官至侍中、吏部尚书。正始十年（249年），司马懿杀曹爽，晏同时被杀。

何晏姿容俊美，肤色绝白，早年即以文才知名，好老、庄学说。史书记他“喜敷粉”“行步顾影”，人称“傅粉何郎”。他的个人行为和思想有反传统的倾向，但却带有末世文人士大夫放荡纵欲、腐朽奢靡的色彩。正始初年起，他挟高官与文士之重名，竞事玄谈，开一时风气之先，成为魏晋玄学的创始者之一。他的主要论点是，天地万物，以“无为”为本，认为“有之为有，恃‘无’以生，事而为事，由‘无’以成。夫道之而无语，名之而无名，视之而无形，听之而无声，则道之全焉”（《列子·天瑞篇》张湛注引何晏《道论》）。这种“贵无”而“贱有”的理论，是何晏唯心主义思想体系的核心。他主张作为统治者的“圣人”，应以“无为”为本，无喜怒哀乐，无累于物，知足逍遥。而被统治者也应安于“无为”，从而才能免除因犯上的不轨行为而遭杀身之祸。何晏的主要著作有《道德论》《无名论》《无为论》，现较完整存世的只有《论语集解》。

何晏在思想理论上重“自然”而轻“名教”，与其在行动上仗势专权的做法极为矛盾抵牾，所以当时有名士说他是“言远而情近，好辩而无诚，所谓利口而覆邦国之人也”。

王弼，字辅嗣，是三国魏另一位著名名士、玄学家。他的父亲官至谒者仆射，他本人幼年聪慧通辩，好老子学说，很为何晏看重，官至尚书郎。何晏曾称赞他说：“仲尼称后生可畏，若斯人者，可以言天人之际乎！”后何晏被杀，王弼亦被免官，不久病故，年仅24岁。

王弼与何晏、夏侯玄同是魏晋玄学开创时期——正始之音的代表人物，他们的哲学思想和观点基本是一致的。而王弼更进一步确立了客观唯心主义理论体系，是魏晋哲学中贡献很大的人物。他著有《老子注》、《老子指略》、《周易注》、《周易略例》和《论语释疑》等书，在认为宇宙本源为“无”的前提下，进一步确立了他的客观唯心主义理论体系，提出了“本末”、“体用”、“一多”和“动静”等一整套哲学概念，建立起较之前代更为系统的“以无为本”的本体论，把唯心主义哲学大大向前推进了。

王弼的理论中，关于自然和名教关系的论点很引人注意，他提出以自然为本，名教为末，喊出“名教本于自然”的口号。在他看来，自然是“无”的本来状态，名教则是“有”的表现，君主只要恪守自然无为，就可以上顺宇宙之本，下顺百姓自然之性，从而稳定正常的统治秩序。同样，百姓如能守其自然无为，不作非分之想之举，便可以保全安逸的生活。由此看来，“名教本于自然”的论点，在当时具有明确的社会政治效用，表现出调合自然与名教的倾向。王弼曾与名士傅嘏讨论孔、老之说的异同，王虽仍尊崇儒学，但他心目中的儒学已是道家的自然无为与儒家纲常名教融合为一的混合体。

溯其根源，汉代初年的统治者也曾一度崇尚老庄之学，讲究无为而治，那是因为统治者企图与民休息，使动荡不安的社会秩序稳定下来。但魏晋时期的玄学家们重提老庄，鼓吹无为，实质是要求君主无为，门阀世族专政。老庄的学说是要求清虚寡欲的，而魏晋的玄学家们，多属于世家大族集团中人，他们在行为上恰恰和老庄学说相反，过着纵欲放荡、腐朽糜烂的生活，所以魏晋时的玄学清谈表面上主张崇尚自然，而实质上也是在为世族大地主阶级的放荡行为提供理论依据。[1]

三、竹林七贤

“竹林七贤”是魏晋政权交替之际朝野七位著名名士的合称，他们是嵇康、阮籍、山涛、向秀、王戎、刘伶和阮籍之侄阮咸。其中以嵇康、阮籍、山涛为骨干，向秀、刘伶次之，王戎、阮咸附属之。他们都以老庄玄学思想为精神寄托，优游于山间泉畔，以纵酒谈玄，高尚其志著称于世。是继正始名士之后又一批独特的文人群体。

正始时期，统治集团的内部斗争尚未达到白热化程度，名士们亦不曾最后放弃用以维持社会道德秩序的正统名教。到高平陵事件发生，司马氏集团对曹魏集团大开杀戒，曹爽、何晏、丁谧、邓飏、毕轨、李胜、李丰、夏侯玄等相继被诛杀，许多名士也成为政治斗争的牺牲品。所谓“曹魏之际，天下多故，名士少有全者”。在司马懿父子的屠刀面前，文人士大夫们既悲愤不平，又无可奈

[1] 王仲荦 :《魏晋南北朝史》下册，上海人民出版社 1980 年版，第 742—743 页。

何。他们不愿违背自己的意志去投靠或依附司马氏集团，又担心公开反抗会危及身家性命，于是只能采取消极的态度，表面上不问政治，终日纵酒狂饮，甚至放浪形骸，借此消解烦恼，躲避灾难。竹林七贤正是在这种政治背景下出现的。

七贤的态度并不是始终一致的，在严酷的局势面前，特别当统治者的镇压逐步加强时，他们中间开始分化，有人转而投向司马氏集团，有人更加消沉放纵，有人采取了与名教决裂的反抗行动。

七贤中应推嵇康为第一人，他既是这一群体中的领袖和骨干，更是反抗司马氏最坚决者。嵇康字叔夜，是曹操孙沛王曹林的女婿，他与曹氏家族联姻，又曾在高平陵事变后，企图募兵勇响应毌丘俭的征讨司马氏行动，明显站在司马氏集团的对立面。史书称他为人“尚奇，任侠”，“文辞壮丽，好言老庄”，高平陵事变后更不求仕进，只“寓居河内之山阳县（今河南修武西北）……与陈留阮籍、河内山涛、河南向秀、籍兄子咸、琅邪王戎、沛人刘伶相与友善，游于竹林，号为‘七贤’”(《三国志·魏书·王粲传》注引《魏氏春秋》)。《世说新语·简傲》篇中曾生动描述了他对当时司马氏集团权贵的态度，说嵇康性绝巧，能够亲手打铁锻造工具，常在家门前一株大柳树下锻铁自娱。当时朝中高官钟会是司马师、司马昭的重要谋臣，因仰慕嵇康名望，骑肥马、带随从前去拜会寻访。去时嵇康正在锻铁，向秀为他拉风箱，“康扬锤不辍，傍若无人，移时不交一语”。钟会站了半天，觉得无趣，刚要离去，此时嵇康始发问：“何所闻而来？何所见而去？”钟会只得回答：“闻所闻而来，见所见而去。”

嵇康的好友、七贤中的山涛后来转而依附司马氏，并做了高官，康随即写了《与山巨源（山涛字）绝交书》，公开表示与山涛绝交。嵇康这种与司马氏集团不妥协的态度终于惹怒了当权者，后被司马昭罗织罪名而杀。嵇康入狱尚未行刑前，曾有太学生三千人联名上书请求赦免，可见他在当时知识界的声望。

嵇康的代表作品有《养生论》《声无哀乐论》，他在政治上主张“越名教而任自然”。秘康同时还精通琴艺，是出色的音乐理论家。

七贤中与嵇康齐名的另一位领袖人物是阮籍，阮籍字嗣宗，他的父亲阮瑀，是著名的建安七子之一。阮氏为世代经学之家，阮籍却博览群书，崇好老庄，官至步兵校尉，世称“阮步兵”。他早年“本有济世志”，所著的《乐论》《通易论》并不反对名教，中年逢高平陵事件后，在玄学思潮和政局的影响下，转而信奉道家，与嵇康成为好友，同作竹林之游，《晋书·阮籍传》说：“属魏晋之际，天下多故，名士少有全者，籍由是不与世事，遂酣饮为常。”他写了《达庄论》《大人先生传》，开始猛烈抨击讽刺借名教“出媚君上，入欺父兄”的小人，斥责那些所谓礼法之士是裤裆里“饥则啮人”的虱子。他说：

> 世人所谓君子，惟法是修，惟礼是克。手执圭璧，足履绳墨。行欲为目前检，言欲为无穷则。少称乡党，长闻邻国。上欲图三公，下不失九州牧。独不见群虱之处裈中，逃乎深缝，匿乎坏絮，自以为吉宅也。行不敢离缝际，动不敢出裈裆，自以为得绳墨也。然炎丘火流，焦邑灭都，群虱处于裈中而不能出也。君子之处域内，何异夫虱之处裈中乎！（《晋书·阮籍传》）

他最后还大胆地指出：“汝君子之礼法，诚天下助残贼，乱危死亡之术耳。”对残暴虚伪的名教制度批判得淋漓尽致。

嵇康被杀后，阮籍在强大的政治压力下，不得不为人起草请求司马昭受九锡的劝进表，但即使在这时，司马昭为长子司马炎而向阮籍女儿求婚时，阮籍仍以狂饮大醉60日不醒而婉拒。此时的阮籍，内心苦闷和悲愤已达极限，又值母亲病故，他纵酒浇愁，数次大号（大哭），吐血数升，直至形销骨立，于景元四年（263年）病死。此距嵇康被杀仅两年时间。

阮籍又是优秀的文学家，他的《咏怀》诗80余首约作于晚年最苦闷时，在文学史上有相当的地位。

七贤中的其他人，如阮咸、刘伶也是退隐山林的隐士。刘伶以酗酒知名，《晋书》本传说他常乘车携酒出游，并带荷锸人随行，说“我在哪里喝醉死了，你们随时把我埋了就是”。《世说新语·放诞》篇记载他甚至终日裸身喝酒，客人来了亦不以为然，还讥笑人家说，我以天地为屋，以屋为衣，你们怎么钻到我裤子里来了！

七贤中山涛、向秀、王戎后来都曾出仕西晋王朝，山涛还任了较重要的官职。竹林名士的组合分化，像一面镜子，折射出魏晋交替间文人士大夫的政治取向和哲学思潮，其中以嵇康和阮籍的思想行为最具代表性。当然，因阶级和时代的局限，七贤并未曾与封建社会的纲常礼教作彻底的决裂，嵇康的《诫子书》和阮籍的《乐论》便是明证。

竹林七贤的政治倾向、行为表现和在思想、文化方面成就，在历史上留下了极其鲜明而特殊的印记，也引起与他们同时代或稍后人们的广泛注意。他们的形象、事迹被作为故事和艺术表现题材，出现在后世的文学作品和美术作品中。

七贤为西晋名士，但他们的画像在东晋已颇流行，当时名画家戴逵、顾恺之、史道硕等都画过这一题材的作品。南朝刘宋时画家陆探微、南齐画家毛惠远的七贤画作还流传到唐代。同时宫殿中壁画也出现过这一题材，据《南史 · 齐本纪》，东昏侯萧宝卷建玉寿殿时，就曾绘七贤壁画，并以美女侍于七贤像侧。近几十年来，考古人员在发掘六朝大型墓葬时，于墓室内发现大幅七贤题材的拼镶砖画，已有三处之多。其中以南京西善桥一座六朝砖墓中的保存最好,画面上每名贤像旁又有姓名榜题[1]。人们推测这些墓室砖画所据应是当时名画家粉本，或认为出于顾恺之或陆探微等，但尚缺乏确证。总之可以看出这一题材的影响之大，亦可推知这一文人群体给后人留下的印象之深。

第三节　五言诗和建安文学

一、五言诗的形成

魏晋时期，与动乱纷扰的社会生活同时出现的，是文学的重大变化和发展，其最突出的标志，便是源自汉代民间歌谣，难登大雅之堂的五言诗体普遍被文人所接受，并风靡整个文坛，势头之迅猛，影响之深远，覆盖和波及自魏、晋、宋、齐、梁、陈乃至初唐的 500 余年（196—710 年）。如果把全部魏晋南北朝文学比喻为一部悲壮而华美的交响乐，那么这部乐曲的主旋律就是五言诗体。

[1]　南京博物院、南京市文物保管委员会：《南京西善桥南朝墓及其砖刻壁画》,《文物》1960 年第 8、9 期合刊。

五言诗的起源，可以追溯到秦、汉以前的民歌民谣中，当时正是四言诗盛行的时代，以早期四言诗著称的《诗经》三百篇中，便已出现了个别五言的形式，如其中的《行露》《北山》等篇有半章或整章都是五言，但还不能算作五言诗。春秋末期，楚国民歌中的《孺子歌》唱道："沧浪之水清兮，可以濯我缨；沧浪之水浊兮，可以濯我足。"虽然还带有语助词，但已经是独立成篇的五言诗雏形。西汉时，文人的诗歌还是以四言为主，但五言体的民间歌谣，已经在社会上广泛流行，并且深入到宫廷之内，《汉书》记西汉初年，汉高祖去世后吕后专权，囚禁高祖爱姬戚夫人于永巷，令其昼夜舂米。戚夫人边舂边歌："子为王，母为虏，终日舂薄暮，常与死为伍！相离三千里，当谁使告女？"再如汉武帝时，因通音律、善歌舞而极受宠信的宫廷乐人李延年作《佳人歌》："北方有佳人，绝世而独立，一顾倾人城，再顾倾人国。宁不知倾城与倾国，佳人难再得。"便都是这种以五言为主的民歌体。

五言诗最终被文人接受并独霸整个魏晋南北朝文坛，主要得益于汉代官方音乐机关——乐府的工作。乐府，作为一个专门的机构，正式设立于汉武帝时期。它的任务，除了将文人歌颂国家帝王功德的诗制成曲谱、编成歌舞供宫廷演奏外，还有一个重要工作，便是奉命到全国各地采集民歌民谣，并加以集中记录、整理。这样不但征集、保存了大量生动质朴的民间文学作品，而且使这些作品中的新鲜活力影响、改变着宫廷和社会上原有的文学面貌。宫廷乐师和文人们逐渐发现，民间歌谣的五言句所包含的词和音节可以比四言句多，运用起来伸缩性也较大，所以在表述诗意上更加灵活方便，于是慢慢起而仿效。文学史上真正由文人创作的五言诗，被认为产生于东汉初年，大文学家班固以五言作了一首《咏史》诗，记述孝女缇萦舍身救父，使汉文帝废除肉刑的事，但被评论家认为“质木无文”，缺少艺术感染力，反映了初用五言诗体的文人，技巧上还不很成熟。

东汉末年，五言诗已拥有了相当大的文人作者队伍，如秦嘉、蔡邕、辛延年、宋子侯等，产生了一批技巧纯熟、脍炙人口的五言诗佳作，最为世人称道的如辛延年的《羽林郎》：

昔有霍家奴，姓冯名子都。依倚将军势，调笑酒家胡。胡姬年十五，春日独当垆。长裾连理带，广袖合欢襦。头上蓝田玉，耳后大秦珠……男儿爱后妇，女子重前夫。

语词诙谐流畅，极富形象性，诗中故事、结构、对话和夸张的描写方法都具有乐府民歌的特色，读来不仅朗朗上口，而且仿佛一个活脱可爱，不畏权势的当垆女子胡姬就在眼前。也是在这一时期，我国文学史上负有盛名的《古诗十九首》诞生了。这组由多位无名氏作者所作的五言诗，以更为沉雄圆熟的笔力，写出了东汉末年社会动荡、危机四伏之中，人们对生命、前途的无把握和深深的失望，充满了一种苍凉、悲怨的情绪，读后使人有某种惊心动魄的感觉，被魏晋以来的文学评论家誉为“一字千金”的佳作。如其中的“人生天地间，忽如远行客”，“何不策高足，先据要路津”，“生年不满百，常怀千岁忧。昼短苦夜长，何不秉烛游”，已成为千百年来人们反复吟咏的名句，大文学评论家、《文心雕龙》的作者刘勰说，《古诗十九首》是“五言之冠冕”，确是有道理的。

正是由于五言诗在东汉末年达到了如此之高的水平，进入魏晋后，又经建安时期曹操父子的大力提倡和实际运用，使得这种新兴的文体愈加发展壮大，不但在魏晋时期达到了其自身成就的巅峰，而且独霸文坛达四五百年之久。也就是说，魏晋南北朝时期优秀的诗人，几乎都是以写作五言诗见长的；魏晋南北朝时期的杰出诗作，也多半是五言诗体。

需要说明的是，魏晋以后，五言诗虽然已经基本取代了四言诗，一跃而成为文坛上最风行的诗体，但在理论上，许多人还难以突破传统的观念束缚，依然认为只有四言诗才是“雅音之韵”（晋挚虞：《文章流别论》），属正宗、正体。而五言诗不过是俳优之作，即民歌俗语，不能与四言诗平起平坐（见刘勰：《文心雕龙 · 明诗篇》）。就连后来的唐代大诗人李白的意识深处，也还保留着崇四抑五的观念，说过“兴寄深微，五言不如四言”（见孟棨：《本事诗 · 高逸篇》）这样的话。

真正在文艺理论上为五言诗体呐喊正名的，是南朝齐梁间著名的文学评论家钟嵘。他用毕生的精力，写出了我国第一部诗歌理论批评专著——《诗品》，专门以汉魏六朝的五言诗为品评对象。他突破了传统的守旧观点，推崇、赞美、无保留地肯定了五言诗，认为“五言居文词之要”，是各种诗体中最富有表现力的。他整理品评了自汉至齐梁五言诗作家 122 人，分上中下三品评述，立论精当，分析透彻，成为中国文学批评史上关于诗词的第一部扛鼎之作。钟嵘和他的《诗品》，我们在后面还要专门阐述。

二、建安风骨

与五言诗取代四言诗的文学形式大转变同时发生的，便是文学内容和思想的深刻变化。东汉末年，农民起义风起云涌，社会生活剧烈动荡，东汉王朝的政治统治不但迅速瓦解，两汉以来严重禁锢文人头脑的儒学思想也受到猛烈冲击。有志向和抱负的文化人，既不能也不想再像两汉文人那样皓首穷经地死啃经书，而是纷纷投身于激烈的政治斗争或酷烈的战场之上。他们或招兵买马，独闯天下，如曹操父子；或依附于有政治和军事实力的集团之下，成为人家的谋士、幕僚，如“建安七子”中除孔融以外的六位作家。

动乱的时代、残酷的战争、生命的无常，使得这些文化人在戎马倥偬、建功立业的同时发出大量感慨和叹息，创作了一批风格迥异于从前和后世的五言诗作品，它们被千百年来的世人公认为具有一种“慷慨悲凉”之美，而其中最有代表性的便是建安文学和代表其特殊风格和表现力的所谓“建安风骨”。

建安文学的代表人物首推曹氏父子，即曹操、曹丕、曹植三人，其中又以曹操为主帅和先行者。

关于曹操，今天的人们已经能够从正史《三国志》，而不是从小说《三国演义》中去认识他的本来面目，承认他不但是具有很高才能的政治家和军事家，而且还是具有很高文学修养的诗人、艺术家。他藐视两汉以来传统的儒家伦理道德，为渴求人才，公开号召用人之长，只要真有才干，即便“偷嫂受金”，也照用不误。他还坦率地宣称：倘若不是有了我，此时乱世上不知要有多少人称王称帝！曹操这种豪迈、洒脱的气概，造成他的文学作品充满了一种质朴沉雄、悲怆豪迈的意境。如他著名的《短歌行》（“对酒当歌，人生几何”）、《龟虽寿》（“神龟虽寿，犹有竟时”）、《观沧海》（“东临碣石，以观沧海”）等四言体诗，被后人评为“沉雄俊爽，时露霸气”，还属“汉音”，即有汉代古诗的韵味。他的五言诗《蒿里行》“关东有义士，兴兵讨群凶”，“淮南弟称号，刻玺在北方。铠甲生虮虱，万姓以死亡”，《薤露行》中“惟汉二十世，所在诚不良。沐猴而冠带，知小而谋略”，都有着清峻简约、酣畅淋漓的笔力。

鲁迅在一篇题为《魏晋风度及文章与药及酒之关系》的演讲中极准确地指出，汉末魏初文学的特色是“清峻”“通脱”。清峻是指作品严明简约，不矫饰浮华；通脱是指作品不受传统思想和形式的束缚，作者可以直抒胸臆，想写什么就写什么。建安文学和“建安风骨”正是这种清峻、通脱文风的典型流派和集中代表，而曹操本人也是这种文风的大力提倡者和身体力行者。在他的直接影响和熏陶下，他的两个儿子曹丕、曹植也成为建安文学流派中成就极高的作家。特别是曹植，在经历了被父亲钟爱到受皇帝兄长压抑的转折后，通过在孤独中的反省、提高，终于把原来寄寓政治上的一腔抱负转移到对文学艺术高品位的追求。曹植晚期的诗作，意境更加浪漫玄妙，文辞更加随意华美，达到了一种出神入化的艺术境界，他根据神话故事创作的《洛神赋》，描写了一个人神相恋的悲剧，想象丰富，文笔细腻，充满浓厚的抒情气息，问世不久就被人们争相传咏。东晋大画家顾恺之据此赋而创作了著名的长卷《洛神赋图》，图中以丰富的山水景物为背景，展现出各种情节和人物，在画面布局上，洛神和诗人曹植被安排在一个完整的画面中，并多次出现，组成首尾相连的发展进程，构图统一和谐。此图现存宋代人作摹本 5 种，分藏于北京故宫博物院、台北故宫博物院、美国弗利尔美术馆等处，可见原赋的影响之大和画卷传播之广。

曹植的诗已注意到对偶、炼字和声色，有的句子已暗合律诗的平仄，如“高树多悲风，海水扬其波”“惊风飘白日，光景驰西流”，等等，在提高建安诗歌艺术性的同时，也开了后世雕琢词藻的风气。尽管如此，曹植仍无愧于建安文学作家中思想情趣和艺术水准极高的一位，被钟嵘《诗品》评为“骨气奇高，词采华茂”，列120余位汉魏六朝五言诗人中11位上品诗人的前列。但曹植晚期的诗作，风格已明显游离于建安风骨“沉雄悲凉”的氛围之外，所以文学史中多把他放在曹操、曹丕、建安七子及蔡琰等人后面分析。

建安文学的重要代表作家还有“建安七子”和女作家蔡琰（文姬），他（她）们都是与曹操家族有着极为密切关系的人。

所谓“七子”，是指孔融、陈琳、王粲、徐幹、阮瑀、应玚、刘桢。他们之中除孔融在政治上是曹操的反对派，并为曹操所杀外，其余6人都是曹氏父子的僚属。他们亲眼目睹了汉末的动乱，有的还经历了颠沛流离的生活，怀着满腔悲愤的心情和远大的抱负，希望依翼曹氏集团成就一番大事业。因此他们的诗作也受到曹家父子诗作的强烈感染，在反映世间动乱悲苦的同时，又表现出一种积极进取、要求建功立业的雄强气魄，具有建安风骨的典型特征。

钟嵘《诗品》称王粲为“七子之冠冕”，世人也认为王粲是七子中诗作成就最高的一位。其代表作《七哀诗》，仿佛汉末社会现实的一面镜子：“出门无所见，白骨蔽平原。路有饥妇人，抱子弃草间，顾闻号泣声，挥涕独不还：‘未知身死处，何能两相完！’驱马弃之去，不忍听此言。……”令人不忍卒读。

陈琳的《饮马长城窟行》，也是千古传诵的佳作：“饮马长城窟，水寒伤马骨。……长城何连连，连连三千里。边城多健少，内舍多寡妇。作书与内舍：‘便嫁莫留住。’……”诗中控诉了永远服不完的筑城徭役，以役夫忍痛劝妻子改嫁和妻子愿以死相守的决心，高度艺术地概括了因战争给无数家庭造成的悲剧。

蔡琰，字文姬，是东汉末年著名学者蔡邕的女儿，她从小在名门中长大，受到传统文化的熏陶，有着深厚的文学功底和很高的天赋。然而由于战乱，她的一生极为悲惨，先是嫁人，丈夫死后回到老家。董卓之乱起，她被西域凉州军的“胡兵”掳去，后流落到南匈奴，嫁匈奴左贤王，生了两个孩子。建安十二年（207 年），曹操出于对名门之后的怜惜，将她赎回中原，后嫁同郡人董祀。蔡琰的代表作五言《悲愤诗》，全诗 108 句，540 字，以自传体的形式，回顾了自己在汉末军阀混战中的悲惨遭遇，因诗中所述全是诗人自己的亲身经历，所以情真意切，字字血泪，是建安文坛上一篇长篇叙事诗杰作。诗中写到她被胡兵掳走时“马边悬男头，马后载妇女”，“欲死不能得，欲生无一可”，表现了一个弱女子如羔羊般挣扎于虎口边的无奈和无助。写到曹操赎她回汉，无法携回匈奴血统的儿子，母子惜别的情景时，用“见此崩五内（五脏），恍惚生狂痴。号泣手抚摩，当发复回疑”的字句，把亲生骨肉生离死别的痛苦、矛盾之情抒发得淋漓尽致。

建安时期在思想文化史上介于汉和魏晋之间，是由汉末经学和子学向魏晋玄学的转化过渡时期，是一个生气勃勃、有作为的时期。建安文学的最杰出作家，几乎都集中于魏国曹操政治集团周围（吴、蜀作家及作品很少），在曹氏父子的麾下呐喊前行，他们对现实有强烈的参与意识，有治国平天下的历史责任感，反映在文学中，便具有悲壮、沉雄、质朴、刚劲的独特风格，充满着现实主义色彩和不可阻遏的锐气，这正是建安风骨的底蕴所在。建安文学鲜明的时代特性和取得的高度成就，使其成为秦汉以后中国文学史上第一座奇瑰的高峰，它的巨大影响和感召力，使得三国两晋南北朝的全部文学史，都或多或少地打上了它的特殊印记。

三、正始诗风

继建安文学之后，中国文学史上又出现了一个新的文学流派，达到了一种新的艺术境界。因这个文学流派的主要代表人物阮籍、嵇康等主要活跃于正始年间，所以人们又借鉴玄学上“正始风流”、“正始之音’的说法，称其为正始诗风、正始文学。

正始是魏齐王曹芳的年号，从公元 240 年到 248 年。这个时期的思想文化界被笼罩在玄学风气之下，文学更是领此风气之先，突出特征是表现出一种超现实的、浪漫主义的审美观念。文学评论家刘勰认为“正始明道，诗杂仙心”，说明这是当时文学的普遍倾向。

建安文学是渊源于描写世态人情的乐府民歌，继承了“感于哀乐，缘事而发”的传统，追求的是一种现实主义的美学意境，即使乐府诗和建安文人诗作中的游仙题材作品，也表现出强烈的世俗色彩。一直到曹植后期的诗赋，才出现了超现实美的倾向，正始文学的主帅阮籍、嵇康，则将这种超现实的审美观念发展到一个全新的境界，并形成了浪漫文学的艺术原则。

阮籍和嵇康既是当时“竹林七贤”名士集团中的玄学大家，同时又是擅长诗赋、音乐的诗人、艺术家，他们集这两种感悟和所长于一身，在文学理论和审美观点上形成了新的态度和倾向，这便是否定现实事物的客观美。阮籍的《清思赋》中说：

> 余以为形之可见，非色之美，音之可闻，非声之善。昔皇帝登仙于荆山之上，振《咸池》于南（脱一字）之冈，鬼神其幽，而夔、牙不闻其章，女娃耀荣于东海之滨，而翩翻于西山

之旁，林石之陨从，而瑶台不照其光。

这就直接否定了现实美的存在。因黄帝之乐，应该是人间最美的乐声，但当它振响之时，最好的音乐家夔和伯牙都无法听到，女娃之容应该是最美的形象，但当她现形于东海之滨时，天上的星石都为之陨落，而瑶台却看不到她的风采。作者以此来说明了“形之可见，非色之美；音之可闻，非声之善”的文学与美学命题，认为凡现实事物，均不能具有最高的美学价值，而最高的美学，只能存在于自然、无为的心灵之中：“夫清虚寥廓，则神物来集；飘摇恍惚，则洞幽贯冥，冰心玉质，则激洁思存；恬淡无欲，则泰志适情。”

《清思赋》是写作者会晤自己想象中的女子，其文思和技法明显受到屈原《离骚》和曹植《洛神赋》的影响。它也是阮籍在玄学思想引导下作的关于文学审美理论的概括。

在诗作方面，阮籍的代表作自然是五言体诗《咏怀》82 首。这是一组艺术规模宏大、内涵丰富的组诗，据推测是他 40 岁后的作品，通篇充满了对生命短促、人生无常和自然界不可知的感慨和叹息。阮籍是建安七子之一阮瑀的儿子，家庭的熏陶，使他具有很深的文化修养，动乱的时代，也使他从年轻时起便有建功立业的志向，他曾登上广武山观看楚汉战场，感叹说：“时无英雄，使竖子成名！”然而在曹魏政权末年曹氏与司马氏集团的残酷斗争中，阮籍切实地感到了形势的险恶，他虽然避免与司马氏集团发生正面的冲突，但内心的苦闷和郁悒是难以化解的，于是常常沉湎于酒杯之中，用酣饮长醉来麻痹和保护自己。司马昭为后来的晋武帝司马炎向阮籍的女儿求婚，阮籍大醉 60 日，使求婚者无法说话而作罢。阮籍大半生的经历和感慨，都在 82 首《咏怀》诗中得到尽情的宣泄。

《咏怀》诗的第一首便是“夜中不能寐，起坐弹鸣琴”，痛苦而孤独的诗人当年也曾“壮士何慷慨，志欲威八荒，驱车远行役，受命念自忘。良弓挟乌号，明甲有精光。临难不顾生，身死魂飞扬，岂为全躯志，效命争战场”。结果却是“一日复一夕，一夕复一朝，颜色改平常，精神自损消。……但恐须臾间，魂气随风飘，终身履薄冰，谁知我心焦！”阮籍《咏怀》诗中表现出的抑悒、沉雄气氛和多用比兴、意象丰富的手法，都可以看出是循着《古诗十九首》和建安诗人中特别是曹植和其父阮瑀的创作风格和轨迹，而将五言诗推向了更为奇逸瑰丽的境界。

正始文学的另一位代表人物嵇康，在思想和文学理论上与阮籍有着共同的倾向。在政治上，嵇康因为与魏宗室有姻亲关系，且对司马氏集团反抗的态度更为直露强烈，终于为司马氏所不容并遭杀害。在文学上，嵇康的成就不及阮籍，但他的四言诗作得清逸脱俗，很有个性特色。代表作《赠兄秀才入军》18 首，都是四言。嵇康之兄名嵇喜，被举荐入司马氏的军幕，这 18 首四言诗，就是为嵇喜送行而作的。作为司马氏的憎恶者，嵇康当然不愿兄长投身于司马氏的麾下，“所亲安在？舍我远迈，弃此荪芷，袭彼萧艾”，这是在批评嵇喜弃芳洁而近污垢。“良马既闲，丽服有晖，左揽繁弱，右接忘归，风驰电逝，蹑景追飞，凌厉中原，顾盼生姿”，这是在想象兄长在军中征战的得志之情。而诗人自己呢，则“目送归鸿，手挥五弦，俯仰自得，游心太玄。嘉彼钓叟，得鱼忘筌，郢人逝矣，谁与尽言！”展示了诗人将自己放纵于大自然之中，追求一种高远恬淡的生活情趣，寓含着他对司马氏当道的污浊现实的不齿与蔑弃。

四言诗在汉末五言诗兴起之后，逐渐趋于衰落，很少再被人使用，也少有成功的作品。但建安时期的曹操、正始时的嵇康和东晋陶渊明，却都再次运用四言的形式，并赋予这种“文约意广”的形式以更丰富的寓意，写出了许多优秀的作品。可见，在形式和内容这对矛盾统一体中，形式固然重要，代表着时代的风格，但决定的因素还是内容。正因为嵇康有着深沉的思想内蕴，所以四言诗才在他手中又一度中兴。

四、西晋文学

晋武帝司马炎在取代曹魏前发动了灭蜀的战役，取代曹魏后又进行灭吴战役，在短时间内先后平定了蜀、吴，没有给社会造成大的震荡就结束了三国分立的局面。统一后的晋王朝又采取了一些进步措施，这一切都使得饱经近百年分裂战乱之苦的人民得到了一个短时期的和平和安宁。

西晋立国后的太康至元康的20多年时间，是紧承建安至魏末的又一个诗歌繁荣的时代。钟嵘《诗品序》描述这一时期的诗坛盛况是：“太康中，三张（张华、张载、张协）、二陆（陆机、陆云）、两潘（潘岳、潘尼）、一左（左思），勃尔复兴，踵武前王，风流未沫，亦文章之中兴也。”此外还有傅玄、王讃、孙楚等，也各有名篇传世。

西晋文学之所以能够“勃尔复兴”，首先得益于社会的相对安定，使他们能有充足的时间和精力专心于学习和创作。如陆机在吴国亡后仍能闭门读书10年，而左思也是用10年工夫进行《三都赋》的创作，都证明他们当时有充裕的时间钻研自己心爱的艺术。

西晋文学的一种明显趋势是追求形式上的华丽精致，逐渐走上形式主义的道路。诗人们争相竞技，在语言上追求声色之美，在句法上讲求对偶整齐，丧失了建安文学质朴通脱的锐气。刘勰《文心雕龙》评论此时的文风“采缛于正始，力柔于建安”，“体情之制日疏，逐文之篇愈盛”，确是很中肯的。实际上，晋初傅玄、张华已经表现出这样的倾向，陆机、潘岳更发展到了严重程度，只有左思、刘琨等个别作家有不同凡响的表现。

陆机，字士衡；潘岳，字安仁，是西晋文学的两位代表作家，被后人并称为“潘陆”。其中又以陆机最具代表性，他的作品数量相当大，思想内涵一般并不深刻，但遣词造句极为讲究，力求字字珠玑，句句藏典，使语句失去了生动的形象性。这固然体现了作者学识的渊深，但同时也削弱了作品的思想性和感召力。潘岳的文章更是辞藻华美，被评为“烂若披锦”。他们的文风对当时和后世刻意求工的形式主义产生了不小的影响。但是，以潘、陆为代表的西晋这批作家，对于文学技巧本身所进行的探索和实践，还不能说是完全没有意义的，他们在偶对、状物、音韵等方面的努力和创新，也是魏晋诗风向南朝诗风过渡的一个重要阶段。

在太康年间工整华丽的喃喃之声中，仍能保持一股建安豪气的诗人是左思。后世民间传闻中，左思似乎是以 10 年心血完成的《三都赋》最负盛名，留下了因此而导致“洛阳纸贵”的著名故事。实际上，左思作品中最富生命力的是他的 8 首五言体《咏史》诗。在这些诗作中，我们可深切地感受到诗人博大的胸襟和抱负，以及功成身退、不慕荣华的清高气节，重温“建安风骨”中那股雄强的锐气。如在第一和第三首中，诗人坦言了自己的理想和追求：“弱冠弄柔翰，卓荦观群书，著论准《过秦》，作赋拟《子虚》……长啸激清风，志若无东吴，……左眄澄江湘，右盼定羌胡”，表白了自己对功名利禄的不屑：“功成不受爵，长揖归田庐”、“功成不受赏，高节卓不群……连玺耀前庭，比之犹浮云”。而在第六首中，诗人更以战国义士荆轲为对象，歌颂了寒士高尚的情操和贵族鄙庸的面目，读来慷慨悲壮，令人荡气回肠：“荆轲饮燕市，酒酣气益振，哀歌和渐离，谓若傍无人。虽无壮士节，与世亦殊伦，高眄邈四海，豪右何足陈。贵者虽自贵，视之若埃尘，贱者虽自贱，重之若千钧。”钟嵘《诗品》称其为“左思风力”，正是称赞他继承了“建安风骨”的气魄和表现力。

第四节　青瓷的启示

一、东吴青瓷

瓷器的发明是中国对世界物质文化的一项重大贡献，而瓷器在一定意义上也被认为是中国文明的象征，如在世界通用的英语词汇中，“中国”和“瓷器”（China）便是为一体的。一般说来，瓷器区别于陶器而具备的几个基本条件是：（1）以含铁量在2%左右的瓷土为原料；（2）以1200℃以上的高温烧成；胎质烧结致密，不吸水分；（3）器表施釉，胎、釉结合牢固，厚薄均匀。

萌发于先秦以前的原始瓷艺，到东汉时已基本成熟，技术指标达到上述瓷器的标准，因此，学术界将瓷器的出现时间定为东汉[1]。

[1]　李家治：《我国瓷器出现时期的研究》，《中国古陶瓷论文集》，文物出版社1982年版。

东汉以后，从三国到南北朝的近400年中，除西晋一度短暂的统一外，中国的北方和南方长期处于分割和对峙的状态。北方战乱频繁，南方则相对安定，中原北方的贵族士大夫以及各阶层民众，大批渡江南下以避战火，这便使得南方人口大增，经济迅速发展，也为瓷器等手工业的振兴创造了有利条件，而南方各地丰富的自然资源也成为瓷器生产的天然优势。目前，我国江苏、浙江、江西、福建、湖南、四川等南方广大地区都发现了这一时期的瓷窑遗址，发掘了大批随葬瓷器的同期墓葬。这些经过科学发掘、时代准确的瓷器标本证明，自三国两晋南北朝起，我国瓷器的发展已跨过了原始瓷的门槛，走向了成熟后的第一个高峰，这便是青瓷的崛起和普及。

青瓷，是用瓷土作原料，色釉中加氧化铁，在还原焰状态下烧成的呈不同青色的青釉瓷器，青瓷的胎质坚硬，釉色光润、透明，色泽以青灰、淡青、豆青为主，甚至呈碧玉、海水般的晶莹绿色，因此从它刚问世时起，便受到人们的青睐和喜爱。又由于瓷器特有的易于清洗、不存油垢和腥膻、轻巧美观的优点，加之可以较大规模的生产，因此很快便成为继陶器、铜器、漆器之后人们日常生活必不可少的用具。从墓葬发掘品看，原东汉以前数量最多的陶器，已基本被青瓷器所取代。如在浙江黄岩发掘的32座晋墓中，出土青瓷器123件，而陶器仅17件[1]。青瓷工艺的发展之快，覆盖面之大，不但使整个魏晋南北朝的物质文化打上了它的鲜明印记，而且其影响一直强劲地延续到唐代以后。

由于魏晋南北朝时期青瓷烧制主要集中在南方，特别是浙江、江苏等地，所以人们习惯地把这一时期中这一带的青瓷叫做六朝青

[1] 浙江省文物管理委员会：《黄岩秀岭水库古墓清理报告》，《考古学报》1958年第1期。

瓷。六朝青瓷的首批代表当然就是东吴青瓷。

东吴时期的青瓷器，过去虽有少量传世品，但大量的发现，还是20世纪50年代以后的事。1949年以后，南京博物院、江苏省文物管理委员会和南京市文物保管委员会、南京市博物馆在南京市中华门外邓府山一带和西北郊，发掘了成百座东吴、西晋墓。从出土情况看，吴前期随葬品以陶器、釉陶器为主；吴晚期至西晋，青瓷器的种类和数量明显增加，器物造型一般较规整矮胖，胎质坚硬，以青绿色釉为主。釉汁纯净、釉层均匀，胎釉结合牢固，极少有流釉或釉层剥落现象。器形与种类有碗、碟、罐、壶、盆、耳杯、香熏、虎子（小便器）、泡菜坛等日用瓷器和专供随葬用的火盆、鬼灶、鸡笼、狗圈、谷仓等明器。其中有相当多以动物造型烧制的瓷器十分引人注目，如蛙形水盂、虎形虎子、羊形尊、熊形灯等，构思精巧，形态生动，除日用的实用功能外，已当之无愧地成为青瓷艺术品。南京市赵士冈孙吴墓出土的带有吴“赤乌十四年”（251年）纪年的青瓷虎子，发现时曾引起很大的轰动，上面还有“会稽上虞师袁宜作”的题铭[1],揭示了浙江上虞窑当时是很重要的瓷窑地点，后来对上虞窑址的清理发掘结果，也确实证明了这一点。1958年在南京清凉山发掘的一座东吴墓中，又出土了一件带有甘露元年（265年）铭的青瓷熊灯，同时还获得一对青瓷卧羊尊。这两种青瓷器制作精美，造型也颇有特色。熊灯的釉色呈土黄色，在灯盏以下由一个蹲坐着的小熊顶托，小熊用两只前爪上抱头部，憨态可掬，十分生动。那对卧姿的青瓷羊，壮硕沉稳，四肢蜷曲，显得安静平和。全器施釉匀净，光洁莹透，工艺水平很高，是东吴青瓷中的上

[1] 江苏省文物管理委员会：《南京近郊六朝墓的清理》,《考古学报》1957年第1期。

乘之作。

东吴青瓷的堆塑和镂空工艺也很高超，浙江绍兴萧山等地出土的吴晚期明器谷仓罐，上部往往堆塑四、五层谷仓及亭、台、楼阁，仓口又塑百鸟簇集，引颈奋翅，以表示仓盈囤满，百鸟争食的丰收富足景象。仓下和楼阁间，还满布人物百戏，或奏乐或杂耍，再现民间喜庆丰收的场面。有的谷仓罐上已出现佛教造像类题材，成为研究我国早期佛教艺术的宝贵实物资料。这类谷仓罐的成形工艺十分复杂，口部和腹部以分段拉坯粘接而成，底部和建筑檐部用拍片，各式人物、佛像和禽兽，有的用模印，有的用手捏，仓口和器腹的小圆孔则用镂雕。一件器物的制成，往往使用多种技法，充分显示了东吴青瓷的发展水平。

二、青瓷窑址和烧造技术

东吴青瓷业的飞速发展，是与当时瓷窑的结构日趋合理，烧造技术迅速提高分不开的。考古发掘和调查表明，东吴青瓷生产主要集中在浙江地区，该时期的瓷窑遗址在浙江的上虞、绍兴、宁波、鄞县、萧山、德清、余杭、永嘉等县均有发现。仅上虞发现的窑址就达数十处之多，其中三国东吴时的窑址有 30 多处。窑炉的结构普遍采用经过改进已初步定型的、当时较先进的龙窑窑型。

所谓“龙窑”，是指一种建在山坡上，窑身狭长，依山势走向而前后倾斜，窑头低窑尾高的瓷窑，因为点烧时很像一条向下俯冲的火龙，所以被称为“龙窑”。建在山上的龙窑有许多优点：(1) 地势高，不受地下水的影响，可保持干燥；(2) 窑床依山的坡度有一定的倾斜度，一般在 8°—20° 之间，这样既能节省垫筑斜长窑基的工作，又可以利用自然的抽力，提高窑温；（3）就地取材，合理利用土地。古代江南烧窑都用木柴，而且绝大多数瓷土矿都埋藏在山里，在山上建窑，可就地就近取土用柴。另外江浙一带平地开发种植较早，使用价值高，在荒僻的山坡上建窑，可节省平原的优质农田，同时大量的窑渣废品可随时倾倒在窑旁山坡上，处理方便。总之，龙窑以造价低，热效率高，体积大，单件产品成本低等诸多优点很早就被我国先民创建并使用，考古发掘表明春秋战国时浙江、福建一带便开始用龙窑烧制印纹硬陶和原始瓷器。

然而，在三国以前，龙窑的结构还不尽合理，形制尚无定制，浙江上虞帐子山曾发掘清理了两座并列的东汉龙窑，窑体的基本结构已具备，但两窑窑床斜度不同，烟火弄的数量和大小相差很大，说明当时的龙窑还处在不断的探索实践中，并无固定型。

在与上述这两座东汉龙窑遥相对应的鞍山北麓，相距不足 0.5 公里的山上，又发现了一座保存完整的三国东吴时期龙窑。这座窑全长 13. 32 米，宽 2. 1—2.4 米，由火膛（即燃烧室）、窑床和烟道三部分组成。火膛半圆形，底用黏土铺成，比较坚硬；火膛与窑床之间有垂直的黏土墙一堵。窑床似斜长的甬道，长 10.29 米，宽 2.1—2.4 米，前段较宽，后段逐渐缩小。倾斜度前段 13 度，后段 23 度，底面铺砂层，两边用粘土筑 30—37 厘米高的窑墙。窑顶为半圆形拱顶，用粘土砖坯砌成。窑床和烟道之间有一道高仅 10 厘米的挡火墙，挡火墙后有 5 个黏土柱，柱间有 6 个排烟孔。

与东汉龙窑相比，这座三国东吴龙窑的窑身明显加长了，坯件装烧量大大增加。同时窑身前宽后窄，也有利于烧成，这些都是对龙窑结构的合理改革。在三国龙窑内保存着大量装坯件的垫底窑具，其中中段最密集，后段靠挡火墙部分很少，说明此窑的前中段烧成较好，而后段因火力长度限制，温度不高，烧不成瓷器，故很少装坯件。如此看来，狭长达十几米的龙窑若不解决分段投柴烧成的问题，就不可能再延长窑体，增加装烧量。

与此同时，三国东吴窑具和装烧方法也在不断改变。窑具按不同用途可分两大类，一类是放在窑底将坯件托至窑内最佳烧成高度的垫具，一般较粗壮且高大；另一类是坯件叠装用的间隔具，体积小，制作较精细。东吴时的主要垫具，器身作直筒形，腰部弧形微束，最高的达 40 厘米。另一种也是圆筒形，中间空，上下两端都有内折的环形平唇，作为承放坯件的托面，高不到 10 厘米，是放在前一种垫具之上，上面再装坯件。叠装用的窑具主要是三足支钉，使用时三足向下，托面朝上，上面放碗、盘等坯件，因自重轻，可以多叠放坯件。

三国东吴时，在龙窑结构和装窑方法不断改进的同时，烧成技术也有了很大的提高。前述上虞帐子山鞍山龙窑遗址的瓷片经测定，还原比值为 0.8，显气孔率 1.05%，吸水率 0.45%，这都是在弱还原焰中烧成，烧结程度较好，胎的薄片微透光，基本上接近现代瓷的要求。当时瓷窑都用明火烧成，坯件外尚无匣钵等保护体，但瓷器成品熏烟现象少见，变形或流釉情况也不多，这些都说明当时的窑工们已具有很高的烧成技术。正是从三国时起，青瓷的烧造水平开始了全面腾飞。

三、西晋瓷艺

1953 年和 1976 年，南京博物院在江苏宜兴发掘了西晋平西将军周处的家族墓[1]。共发掘南北排成一列的 6 座墓葬，其中 1 号墓出土有“元康七年九月廿日阳羡所作周前将军砖”铭文的墓砖，说明此墓即为元康七年（297 年）入葬的周处本人墓，另外几座可能还有周处的父亲周鲂和周处的儿子周玘的坟墓。周氏是西晋时江南著名的豪族，传说周处年轻时横行乡里，百姓将他与猛虎、恶蛟合称为“三害”，后来他发愤改过，并进山杀虎，入水斩蛟，于是三害尽除，家家欢喜。这个故事曾长期流传，因为它歌颂了勇于改过和奋发向上的民族精神。周处后来战死，归葬故乡。周氏家族墓中集中出土了一大批高水平的西晋青瓷器，引起了陶瓷史家的重视。这批青瓷器胎质纯净，釉色莹润，除了常见的器皿如罐、壶、盆、碗、盘外，还有造型奇特、具有极高艺术价值的青瓷神兽尊、香熏和堆塑有楼阁、人物、飞鸟的谷仓罐（魂瓶）等。其中青瓷神兽尊 1976 年出土于周氏墓地第 4 号墓，墓的年代为西晋惠帝永宁二年（302 年）。尊口径 13.2 厘米，腹径 23.5 厘米，通高 27.9 厘米。胎棕色，施青灰釉，表面细腻、光洁、滋润，无脱落现象。造型为盘口，短颈，长圆腹，两侧肩部各有一系。腹部高浮雕神兽一只，双目及头部突出，口内含珠，颌下有须，面目狰狞可怖。尊腹即兽腹，两侧有两爪向下支撑，两爪向上盘曲。周围雕饰出双翼、脊毛、尾。器底刻“东州”二字。此器工艺复杂，采用了拍印、捏塑、贴塑、雕空等多种技法，是近年出土西晋青瓷中著名的精品。

周处家族墓 1953 年还出土一件青瓷香熏，也很富艺术美，全器高 19.5 厘米，灰白色胎，茶绿色釉，施釉匀净。博山炉式造型，

[1] 罗宗真：《江苏宜兴晋墓发掘报告——兼论出土的青瓷器》，《考古学报》1957 年第 4 期；南京博物院：《江苏宜兴晋墓的第二次发掘》，《考古》1977 年第 2 期。

上部为熏笼，直径 12.1 厘米，有三周三角镂孔，下有一进香孔。笼下有三个熊足支撑，笼上有一鸟形钮。最下为承盘，有三足，边沿模印联珠纹一周。此器结构简洁别致，因镂空技法的应用而显得小巧而玲珑剔透，亦属同期青瓷中的珍品。

周处墓的发掘仿佛打开了一扇窗口，使人们看到西晋青瓷艺术的新发展。窑址调查和发掘结果也证明，西晋立国的短短几十年间，瓷业的发展蓬勃而迅速，瓷窑激增，产品质量提高。仅浙江上虞此期的窑址即达 60 多处，比三国吴时增加一倍以上。窑体结构也有了改进，上虞帐子山的一座西晋龙窑，虽然仅存窑床后段和烟道，但其倾斜度已与现代龙窑基本相同。其全长推测比三国吴时更长，而这意味着此时可能已解决了龙窑的分段烧成问题。即除前方火膛外，再于窑体的顶部或窑室两侧设投柴孔，使窑内火力延长加大，促成后部坯件的烧制。所以这座龙窑的窑床后部也排满了装坯件的窑具，且窑内外亦无多少生烧产品。上虞西晋元康七年（297 年）西晋墓出土的越窑青瓷罐，经鉴定烧成温度已达 1300℃左右，接近现代瓷的烧成温度。

胎釉方面，西晋青瓷比东汉、三国吴时也有明显区别，特别是越窑青瓷，胎骨比过去稍厚，胎色较深，呈灰或深灰色，釉层厚且均匀，普遍呈青灰色。说明此时的窑工们可能有目的地选择了铁、钛含量较高的瓷土作坯料，或在坯料中加入少量紫金土，从而使胎中的氧化铁含量比东汉、三国时略有增高，导致了胎色的加深。胎色又衬托了釉色的变化，使西晋越窑青瓷青中带灰，色调更为沉静素雅。

造型和装饰上，西晋青瓷更加丰富精美。三国时期，瓷器还是一种新兴的产品，造型和装饰纹样还承袭汉代陶器、铜器及漆器的某些形态和花纹。西晋时，工艺水平较高的越窑、瓯窑已能够大量烧制式样美、装饰讲究的各种日用品和随葬明器，形成了独立的瓷器系列造型和装饰。特别是仿动物、禽鸟形态的艺术造型和装饰纹饰，更达到了当时所能达到的最高水平。除前述周处家族墓的精品外，江南各地还大量出土了许多惊人之作，1974 年浙江上虞百官镇西晋砖室墓出土的一件青瓷鸟形杯，高 6.2 厘米，口径 10.5 厘米，全器造型模拟一只飞鸟：半圆形杯体为鸟腹，杯外壁贴塑高出杯沿昂立的鸟头，鸟头下方又贴雕鸟身、两翼和双足，杯后塑一上翘的扇形鸟尾，与前方反顾的鸟头相对应。从正面看，好像一只正振翅飞翔的鸟儿，静中寓动，为一件难得的瓷塑作品。这类生动的动物造型青瓷器，大多出于身份较高的达官显贵墓葬中，说明在当时是一种仅供上层社会享用的奢侈品。这类动物造型的艺术类青瓷，在东晋以后便明显减少了。

西晋青瓷很重视器表纹饰，连日常使用的罐、壶、盆、洗、钵、碗等器体外表，也普遍印、划或堆贴各式花纹，常见的是刻划的弦纹和压印的斜方格网纹、联珠纹和禽兽纹等。

四、青瓷与社会生活

西晋以后，青瓷更日趋广泛地进入社会生活领域，逐渐取代了传统的金属用具、漆器用具等。人们日常使用的各类器皿，如壶、罐、盆、钵、碗、水盂、灯、香熏，乃至砚、虎子（尿壶），都已开始用青瓷烧制，且十分方便耐用。为便于使用，青瓷器具的造型也不断变化和改进。如盘口壶，三国时盘口和底部都较小，上腹特大，重心在上部，倾倒食物很费力，且给人以不稳定的感觉。东晋以后盘口加大，颈增高，腹部修长，重心下降，放置平稳，使用也省力得多。贮盛各类食物的罐历来是人们常用的器皿，西晋以后器体亦不断加高，下腹和底相应扩大，重心下降，更适合使用。东晋时德清窑生产的一种平顶圆筒形盖罐，形体小而成型方便，尤其适合放置少量的调味品等物。南朝时，湖南、广东、四川、浙江等地瓷窑生产的一种盖罐，短直口、圆肩、上腹鼓出、下腹渐渐内收、平底、盖面微鼓、盖缘下折成母口、盖口密合，在气候较潮湿的南方，很适于贮存干燥的食品。三国、西晋时，壶和罐等容器常用碗、碟代替盖，盖口不严，不利食品的保存。东晋开始，壶罐开始配烧了专用的器盖，盖与口合盖紧密，是较大的改进。[1]

由于六朝时的贵族士大夫中，风靡熏衣剃面、傅粉施朱的生活方式，故各种小巧精美，玲珑剔透的熏炉应运而生。前述江苏宜兴西晋周处家族墓出土的那件青瓷香熏，正是很好的实例。该香熏的熏笼底和承盘底部各塑三只熊形足，熊躬身直立，以两肩承受炉的重量。这样，炉底熊的承重压力和熏笼顶鸟纽的轻盈欲飞形成了鲜明而合理的对比。古代匠师们丰富的想象力和巧妙的造型技艺得到了极好的体现。

佛教艺术也在六朝青瓷中留下了鲜明的印记，这便是以莲花为主的造型器和莲花类纹饰。莲花是佛教的特有题材，南朝青瓷中已出现了大量装饰莲花纹样的器皿，如碗、盏、钵的外壁和盘面便常常划饰重线仰莲，使整个器形好似一朵盛开的莲花。后来，更烧制出形体较大的青瓷莲花尊，成为莲花类瓷器中的代表性作品。江苏、湖北等地都出土过六朝青瓷莲花尊，其中南京林山梁代大墓出

[1] 以上所引资料均见：《中国陶瓷史》，文物出版社 1982 年版，第 158—159 页。

土的莲花尊[1]，通高 79 厘米，通体装饰与莲花有关的纹饰，极为繁缛华美。最上盖部堆塑肥壮短俏的莲瓣尖；颈部分上、中、下三层，分别贴饰或雕饰飞天、立熊和双龙戏珠纹样；肩部模印二重肥厚的宝装覆莲和一周贴花菩提叶；器腹中部是一圈由肩部延续下来又外撇的大覆莲瓣，形成全器花瓣样的最大腹径；再下为深厚的双重仰莲；器座是两层一短一长的外撇覆莲。全器造型和装饰虽然都取自莲花，但或仰或覆，或肥或瘦，或长或短，或内收或外撇，姿态各异，变化万千，看去并无重复繁琐之嫌，而体现出一种华贵、合谐、统一的美感。

值得注意的是，这种青瓷莲花尊在北方地区的北朝墓中也有出土。1978 年河北景县封氏墓群中就出有 4 件[2]，装饰造型与上述南京南朝梁墓中出土莲花尊十分相似，但经化学鉴定，被认为是北方青瓷作品。然而河北至今也没发现北朝青瓷窑址，北方其他墓葬出土青瓷的水平也难与之相比。所以封氏墓这批青瓷莲花尊的烧制地点还需要继续分析。

与中国历代青瓷釉一样，六朝青瓷釉也是以铁为主要着色元素。釉内氧化铁含量的高低，直接关系到釉的呈色。匠师们一旦掌握了含铁量对于釉色的关系比例，便可烧制出不同色泽的瓷器。浙江地区的德清窑就使用含铁量较高的紫金土配制黑釉，烧制出色黑似漆，釉面光亮的瓷器。杭州老和山东晋墓出土的一件黑釉鸡头壶，高 16.4 厘米，口径 7.9 厘米，釉色黑厚，光泽感强；壶身圆硕，前装鸡头，是为流，后安圆股形把手，上端粘于器口，下端贴于壶腹，是很实用的酒器。

[1] 南京博物院：《江苏六朝青瓷》，文物出版社 1980 年版。

[2] 张季：《河北景县封氏墓群调查记》，《考古通讯》1957 年第 3 期。

第五节　蜀郡漆工

一、蜀郡漆工

建安二十四年（219 年）前后，吴、蜀两国为争夺长江重镇荆州而展开了一场斗智斗勇的战役，结果是东吴大将吕蒙得胜，蜀将关羽败走麦城（今湖北当阳东南），且终被东吴名将潘璋、朱然活捉杀死。刘备的痛失荆州，导致了魏、蜀、吴三国鼎立局面的最后形成。

1984 年 6 月，安徽省马鞍山市雨山乡发现了一座三国东吴时的大型墓葬，出土了一大批珍贵的随葬文物，此墓的墓主即是当年捉杀关羽的东吴右军师、左大司马、当阳侯朱然[1]。朱然在《三国志 · 吴书》中有传，是当时孙吴重要的高级军事将领，他少年时曾与孙权“同学书、结恩爱”，后来在吴、蜀的两次重要冲突中都起过主要作用。公元 219 年他擒杀关羽，迁昭武将军、封西安乡侯；公元 222 年蜀汉大举进攻孙吴时，他率领 5000 士兵与陆逊合作，大败刘备，被拜征北将军，封永安侯。公元 249 年，朱然病死，年 68 岁。朱然墓中出土 140 多件珍贵的随葬品，其中尤以 80 余件漆木器最为精美，主要是与饮食宴会有关的日用器皿，如案、盘、耳杯、槅、盒、壶、樽、奁、匕、勺等；也有家具，如曲面下设三足的漆凭几。许多漆器上都有色彩鲜艳的漆画，其中最大的一幅是案面上的画，绘于面积为 82 × 56.5 平方厘米的案面中心，题材是宫闱

---

[1]　安徽省文物考古研究所、马鞍山市文化局：《安徽马鞍山东吴朱然墓发掘简报》,《文物》1986 年第 3 期。

宴乐，场面很大，共画出50余个不同身份的人物，有正在宴饮的皇室贵胄，有侍奉护卫的虎贲女使，有表演百戏的弄剑跳丸艺人，有奏乐的鼓吹，颇为生动华美。漆器中的盘类，多在外缘部绘渔猎纹圜形图案，在盘中心部绘传统的历史人物故事画面。如一个直径24.8厘米的木胎漆盘，边缘装饰着漂亮的鎏金铜扣，盘内涂黑色底漆，然后以红、金、灰、白等色绘出漆画；最外一周是狩猎图，猎手在山林间追逐捕猎，鹿、兔等野兽拼命逃窜，中间一周画面是水中游鱼，间杂有水生植物以及白鹭啄鱼、童子戏鱼等。这些鱼儿姿态灵活，特征明显，分别是鲤鱼、鳜鱼等。居中的盘心是漆盘画的主题所在，为季札赠剑图，身穿朱衣的季札拱手恭立于徐君墓前，已将宝剑悬挂于冢树之上，身后有两名侍从。值得注意的是此盘底部，有用朱漆书写的“蜀郡造作牢”5字，说明了漆器的产地。

同类漆盘还有百里奚会故妻、伯榆悲亲等内容。还有一件中心绘童子舞棍的漆盘，绘画人特别加大了童子头部的比例，以符合儿童的形体待征，同时四肢丰腴也符合了人们对儿童的审美要求。使两个相对嬉戏玩耍童子稚气十足的活泼形态跃然盘中，十分惹人喜爱。这件漆盘底部同样有“蜀郡作牢”的铭记。

朱然墓漆器中自铭“蜀郡造作牢”的题记，确凿无误地说明它们是当时蜀国的产品，其他同出漆器虽无铭文，但其造型、用色、装饰花纹、绘画风格都与有铭文者相似，所以学者们认为这批漆器产地相同，均产于蜀郡。它们如此大量地集中出土于朱然墓中，自然反映了当时吴、蜀之间关系的密切，这可能是吴蜀保持联盟关系时的赠品或贸易往还中的商品，也有可能是吴蜀干戈相见时的战利品。它们的发现，弥补了过去三国物质文化研究中蜀地因实物不足而带来的困难，是极为重要的实物资料。“蜀郡”汉魏时即今成都地区，当地的漆器制造业，在西汉前期文景时已相当发达，产品远运江南地区。湖北江陵凤凰山和湖南长沙马王堆等地西汉墓中出土的漆器烙印戳记中，有“成市草”和“成市饱”字样，据考证当为成都（即今成都）所造，大约产于当时市府管辖的漆器作坊。以后西汉中央在蜀郡和广汉郡（治所在今四川梓潼）设工官，制造金银器和漆器，这两处工官大约设置于景帝至武帝初期，于是西汉前期由成都市府管辖的漆器制造业，到西汉中期转由中央直接控制，而产品也主要供宫廷使用，所以漆器铭文中常有“乘舆”字样。随着工官的设置，建立了严密的组织体制和完备的制作工序，并将制造年份、工官名称、器名及容量、制器工人及各级官吏的名字都铭记在器物上，以便考核。器铭上的漆工分为素工、髹工、上工、铜耳黄涂工、画工、泪工、清工和造工等种，分工极为细密。官吏职称有护工卒史、长、丞、掾、令史等级。在这种情况下，蜀地制造的漆器工艺更加精美，装饰日益豪华。这种宫廷用的高等级漆器，也常被用于赐食臣下，赐予边郡官员或少数民族首领，也赠送外国。所以今天我国贵州等地和朝鲜平壤、蒙古诺音乌拉都发现过蜀、广汉工官制的纪年铭漆器。

蜀、广汉工官漆器的生产，从西汉中期开始，持续到东汉和帝时期。元兴元年（105 年）和帝死去，殇帝继位，邓太后临朝，停止了蜀郡和广汉郡工官为宫廷制造漆器。但这一改变并不意味着蜀郡漆器从这时起便停止了生产，而可能表明了中央直接控制的漆器制造业的衰落，至于地方乃至豪强地主经营的漆器生产并未中止。特别是汉末的大动乱对蜀地波及不大，因此蜀郡漆器仍在两汉的工艺基础上继续发展，朱然墓出土的大批蜀郡制漆器，就正是在这一历史条件下生产的。孙吴墓中随葬蜀郡漆器，不止朱然一墓，鄂城地区的孙吴墓中也出土过带有“蜀郡作罕（牢？）”铭记的漆钵，且施有线条流畅的漆画，里壁四周画游鱼水草，底画男女舞戏，男相扑、女舞蹈，外壁绘云气纹饰带[1]，风格、形制正与朱然墓所出漆器相同。这些漆器的出土，对研究当时蜀地的社会经济和工艺水平具有重要意义。

二、蒲元神刀

蜀汉科技发达，人才荟萃，很多史书中都记载了蜀汉人蒲元改进钢的淬火工艺，制出“神刀”的传奇故事。

三国时期，我国炼钢技术已有了全新的突破，对钢的含碳量、加热、锻打及淬火等工艺有了相当成熟的经验。这时期军队中装备的主要兵器为短柄的钢刀、匕首，所以各国都争相造出了许多知名的宝刀，如曹操曾令有司为儿子特造五枚“百辟钢刀”，传说用了三年的时间，曹植的《宝刀赋》，还专门描写了锻造这些宝刀的生动场面[2]。东吴孙权亦有宝刀三，名百炼，名青犊，名漏影[3]。而蜀汉诸葛亮令蒲元造“神刀”的故事最富传奇色彩，《太平御览》卷三四五引《蒲元传》说，蒲元造的刀锋利无比，能劈断灌满铁珠的竹筒，“称绝当世，因曰神刀”，其奥秘之处在于锻造时使用了当时世界上最先进的淬火技术。这些刀是在川北山地斜谷造的，共三千口。当时蒲元“熔金造器，特异常法。刀成白言：汉水钝弱，不任

[1] 宿白：《三国—宋元考古》（上），北京大学历史系考古教研室铅印讲义，1974 年。

[2] 《太平御览》卷三四六《兵部七十七 · 刀下》。

[3] 《古今注 · 舆服》。

淬用，蜀江爽烈，是谓大金之元精，天分其野。乃命人去成都取之。有一人前至，君以淬，乃言杂涪水不可用。取水者犹悍言不杂。君以刀画水云：杂八升，何故言不？取水者方叩头首服云：实于涪津渡负倒覆水，惧怖，遂以涪水八升益之。于是咸共惊服，称为神妙”。这里说的是，蒲元锻炼钢刀，特别讲究一种“淬火”方法，这种方法是把炼成的钢刀加热烧红后，迅即放入冷水中，因钢刀突然受冷，其分子结构便迅速收缩变紧，从而大大提高了钢的硬度。为加强刀的韧性，蒲元又将淬火的钢刀多次缓缓加热和冷却。淬火对于钢刀加工如此之重要，故蒲元对于淬火所用之水质，也有很严 格的要求，他认为“汉水钝弱，不任淬用。蜀江爽烈，是谓大金之元精”，故特地派专人去成都取蜀江之水淬刀。这反映了当时人们对钢铁金属热处理技术的认识和掌握水平。在当时，这种钢的淬火工艺，是世界上最新最先进的炼钢技术之一，而淬火技术的先进主要表现在淬火剂的选择方面，以上所引《太平御览》“蒲元传”中这段记载，与现代淬火技术原理基本是相同的，说明人们已认识到，因不同地点的水所含矿物的多寡、种类不一样，导热性能各有差异，会对淬火质量造成不同的影响。这是我国古代关于选择淬火剂的最早记载。[1]

以水为淬火剂炼钢，是人们使用最早且最多的方法。水淬的优点是在高温区（550—650℃）冷却较快，缺点是低温区（200—300℃）也冷却较快，容易造成较大的组织应力。于是人们继而又发明了油淬，就是用动物的油做淬火剂，我国古代有关油淬的记载最早见于《北齐书·綦毋怀文传》，传中记怀文造宿铁刀，“淬以

---

[1] 《中华文明史》第四卷第六章第二节，第 229 页。

五牲之脂，斩甲过三十札”，即指用牲畜的油脂淬火，造出的刀锋利而有韧性，一次能斩断叠在一起的三十札铁甲。油淬的优点是在低温区冷却较慢，从而可减少组织应力；缺点是在高温区也冷却较慢。今人常在高温区使用水淬，低温区使用油淬，这样就避免了珠光体类型的转变，保证了工件能够获得较高硬度，又避免了因组织应力而产生裂纹。[1]

三、蜀汉工艺技术成就

蜀汉既能在西南一隅扎根立足，与北方的曹魏和江南的东吴形成三足鼎立之势，其生产的发展和科技的进步起了重要的经济保障作用。

蜀汉地区早在汉代就已是“土地肥美，有江水沃野、山林竹木、蔬食果实之饶”（《汉书·地理志》）的富庶之地，当初诸葛亮建议刘备据此为根据地，也正是看到了蜀地的优越自然条件。待到蜀汉在这里定都扎下根基后，经过诸葛亮的全力治理整饬，当地的农业、手工业及盐铁业更是大大发展，呈现出一派欣欣向荣的景象。左思《蜀都赋》描述说，这里“沟洫脉散，疆理绮错，黍稷油油，粳稻莫莫”，“栋宇相望，桑梓接连”。

蜀地的经济基础是农业，千里丰饶的成都平原，仿佛是一座天然的粮仓。但成都平原农作物的生产，很大程度上依靠著名的都江堰水利工程。都江堰是战国时秦昭王在位后期（前 276—前 251 年），蜀郡守李冰率众兴建的，包括引水、分洪、排砂相结合的渠

[1] 《中华文明史》第四卷第六章第二节，第 229 页。

首工程和有分有合、排灌兼用的渠道系统在内的大型综合性水利工程。诸葛亮十分重视对这一水利工程的管理和维护，将其视为国家农业的根本所系，国库收入的主要保障，专门征丁一千二百多人加以维护保养，从而使得成都平原“水旱从人，不知饥馑，沃野千里，世号陆海”[1]。其农业的发展，为世人瞩目。同时，诸葛亮又在蜀地北方汉中一带驻军屯田，这些都促进了农业的进步。

在手工业方面，蜀地当时以织锦业最负盛名，居全国第一位。成都附近纺织业的盛况，据左思《蜀都赋》记，是“阛阓（街市）之里，伎巧之家，百室离房，机杼相和”。蜀锦质地之精，名声之大，博得全国各地的青睐，乃至江南吴地和中原魏地的商人纷纷西来购货，《太平御览》卷八一五引《丹阳记》记当时全国织锦的流通情况即是“魏则市于蜀，而吴亦资西道”。《太平御览》卷八一五引《蜀志》曰：先主入益州，赐诸葛亮、法正、张飞、关羽“锦各千匹”，又引《江表传》曰：“陆逊攻刘备于夷陵，备舍船步走，烧皮铠以断道，使兵以锦挽车走入白帝”，可见锦的产量和用量之大。就是到蜀亡之时，蜀国库中尚存“锦绮綵绢各二十万匹”。[2]

在工艺技术上，蜀以诸葛亮为首，改进了我国汉代发明的独轮车，制造出一种名为“木牛流马”的新式独轮车，广为后世人称道。据说木牛流马原是由蜀名匠蒲元提议，诸葛亮主持制作的。《三国志·蜀书·诸葛亮传》载：“（建兴）九年（231年），亮复出祁山，以木牛运；……十二年春，亮悉大众由斜谷出，以流马运。”又说：“亮性长于巧思，损益连弩，木牛流马，皆出其意。”《蜀记》载晋李兴祭诸葛亮文，称他造的“木牛之奇，则非般

[1] 《水经·江水注》。

[2] 《三国志·蜀书·后主传》注引王隐《蜀记》。

模”[1]，对其推崇备至。晋陈寿《进诸葛亮集表》评价诸葛亮功绩时，赞叹他“工械技巧，物究其极”[2]，也应是对他在木牛流马及连弩方面创造性活动而发的。然而所谓“木牛流马”的具体结构究竟如何，却因文献记述的隐喻晦涩，且无具体图像，故长期以来一直令人迷惑不解，学者们各持许多不同意见。近年来，有学者在认真研究古文献有关记载的基础上，又经过对汉代独轮车结构的分析，并综合前人研究成果，大致勾画出了这种运输工具的基本形态，并归纳出它比汉代独轮车工艺先进的几个主要特征[3]。（1）木牛流马为大同小异的同类运输工具，均为独轮小车。汉代的独轮车（鹿车）只用人力，不驾牲畜，而木牛流马除用人力外，还能够套牲畜拉，动力功效大大增强。（2）在结构上，木牛流马有靷（即牲畜拉车时承力的套绳）和鞦轴（鞦是绕过驾车牲畜尻部的绳索，鞦轴指横在牲畜尻部后方的一根轴状圆木，由其统摄拉车之牲畜的力量），并有两个装货的方囊。在车辆行进中，鞦轴起着后世车辆“套盘”的作用，靷系于前而车拴于其后，它使车与牲畜之间有了一个灵活的接合部，不像以前的马车和牛车，必须把车和牲畜牢牢地缚在一起。而且汉代鹿车上只横放一个箱子，木牛流马则装两个方囊，故只能将它们固定在车轮两侧。这样，车身即随之增长，作为支点的车轮也自然移至车中部，从而使推车者的臂力负荷得以减轻。（3）与鹿车用途不同的是，木牛流马主要用于运粮。一辆车可以装运一个士兵一年的口粮，约合250

[1] 《三国志·蜀书，诸葛亮传》及裴松之注引。

[2] 《三国志·蜀书，诸葛亮传》及裴松之注引。

[3] 孙机：《“木牛流马”对汉代鹿车的改进》，载《中国古舆服论丛》，文物出版社1993年版。

公斤左右，而鹿车所载一成人、一儿童的体重仅约合 100 公斤，前者比后者载重量增加一倍以上。而且木牛流马适应山路崎岖狭窄的特点，在蜀魏战争期间为军粮的运输提供了极大的便利，发挥了相当大的作用。

学者们还认为，从技术史的角度看，木牛流马的意义尚不仅限于独轮车本身，如果以上对鞦轴的理解可以成立，则或可为我国耕犁发展史上有关犁制的问题提供解决的线索。[1]

第六节　佛教初兴

一、江南初建寺塔

佛教自东汉时传入中国后，首先被统治阶级上层的某些人所接受，东汉明帝刘庄的异母弟楚王英便是一位最知名者。他于建武十七年（41 年）封楚王，二十八年赴楚国就任，领地在彭城（今江苏徐州）。《后汉书 · 楚王英传》说他年轻时好游侠，结交宾客，晚年“更喜黄老，学为浮屠（佛），斋戒祭祀”。曾有人告发他意图谋反，楚王英献缣（绢）三十匹以求赎罪，明帝下诏说，楚王英崇尚黄老、浮屠无须嫌疑，应退还所献之缣，给伊蒲塞（即优婆塞，男居士）、桑门（沙门）作供养费用。由此可见，楚王英确兼信黄帝、老子和佛教，并且举行过特殊的佛教仪式。明帝得知楚王英已悔过，就把赎罪的缣施予崇佛的居士和沙门。这一事件被认为是东

[1]　孙机：《“木牛流马”对汉代鹿车的改进》，载《中国古舆服论丛》。

汉上层统治者在信仰传统的儒教、黄老的同时也信仰外来佛教的例证，同时也说明当时西域的僧人已经深入到长安、洛阳乃至楚王英的领地江南一带进行传教活动，这无疑为后来佛教在这些地区的传播打下了基础。

不过，这时的佛教只是被当作一种异域的神仙方术，被依附于当时正在流行的黄老道术之后加以尊崇和祭祀，以祈求福祥。后来东汉第一位信佛的皇帝桓帝也在濯龙宫中合祭浮屠、老子，吸引他的自然也不是佛教教义，而是在炽烈的成仙欲望驱使下，将佛陀作为攘灾招福、长生不老的神来供奉。

东汉末年，黄巾大起义爆发，各地豪强在镇压农民起义的过程中纷纷崛起，开始了野蛮的兼并战争，东汉朝廷已陷入名存实亡的境地。当时的徐州地区（今山东南部和安徽、江苏一带）由刺史陶谦管辖，由于他镇压了境内的黄巾起义军，使得这一地区在相当时期内较少战事，保持了安定的局面。这样，北方洛阳、关中地区的人民，因不堪忍受董卓等军阀混战造成的战乱和杀戮，纷纷逃到这里避难。其中有一位叫笮融的人是陶谦的同乡，带了数百人投奔陶谦，被陶谦任命做广陵（治今江苏扬州）、下邳（治今江苏宿迁西北）、彭城三郡的粮食运输督管。笮融是一个真正的佛教信徒，他利用职权，把三郡运粮的收入用来大建佛教塔寺，成为中国佛教史上一位声名显赫的人物。《三国志 · 吴书 · 刘繇传》中记录了笮融所造佛塔寺的规模：

以铜为人（此指佛像），黄金涂身，衣以锦采，垂铜盘九重，下为重楼阁道，可容三千余人，悉课读佛经。

这实际就是上有九重相轮，下带回廊的多层楼阁式塔寺，里面供奉妆金饰彩的金铜佛造像，而建筑规模之大，可供3000人膜拜顶礼，学习诵读佛经。笮融此时已不再将佛陀与黄老同时供养，而是独尊佛教，而所课诵之经，也是专一的佛经，这都说明东汉末年江南地区的佛教信仰比之东汉初已前进了一大步。笮融还在他的辖区之内规定，凡信奉佛教者，都可以免除徭役，这对于饱受战乱兵役之苦的民众更具有极大的吸引力，因此很快就招致民户5000多。他甚至以举行盛大的浴佛法会，在80里范围内供应酒饭的优厚待遇鼓励，号召人们信奉佛教，使得前来瞻仰就食者达万人以上，花费以亿计。不管这些被感召而来的人们是否真正懂得和崇信佛教，但笮融成功地在当地扩大了佛教的影响是毫无疑义的。

三国鼎立的局面形成之后，江南等长江中下游广大地区属于孙权的东吴版图，都城先设在武昌，后改建业（今南京）。东汉末年以来，洛阳、关中地区的大量民众因避中原战乱而迁居吴地，其中不乏知识分子和佛教僧侣，较知名且有代表性的是支谦和康僧会。

支谦字恭明，西域大月氏人，汉灵帝时随祖父法度等数百人归化于东汉，他从小学习中国书典，通晓六国语言。支谦师事支娄迦谶的弟子支亮，学问渊博，被公认为当时最有学问的人物之一。他在东汉献帝末年同一批知识人士一起逃到吴，受到孙权的礼遇，聘为博士，在吴地翻译了许多佛教经典。

在吴国影响最大的佛教代表人物是来自南方交趾的康僧会。康僧会的祖先是康居人，后世居印度，其父因经商移居交趾，他10岁时父母双亡，遂出家从佛，他于赤乌十年（247年）到建业，进行译经传教工作。史称他十分注意对一般民众进行佛教传播，曾建立屋舍，设立佛像，进行传教。他还通过烧香祈祷，得到佛舍利，引起孙权的重视和支持，因而在江南首次为他建造佛寺，故称建初寺，并为寺所在地取名佛陀里。直到晋武帝太康元年（280 年）康僧会去世为止，他一直以建初寺为中心从事译经和传播佛教的活动。东晋时，西域僧人帛尸梨密多罗到建业便住在建初寺，与丞相王导交往密切。东晋成帝咸和二年（328 年），建初寺曾被乱兵焚毁，后又修复，并绘制了创始者康僧会图像。此像至梁时还存在。

二、康僧会译经

康僧会自赤乌十年（247 年）到建业，直到晋武帝太康元年（280 年）去世，30 多年间在吴地进行佛经翻译和普及佛教活动。他翻译的主要经典有《阿难念弥经》《镜面王经》《察微王经》《梵皇经》等，但最重要的是叙述释迦前世故事的《六度集经》。他还对《安般守意经》《法镜经》《道树经》三经进行注释，合写了一个经序。

康僧会师从东汉桓帝时西域安息国太子、著名译经大师安世高。康在交趾出家，其师死后，便从安世高弟子南阳韩林、颍川皮业、会稽陈慧学习安世高所传小乘佛教，他们非常忠实于安世高的佛学见解，“非师（指安世高）不传”（《安般守意经》序）。三国时代的洛阳和吴地佛教思想界大致有两个系统，一个是安世高的小乘禅学系统，一个是支娄迦谶的大乘般若学系统。康僧会译的《六度集经》，就属安世高系统的重要经典。但佛教史学者们认为，康僧会在个人的道德修养上可能受小乘的影响较多，但他也并非专传小乘佛教，他的译经注释多引支谦的译经，即使《六度集经》中有的也是采自支谦的译文。

东汉三国时期，各地虽已译出大量佛经，但由于佛教毕竟传入不久，特别是对文化层次较低的人说来，最有鼓动性和诱惑力的佛教教义便是因果报应和三世轮回的理论。所以佛教自创立时起就有因人施教的不同方式，对一般刚刚接触佛教的人，讲施、戒的理论。施即施舍；戒有五戒——不杀生、不偷盗、不邪淫、不妄语、不饮酒。还宣传死后灵魂升四天王天、三十天，等等。康僧会也深谙其中道理，他还博览中国儒家典籍和方术图书，懂得将佛经深奥的道理和中国本土传统的儒道思想结合，加强传播佛教的效应。这方面最能说明问题的例证是昏愦暴虐的孙皓即位（265 年）以后，曾“废弃淫祀，乃及佛寺，并欲毁坏”，并派人到建初寺中与康僧会辩论，但未能取胜，又召康进宫当面发难。康僧会从容不迫，针对孙皓所提责问，用传统的儒家伦理和天人感应论解释佛教教义，如孙皓问：

> “若然，则周孔已明，何用佛教？”
>
> 会（康僧会）曰：“周孔所言，略示近迹；至于释教，则备极幽微。故行恶则有地狱长苦，修善则有天宫永乐。举此以明劝沮，不亦大哉！”[1]

这就把佛教的“幽微”，作为对儒学“近迹”的补充，说明儒家思想和佛教教义是一致的，都有善恶报应的信念。如儒家思想讲究善有善报、恶有恶报；而佛教也认为作恶者死后下地狱，行善者死后升天宫。一番宣讲，使得孙皓不得不信服，也使佛寺免遭毁

[1] 梁·慧皎：《高僧传》卷一，中华书局 1992 年版，第 17 页。

损。史称康僧会能文善辩，于此可见一斑，同时这一传奇性的事件也说明康僧会在当时吴国上下的影响之大。

三、佛兽镜和谷仓罐佛像

伴随着以支谦、康僧会为代表的佛教高僧在江南的译经传教活动，佛教教理和造像信仰开始在三国吴地普及。虽然起初这种外来的“胡神”（佛）并没有被人们作为至高无上的神来顶礼膜拜，但如前文所说，百姓们已将佛作为与传统的黄老神仙并列的神祇来对待，而且习惯了佛教的形象愈来愈多地出现在自己的日常生活之中。最有力的实物证据就是今天考古发掘中获得的、出土于长江中下游地区的三国、西晋铜镜和青瓷器上大量的佛教造像形体。

孙吴的铜镜铸造工艺，东汉时便有深厚的根基，三国时北方铜镜制造业因战乱而衰落时，江南的铸镜业却呈现了蓬勃发展的形势，制镜地点集中在当时的吴县（今江苏苏州）、山阴（今浙江绍兴）和武昌（今湖北鄂城）。除了铸造自东汉以来流行的盘龙镜、方格规矩镜等旧式铜镜外，在三国吴时开始出现了以佛像作装饰图样的佛兽镜和佛像夔凤镜。典型的例证有二：一是解放后在湖北鄂城寒溪公路出土的一枚神佛兽镜，它的制作年代约当3世纪中期[1]。该镜直径15厘米，平缘，缘部饰连续的流云纹，外区是由多种奇禽异兽组成的纹饰带，内区的主纹由四组神佛像和四个兽形交互构成。四组像中有两组各一像，分别为传统神像东王公、西王母；另两组各为二像，其中一组为两个侍神，另一组

---

[1] 王仲殊：《关于日本的三角缘佛兽镜——答西田守夫先生》，《考古》1982年第6期。

则为两尊佛像。两尊佛像中一为坐像、一为立像。坐像结跏趺坐，头部似有头光（因锈蚀而模糊不清），但这尊坐佛下的仰莲座十分清晰，故为佛像无疑。立像应为坐佛的胁侍。另一件是近年同样出土于湖北鄂城钢厂五里墩的佛像夔凤镜。直径16.3厘米，镜缘平直，素面无纹。内区外缘为连弧纹饰带，每弧内各为一龙、一凤或一虎；内区为四个桃形佛像纹饰间以四组凤鸟纹饰。四个桃形纹饰区中三个各为一尊佛结跏趺坐像，头后均有圆形头光，座两侧各出一龙首；唯有一桃形纹饰区中为佛三尊像，正中一佛（菩萨？）半跏趺坐于莲座上，作思惟状，两旁二胁侍一立一跪。据此镜纹样，被定名佛像夔凤镜[1]。吴地佛兽铜镜的大量制作使得当时的工匠们在东渡日本后，又将自己擅长的技艺融于日本的铜镜制作中，使得日本流传下来大量同时期的一种形制独特的三角缘佛兽镜，成为古代中日物质文化交流的见证。

另外，在1956年湖北武昌莲溪寺出土的吴永安五年（262年）校尉彭卢墓中，发现一件随葬的鎏金铜马具鞧带饰件，正面錾刻一立佛（菩萨？），袒上身，下着裙，身边帔帛飘曳，跣足立于莲花座上。头上有发髻，后有头光。[2]

除铜镜、铜带饰上的佛教造像装饰外，长江中下游的江苏南部、浙江北部和中部一带吴和西晋墓葬中，还多出土一种陶或青瓷质谷仓罐（又称魂瓶），上面往往也装饰有佛像。谷仓罐是一种有着鲜明时代和地域特征的随葬明器，一般认为是由汉代一种五联罐演变而来，造型是以一个大腹罐体为主，上面罐壁贴塑，罐口沿部

[1] 《鄂城汉三国六朝铜镜》，文物出版社1986年版，图版81。

[2] 湖北省文物管理委员会：《武昌莲溪寺东吴墓清理简报》，《考古》1959年第4期。

堆塑各种动物、人物、楼阁、亭阙、鸟兽等，以此象征死者仍生活在华美的楼阁之中，并有丰足的满仓五谷供其享用。谷仓罐上出现佛像题材，最早实例见于三国吴的中后期，系由1957年江苏江宁发掘出土和1979年浙江武义吴墓中出土[1]，佛像被作为局部饰物，贴塑于谷仓罐罐腹外壁上。到了吴末西晋初，佛像已被置于罐上堆塑的楼阁中，地位似乎更为尊贵，成为受供奉的形像。如1958年江苏南京甘家巷高场1号墓出土的一件谷仓罐，陶质，外施黑色釉，通高42厘米。罐腹壁贴塑一周多个佛像。上面口沿部两层，下层罐颈为楼阁式，正面开门，门内塑一佛，门前双阙，阙两侧又各有一小罐，罐后又置佛像八身；上层罐顶亦为楼阁式样，方形，四面各开一门，门内各一坐佛，楼外一周密布排列多尊小坐佛。纵观此罐上的所有佛像，均为结跏趺坐，双手于胸前合十，头后和身后有上下相连的头光和身光，已是相当规范的佛像仪轨形态。[2]

此外，三国西晋时佛像也还出现在青瓷器中一些其他器型装饰中，如香熏、酒樽、盘口壶，甚至盛痰的唾壶上都贴塑小坐佛形象。

以上实物材料表明，我国三国西晋时期，约当公元三世纪中叶前后，长江中下游地区已受到外来佛教的影响，而佛教造型艺术更明显地渗透到当地多种艺术品中。但这同时也表明，人们还远没有像后来东晋南朝那样，将佛像作为尊崇的神像来礼拜，因为虔诚的佛教信徒，似乎不会将佛像用于装饰马具和盛痰的唾壶。

[1] 金华地区文管会、武义县文管会：《浙江武义陶器厂三国墓》，《考古》1981年第4期。

[2] 金琦：《南京甘家巷和童家山六朝墓》，《考古》1963年第6期。

四、蜀地早期佛教艺术

三国西晋时期，与长江中下游吴地出现早期佛教信仰和佛教艺术品遥相呼应的，是长江上游蜀国地域内也开始了佛教的传播，而且保留了一批极有特色的佛教艺术品[1]。这些艺术品主要有两种，一种是当时墓室中雕刻的图像；一种是墓内随葬品上的局部装饰图像，其中又以所谓“摇钱树”的陶座及铜铸树枝上的图像最为典型。

蜀地早期佛教遗物发现最早的一例，是四川乐山麻浩 1 号崖墓中的佛像雕刻。此像系 1940 年发现于四川省乐山市麻浩 1 区 1 号崖墓中，墓为大型横前室三后室墓，墓门、墓道、墓室均雕刻画像，而前室东壁门楣石上，即雕刻一佛像，像高浮雕，头上有肉髻，穿通肩大衣，右手上举施无畏印，左手握衣角，结跏趺坐。头部后方有圆形头光。此像保存较清晰，是四川早期佛造像中最具佛像仪轨特征的一件。另外，1940 年乐山市柿子湾 1 区 1 号崖墓中，也在后墓室门楣和左后室门楣上保留着两尊佛像，高浮雕，佛姿态略与麻浩崖墓者同。

1942 年，四川彭山崖墓中出土了一件陶器座，高 21.4 厘米，底径 19.3 厘米，推测是当地东汉以来颇为流行的随葬物“摇钱树”插座。座灰陶质，模制。圜外侧造三尊像，中间本尊为高髻、通肩衣，结跏趺坐之佛像，右手施无畏印，左手握衣角，形态与前述崖墓浮雕佛像近同。与同类摇钱树有关的，还有四川绵阳何家山 1 号

[1] 本节所涉四川早期佛教遗物的情况，均请参见吴焯《四川早期佛教遗物及其年代与传播途径的考察》、《文物》1992 年第 11 期；《佛教初传南方之路》，文物出版社 1993 年版。

崖墓出土的一件铜质钱树，树干纵向按一定间隔分铸5尊大小、形态完全一致的小铜佛像。1981年5月，四川忠县涂井卧马凼崖墓群出土4株铜钱树，分别随葬在3座墓中，每树由数节缀合而成，共清理出14节，每节树干上均有一小坐佛像，共有14尊小坐佛。

除墓室雕刻和随葬摇钱树上的佛像外，四川还发现了不少早期佛教陶俑和画像砖。如忠县涂井崖墓白毫相俑，1972年什坊县皂角乡白果村出土的佛塔画像砖，以及忠县涂井崖墓出的陶屋模型，等等，都是与早期佛教有关的作品。

关于以上四川早期佛教遗物的年代，文献记载不详。据现有实物材料，这些遗物几乎都发现于崖墓之中，但这些崖墓多没有明确的纪年，且四川崖墓延续的时间又较长（从东汉到魏晋南北朝），故以往只能将有佛像之崖墓与相邻的有纪年或形制相同的崖墓类比而推断其年代。目前，四川的文物考古工作者经过大量工作，已将麻浩、柿子湾崖墓佛像的雕造定在东汉建安至蜀汉末年这一时期之内，即公元2世纪末至3世纪中叶。后来又把麻浩佛像的时代具体到蜀汉时期，而出钱树铜佛像的涂井崖墓5号和14号墓，也被证明是一组三国蜀汉前期的墓葬。总起来看，四川这批早期佛教遗物集中于三国蜀汉时期，有的可能略早，但也不会早过东汉与蜀汉交接的年代。

蜀地早期佛教的表现形式，也与长江中下游孙吴一样，是与神仙崇拜及民间祭祀巫风结合在一起的。

至于蜀地早期佛教的传入路线，也是学者们很感兴趣的问题。过去有人认为是由中印度经缅甸、云南进入四川，但这条路线上的考古迄今仍未发现一件真正的佛教艺术品，故很难令人信服。另一种看法是，四川早期佛教遗物具有明显的西北印度犍陀罗雕刻的风格特征，如姿态均为结跏趺坐，右手于胸前施无畏印，左手提握袈裟，而这也是犍陀罗佛像中最常见、最典型的造型。由于犍陀罗佛像是通过西域进入中国的，所以四川早期这种带有犍陀罗风格的艺术遗存应该是由西北一线传入的。持这种观点的学者认为，由西域至蜀地，原有两种走法：一是由西域南道的鄯善，穿越阿尔金山口，经青海进入四川西北部；二是由河西经汉中进入四川北部。但蜀汉时期河西被曹魏所控制，而蜀、魏互为敌国，因此当时由西域至蜀，只能走青海一线。文献记载也证实了这一点，如蜀人常璩《华阳国志》及《后汉书·西羌传》等都明确了蜀经青海通西域的路线在当时是客观存在，并有一定影响的。

与前面一节叙述三国长江中下游吴地佛教遗存物的情形相同，蜀地佛教遗物也表明，当时的佛教尚不是被尊崇的正统宗教，而是与神仙崇拜及民间淫祀结合的补充物。四川自汉代以来，鬼神道术之风炽盛，汉末五斗米道得到刘焉的支持，张鲁“以鬼道教百姓，賨人敬信巫觋，多往奉之”，导致巫风大行。蜀汉之时，四川的民众仍信鬼巫，《华阳国志·蜀志》就批评说“民失在于征巫，好鬼妖”。在这种环境中，外来的佛教以最通俗的祝祷冥福形式出现，便最易被人们接受。但由于没有形成真正的宗教信仰，所以蜀汉以后当地佛教遗迹迅速消失，直到后来五世纪中叶出现了真正意义上的佛教崇拜遗物，其间形成了约一百年左右的缺环。

前述长江中下游吴地墓葬明器谷仓罐及其他青瓷、陶质容器上装饰佛像的作法在五世纪初便完全消失，并再没有以同样形式出现过。

第二章　东晋十六国文化

公元316年西晋灭亡，317年晋宗室司马睿在长江以南的建康称晋王，翌年称帝，史称东晋。东晋政权于公元420年被权臣刘裕禅代，共延续了100余年。东晋王朝虽偏安江南，但被视为汉族的“正朔”所在，大批汉族人民（包括原中原的豪门世族）为逃避北方的战乱。纷纷迁徙南下，为南方经济、文化的发展注入了强劲的活力。在东晋统治的100年间，虽然统治集团内部斗争不断，北方少数民族势力南侵的危险也时时存在，但总起来看南方还是相对安定的，经济、文化得到了长足的发展。

与此时的南方相对应的是，西晋灭亡之后，中国北方被匈奴、鲜卑、羯、氐、羌等五个少数民族先后建立的十六个政权所分割（实际有二十多个政权，其中也有汉人建立的政权），史称“五胡十六国”。五胡十六国共延续120余年，到公元439年拓跋鲜卑建立北魏政权为止。十六国时期，北中国的广大区域内，民族矛盾和阶级矛盾呈现出错综复杂的形势，各民族割据政权间的频繁战争和攻伐，一方面造成了生产的破坏，人民的流离，使社会动荡不安；另一方面也客观地促成了各民族间的交往融合，形成了中国历史上一次规模空前的民族大融合局面。各民族的经济、文化相互浸润和影响，并不断交汇、冲撞、并存、升华，呈现出鲜明的时代和地域特征。其总趋势正如恩格斯在《反杜林论》中所指出的：“在长期的征服中，比较野蛮的征服者，在绝大多数情况下，都不得不适应征服后存在的比较高的‘经济情况’；他们为被征服者所同化，而且大部分甚至还不得不采用被征服者的语言。”十六国时期入居黄河流域的各少数民族政权，采用和实施的汉化措施，也大大加速了自身由较低生产方式向较高生产方式的发展，最终促进了北方经济文化水平的提高。

谈到十六国时期北方各国的文化发展史，由于其自身发展水平的限制，不少民族没有留下自己的文字记录。因此，他们的历史除了参考其他民族，特别是汉族的文献记录外，还需要依据考古发掘和调查的各种遗迹和实物，即通过当时这些民族物质文化状况来分析、探讨他们更高意义上的文化发展轨迹。而在近年我国北方地区文物考古新发现硕果累累的形势下，这种研究方法和手段的运用就显得更加重要。

第一节　草原风貌

一、马镫沿革

十六国政权大多是由北方游牧民族或与游牧民族关系密切的集团建立的，这些民族和集团多来自北方广袤的草原，又被称为“马背上的民族”。他们和作为主要骑乘对象的骏马有着紧密的联系，所以马具的发展和演变可以成为这一时期物质文化发展的一种标尺，其中又以马镫的成熟和完善最具典型意义。

一般说来，一套完备的马具是由辔头（包括络头、衔、镳和缰绳）、鞍具（包括鞍、鞯和障泥）、镫、胸带和鞧带所组成的。在中国古代，马具中的辔头的结构，早在把马主要用于驾车的殷周时期就已经比较完备了；而鞍具，特别是马镫的出现和成熟，则是西晋十六国前后的事。马镫是坐骑上的重要部件，它使得人们在骑马时可以保持身体的平衡和稳定，更自如地控制马的行动，无论日常骑乘或对敌作战，都发挥着很大作用。我国考古发掘中得到的较早一例马镫材料，是湖南长沙西晋永宁二年（302 年）墓里出土的一批釉陶骑俑[1]，有的在马鞍左侧前缘系三角形小镫，而马的右侧则没有装镫。而且骑乘者的脚并没有踏在镫里，镫在人左足部的前上方，镫革很短，只有人腿部的一半长。因此推测这种小镫是供上马时踏足用的，骑好后就不再踏镫了。此镫应该是较原始的马镫形态。后来，我国北方一批时代相当于西晋、十六国的墓葬中，又相继出土

[1]　湖南省博物馆：《长沙两晋南朝隋墓发掘报告》，《考古学报》1957 年第 3 期。

了数批马镫的实物，主要有河南安阳孝民屯154号墓出土1件[1]，辽宁朝阳袁台子墓出土2件[2]，辽宁北票西官营子冯素弗墓出土2件，等等。这些最早期马镫实物的出土，使得我们对西晋到东晋十六国时期马镫的发展变化，有了较清晰的了解。

孝民屯154号墓的年代，约当于西晋末到东晋初年，晚于前述长沙永宁二年墓；袁台子墓的时代晚于孝民屯154号墓；冯素弗墓更晚于袁台子墓，且上距西晋永宁二年已过了一个世纪。孝民屯墓和冯素弗墓出土的马镫有共同的特点，即都是木芯外包嵌鎏金青铜片，装饰颇为华美。袁台子墓马镫也是木芯，但外表包革髹漆。它们的不同之处是，孝民屯154号墓是单镫，而另两墓均为双镫。同时孝民屯154号墓马镫的镫柄较长，镫体呈扁圆形，蹬脚处略向内凹；而冯素弗墓出土的镫，镫柄较短，镫体呈圆角的三角形，蹬脚处较平直。这些差异除了表示时代的早晚不同外，是反映马镫在其出现的初期尚未定型，还是反映了使用民族的民族风格不同，尚难于遽定。总起来看，从长沙永宁二年墓到孝民屯154号墓，到朝阳袁台子墓，再到冯素弗墓的出土品，大致显示出马镫由发生到初步成熟的发展过程，由初起的单镫到较完备的双镫。成熟的马镫的使用，标志着骑乘用马具的完备，使得骑兵的发展进入一个新的时期，得以使骑兵和战马很好地结合在一起，使复杂的战术动作和列阵的训练变得易于掌握，为十六国到南北朝时期重甲骑兵——甲骑具装的发展，提供了技术方面的基础。

---

[1] 中国社会科学院考古研究所安阳工作队：《安阳孝民屯晋墓发掘报告》，《考古》1983年第6期。

[2] 辽宁省博物馆文物队等：《朝阳袁台子东晋壁画墓》，《文物》1984年第6期。

与马镫的出现和成熟约略同时，马具中的鞍桥、胸带和鞧带也大致在西晋到十六国时期，即公元4世纪初这一关键时期趋于成熟。而成套完备的马具，对海东诸国，如古代朝鲜半岛和日本均产生了深刻而久远的影响。

二、冯素弗墓的启示

1965年9月，南距辽宁朝阳（朝阳即北燕都城龙城，又称昌黎）35公里的北票县西官营子发现了两座并列的石椁墓，编号为1、2号墓[1]。1号墓内出土了朱漆彩绘木棺和470余件珍贵文物，根据其中一方龟钮金质“范阳公章”、一方龟钮鎏金铜质“车骑大将军章”和鎏金铜质“大司马章”“辽西公章”，知此墓墓主是十六国北燕最高统治者天王冯跋的胞弟，也是北燕的第二号统治人物冯素弗。2号墓墓主则为素弗之妻。据《晋书·冯跋载记》和后附《冯素弗传》，冯氏原系长乐信都（今河北冀县）人，后徙居慕容鲜卑境内之昌黎（今朝阳）长谷，公元407年，冯素弗助冯跋杀后燕慕容熙，立国北燕。冯素弗死于北燕太平七年（415年），年30余岁。冯氏长期居住于鲜卑境内，文化习俗都受到鲜卑族的强烈影响，《魏书·海夷冯跋传》便称冯氏家族已“遂同夷俗”。冯素弗墓葬制和出土物便表现出中原汉族和北方鲜卑族的混和文化特征。

在葬制方面，冯素弗夫妇墓为两圹并列，相距最近处仅20厘米，可知原是埋于同一墓冢之下，这种同冢异穴的葬式，与当时中原汉族葬俗不同。另外，圹内围叠石块，砌东西向的长方形椁室，

[1] 黎瑶渤：《辽宁北票县西官营子北燕冯素弗墓》，《文物》1973年第3期。

更是当地的古老传统。漆棺虽是汉族统治者的葬具，但冯墓内棺形制前部高宽，后部低窄，也为中原未见。此外，冯墓椁外圹西壁设小龛，置陶罐、牛股、牛肋、鱼，素弗棺内祔葬儿童等，也是中原未闻之葬俗。

在出土物方面，随葬了一批具有北方游牧民族风格的器物，如一种大镂孔高圈足提梁盖锅，是典型的北方少数民族用器，过去在内蒙古地区曾有出土[1]。但此锅在保留大镂孔高圈足的同时，又改双立耳为附耳，提梁的螭首纹饰也带有明显的汉族文化特色，说明少数民族器具中已融入了较多的汉文化因素。最引人注意的是墓中随葬了种类繁多、数量很大的铁兵器，如铁刀、铁镞和马具、金银带卡等，表明鲜卑族的金属制造工艺所达到的高度水平。

在保留了以上诸多鲜卑因素的同时，冯素弗墓在更大程度上还是体现了汉魏以来中原汉族的文化特征。

首先，冯素弗墓中葬具为外施朱漆彩绘的木棺，这是秦汉以来皇帝为勋贵大臣赠赐棺木的遗制。在椁壁上绘画也是汉魏墓葬制度的通例，壁画题材中的星象图、家居图、出行图等常见于内地早期或同期墓葬。画中人物衣冠与舆服制度均和中原相同，在绘画技巧上反映的是人物清秀、涂色鲜丽、朴拙秀逸，体现了由汉魏壁画向南北朝壁画过渡时典型的晋人画风。

其次，墓中随葬了汉晋以来汉族上层人士随葬品中习用的作为“书殉”“笔葬”的成套文房用品，如石砚、墨、印章等。魏晋政权的士 族制度崇尚士儒，上层统治集团人物都以读书人自矜，因而这一时期统治阶级上层人士用成套文房用具随葬的情况比比皆是，晋

---

[1] 《内蒙古出土文物选集》，文物出版社 1963 年版，第 65 页。

时更是如此。冯素弗墓中连祔葬儿童也随葬墨砚，可见此种风习在北燕也同样盛行。

北燕官制也是继承了魏晋官制，官爵名号与东晋基本一致。1号墓出土的4颗印章均为方形印面、龟钮，说明其印制也沿袭汉魏。

墓中出土的一种金冠饰，可能即是辽西地区同期墓中常出的“步摇冠”，也是一种源于汉族文化后又流行于鲜卑民族的文化交流的实物例证。

冯素弗墓还发现一件有特殊意义的冠饰，是一件金饰片，正面锤锞出附有火焰纹背光的结跏趺坐佛像，两侧还有捧持供养物的人像。这是该地区，也是我国东北发现时代最早的佛像遗存，对中国早期佛教传播有重要的意义。佛教四世纪中叶已盛行河北，五世纪北燕成为北方佛教传播的重要地区之一[1],这件金饰件为以往的这类文献记载提供了重要的物证。

总的看来，冯素弗墓的发现，为我们提供了迄今仅知的明确的北燕墓葬标本，使北燕的政治、经济、文化研究取得了一批可靠而珍贵的实物。对它们的分析研究，使我们得出这样的结论：立国于鲜卑地域内、已相当鲜卑化了的北燕统治集团，虽保留了鲜卑人的部分习俗，但他们实行的代表封建等级制度的一些基本制度，如官制、丧葬礼制、舆服制度等，仍沿袭着汉和魏晋的传统，表现为汉民族的封建文化。在民族大融合的过程中，当边疆少数民族向中原传统汉文化注入新鲜血液的同时，精深博大的汉民族传统文化的强劲影响、感召和渗透力仍是占主导地位的。

---

[1] 参看汤用彤《汉魏两晋南北朝佛教史》下册“佛教之北统”，中华书局1955年版。

三、葬俗新风

与冯素弗墓的情况相同，十六国时期北方接近中原或进入中原的少数民族政权，其文化和风俗均在与传统的先进汉文化融合，趋势是愈来愈向传统的中原文化靠拢，最具说服力的证据自然又是考古发掘中这些少数民族墓葬习俗和随葬器物的变化。而这种变化还是集中在鲜卑族墓葬中。

鲜卑是我国古代东北的东胡系少数民族。公元 1 世纪末，我国北方匈奴民族的统治集团南北分裂，鲜卑遂乘势南下。“转移据其地，匈奴余种留者尚有十余万落，皆自号鲜卑。鲜卑由此渐盛。”（《后汉书 · 鲜卑传》）自魏晋以来，鲜卑便成为北方地区的主要少数民族。十六国中，鲜卑人建立的政权就有前燕、后燕、南燕、西燕、西秦、南凉，此外还有吐谷浑和代（北魏）。十六国之后，整个北朝的主要统治集团也都是鲜卑人。鲜卑主要分为两大支系，一是南迁较早的慕容鲜卑，一是南下较晚的拓跋鲜卑。因鲜卑人自己没有文字，故早期事迹多散见于当时的汉文记载，惜这些零散的记录唐代以后又陆续佚亡。因此不仅鲜卑早期资料极缺乏，就连北魏（拓跋鲜卑建立）迁洛以后的事迹也不完备。所以考古发掘便成为研究鲜卑汉化过程的主要途径。

各地对鲜卑遗迹与同鲜卑有关遗迹的发现，是近几十年来考古工作的重要成果之一。这些调查发掘工作主要集中于辽宁省和内蒙古自治区，有辽宁北票的房身村墓群[1]、西官营子北燕冯素弗夫妇墓和辽宁义县的保安寺石椁墓，内蒙古呼伦贝尔盟鄂伦春自治旗嘎仙

[1] 陈大为：《辽宁北票房身村晋墓发掘简报》，《考古》1960 年第 1 期。

洞石室石刻祝文、陈巴尔虎旗完工墓群和新巴尔虎右旗的扎赉诺尔墓群，乌兰察布盟二兰虎沟墓群，还有辽宁巴林左旗南杨家营子的遗址和墓葬，内蒙古呼和浩特附近凉城发现的猗㐌部遗物。此外，在青海共和县调查过铁卜卡古城址。

根据对以上考古发现的分析研究，可知辽宁北票、义县等处的墓群，是鲜卑南迁较早的一支，即包括慕容鲜卑在内的东部鲜卑遗迹；从黑龙江上游额尔古纳河畔迄内蒙古河套东部的墓葬群，是南下较迟的一支鲜卑，即拓跋鲜卑的遗迹[1]。在墓葬习俗和出土文物上，前一类表明在南迁过程中因受到汉族先进文化影响，从部落联盟迅速进入封建制；而后一类则残存着较多的原始习俗。

具体说来，属于前一类慕容鲜卑的墓葬，时代较早的是辽宁北票西南房身村发现的石板墓群，时代约当 3 至 4 世纪。正式清理了其中 3 座，都是用石板砌筑的长方形椁室，有的里面放有木棺。随葬品有陶罐、漆器、铁刀、铜镜等和各式金饰，墓室大小和随葬品多少成正比，其中墓室大的备有使用了铁钉的木棺，并填充了木炭，显然是地位、身份较高者。三座墓中以 2 号墓出土物数量最多且最精美，特别是有一批制作讲究的金饰件。除指环、镯、钗、铃、珠和一些透雕或月牙状金饰外，值得注意的是出有一大一小两件金花冠饰，较大的那件高达 28 厘米，在长方形透雕云纹的金冠饰上树着 16 支金花枝，上面悬缀着金环和金叶，稍加摇晃，这些小环、叶就摆动起来，这可能就是当时慕容鲜卑上层人物喜戴的“步摇冠”上插饰的金步摇。按“步摇”二字原是中

[1] 宿白：《东北、内蒙古地区的鲜卑遗迹——鲜卑遗迹辑录之一》，《文物》1977 年第 5 期；宿白：《盛乐、平城一带的拓跋鲜卑——北魏遗迹——鲜卑遗迹辑录之二》，《文物》1977 年第 11 期。

原汉族贵族妇女的一种首饰名，《续汉书·舆服志》记“步摇以黄金为山题，贯白珠，为桂枝相缪，一爵九华，熊、虎、赤罴、天鹿、辟邪、南山丰大特六兽，诗所谓‘副笄六珈’者”。据此可知，步摇是以黄金山为题，上面布置花枝鸟兽等饰件，行步时即摇颤，因而名“步摇”。三国时北方燕代地区流行“步摇冠”，为南下的慕容鲜卑部所袭用。《晋书·慕容廆载记》说，“时燕、代多冠步摇冠，莫护跋见而好之，乃敛发袭冠，诸部因呼之为‘步摇’，其后音讹，遂为‘慕容’焉”。可知连慕容鲜卑的“慕容”名称，竟与“步摇”关系密切，甚至是由步摇讹传而来。此类金步摇冠饰，在辽西地区和内蒙古地区同时期墓中曾屡有出土，前述北燕冯素弗墓中即出土一件，说明这是一种既源于汉族文化，而后又流行于鲜卑民族的文化交流的证物。

2 号墓不仅出土金饰数量众多，而且墓室较长大，还置木棺作葬具；而另外两座墓中遗物很少，金饰罕见，没有木棺。这一现象说明当时的慕容鲜卑中贫富差别显著，已经存在着明显的等级界限和阶级对立。同时，在这组墓群的出土物中看不到明显的畜牧经济遗迹，但却有轮制的陶器、漆器以及随葬的五铢、货泉等铜钱，又明确表示出所受的汉文化影响，反映汉族瘗钱的葬俗也流传到这里。豪华的金饰品随葬，也有可能是仿效西晋上层统治阶级的丧葬陋习。这些金饰品除了有汉以来流行的龙和朱雀的纹样外，还出现了匈奴文化中常见的嵌镶饰物的指环。慕容部当时的西北邻即为以匈奴族为酋长的宇文部，匈奴文化远比慕容鲜卑文化先进，因此，慕容鲜卑输入少量匈奴器物或汲取匈奴技艺，也是可以理解的。

四、坚城统万

在我国北方鄂尔多斯高原南端，今陕西省靖边县一个叫白城子的地方，荒沙大漠环抱着一座久已被人们废弃遗忘的古代城堡，这便是 1500 多年前十六国夏的都城，即当时以坚固雄伟而名噪一时的统万城。

统万城是由十六国之一夏国统治者、匈奴族后裔赫连勃勃于公元 413 年驱 10 万人建造的。赫连勃勃是原匈奴南单于的后代，在十六国北方战乱中先依附于后秦姚兴，后拥兵自立为大夏国天王。他骁勇善战，机警果敢，《晋书 · 赫连勃勃载记》称其“身长八尺五寸，腰带十围，性辩慧，美风仪”。当东晋刘裕灭掉后秦退回江南后，赫连勃勃乘机夺取长安，并于公元 418 年在长安灞上即皇帝位。夏的版图虽不及后秦全盛时大，但其军事实力，特别是以“云骑风驰”著称的部队则超过后秦，成为十六国后期北方的军事强国。

公元 413 年，赫连勃勃征发岭北胡汉各族 10 万之众，“于朔方水北、黑水之南营起都城。勃勃自言‘朕方统一天下，君临万邦，可以统万为名。’”因此名城为“统万城”。筑城中，他任命“残忍刻暴”的将作大匠叱干阿利为修缮总领，“乃蒸土筑城，锥入一寸，即杀作者而并筑之”。即用加石灰的土夯筑城墙，筑成后用铁锥刺土，如果能刺入一寸，就杀死筑城工匠。以此严格保证筑城的质量，城筑成后，勃勃命人在城南刻石称颂，颂中描述此城：“高构千寻，崇基万仞。玄栋镂榥，若腾虹之扬眉；飞檐舒咢，似翔鹏之矫翼。”（《晋书 · 赫连勃勃载记》）可见城之坚固雄伟和城中宫殿建筑之豪华。

夏灭亡于北魏后，统万城仍被后来当地历朝政权所沿用。直到宋代，中央政府因担心边疆势力据险城自雄而下令毁城，徙民众内迁，统万城自此便逐渐销声匿迹在一望无垠的沙海荒漠之中。

1845 年，清榆林知府、著名地理学家徐松派当时的清朝横山县知事何炳勋前往调查，确定了白城子就是统万城故址所在地。二十世纪五六十年代，陕西省文管会和北京大学侯仁之也先后调查了该城遗址，发表了简报和论文[1]。1975 年以后，有关学者又数次到现场勘测考察，取得了新的收获[2]。根据这些考察资料可知，统万城遗址在今天仍保持着相当的规模，其城址基本建在一个平面上，西北略高。分为外郭城、东城和西城。其中外郭城破坏较重，轮廓不清。东、西两城除东城南垣一段被沙丘覆盖外，现存城垣均高出地面 2—10 米余，尤以西城最完好。

统万城东、西两城均呈长方形，系由一道隔墙分为东、西两部分。东城周长 2566 米，西城周长 2470 米。东城基较西城基薄，厚 6—12 米，西城基厚达 16 米，加马面长度处可至 30 米，所以现在竟有多户人家在城垣上凿窑洞居住。城的四隅都又有突出于城外的平面呈方形或长方形墩台，且高于城垣之上，其中西北隅一墩台高达 31. 62 米，数十里外即可看到。可以想象，当年台上建的防御用楼阁应是何等高峙险峻。西城四面各有一城门，史载为朝宋门、招魏门、服凉门、平朔门，现存西城门瓮城，门道宽 3 米，其余三门仅存基址轮廓。城址四垣外均加筑马面，西城北垣马面最多，有 10 座，有的马面长 18 米，宽 16 米，里面建竖穴式窑库，储备军需物

[1] 《统万城遗址调查》,《文物参考资料》1957 年第 10 期；侯仁之：《从红柳河上的古城废墟看毛乌素沙漠的变迁》,《文物》1973 年第 1 期。

[2] 陕西省文管会：《统万城城址勘测记》,《考古》1981 年第 3 期。

资。这也是城防建筑中的创新之举。

以上城垣、隅墩、马面和台基均以夯土版筑而成，夯层清晰可辨，土呈灰白色，极为规整致密，真如石砌砖垒一般。夯层厚多在15—20厘米间，要害处如城门、拐角处则趋薄，每层厚12—14厘米，更有薄仅7厘米段，可知当年筑工之细。经对城土化验鉴定，知其主要成分是石英、黏土和碳酸钙。石英即砂粒，碳酸钙是石灰（氧化钙）吸收二氧化碳而成，质极坚硬。砂、黏土、石灰加水混合后即成三合土，是优质建筑材料，现代建筑工程仍在使用。因石灰遇水，体积便迅速膨胀，挤压砂、土，使之紧密结合。而石灰的大量使用，或恰可为古文献记载中的“蒸土筑城”作注解，因烧制石灰，或生石灰加水变熟石灰（氢氧化钙）的过程中，必然释放大量热气，热雾蒸腾，故被史家形容为“蒸土筑城”[1]。以这样先进的工艺技术 而筑起的城垣，自然坚如磐石，难怪当时以铁锥能否刺入作为标准验工。

与高水平的筑城技术齐名的，还有其他金属工艺的制作技术，赫连勃勃统治的大夏已能掌握铸造各类兵器和制作各式精美金铜器具的技艺。《晋书 · 赫连勃勃载记》称他“又造五兵之器，精锐尤甚，既成呈之，工匠必有死者：射甲不入即斩弓人；如其入也，便斩铠匠。又造百炼钢刀，为龙雀大环，号曰‘大夏龙雀’，铭其背曰‘古之利器，吴楚湛卢。大夏龙雀，名冠神都。可以怀远，可以柔逋。如风靡草，威服九区。”同书还记载夏“复铸铜为大鼓、飞廉、翁仲、铜驼、龙兽之属，皆以黄金饰之，列于宫殿之前。凡杀工匠数千，以是器物莫不精丽。”精美的工艺成果，使无数工匠付

---

[1] 以上资料及分析均参见《统万城城址勘测记》,《考古》1981年第3期。

出了生命的代价，这也充分暴露了赫连勃勃政权的极端残暴。

分析起来，在金戈铁马的征战中立国仅20多年的夏政权，之所以能够在城垣建筑和金属铸造等方面达到如此高度的水平，除了用杀戮的野蛮手段役使工匠外，长期与后秦等入主中原的政权交往作战，甚至一度驻军长安，受到中原汉族优秀的传统文化和工程技术、工艺制作等先进因素的影响，也应是一个重要的条件。而这也正是在当时民族大融合、文化大交往历史背景下产生的必然结果。

第二节　佛典东传

一、鸠摩罗什长安译经

公元401年，一位来自西域、年近花甲的著名高僧，被当时统治着西北陕西、甘肃、宁夏、山西一带的后秦国国主姚兴迎入都城长安，被“待以国师之礼，甚见优宠”[1]，还被安置在长安城北、渭水之滨的华贵园林——逍遥园里讲经说法，翻译佛经。这位高僧便是在中国佛教史上极负盛名的译经大师鸠摩罗什。

鸠摩罗什简称罗什，祖籍天竺（今印度），世代为高官。他的父亲鸠摩炎（或称鸠摩罗炎）为逃避做官而东度葱岭，被当时我国西域的龟兹王迎为国师，并且还将自己的妹妹嫁给他为妻，他们所生的儿子便是鸠摩罗什。

龟兹国是葱岭以东佛教信仰的中心地区，僧尼人数多达万人以

[1]　梁·慧皎：《高僧传》卷二“晋长安鸠摩罗什”，中华书局1992年版。

上，连许多王侯之家妇女也虔信佛教，甚至出家到佛尼寺中修行。罗什 7 岁时他的母亲便出家为尼，而他也随着学习佛经，《高僧传》中说他“日诵千偈，偈有三十二字，凡三万二千言”。9 岁时，又被母亲带到位于今克什米尔地区的罽宾国，拜罽宾国王的从弟、知名的佛教学者槃头达多为师。学的《中阿含经》《长阿含经》《杂藏》等，多属小乘佛教的内容。12 岁时，罗什随母返回龟兹，途中在沙勒（即疏勒，今新疆喀什一带）国停留了一年。沙勒国大乘佛教很流行，罗什在这里先修小乘，后在当地学者须耶利苏摩的影响下改学大乘教义，并最终放弃了小乘立场。

后来，罗什又随母到龟兹以西的温宿国（今新疆乌什一带），在那里与一外道辩论获胜，名声大振，“声满葱左，誉宣河外”。龟兹王亲往温宿，将罗什和其母接回国内，罗什在龟兹研习教理，宣传大乘佛教教义，受到很高的礼遇。《高僧传》中记载龟兹王专门打造了金狮子座，上覆大秦锦褥，请罗什升座说法，而各王国前来听讲的国王都长跪于罗什说法的座前，让罗什踏着他们的身体登座说法。[1]

东晋太元八年（383 年），据有关中的前秦王苻坚派将军吕光征讨西域，临行前专门叮嘱吕光，如果攻下龟兹国，得到名僧鸠摩罗什，就马上送回长安。后吕光果然克龟兹，获罗什，但当他又得知苻坚在淝水之战中大败，并被姚苌所杀的消息后，便拥兵自立，在姑臧（今甘肃武威）建国凉（史称后凉），并把罗什留在身边做了军政顾问。

后凉建国的地区，即今甘肃河西地区，汉以来便是繁忙的中西

[1] 这种礼尊名僧的习俗，至今在东南亚诸佛教国家仍有保持。

交通要道，早期佛教理论和造型艺术由新疆向东土传播，都是首先到达河西地区。公元317年建立的前凉政权，在此经营了60年，境内相对安定，经济文化得到平稳发展，佛教亦较盛行。公元373年，前凉最后一位国主张天锡还广招西域僧人，组织凉州译经场，并亲自参加佛经翻译工作。公元374年，北方名僧道安在襄阳编撰《综理众经目录》时，其《凉土异经录》中已收凉州译经59部、79卷[1]。就是在这有着深厚佛教文化根基和浓厚佛教氛围的凉州地区，鸠摩罗什一住就是十六七年。其间他没有做译经工作，而是收授了许多佛门弟子，后来成为他大弟子的僧肇也是这期间从内地跑来师从他的。其他学习了汉语，广泛接触了佛教以外的传统汉文经史典籍，这些都为他后来的大量译经准备了有利的条件。

公元401年，后秦兵伐后凉，后凉王吕隆败而归降，并发子弟及文武旧臣50余家到后秦长安去做人质。鸠摩罗什也被早已倾慕他的后秦国主姚兴迎入长安，此时他已58岁。

后秦是十六国时期北方较为强盛的国家，国王姚兴有相当的文化修养，做太子时就常与身边人讨论经籍典故，即王位后更提倡儒学与佛学，对文人学者十分礼敬。他迎罗什至长安后，将其安置于逍遥园中，并经常亲自前往聆听其讲经说法，就佛经中不懂的问题与罗什做深入的讨论。罗什发现内地翻译的许多佛经，含意与印度原经相差很大，便及时予以考订校正。史载姚兴与罗什二人在逍遥宫中习经，“罗什持胡本，兴执旧经，以相考校”（《晋书·姚兴载记》），仿佛两个亲密的同窗学友共同研讨疑难的学术问题。也许是他们都同时感到该对原有的汉译佛经进行全面的订正，而且应该进

[1] 梁·僧祐：《出三藏记集》卷三“新集安公凉土异经录”。

一步翻译许多尚未译出的原梵文佛经，于是，一个规模宏大的译经场在长安开辟了。除逍遥园外，姚兴还为罗什提供了另一处译经场所——长安大寺，并召集选拔僧人500余人参与其事。姚兴不但为罗什译经做了大量组织保障工作，还亲自参与读经、修禅和佛教教理的著述。在国王的带动下，后秦公卿百姓莫不信附佛教，“事佛者十室而九矣”(《晋书，姚兴载记》)。

随着译经工作量的增大和僧尼的增多，后秦设立了中国佛教史上首次出现的统管全国僧尼的行政机构，姚兴命罗什的弟子僧䂮任僧正（管理僧尼的最高僧官，相当于后来北魏的沙门统），僧迁任悦众（也译“都维那”，僧官副职），并配给一定的车辆和下属人员编制，从而使罗什的庞大僧团译经、说法、传教活动得到可靠的后勤和组织保证。

在这种极为有利的条件下，鸠摩罗什充分发挥了约50余年积累修养的佛学才识，领导翻译了35部共294卷佛经[1]，而《开元释教录》则记为74部380卷。总之，他无疑是完成了300卷左右的宏大译经事业。参与罗什译经的还有很多弟子，著名者有僧叡、道融、僧䂮、僧肇、道生等，其中有的原是协助过道安译经的弟子。罗什这一宏大的译经工作进行了约11年，即从后秦弘始三年（401年）十二月他到长安，直至弘始十五年（413年）四月去世。

鸠摩罗什在长安领导的译经活动，在中国佛经翻译史上是具有划时代意义的工作，对中国佛教特别是隋唐以后佛教的大发展有着深远的影响。其作用主要表现为以下几个方面：

一是鸠摩罗什首次系统地将印度般若学说的大乘佛教经典译为

[1] 梁·僧祐；《出三藏记集》卷二。

汉文，引入中国，加速了大乘佛教般若学说在中土的传播，而这种学说正是南北朝隋唐时建立各种中国佛教学派理论体系的重要思想依据。如他所译的《成实论》是成实学派（成实宗）的主要经典，《中论》、《十二门论》和《百论》是三论学派（或三论宗）的主要经典。隋唐以后，罗什所译的《法华经》成为天台宗的主要经典，《阿弥陀经》是净土宗主要依据的三经（另两经是《无量寿经》《观无量寿经》）之一，《金刚般若经》对禅宗有较大的影响，而《弥勒成佛经》和《弥勒下生经》成为民间弥勒信仰的经典，《梵网经》更是大乘第一部戒律，等等。

二是罗什的译经将印度佛经的准确教义与汉译的语词表述作了较完美的结合，使译经的思想性和汉语修辞达到了新的高度。罗什本人通晓梵文，又在凉州生活多年，接触和吸收了传统的汉文化，再加上他的长安译经班子中，有多位具有很高儒学和佛教修养的汉族僧人。这些因素的共同作用，便是一大批较高水平汉译佛经的产生。

三是自罗什始，佛教译经被正式作为国家管理的事业，由政府提供资金，组织人力，并逐渐形成了较完备的僧尼管理机构和僧官制度。

二、释道安和慧远

东晋十六国时期，约与鸠摩罗什活动的时代先后，还有一批学识渊博的汉族佛教高僧弘扬佛法于中国北、南广大地区。著名者有北方的释道安和他的弟子——后成为南方庐山僧团领袖的慧远。

释道安（312—385 年）本姓卫，常山郡扶柳（约今河北正定以南）人。他生于一个文化世家，早年丧失双亲，由义兄孔氏抚养，7 岁就开始读书，到 12 岁出家以前，已广泛学习了传统的儒家经典。12 岁出家后，因相貌丑陋（似乎肤色较黑），起初不被老师看重。后经反复恳请，被授予 5000 言的《辨意经》和近万言的《成具光明经》，道安过目成诵，当天就背了下来。后来，道安得到后赵国主石氏崇敬的“大和上（尚）”佛图澄（西域高僧）的赏识，跟着他研修佛学。佛图澄每次讲经后，道安都能够复述，复述时，常有僧众提出种种难题，道安从容答辩，游刃有余，人们惊叹说：“这个黑和尚真了不得！”[1]

东晋永和五年（349 年），后赵石虎死，北方再度陷于石氏政权内部和外族势力的互相杀戮征战中。此时佛图澄已死，道安为避战乱，开始了在山西、河北，河南等地深山之中长达十几年的游学传教活动，这期间他和一批同行弟子共同研究佛教义理。到兴宁三年（365 年），他准备南下东晋领地内的襄阳时，已成为拥有数百徒众的僧团领袖了。南下途中，他第一次遣散了一批弟子到江南扬州和巴蜀等地，而带着慧远等 400 余人直达襄阳。襄阳的官僚士大夫久仰道安大名，一位以文章学识著称的儒家学者习凿齿更是欢迎道安的到来，在他们刚刚见面时，习自通姓名曰“四海习凿齿”，道安则应声答道“弥天释道安”，一时传为名句。前秦苻坚攻克襄阳后曾对下属说：“我以十万之师取襄阳，仅仅是为了得到一个半人，一个是道安，半个是习凿齿。”可见道安声望之高。据说鸠摩罗什还在本国龟兹时，就听说过道安的高德，向道安遥致敬礼，赞扬他是东方的圣人。

---

[1] 见《高僧传》卷五本传。

道安在襄阳住了近15年，他在当地建塔造像，宣讲《般若经》，声威日高。太元三年（378年），前秦军攻克襄阳，道安与习凿齿被送往前秦国都长安，临行前道安再次向各地派遣弟子，其中便有南下庐山的慧远。

到长安后，道安成为苻坚政权的最高政治顾问，同时也居前秦佛教最高领袖的地位。他系统地组织了佛经翻译工作，共译出佛经约14部183卷，其中以小乘典籍占绝大多数，这是继东汉安世高之后第二次大规模地把小乘上座部系统说一切有部的典籍译为汉文。他亲自编撰了第一部佛经目录，为中国佛教目录学奠定了基础，他还针对魏晋以来沙门或以国土为姓，或依师为姓的僧姓混乱现象，提出一切沙门均以佛祖释迦牟尼的“释”为姓，并得到佛教徒们的公认。

东晋太元十年（385年），道安在长安逝世，享年74岁。释道安在中国佛教史上占有重要地位，他作为一位中国佛教学者和僧团领袖，既通晓传统的儒家经书，又钻研了佛教小乘（主要是说一切有部）禅法、阿毗昙经典，他充分利用了熟稔这两种文化的优势，借助中国古文化思想和东晋盛行的老庄玄学观念，解释和发挥佛教教义，特别在般若学方面，运用玄学贵无派的本体论的论证方式，建立了“本无宗”的般若学理论，使其成为东晋十六国时中国佛教般若学派“六家七宗”中影响最大的一派。他在佛经翻译上的作用也是不可低估的，他在长安主持的译经活动，由于他本人的地位和国家的支持，取得了显著成果。他译经班子中的许多学识很高的人，后来又成为鸠摩罗什长安译经场中的重要成员。

道安的大弟子慧远，也是此期佛教界十分引人瞩目的一位。宋朝人祖琇说：“法源滥觞之初（佛法刚刚兴起时），由佛图澄而得

（道）安，由安而得远公（慧远）。”[1] 佛教史家则认为，道安没有佛图澄还是道安，慧远如没有道安便不能成其为慧远。

慧远（334—416 年），本姓贾，生于北方五台山山麓的雁门楼烦（今山西宁武）。13 岁游学于中原许昌、洛阳，学习儒家经典，尤其精通当时流行的《庄子》《老子》。21 岁与师弟慧持到恒山（今河北阜平北），听正在当地立寺传教的释道安讲《般若经》，感叹说："儒道九流，皆糠秕耳。"[2] 于是放弃儒道信仰而出家。后来，慧远等 400 僧徒随道 安到襄阳逃避战乱，前秦苻坚攻克襄阳，将道安带往长安之前，道安又一次遣散弟子到各地。临行之际，道安对每位弟子都作了有针对性的教诲，只对慧远没说任何话。慧远跪请师训，道安说："你是不需要我再操心的了。"可见道安对慧远的能力和发展已有了足够的认识。

慧远于是与师弟慧持等数十人南下长江到浔阳（今江西九江），在这里眺望庐山险秀奇伟的峰峦，流连不舍，产生了在此山长住的念头。他先入庐山西林寺，后住东林寺。一住便是 30 多年，从不出山。直到东晋义熙十二年（416 年）83 岁去世，没出过庐山。

慧远人在庐山研经论法，心却始终关注着天下政治和佛教界的动态和变化。隆安五年（401 年）鸠摩罗什刚刚被迎至长安，慧远就写信与罗什结交，并赠予袈裟和漉水囊（法器），鸠摩罗什也回书问候，并回赠了自己使用的法物鍮石双口澡罐。此后，两人以通信方式研讨佛教义理，慧远特别对新传入中土的大乘佛教提出疑问，罗什则一一作答。后人将慧远与罗什之间的佛学问答辑为十八章《问大乘中深义十八科并罗什答》（或作《大乘大义章》）。慧远

[1] 《隆兴佛教编年通论》卷三。

[2] 《高僧传》卷六"晋庐山释慧远"。

还派弟子道生等到长安亲聆罗什的教诲。

《高僧传》曾记载，东晋元兴元年（402 年），慧远与聚集在他周围的 120 多位僧人、居士和名士在阿弥陀佛像前宣誓信崇阿弥陀佛西方净土，专念阿弥陀佛。虽然治佛教史者对这一史事和参加人员的记载尚有疑问，但在这个庐山僧团系统中，确有一批当时各界的著名人士，如慧永、慧持、道生等僧侣，也有刘程之、张野、雷次宗等居士和名士。

东晋咸康五年（339 年）时，称雄于浔阳、江陵一带的太尉桓玄发布取缔僧尼，使之隶属王权之下的命令，即“沙门应尽敬王者”诏书，慧远则针锋相对地写了《沙门不敬王者论》加以驳斥，阐明佛法与社会法之不同，主张沙门没有礼敬王者的必要。他本人也身体力行，在庐山 30 余年间，多少高官显贵，甚至皇帝路过当地，请他下山相见，他均称疾不出，以独立于世外的态势继续着自己和庐山僧团的修持事业。

慧远的佛教思想是十分丰富且不断发展的，他早期追随道安的般若学，定居庐山后，他先是钻研小乘佛教的毗昙学，后又受罗什为首的大乘关河中观学派的影响，同时又接受佛陀跋陀罗禅法，并信仰阿弥陀佛西方净土，其涉及范围大大广于道安。而他的这种种思想的发展变化，正是外来的佛教与中国传统文化日趋结合的反映，慧远的思想和实践促进了这种结合，因此奠定了他在中国佛教史上的特殊地位。

三、法显西行和《佛国记》

佛教自传入中国后，既有很多西域乃至境外高僧东行入中土传布佛法，同时又有一些内地的汉族僧人突破重重雄关险道，克服种种艰难困苦，前往西方求法取经。他们中最早的一位是三国时的朱士行，到东晋十六国时著名的一位是法显，他因赴西方佛国15年的传奇经历和撰写了一本自传体游记《佛国记》而闻名于世。

法显（339？—420？年），俗姓龚，平阳郡（治今山西临汾西南）人，幼年即出家，20岁受具足戒[1]。他针对当时的佛教界汉译大小乘佛经已不少，但戒律却相对缺乏，难以对迅速壮大的僧众团体进行必要行为约束的情况，而萌发了亲自到佛教发源地寻求佛教戒律的想法。他于东晋隆安三年（399年）与同学慧景、道整等数人由长安出发西行，此时他已是60多岁的老人了。

法显一行经河西走廊，过甘肃兰州、张掖、敦煌，涉沙漠，穿越今天的新疆广大地区，途中经受了沙海荒漠的严峻考验。《法显传》（即《佛国记》）中记述敦煌以西至今新疆罗布泊附近的沙漠盐碱地带（唐以前此地称沙河）情况说："沙河中多有恶鬼热风，遇则皆死，无一全者。上无飞鸟，下无走兽，遍望极目，欲求度处则莫知所拟，唯以死人之枯骨为标识耳。"[2]这一段描述流沙险恶的名句，直到后世仍不断被引用。法显等人到达峭壁千仞之葱岭，在越小雪山时突遇风暴，同行者慧景死去，余众仍奋力西行。他们先到西北天竺，游历了10余个国家（位置约当今阿富汗、巴基斯坦境内），此后法显、道整二人进入中天竺，这里是佛教的发源地恒河流域。他们拜谒了释迦牟尼的诞生地迦维罗卫城（今尼泊尔南部提罗拉科特附近）和释迦牟尼长期讲经说法的拘萨罗国舍卫城（在今印度北部拉普提河南岸的塞特马赫特地区）祇

[1] 比丘、比丘尼应守之戒。比丘有250戒，比丘尼有500戒。

[2] 参见法显：《佛国记》。

园精舍（释迦牟尼在这里居住传法 20 多年）。当地人听说法显来自汉地，十分惊讶，说：“他们居然能从那么远的地方到这里！”他们还寻访了释迦苦行、成道之地及成道后初转法轮的鹿野苑，游历了佛教第一次和第二次集结纪念地，瞻仰了各地佛塔、石窟造像等佛教艺术遗迹。

然而，因印度佛教自古沿习师师相诵的口传方式，法显在北天竺诸地没得到什么写本佛经，于是他又南行中天竺，在摩竭提国的天王寺停留 3 年（约为 405—407 年），一边学习梵文一边抄录佛教戒律，取得《摩诃僧祇律》《萨婆多律抄》《杂阿毗昙心》《綖经》《方等泥洹经》等经律。后来，法显又一人到师子国（锡兰，今斯里兰卡）停留两年，取得《弥沙塞律》、《长阿含经》、《杂阿含经》及《杂藏》，这些经都是他在国内没见到过的。

公元 411 年前后，法显搭商船归国，经耶婆提国（今印度尼西亚的苏门答腊）往广州，途中遇大风，于东晋义熙八年（412 年）在青州长广郡牢山（今山东崂山湾）登陆。归国后，法显先到建康，翻译了部分自天竺取回的经律，后又西溯荆州，逝于江陵辛寺，年 86 岁。

法显以 60 多岁的高龄，西行求法 15 年，游历约 30 个国家，并写成《佛国记》，将十几年间所见各国佛迹、宗教、地理、风俗等整理记录下来，成为研究当时中亚和印度地区的重要资料，在今天仍有着极大的参考价值。《佛国记》也与后来唐代玄奘的《大唐西域记》、义净的《大唐西域求法高僧传》一起，成为中国佛教文化典籍的重要组成部分。

四、僧肇与竺道生

东晋时期，还有两位汉族僧人对佛经典籍的翻译、研究和传播作出了很大贡献，这便是僧肇和竺道生。

僧肇（384—414年）是京兆（即长安，今陕西西安）人，早年即从长安到河西姑臧（今甘肃武威）追随译经大师鸠摩罗什，后又随罗什返长安，是罗什众门徒中对后世影响最大的一位。竺道生简称道生（355—434年），本姓魏，巨鹿（今河北省巨鹿县）人，从沙门竺法汰出家，主要活动于江南一带。他曾在庐山入慧远白莲社，后随慧睿、慧严、慧观等同好一起到长安去拜罗什为师。僧肇主要以研究般若学的《肇论》为代表性著作，标志着中国佛教理论和玄学水平达到了一个新的高度，道生则以涅槃学方面的善不受报说和顿悟成佛说而负盛名。

僧肇是罗什众弟子中最年轻且最富才华的，一般认为他只活了31岁（也有认为他活了41岁）。他的著作很多，有《肇论》、《维摩诘经注》、《长阿含经·序》、《百论·序》、《宝藏论》、《梵网经·序》、《金刚经注》、《法华经翻经后记》、《鸠摩罗什法师诔》（遗嘱、祭文）等，其中除《宝藏论》是否确为他所作有疑问外，以《肇论》最为有名。所谓《肇论》，主要是由4篇论文组成的，即《物不迁论》《不真空论》《般若无知论附刘遗民书问》《涅槃无名论》。《肇论》是一个完整的体系，它以般若为中心，对当时玄学所讨论的一些主要问题，也是佛学上的基本问题作出了总结性的回答，他把神学问题和认识论问题紧密结合起来，以高度抽象的理论形式系统地表达出来，其哲理性之强，语言文字之精炼，是佛教经论中少见的。特别是他的《般若无知论》，约完成于其协助罗什译出《大品般若经》的同时，论成后献给老师，得到罗什的称赞。此文后被来长安求学的道生带回庐山，为庐山隐士刘遗民推崇，并送给慧远看，慧远阅后不禁抚案感叹说“真是奇才神论！”于是反复研读，爱不释手。刘遗民还给僧肇写信说：“去年夏末，见上人《波（般）若无知论》，才运清俊，旨中沈允。推步圣文，婉然有归，披味殷勤，不能释手……”僧肇在义熙六年（410年）八月给刘遗民的回信中亦说：“生上人（指道生）顷在此同止数年。至于言语之际，常相称咏。中途还南，君得与相见，未更近问，惘惘何言。”[1]可见僧肇与南方道生及庐山慧远僧团的关系十分密切，他的许多佛教理论已影响到南方。

与此同时，道生以两种全新的“悉有佛性说”和“顿悟成佛说”理论，引起了江南佛教思想界的巨大震撼。道生早年即以“性度机警”、“俊思奇拔”著称[2]，又经过庐山7年的幽居苦读和长安罗什大师的当面指导，对许多佛教理论有了自己的独到见解。如当法显西行取回的6卷本《泥洹经》（“泥洹”即涅槃，是后者的最早译法）译出之后，道生随即进行了深入研究，剖析经理，洞入幽微，提出了“一（或作阿）阐提人皆得成佛”的新说。本来，按当时已知的佛教教义，也承认一切众生皆有佛性。意思是说佛有法身真我，永不泯灭。众生都具有作为成佛依据的佛性，它是法身在众生身上的体现。但同时又强调“一阐提”（佛教指断灭善根的恶人）除外，只有他们不能成佛。道生突破经文的限制，认为既然一切众生皆有佛性，也就不应将一阐提排除在 外，因此主张一阐提也有佛性，也能成佛。这个说法立即遭到江南佛教界守旧派的激烈反对，

[1] 刘遗民、僧肇信见《肇论》卷中。

[2] 《高僧传》卷七“宋京师龙光寺竺道生”。

他们宣布道生的观点是邪说，并按戒律对他进行处罚，将他逐出僧团。道生不服，立下誓言说："如果我的看法违背了佛教教义，便让我身染大病；如不违背教义，我将死在佛的神圣讲坛上！"[1] 两年后，昙无谶所译 40 卷北本《涅槃经》传至建康，人们发现经中果然有一阐提皆有佛性的说法，在惊讶之余不得不敬佩道生的悟性之高，这一学说也得到广大僧众的认同。后传道生果然于讲经结束时死于讲座之上，真是应了当年的誓言。

道生提出的另一种理论"顿悟成佛说"。对当时和后世的影响更大。大乘佛教以引导人们超脱俗谛而达到领悟真谛，即觉悟成佛为最高目标。然而，是由浅入深分阶段地达到觉悟（即渐悟）呢，还是一次立地成佛地达到觉悟（即顿悟）呢？对于这个问题，许多佛经都主张前者。如罗什译《十住经》《十住毗婆沙论》等，都说菩萨成佛必须经过从欢喜地（一地）到法云地（十地）的十地（又译十住），也就是由低到高的 10 个修行阶位。而道生认为，十地以前只是渐修，一无所悟，直到十地才体认性空，成就法身，达到顿悟。顿悟之时就是成佛之时。反过来讲，只有成佛才是真正的顿悟，因此顿悟与成佛之间是没有间隔的。道生的顿悟说一出，马上引起强烈反响，有支持者，亦有反对者。东晋名门谢氏之后，南朝宋大诗人谢灵运首先站出来助战，写了《辨宗论》[2]，极力推崇道生的"顿悟"说，认为渐学渐修虽然也能使人抑制烦恼，产生成佛信心，但因不是真知真悟，难以使人领悟全部真谛而成佛。只有顿悟才能让人彻底摆脱生死烦恼，到达解脱成佛的彼岸。

南北朝时期，各地战乱仍连年不断。社会的不平等和经济上的

---

[1] 《高僧传》卷七本传。

[2] 见《广弘明集》卷一八。

被剥削使得广大民众处于悲惨的境遇之中。在这种社会背景下，佛教特别是竺道生等宣扬的大乘佛教涅槃佛性学中一切众生皆有佛性。皆能成佛，甚至可以顿悟成佛的观点，无疑对当时的民众具有极为强大的影响和吸引力，它使得贵族和平民都虔诚地匍匐在佛的脚下，贵人们冀盼着更久远的长生富贵；贫苦者平静地忍受着现实的苦难，佛教真成了一剂治国安邦的良药。难怪积极支持道生悉有佛性说和顿悟说的宋文帝感叹："假如普天之下都信奉这种学说，我就可以坐享太平盛世的好日子了！"[1] 在道生去世前后，他的学说已风靡南朝宋全境，此后虽又有其他学说兴起，但佛性说和顿悟说却始终并行不衰，对后世中国佛教思想流派的发展，尤其是禅宗产生了直接而深刻的影响。

五、佛学与玄学

魏晋以来，打破了经学独尊的统治地位而风靡于世的玄学，已广泛渗透于当时社会文化与精神生活的各个方面，成为一种最时髦的风尚。而佛教也恰在这同一时期向中土传播，并在南北地区产生了相当的影响。到了东晋初年，终于形成一股佛学与玄学结合、渗透、互补的强大思潮，其结果是促成了佛教这一外来宗教在中国大地上的扎根和生长，也导致了中国唯心主义哲学理论的进一步深化。

魏晋玄学与以往汉代经学的显著区别是，它不讲天人感应，不谈宇宙生成，而是着重探讨现象世界所依据的本体，是一种思辨性

[1] 见《广弘明集》卷一一"答宋文帝赞扬佛教事"。

很强、抽象程度很高的本体论。当时的清谈名士纷纷围绕着与这种本体论相关的认识论问题、主客关系问题、精神境界等问题反复辩论，激发了一种对抽象思维的极大兴趣，开创了一代玄风。这种风气比之神 学和经学占统治地位的汉代文化思想领域，无疑是一次大解放、大进步，人们可以不拘一格，不尊一家，只要能提出某种独到的见解，便会受到称赞。抽象思维能力的高下成了评价人品高下的标准。

魏晋玄学的一种核心理论和思潮主流就是“无”。这个源于老子和庄子理论的思想，自魏正始年间（240—249 年）被何晏、王弼提出（即所谓“以无为本”）后，经过近 70 年的反复研讨、补充和扬弃，到西晋末东晋初的两晋相交之际，更准确说在永嘉年间，由郭象发展提炼到了成熟的水平。恰在这一时期中，被译成汉文的佛教《般若经》也在社会上传播开来，人们突然发现，般若学的“空”“无”等思想很像老庄及玄学中的贵无、崇无理论。甚至认为佛教般若学与魏晋玄学没什么差别，它们可以互为促进，互为补充。

佛教《般若经》是印度早期大乘佛教经典之一，也是汉魏之际汉译最多、影响最大的佛教经典。它最早的汉译本始于东汉，西晋流行最广的译本是竺叔兰和无罗叉译的《放光般若经》20 卷（九十品）。“般若”为梵文音译，意思是“智慧”“慧”。与布施、持戒、忍辱、精进、禅定合称为“六波罗蜜”或“六度”。波罗蜜是“到彼岸”之意。总起来是说众生通过这六方面的修行后从生死苦恼的此岸能够到达涅槃解脱的彼岸。佛教认为“六度”中最重要的是“般若”，而按照般若的观点，世界上一切皆空，同时“空”也就是一切。

据史书记载，原热衷于玄学的清谈文士接受佛教般若思想，是在西晋中期以后，到东晋初便形成了声势浩大的佛玄合流的般若学思潮。汤用彤《汉魏两晋南北朝佛教史》“两晋之际名僧与名士”中曾精辟地指出，魏晋时名僧与名士之相结合，滥觞于三国吴“孙权使支谦与韦昭共辅东宫”（《高僧传》）之时。并说：“其后《般若》大行于世，而僧人立身行事又在在与清谈者契合。夫《般若》理趣，同符《老》《庄》。而名僧风格，酷肖清流，宜佛教玄风，大振于华夏也。西晋支孝龙与阮庾等世称为八达，而东晋孙绰以七道人与七贤人相比拟，作《道贤论》。名人释子共入一流，世风之变，可知矣。”[1]可见在两晋之交特别是东晋初期偏安江左的上层社会，般若学已被看作玄学而风靡一时，当时的名士如不懂得一点般若学，会显得不够名士派头；名僧如不能说理谈玄，也有失名僧的身份。佛学与玄学，名僧与名士，如此亲密无间地坐到了一起。

记载魏晋史实的文献，特别是《世说新语》《晋书》《高僧传》中，都留下了大量这一时期、尤其是东晋名僧与名士交往的事迹。东晋江南僧人支遁，字道林，兼通佛学与玄学，与东晋上层官僚文士谢安、殷浩、许询、王羲之过从甚密。是领僧人入清谈风气的代表者。《晋书》和《世说新语》中都记有东晋大臣谢安未入仕之前，一直“寓居会稽。与王羲之及高阳许询、桑门（沙门）支遁游处。出则渔弋山水，入则言咏属文”[2]。《晋书·王羲之传》中说“孙绰、李充、许询、支遁等皆以文义冠世”，他们聚集在谢安周围，“并筑室东土，与羲之同好；尝与同志宴集于会稽山阴之兰亭，羲之自为之序以申其志，曰：永和九年，岁在癸丑，暮春之初，会于会稽山

[1] 汤用彤：《汉魏两晋南北朝佛教史》，中华书局 1983 年版。

[2] 《晋书·谢安传》；《世说新语》“赏誉篇”。

阴之兰亭，修禊事也。群贤毕至，少长咸集。此地有崇山峻岭，茂林修竹，又有清流激湍，映带左右，引以为流觞曲水，列坐其次。虽无丝竹管弦之盛，一觞一咏，亦足以畅叙幽情……”这便是以王羲之书法传于后世、脍炙人口的《兰亭序》。今人之论兰亭，多讨论其书法的地位和价值，但很少注意序中充满了人生无常、生命苦短的感慨，笼罩弥漫着一种贵无贱有的玄风神气。正是这种共同的思想认识，维系着这群名僧名士间的交往和友谊。

支遁还以注庄子《逍遥游》著称，王羲之请求一阅，“支遁乃作数千言，标揭新理，才藻惊绝”[1]。后来哀帝即位（362 年），多次派人征请，支遁才出山住东安寺，讲《道行般若》，令朝野悦服。

名僧与名士，佛学与玄学，般若学与老庄学说的紧密结合，极大地促进和推动了佛教在中国各阶层人士中的传播。所谓“格义佛教”，也是这种时代背景的产物。“格义”是援引中国的传统概念解释外来的佛教概念，使汉地人易于接受。由于般若学与魏晋玄学理论上有着许多相通之处，因此当时的“格义”主要也是围绕有无、本末、色空等问题寻找和沟通佛、玄之间的对应关系。如因听了道安讲《般若经》而感悟出家的慧远，初讲佛经时有位听众就“实相”之义进行质询，他反复讲解仍说不清，便“引《庄子》义为连类，于是惑者晓然”。[2]

需要说明的是，尽管佛学与玄学在某些重要命题、概念和论证方法上是如此相似，但它们之间就思想理论上说来是有着严格区别的。佛教作为一种独立的宗教，其全部教义和理论，包括般若学在内，都是直接为论证和宣传宗教信仰服务的；而玄学则是融合中

[1] 余嘉锡：《世说新语笺注》“文学篇及注”，中华书局 1983 年版。

[2] 《高僧传》卷六“晋庐山释慧远”。

国传统儒道两家思想而形成的一种哲学体系，是魏晋时期适应门阀士族统治需要，直接为巩固士族门阀制度提供理论依据和行为准则的。在回顾魏晋之际佛学与玄学合流的这股大潮时，它们的不同性质和区别也是应该加以明确的。

第三节　凉州模式

一、龟兹石窟

龟兹是我国古代西域国名，又作鸠兹、归兹、屈支、丘兹等，地处今新疆中部库车一带。这里北枕天山，南望昆仑，西通疏勒，东接焉耆，塔里木河流贯其南境，隔沙漠与于阗接壤，是丝路北道的冲要。当地土地肥沃，人口稠密，经济发达，自汉武帝时就与内地交往。汉宣帝时，西域都护府便设在龟兹、焉耆之间的乌垒（今轮台），是汉王朝经营西域的重镇。后来，班超立白霸为龟兹王，龟兹国遂以白为姓。

龟兹地扼东西交通要道，佛教自印度传入我国，首先到达的是西域于阗、龟兹一带，据有关史书记载，龟兹地区的佛教，魏晋时已相当发达，曹魏甘露三年（258 年）到洛阳白马寺译经的沙门白延，就是龟兹国王族中人，也是见诸史传中龟兹来汉地传译佛经的第一人。后秦时译经大师鸠摩罗什的母亲即是龟兹国王之妹，她与龟兹许多王侯妇女一样，因虔信佛教，在罗什很小时便出家为尼。她的行为显然强烈地影响了罗什的一生，使得罗什也在 7 岁时即出家习经，并从 9 岁起随母游历西方诸国，学习佛经义理。

龟兹佛教遗迹，除雀离大寺和阿奢理贰伽蓝等佛寺遗址外，最著名的便是一大批石窟寺，其中又以拜城克孜尔石窟和库车库木吐喇石窟最具代表性。克孜尔石窟现有洞窟 236 个，74 个保存较完好，其中早期洞窟约建于西晋晚至十六国前凉时期。形制包括供礼拜用的中心柱窟、大像窟和供僧人居住的僧房窟。这些礼拜窟平面多作方形或长方形，券顶，前壁开门和明窗，后壁（正壁）塑立佛或坐佛。许多窟还有后室，以甬道相接，后室内凿长台，台上塑涅槃佛侧卧像。[1]

以克孜尔石窟为代表的龟兹石窟，因地处沙漠戈壁，石雕不易，故以壁画和彩绘泥塑最为精美。各窟两侧壁及券顶部、甬道两侧及后室大部分壁面均彩绘佛教壁画。壁画内容以佛本生故事和佛传故事 为主，色彩多用白、石青、石绿等冷色，间配一些赭、土红等暖色，整体色调简朴明快。

克孜尔石窟壁画中有大量裸体画面，特别是男女乐伎，往往半裸或全裸，成双成对，彼此相依互偎，好似热恋中的情侣。这种裸体画风，与印度佛教艺术有密切的关系，印度佛教雕塑中便常见一种成对裸体男女彼此搭肩相拥，女性身体作强烈的扭动姿势，高耸夸张的乳部和向另一方扭摆的臀部，使身体呈 S 形曲线，俗称“三道弯”式，这些姿态在克孜尔壁画中都有典型的表现。

克孜尔壁画的另一个突出特征，是绘于洞窟券顶部，以菱形方格为基本单元展开的四方连续式构图。这些菱形格的界线不是斜直线，而是表示山形（象征佛教须弥山）的起伏曲线，一个个佛教故

[1] 新疆维吾尔自治区文物管理委员会等编：《中国石窟 · 克孜尔石窟》，文物出版社、平凡社 1989 年版。

事场面就在这一座座山形菱格的空间中展开。菱形格以石青、白、石绿、黑色等不同色彩顺序排列，其亮度和色彩相间变化，循环往复，形成横向四色相间，纵向同色相连，此起彼伏的整体构图，使人们的视觉产生明显的节奏感，具有强烈的图案装饰效果。

克孜尔壁画的绘画技法基本是凹凸法和线描法。凹凸法又称晕染法，是先线勾轮廓，再在肌体颜面的周围由外及里用土红色作多次晕染，而将中间空出，作为高光部分，以此来显示肌肉的团块结构和凹凸的立体感。这种画法，比当时中原绘画设色仍以平涂为主，在色阶上缺少明暗、深浅变化的情况前进了一大步。线描法本是中国的传统画法，但中原历来流行的是所谓“春蚕吐丝”样细致的“游丝描”，而克孜尔壁画是用笔紧劲，沉着圆浑的“屈铁盘丝”样线描，线条刚劲连续，富于弹性。这两种画法传入中土后，对古代中国人物画产生了革新和推动作用。

龟兹石窟的塑像多为泥塑后加彩，可惜诸石窟中的塑像早年已遭破坏，残余的塑像，又在二十世纪初被外国探险队劫运到国外。1973 年，克孜尔文物保管所在清除沙流时，于克孜尔石窟谷西区新发现了一个洞窟，编为新 1 号窟[1]，此窟保存情况虽不甚完好，但却十分难得地保留下了 3 身塑像。这些塑像尽管已残缺不全，但也极值得珍视，因为它们为研究龟兹石窟塑像提供了实物标本。新 1 号窟塑像包括 2 身立像和 1 身佛涅槃像，立像中保存较好的一身亦仅存腰以下部分，腿部肌肉壮硕丰满，袈裟于腿部形成多道 U 字形襞褶，这些襞褶不是以阴刻线表示，而是以贴泥条式塑成条棱状的突起，双膝处尚留有妆彩的痕迹，像残高 1.05 米。佛涅槃像卧于窟内

[1] 朱英荣：《新疆拜城克孜尔千佛洞新 1 号窟》，《文物》1984 年第 12 期。

后通道后壁的涅槃床上，头部失，残长 5. 3 米，高约 0.8 米，屈膝累足，右胁而卧，袈裟紧裹身躯，同样衣纹成条棱状突起。胯部衣纹襞褶高突达 9—13 厘米。这种清晰表现人体轮廓的“湿衣透体”（亦称“曹衣出水”）技法，明显保留着印度笈多王朝造像的式样，带有强烈的域外早期造像特征。雕塑是龟兹佛教艺术的重要组成部分，克孜尔新 1 窟中的 3 身造像给予我们一个管窥蠡测的机会，使我们了解到当时的立体造型艺术已经十分成熟。

龟兹石窟作为我国境内开凿最早的石窟，也是硕果仅存的小乘佛教石窟，对于龟兹以东及后来内地的石窟寺艺术都产生了相当的影响。

二、凉国盛事佛道

佛教经过新疆龟兹等地的繁荣之后继续东传，下一个重要停驻地就到了河西。魏晋以来，河西的政治、经济、文化中心在凉州（今甘肃武威）。这里比之当时的中原战乱之地要安定平静得多，因此许多西方僧人进入中国内地之前，都要在这里学习汉语，熟悉国情；而内地也有大批文人、僧人到这里逃避战乱，学习佛教义理。在这种情况下，魏晋以来，特别是两晋时期，凉州便成为著名的佛教传播中心。西晋译经大师竺法护，就世居凉州附近的敦煌郡，他自西晋初年起，便往来于河西、长安、洛阳之间，以自己通晓的西域诸国及汉地等多种语言翻译佛经。东晋道安《综理众经目录》，录其译经 150 部；梁僧祐查检群录，又辑出 4 部，其《出三藏记集》卷二记为 154 部、309 卷（实为 322 卷）；唐智昇《开元释教录》卷二又考定为 175 部、354 卷。道安称竺法护的译经“寝逸凉土”[1]。而凉州自张轨建前凉起，更加世代尊信佛教，直到前凉灭于前秦之前，其最后一代国主张天锡还广泛招揽西域僧人（月支人、龟兹人）组织凉州译经场译经，甚至亲自参加译经活动。公元379年至385年，道安在长安译经，译场的主力竺佛念便是来自凉州的僧人。四世纪末，龟兹高僧鸠摩罗什被原前秦大将、后建后凉的吕光留居于凉州17年（385—401年），罗什声望之高，引得僧肇自长安专程前来投师受业，并在后来成为罗什弟子中成就最高的一位。这一切都说明，凉州佛教渊源久远，早在北凉沮渠蒙逊入据之前就有了深厚的根基。

凉州佛事的更大发展和振兴，是在建立北凉政权的沮渠蒙逊倡导下和佛图澄式的神异人物昙无谶到来之后。北凉国主沮渠蒙逊酷信神巫之术，为了得到佛菩萨和鬼神的佑护而提倡佛教。他统治时期西行求法的北凉僧人，见于著录者多达10余人，其中包括蒙逊的从弟沮渠京声。北凉译经者中更是名僧云集，最知名者即是来自中天竺的僧人昙无谶。昙无谶在早期西域来华僧人中是一个传奇式人物，史称他与后赵时西域大和尚佛图澄一样通鬼神，能预卜灾异，左右国运，还传说他擅长男女交接之术，可令妇人多子，在西域时就号称“大神咒师”。昙无谶于公元421年左右到姑臧，蒙逊待之以礼，对他十分敬畏，不但令族中“女子妇人皆往受法”，而且常向他请教咨询国事。后来拓跋焘强召无谶至北魏京都，蒙逊恐他佐助北魏后不利于自己，便杀死了他（《魏书·沮渠蒙逊传》）。

昙无谶在北凉姑臧从事译经10多年（421—433年），翻译了大量佛经，僧祐《出三藏记集》录为11部104卷，唐智昇《开元

[1]《出三藏记集》卷七。

释教录》刊定为19部131卷，大致可分《涅槃》《大集》《菩萨戒》等3类。昙无谶的汉文水平如何不详，但传世所译佛经译文都流畅可读，这应与当时主要汉文笔受者，也是译场主持者慧嵩、道朗的润色有关。《高僧传 · 昙无谶传》称嵩、朗“独步河西”，足见他们佛学修养和汉文水平之高。

昙无谶等所译佛经在中国影响最大者，被公认为《大般涅槃经》36卷（史称“北本”），此经本传至南朝后，依法显译《大般泥洹经》的品目，作了整理加工，成为南本《涅槃经》。昙无谶译北本《涅槃经》之所以产生了较大影响，主要原因是当时南方佛教界正在研讨所谓“佛性”问题，法显译《泥洹经》承认了“佛性”的存在，使佛学从两晋般若学“空”“无”等怀疑一切的困惑中解脱出来。但仍不敢保证“一阐提”也有佛性，也能成佛。北本《涅槃经》则明确了一切众生（包括一阐提）皆有佛性，且人人均可顿悟成佛，这就给了人们极大的鼓励和希望，并使此经迅速风靡全国。又由于凉州译场的慧嵩和道朗分别为《涅槃经》作了《涅槃义记》（慧嵩）、《涅槃序》和注疏（道朗），更促进了此经学说在南北的传播普及，当时的凉州讲习《涅槃》也盛行一时。

除《涅槃经》外，昙无谶译的《大集经》（现存《大方等大集经》前30卷），也因迎合西域和汉地的地鬼山神等土著信仰，将其引入佛教护法行列，而受到西北地区文化较落后的一些统治者的支持和信奉，得到了一定的普及。

三、凉州石窟与禅修

凉州佛教的一个显著特点是重禅定，多禅僧。曾在当地居住17

年的译经大师鸠摩罗什就精于禅法，翻译了大量禅经，如《坐禅三昧经》《禅法要解》《禅秘要法》《思维略要法》等。北凉昙无谶更曾受业于白头禅师[1]。僧人禅修，是佛教的一种思维修法，需要在十分安静的环境中进行。《坐禅三昧经》即有“闲静修寂志，结跏坐林间”之说，《禅秘要法经》卷中云：“出定之时，应于静处，若在冢间，若在林下”，同书卷下亦云“佛告阿难，佛灭度后，佛四部众弟子，若修禅定，求解脱者……当于静处，若冢间，若林树下，若阿练若处，修行甚深，诸圣贤道。”这些经文都说明，僧人习禅修定，应当选择郊外山林静僻之处居住。

佛经不仅说明僧人坐禅应山居，而且明确指出应该在石窟中坐禅。《付法藏因缘传》卷二云：“山岩空谷间，坐禅而龛定，风寒诸勤苦，悉能忍受之。”同书卷四又云：“有一比丘名达摩蜜多。……南天竺国有二比丘，心意柔和，深乐善法。素闻尊者坐禅第一，即共相往诣其所。于其住处有三重窟……，尔时二人进至上窟，见向比丘已于中坐。”

凉州既以佛教立国，又盛禅法，特别在北凉沮渠蒙逊时，便为适应僧人禅修而大兴于崖畔水边开窟造像之举。文献记载和有关实地调查材料表明，新疆以东最早具有较大规模的开窟造像，便始于沮渠蒙逊在凉州南山兴建的凉州石窟。七世纪道宣撰《集神州三宝感通录》卷中记载了沮渠蒙逊在凉州“南百里”处建凿石窟的事迹：

凉州石崖塑瑞像者，昔沮渠蒙逊以晋安帝隆安元年（397

[1]《高僧传》卷二“晋河西昙无谶传”。

年）据有凉土，三十余载，陇西五凉，斯最久盛。专崇福业，以国城寺塔终非云固，古来帝宫终逢煨烬，若依立之，效尤斯及。又用金宝终被毁盗。乃顾眄山宇，可以终天。于州南百里，连崖绵亘，东西不测，就而斵窟，安设尊仪，或石或塑，千变万化。有礼敬者，惊眩心目。

可见道宣记述蒙逊开南山石窟，除因禅修观像的需要外，也与他冀望佛法永存不毁的考虑有关。从文中描写情况看，所凿石窟可能是以佛像为主的佛殿窟。

六世纪慧皎所撰《高僧传·昙无谶传》中，还记录了北凉国主沮渠蒙逊为母亲造“丈六石像”的情况。与此有关的更详细内容又见于《法苑珠林·敬佛篇》“观佛部感应缘”中：

北凉河西王沮渠蒙逊为母造丈六石像在于山寺，素所敬重。以宋元嘉六年（429年）遣世子兴国攻枹罕大败，兴国遂死于佛氏。逊恚恨，以事佛无灵，下令毁塔寺，斥逐道人。逊后行至阳述山，诸僧候于路侧。望见发怒，立斩数人。尔时将士入寺礼拜，此像涕泪横流，惊还说之。逊闻往视，至寺门，举体战悸，如有犯持之者，因唤左右扶翼而进，见像泪下若泉，即稽首礼谢，深自尤责，登设大会，倍更精到，招集诸僧还复本业焉。

这里《高僧传》与《法苑珠林》中记的蒙逊为母凿之“丈六佛像”，或许与前引道宣所记“凉州石窟瑞像”同为一处，即凉州南百里的南山石窟。

见于文献记载的曾令人“惊眩心目”的凉州石窟现在何处，学术界尚无定论。20 世纪中叶，有学者在河西调查后认为是今甘肃武威东南 90 多里处的张义堡天梯山石窟，也有人认为是张掖马蹄寺、金塔寺石窟或酒泉文殊山千佛洞石窟。这些石窟的早期洞窟多已崩毁（可能毁于地震，因隋以后陇西一带记载平均每 60 年就有一次大地震），早期遗迹保存极少，这些都给凉州石窟的确认带来很大的困难。

20 世纪 50 年代末，武威天梯山兴建水库，考古工作者对天梯山石窟现存 13 个窟中的几座重要洞窟进行了清整和拆迁保护。在拆迁清整中，发现编为第 1、第 4 号两窟虽为北朝式的塔庙窟，但窟内最下层壁画比敦煌莫高窟现存早期北魏洞窟的壁画要早，因此推测这是北凉的遗迹。两窟均为带中心塔柱的塔庙窟，第 1 窟宽 4.78 米，高 5. 15 米，塔柱居中，方形，柱基每面宽 2. 27 米。塔凿三层，每层每面各开一大龛，龛内有后代塑佛。塔柱和窟右壁上方残存部分壁画，塔柱最下层壁画画风与敦煌早期 275 窟壁画相似。壁画中供养菩萨的发髻、服饰及姿态，与国内现存一批出土北凉石塔浮雕、线刻的形态也很接近，因此一般认为天梯山石窟是当年凉州南山石窟残迹的可能性较大。

四、北凉石塔

在当年令人心惊目眩的凉州石窟因岁月的流逝和地震的破坏而十不存一的情况下，一批保存尚好，纪年明确的北凉小石塔，则成为人们探讨凉州造像模式时集中注意的焦点。这些小石塔体量很小，多在 40 厘米左右，造型古拙，仍体现出浓郁的西域造型风格，因它们无一例外都是十六国时北凉的作品，所以学术界称其为“北凉石塔”[1]。

我国目前已知的北凉石塔共有12座，全部集中发现于甘肃酒泉、敦煌和新疆吐鲁番地区，绝大多数为出土物，按年代和出土地依次为：

敦煌□吉德丙寅（玄始十五年，426年）石塔；

酒泉马德惠承阳（承光）二年（426年）石塔；

酒泉高善穆承玄元年（428年）石塔；

酒泉田弘承玄二（元）年（428年）石塔；

酒泉白双罝缘禾（延和）三年（434年）石塔；

酒泉程段儿太缘（太延）二年（436年）石塔；

敦煌沙山石塔；

敦煌三危山石塔；

敦煌岷州庙石塔；

吐鲁番宋庆石塔；

吐鲁番小石塔；

石造像塔残段。

以上12件北凉石塔都属模型式小塔，雕刻精巧细腻。其中最大的敦煌岷州庙石塔塔顶以下残高96厘米，最小的吐鲁番小石塔高27.7厘米，其余大部分高度在40厘米左右。塔的造型基本相同，都是由八角形塔基、圆柱形塔身、覆钵形塔肩、塔颈、相轮、塔盖六部分组成。塔基下多有榫头，说明塔基下原还有塔座，现已缺失。六部分塔体的细部装饰和题材也十分统一，即在八面塔基上每面线刻1个供养天人像，共8像；每像左上侧刻一个八卦符号（仅

[1] 参见王毅《北凉石塔》,《文物资料丛刊》第1辑，文物出版社1977年版，殷光明《敦煌市博物馆藏三件北凉石塔》,《文物》1991年第11期。

□吉德塔基部刻发愿文）；圆柱形塔身刻造塔施主的发愿文和小乘佛教思想的《十二因缘经》中一段经文；覆钵形塔肩部开 8 个圆拱形小龛，龛内浮雕或线刻结跏趺坐 7 佛和 1 个交脚坐菩萨（仅□吉德塔菩萨为立姿）；再上为短塔颈和七重相轮，相轮大且夸张，约占全塔总高的三分之一；最上为圆形塔盖。

以 1969 年 9 月酒泉出土的高善穆塔为例。塔通高 44.6 厘米，基座底径 15.2 厘米，八面塔基每面以阴线刻一供养天人像，为四男四女，每像均有头光，左上侧刻八卦符号，按八卦顺序右旋排列；

1. ☰（乾，父）老者像；

2. ☵（坎，中男）青年像；

3. ☶（艮，少男）童子像；

4. ☳（震，长男）近似中年男像；

5. ☴（巽，长女）青年女像；

6. ☲（离，中女）近似长女像；

7. ☷（坤，母）近似长女像；

8. ☱（兑，少女）近似中女像。

这组线刻像刀法圆熟简练，纤细流畅，人物形体壮硕，服饰有异域风格。圆柱形塔身周刻发愿文和经文共 36 行，书法刚劲规整，是典型的北朝体。首行为“高善穆为父母报恩立此释迦文尼得道塔”，后为小乘思想的《十二因缘经》的一段经文，自“闻如是”至“是各得道”。塔身上部覆钵处开 8 个圆拱小龛，龛无楣，上饰单线大瓣覆莲，龛内浮雕结跏趺坐佛像 7 尊，交脚坐弥勒菩萨像 1 尊。佛着通肩袈裟，手作禅定印；菩萨袒上身，佩项饰臂钏，佛、菩萨均有头光和身光。造像面形丰满，体态雄健，具有早期造像古拙严峻的气概。塔颈极短，上托七重相轮，逐层收分呈圆锥状。顶为扁平的圆形塔盖，盖上阴刻北斗七星。其余各塔某些细部与高善穆塔或有差异，但基本形制和内容是相同的。

北凉石塔自 20 世纪中叶陆续发现后，立即受到国内外学术界的高度重视和关注，其原因主要有二：一是这批北凉石塔是已知时代最早的中国古塔的实例，对探讨中国早期塔的形制及演变提供了宝贵的可靠资料；二是北凉石塔的各类造像、刻经和其他装饰，代表了我国早期佛教艺术的某些典型题材和特征，反映了当时佛教的传播及其与中国传统信仰相结合的情况，是研究早期佛教艺术和思想流派的重要标本。

北凉石塔的用途和功能，一般认为是由发愿造塔者出资雕凿，供奉在庙宇中作礼佛观像之用的，塔体上因此浮雕錾刻了许多佛教造像和有关纹饰，这又为研究中国早期，即十六国以前的佛教艺术提供了重要的形象资料。北凉石塔肩部龛内供奉的主佛全部是过去七佛和未来佛弥勒菩萨，434 年塔上又出现了思惟菩萨，这些题材应与凉州造像中的主佛有一定关系。造像的形体服饰带有明显的西域风格，雕刻技法也很古朴简练，这些都在一定程度上被认为是体现了凉州造像“雄健挺拔”的艺术特征。被概括为一种“凉州模式”。[1]

值得注意的是，北凉石塔上还出现了许多与黄老道术有关的内容，如供养天人旁侧附刻的八卦符号，428 年塔塔盖上刻绘的北斗七星等，说明当时人们在信仰佛教的同时，仍保留着对黄老道术的尊崇。

---

[1] 宿白：《凉州石窟遗迹和“凉州模式”》，《考古学报》1986 年第 4 期。

五、炳灵寺西秦龛像

东晋十六国时期，中原北方各国割据，仅在地处黄河上游的今甘肃东部，就有前秦、后秦、前凉、后凉、北凉、南凉、西秦、夏、仇池、吐谷浑等政权和地方势力此长彼消，往复更替。由于战乱频繁不息，人民颠沛流离，故这些本来就处于佛教东传要路周围的国家多有崇佛倾向。除前述凉国盛事佛道，多禅僧，开石窟外，同时期也尊信禅法，雕绘石窟的还有凉州以东，通往长安路上的西秦政权。

甘肃永靖县西南 40 公里处的炳灵寺石窟，现有十六国至明代遗存的窟龛近 200 个，是西北地区的重要佛教艺术遗迹，1961 年被公布为第一批全国重点文物保护单位。炳灵寺十六国时曾属西秦统治，因这里是西近凉州，南下长安的必经之地，所以当地的佛教信仰（如重禅修）和开窟造像等情况，与长安和凉州都有着十分密切的关系。1963 年，有关部门在对炳灵寺石窟进行全面调查时，在第 169 窟北壁发现了西秦“建弘元年（420 年）岁在玄枵三月廿四日造”的墨书题 记，另在一身供养人像旁发现有“□国大禅师昙摩毗之像”字样 [1]。为探索我国早期十六国石窟遗迹提供了年代确凿的实物标本依据。炳灵寺 169 窟的西秦墨书题记，是我国目前发现时代最早的石窟纪年题记，受到学术界的高度重视。

169 窟是利用一个高大宽敞的天然岩洞整修雕绘而成，呈不规则形，说明早期石窟建造还处于自然朴拙阶段。窟内早期造像和壁

[1] 甘肃省文物工作队 :《调查炳灵寺石窟的新收获——第二次调查简报》,《文物》1963 年第 10 期。

画内容单纯，造型质朴，色彩沉浑，线描勾勒有力。有建弘元年题记的第 6 龛，是西秦时的代表龛，内塑一坐佛二立菩萨，墨书题名为无量寿佛、观世音和大势至菩萨。造像面方圆，体态粗壮，佛着通肩大衣，内着僧祇支，衣纹轻薄贴体；菩萨袒上身或斜披络腋，长裙帔帛。此外，169 窟壁画题材主要有释迦多宝佛、维摩诘、十方佛、千佛、飞天、供养人像等，以及一佛二菩萨说法图像。壁画线描遒劲而圆润，一般是先用土红线起稿，勾出人物形体和衣纹，敷彩后再用墨线定稿。这种在汉晋线描技法基础上，吸收西域绘画表现明暗效果的凹凸画艺，以及塑像和壁画人物的造型、服饰等，与新疆克孜尔石窟早期壁画、北凉石塔人物造型有诸多相同之处，体现了早期石窟造像和壁画的特有风格。

炳灵寺在北魏郦道元《水经注》卷二《河水》条中，称作“积书岩”“唐述窟”，记录那里居住有“怀道宗玄之士，皮冠净发之徒，亦往栖托焉”。《高僧传》卷十一《玄高传》记一个名玄绍的僧人，为“秦州陇西人，学究诸禅，神力自在”，“后入堂术山，蝉蜕而逝”，可知此处石窟的开凿与僧人禅修有密切的关系。《玄高传》中还记载西秦时“有外国禅师昙无毗来入其国，领徒立众，训以禅道。然三昧正受，既深且妙，陇右之僧禀承盖寡。高乃欲以己率众，即从毗受法”。文献中屡次提到 的外国禅师昙无毗，或即是 169 窟西秦建弘元年题记 6 号龛侧，书“□国大禅师昙无毗之像”墨书题名的供养像。

总之，十六国北凉、西秦时佛教重禅修，重开窟的传统，给后世中土佛教以极大的影响，并直接促成了北魏平城云冈石窟、洛阳龙门石窟的大规模开凿，为后人留下了珍贵的佛教石窟艺术遗产。

第四节　艺术创新

一、南渡形成艺术新风

“五马浮渡江，一马化为龙。”这原是西晋太安年间流行的童谣，后来被附会为东晋开国的预兆。西晋倾覆后，五王南逃，其中的琅邪王司马睿在建康（今江苏南京）做了皇帝，“马”化为“龙”，是为东晋王朝。从此在中国大地版图中，又形成了新的南北对峙局面。

当北方黄河流域陷入十六国先后争立的纷争之时，江南的社会经济并未受到太大的影响。本来，西晋统一天下时，也没有触及江南孙吴时强宗豪族的利益，他们仍旧拥有雄厚的政治经济实力。虽然有些人那时曾到都城洛阳为官，但多遭北方士族的排挤而不得志，所以当窥察到西晋王朝内部动乱的迹象时，便急于南返。据《晋书 · 张翰传》，张翰原是孙吴高官的儿子，后担任齐王司马冏的大司马东曹掾，据说他见秋风起，便想起自幼喜爱的吴郡老家的菰菜、莼羹和鲈鱼脍，于是弃官回江南。这便是有名的“莼羹鲈脍”的故事。其实他的弃官南归，本为避祸。事前他已向同郡的江南士族顾荣透露了“天下纷纷，祸难未已”，要顾“以明防前，以智虑后”。后来顾荣终于也脱身南返，并成为支撑司马睿称帝的南方士族的首要人物。正是受到南方的士族和自北方南下以王导为首的士族的联合支持，司马睿才得以建立了东晋的政权，并使中国的政治、经济、文化重心，从疮痍满目的黄河流域转移到江南，“春风又绿江南岸”，江南文化因之具有了更为丰富的内容，呈现出生机勃勃的繁荣景象。东晋以后，相继出现了史称“南朝”的宋、齐、梁、陈政权，与孙吴、东晋一起合称“六朝”。六朝时期，也就是公元3至6世纪这一阶段，南方地区相对说来比较稳定，户口充实，经济发达，物产丰富，典章制度完备，文化艺术勃兴，科学和工艺技术等方面也有长足的进展。

在工艺方面最突出的还是瓷器制造业的进步，在孙吴时青瓷发展的基础之上，东晋、南朝时期又有了新的突破，特别是烧制瓷器的地点，已从孙吴、西晋时以江苏省的南部和浙江省为主，扩展到遍及江南，分布于湖北、湖南、福建、广东和四川等各地。除了精美的青瓷外，浙江德清窑在西晋时已出现的黑釉瓷器，到东晋南朝时产品显得更为成熟，制工日渐精美。

在艺术方面，南渡以后的东晋更是形成了全新的面貌。当时的东晋文化艺术虽然是直接沿袭自西晋，但也融入了新的因素而有所发展。中原士族和民众的大量南迁，在促进南方经济开发的同时，也大量带去了中原传统的雄厚的汉晋文化。而江南地区的孙吴文化，三国时已达到相当高度，并在西晋短暂的统一时也仍然保持着发展，这时就与南渡的汉晋传统文化相汇合，融成新的东晋文化。由于动乱和长途迁移，为突破汉晋文化的旧有藩篱提供了条件，与孙吴文化的汇合又为其注入了新的养分，这种文化上的变化为艺术领域的创新提供了有利的土壤。因此东晋时绘画、雕塑、书法等方面的艺术新花竞相怒放，呈现出一派繁荣景象。涌现出如顾恺之、戴逵、王羲之等著名书画家和雕塑家，他们不但继承了我国优秀的传统艺术，而且更能在各自从事并擅长的艺术门类中开风气之先，创造出具有时代风格的不朽艺术杰作，并对后世也产生了深远影响。从这样的意义来看，可以肯定王羲之书法之所以受人崇敬，正是在于其书法艺术的创新，在于开一代风气之先。顾恺之的绘画也是如此，他的作品超越于汉代绘画艺术，所以当时谢安称赞他的画是“自生人以来未有也”，是前无古人之作。

二、虎头画艺

谈到东晋以后画坛的创新，还必须追叙三国时绘画的发展。那时在汉画的基础上，绘画的写实作风有长足进展，从画史中流传的两则故事，一是孙吴曹不兴误笔成蝇，二是曹魏徐邈画鱼引獭，可见一斑。曹不兴善画，当时称吴地“八绝”之一，孙权曾让他画屏风，误落笔点墨，因就墨污点画成一蝇，孙权看到以为是真蝇，就用手去弹，徐邈为曹魏侍中司空，曹魏明帝游洛水，见白獭，但无法捕获。徐邈说獭嗜鲼鱼，见到这种美味，连命都不要了。于是在板上画鲼鱼而悬挂在岸边，白獭以为是真鱼，成群来吃，于是都被捕获。不管这两则故事是否属实，都反映出三国时写实的绘画作品达到了一个新的高度。

东晋的画风承袭三国西晋的优秀传统，并推陈出新，最知名的代表人物是顾恺之。顾恺之字长康，小字虎头，东晋穆帝至安帝（345—406 年）时人，史称他“博学有才气”，又“率直通脱”，这种性格和作风，正是魏晋名士风流的表现。他画艺早熟，据说他 20 余岁时，江宁瓦棺寺初置，请士大夫施舍，没有人过 10 万的，而顾恺之自称施百万。办法是让寺中准备一面墙壁，他在寺中闭门一月余，于壁上画出维摩诘像。画好后告诉寺僧，第一天来看画的人请施 10 万，第二天需施 5 万，第三天可随意施给。结果是“及开户，光照一寺，施者填咽，俄而得百万钱”[1]。记载中说他画的维摩诘像“有清羸示病之

[1] 张彦远：《历代名画记》引“京师寺记”。

容，隐几忘言之状”，体现了一种摹写人物神韵的艺术造诣。

顾恺之画作的最高境界确是对人物画“以形写神”的追求，他十分注意刻画人物内心活动与表情动态的一致性与复杂性，认为描绘“手挥五弦易，目送归鸿难”。相传他画人物，有数年不点睛者，问其缘故，他说“四体妍蚩，本亡（无）关于妙处，传神写照，正在阿堵（指眼睛）之中”（《晋书·顾恺之传》）。他不仅着力于“应物象形”，而且力图达到“气韵生动”的意境，因此唐代张彦远《历代名画记》中论顾恺之用笔时，称他“意存笔先，画尽意在，所以全神气也”。唐张怀瓘则评论说：像人之美，“顾得其神”。近几十年来江南地区出土的以南京西善桥六朝墓为代表的一批“竹林七贤和荣启期”拼镶砖画，被认为出自顾恺之等当时名家粉本。画中七贤人物肖像极为写神，已不仅是服饰、年龄的外形勾画，而能明显地表现他们各自的性格特征。如傲然端坐鼓琴的嵇康，侧卧舞弄如意的王戎，仰首吹指欲啸的阮籍，倚树闭目凝思的向秀，等等，无不表露出其性格方面的不同特征，各尽其妙，是相当生动的肖像画。特别是刘伶的画像，曲一膝踞坐，左手捧一大耳杯，双目凝视杯中美酒，并以右手食指微蘸了一点，正欲举起先嗅一下酒香，把嗜酒如命的酒徒喜获佳酿的神态，刻画得活灵活现。这类画作虽不能肯定是哪位画家的原本，但一定是代表了顾恺之等一批追求人物气韵生动画风画家的上乘之作。

顾恺之画摹本流传至今的有《女史箴图卷》、《洛神赋图卷》和《列女仁智图卷》。后两种为宋摹本，较为失真；前一种所摹近于原貌，因其人物服饰、造型大致与南朝画像砖接近，且局部构图又与南北朝的同类作品大致相同，这些作品应是受顾画影响而创作的，从而可以反证《女史箴图卷》摹绘的真实程度。

在《女史箴图卷》中除人物画外，还显示出当时山水画的发展水平。顾恺之论画时曾认为“凡画人最难，次山水，次狗马，其台阁一定耳，难成而易好”。可见当时已将山水和人物、狗马等同视为绘画的一个门类，而且他还写了《画云台山记》一文，具体写出绘山水的布局和技法。但从画卷本身看，尚未完全脱离“人大于山”的古拙画法。

在顾恺之的影响下，江南画坛日趋繁荣，名家辈出，南朝宋时陆探微、梁时张僧繇均师其画法。到北魏时，顾画的影响已波及江北，特别是魏孝文帝太和年间，南方画风日渐强烈地影响着北方的绘画创作，北魏司马金龙墓出土的漆屏风画，从内容到构图技法，无不酷似《女史箴图卷》。此后，北朝石窟壁画和墓室壁画，都明显看出南方画风的强烈影响，从而导致北朝绘画艺术的发展和繁荣。江南画风传播到北方的渠道不止一条，近来山东北朝墓中发现的屏风式“七贤”题材壁画值得注意，其中下葬于北齐天保二年（551 年）的崔芬墓壁画，七贤像侧加绘女侍，表明是受南齐永元年间“七贤”构图变化影响后的作品。墓中的出行画面，也与传世顾画《洛神赋图》中王者出游行列相似。表明当时南方物质文化对北方影响的过程中，山东是一处重要的交往通道。

三、兰亭之谜

东晋年间，文化艺术百花园中另一枝独秀的奇葩，是书法艺术的划时代的变革。这之前，中国文字虽然也经历了几个阶段的发展变化，包括出现了东汉蔡邕等人书写的《熹平石经》那样圆熟凝练的字体，但基本仍没有脱离其作为文字符号的实用范畴。直到东晋时期，情况才有了质的变化，书法一跃而成为一种独立的艺术门类，进入艺术的殿堂，并进而成为人们刻意追求的艺术境界。其中开风气之先者首推大书法家王羲之父子。

王羲之字逸少，因曾做右军将军，世人称为王右军。他出身当时著名的琅邪王氏，其叔父是辅佐司马睿建东晋王朝的开国丞相王导，岳父是当朝太尉郗鉴。他作为江南士族中的贵族子弟，从小就受到良好的教育和文化熏陶。王羲之早年学书于卫夫人，后博览秦汉以来名家佳作，特别注意到钟繇、蔡邕等大家手笔，潜心钻研，兼采众长，终于自成一体。他在原擅长隶书的基础上革旧创新，摆脱了秦汉以来隶书结构方正的束缚，他的字奇雄、健逸，被评论为“飘若浮云，矫若惊龙”（《晋书 · 王羲之传》）。《书断》说他“备精诸体，自成一家法，千变万化，得之神功”。在此基础上，他又创出以真、行、草书的新的书法艺术，对后世书法产生了深远影响，被后人称为“书圣”。

王羲之的儿子王献之也继承其父书风，但较父亲的书法更俊逸豪迈，进一步扭转了当时的古拙书风，人称“破体”，对后世影响也很大。

王羲之的书法作品传世者极为罕见，且多为后人的钩填本或临写本，最著名的便是《兰亭序》。东晋永和九年（353 年），在会稽山阴之兰亭，王羲之与友人们聚会后写下了《兰亭序》。这一书法作品被后世尊为典范，据说传到唐代，存于僧辨才之手。由于唐太宗李世民酷爱王羲之书法，监察御史萧翼便演出了“赚兰亭”的不光采一幕，使《兰亭序》进入皇宫。唐太宗死后据说亦将《兰亭序》随葬于昭陵之中。传世的《兰亭序》帖，系唐人据真本所摹写。清末，广东一位叫李文田的人突然对传世的《兰亭序》帖提出质疑，他认为东晋人写的字不会有帖中那样淋漓酣畅的楷体，而只能同云南发现的爨宝子碑及爨龙颜碑那样的隶书笔意，此两碑分别刻于东晋和刘宋时期。但这仍属缺乏实证的假设。

到了二十世纪五六十年代，南京地区先后发现了东晋时南迁江左的豪门士族王氏、谢氏等家族墓地。特别是在南京北郊象山发现了王氏家族属东晋时期的6座墓葬，其中4座出土有石刻或砖刻墓志，按志文纪年的先后顺序是：

1号墓出土的石墓志，正面为咸康七年（341年）王兴之墓志，背面为永和四年（348年）王兴之妻宋和之墓志。5号墓出土的砖志，为升平二年（358年）王闽之墓志。3号墓出土的砖志，为升平三年（359年）王丹虎墓志。6号墓出土砖志一方，为太元十七年（392年）王彬妻夏金虎墓志。因这些墓志志文所刻书法，基本上还是较规整的隶书形态，所以有人又重提中国书法史上关于《兰亭序》真伪的公案，以新出墓志中的书法佐证清代广东李文田的主张，认为传世的《兰亭序》帖并非王羲之真迹，而属后人伪托。但也有人不同意这种看法。从1965年6月开始，学术界展开了有关《兰亭序》真伪的讨论。[1]

其实从南京地区出土的六朝墓志中，最迟在刘宋时期已有字体漂亮的楷书志文了。葬于刘宋元徽三年（475年）的明昙憘墓志[2]，志文超过600字，是六朝墓志中文字颇多的一件，字体就已为楷书。所以将处于艺术革新时代的大书法家王羲之说成固守汉魏隶书藩篱而不敢超越的看法是根据不足的。相信随着考古事业的发展，会有更多的历史新材料问世，而《兰亭序》等古代书法史上的谜点和悬案终将得到圆满的解决。

[1] 这里提到的有关文章均收入《兰亭论辩》一书，文物出版社1977年版。

[2] 南京市文物管理委员会：《南京市太平门外刘宋明昙憘墓》，《考古》1976年第1期。

目前在各地博物馆中收藏的王羲之和其子王献之的传世书迹，有现藏台北故宫博物院的王羲之《快雪时晴帖》册，系古代勾摹佳本，还有现藏北京故宫博物院的王献之《中秋帖》。此外，在北京故宫博物院还藏有东晋书法家王珣的《伯远帖》卷，都是研究当时书法的文物珍品。

四、安道塑佛

东晋时期，与绘画、书法艺术同时勃兴的还有雕塑艺术。因当时佛教已传播至南北各地，造像塑佛便成为各大寺庙的首要需求。最初外域传入的造像粉本，多阔肩隆鼻，与我国南方汉民族传统的欣赏标准有很大的差距，迫切需要艺术上的改进和创新。时代呼唤着我国自己的佛教艺术塑造大家，于是便产生了戴逵。

戴逵，字安道，是东晋著名的画家、雕塑家。他与大画家顾恺之、大书法家王羲之一样，都是出身于当时的士族阶层。他从小多才多艺，能画，善文，长于鼓琴，终日与自己喜爱的艺术为伴，不愿出仕做官。《晋书》卷九四记载“太宰、武陵王晞，闻其善鼓琴，使人召之。逵对使者破琴曰：‘戴安道不为王门伶人。’”后来朝廷多次召他入仕，他都以“父疾”或其他原因推辞不就。所以《晋书》本传将他列入“隐逸”者一类。

戴安道在绘画方面善于表现佛像、人物、山水，更以擅长佛像雕塑而闻名于世，以至于后来他的画名竟被他的雕塑之名所掩。但他的塑佛，显然是基于他首先有着深厚的绘画佛像的艺术根基。文献记载他十几岁时就在瓦棺寺作佛教绘画，落笔惊人，有个王长史对他的画艺极为赏识，认为这个少年将有大的成就，甚至感叹自己年纪太老，来不及看到这位少年画家今后的成绩。后来，戴逵果然成为绘佛和塑佛的高手，他不拘泥于外国传入的佛教造像式样，而是努力创造出为当时民众所易于接受的中国传统人物造型的佛教形象。这种佛、菩萨像的面部和形体，应该是比较贴近当时绘画中表现的中国传统人物肖像的。传说他在为山阴（今浙江绍兴）灵宝寺造丈六高的无量寿佛及菩萨木雕像时，躲藏在一旁的帷帐中，听取信徒僧众们对正在雕造中的大像的意见和看法，反复思索研究，经3年加工，终于完成作品，并受到僧俗群众的一致赞扬。据说也是他首先把夹纻技术应用到佛教塑制工艺中。

需要说明的是，戴安道本人似乎不太相信佛教，曾著《释疑论》，与名僧慧远等辩论，批驳佛教的因果报应学说。他的精于画、塑佛像，更可能是对绘画技法和造型艺术的追求。

戴逵的儿子戴颙也酷爱雕塑，长期随父雕造塑像，并有自己的独到艺术见解。东晋末年，宋世子刘义符在瓦棺寺铸丈六铜佛像，像成后发现面部显得太瘦，戴颙仔细分析后认为，这是由于像的肩胛太宽肥，使得人们视觉上产生了像面部瘦削的感觉。在他的建议下，又适当削减了像双肩的宽度，果然佛像的面瘦之感顿消。元嘉初年（424年前后），他见到吴郡（治今苏州）绍灵寺释迦大像造型过于刻板古拙，便提出将肩以下、足以上作适度削删割舍，以求像之整体形态更加完美。可见在处理大型雕塑品时，戴氏父子确有丰富的经验和娴熟的技巧。

五、田园诗咏

东晋文学的特征，主要是经历了由玄言诗向质朴自然的田园诗的转变，最终产生了陶渊明这样的田园诗大家，并在整部魏晋南北朝文学史上留下了鲜明的印记，对中国后世的诗作乃至文人的修身处世之道均产生了深远的影响。

东晋时期，思想文化界弥漫着清谈玄理的风气，文学也被浸溺其中，出现了孙绰、许询等一批以诗谈玄的作家。南朝宋钟嵘《诗品·序》评价当时诗坛情况时说："永嘉时贵黄、老，稍尚虚谈。于时篇什，理过其辞，淡乎寡味。爰及江表，微波尚传，孙绰、许询、桓庾诸公，诗皆平典似《道德论》，建安风力尽矣。"《文心雕龙·明诗篇》云："江左篇制，溺乎玄风；嗤笑徇务之志，崇盛玄机之谈。"同书"时序篇"中亦云："自中朝贵玄，江左称盛，因谈余气，流成文体。"永嘉以后的玄言诗虽流传下来的不多，但的确是当时文学的一股主要潮流，且一度占据了文坛的统治地位。这种玄言诗在内容上严重脱离现实，在表现手法上"理过其辞，淡乎寡味"，失去了艺术的形象性和生动性，似乎越玄虚机巧，越像偈语般地说理，才越被推认是上品的好诗。这样，文学变成了玄学的附庸，玄言诗成了老庄的注疏，所以钟嵘叹息说"建安风力尽矣"。风力即风骨，《文心雕龙·风骨篇》曰："是以怊怅述情，必始乎风，沉吟铺辞，莫先于骨。"说明诗应该是缘情的，而现在却变成了说理的，自然"建安风力尽矣"。因此，尽管玄学风靡是东晋社会条件下产生的一种时代风尚，但玄言诗毕竟是对建安以来质朴豪迈、直面人生的"建安文学"、"建安风骨"的一种偏离和倒退。

本来，永嘉之乱导致的西晋覆灭，使得北方社会经济及文化总崩溃，刘曜陷洛阳后，诸王公百官以下士民死者 3 万余人；洛阳本是三国以来中国政治文化的中心，正始之际，名士文人们曾盛集这里，但经刘曜攻陷，纵兵大掠，以后晋室南渡，当地变为一片焦土，而魏晋典籍亦丧失殆尽，文化方面的损失也极为惨重。在这种国败家亡，经济文化总崩溃的局面下，士族文人们苟安江南，虽也有对时局的一些不满和牢骚，但已没有正视现实的勇气和信心，只好用虚妄的玄言诗麻醉自己，以求得主观上精神上暂时的自我陶醉。甚至当后来东晋稍安，大将军桓温西征顺利，一度收复洛阳并提议还都洛阳时，却遭到朝中士族的反对，玄言诗作者、士族孙绰就上疏说“校实量分，不得不保小以固存。自丧乱以来60余年，苍生殄灭，百不遗一，河洛丘虚，函夏萧条，井堙木刊，阡陌夷灭，生理茫茫，永无依归”（《晋书·孙绰传》)，中心意思便是反对北归。这种恬淡玄妙的言论文章，成为一种排忧解愁的文学载体，无怪乎玄言诗和玄文学竞相仿效，蔚成一时之文学风习。

标志着诗歌文学走出玄言雾障的，是东晋与刘宋之交的义熙永初年间的山水诗和田园诗，山水诗的代表人物是谢灵运，田园诗的代表人物是陶渊明。因山水诗本书将在后面南朝文学中详述，故这里主要分析陶渊明和以他为代表的田园诗风。

陶渊明（365—427年），一名潜，字元亮，浔阳柴桑（今江西九江西南）人。他少年时受到儒家思想的熏陶，有济世弘道，“大济于苍生”的志向。但是他生活的时代正是晋宋门阀政治发展的顶点，门阀世族垄断了高官要职，有才能的人却因出自庶族寒门而没有进取的机会。陶渊明的祖辈中虽有人做过大官，但并非士族，到陶渊明这辈时，更已十分没落了，所以他到近30岁时才出仕，做了本州江州的祭酒，但不久即辞归。40岁时，曾做过刘裕的镇军参军，41岁做刘敬宣的建威参军，同年秋冬之际，最后做了80多天的彭泽县令，即辞职回乡，从此不再出仕。史书记载他最后辞官的原因是，有郡里的官来县督察巡视，人们告诉他应束带接见，以示尊敬。他感叹道；"我不能为五斗米的俸禄向乡里小儿折腰。"遂解职而归（《晋书 · 陶潜传》）。

陶渊明终于结束仕隐不定的生活而归回田园，是因为他经历了晋宋之际政治的动荡，看清了宦途的艰险，在济世弘道的志向逐渐破灭后所作出的无奈选择。仅就他 29 岁做江州祭酒到 41 岁辞官彭泽县令的 13 年时局看（393—405 年），从孝武帝末到安帝初，朝中司马道子和其子元显当权，荒淫昏庸，群小竞进，元显还不到 20 岁，便同父亲争夺权力，并取其父的地位而代之。政治的黑暗直接导致了孙恩所领导的农民起义。这时期，以司马道子父子为攻讨对象，朝中又先后发生了王恭和桓玄发动的内战。王恭失败，桓玄消灭道子父子并篡夺晋政权，自称楚帝，但随即又被刘裕所讨平。最后刘裕控制晋廷，终取而代之建立了宋王朝，是为南朝的开始。亲眼目睹着这样凶险莫测、变化无常的政治时局，亲身感受了十几年底层仕宦的苦涩滋味，陶渊明悟清了一个道理：当时的政治是极端私利者的政治，政坛上充斥着险恶的、无聊的人事纠纷与名利争夺。在这样的环境中追求儒家的济世弘道理想，无异是一种海市蜃楼式的幻梦。梦想的破灭使他选择了与当时政治彻底决裂的道路，因为他既不能以自己的力量改变污浊的社会，又决不愿与其同流合污。他决然舍去，还居故乡田园。他在归隐后作的许多诗句中，都发出"厌闻世上语"、"但畏人我欺"（《拟古》其六），"去去当奚道，世俗久相欺"（《饮酒》其十二）的感慨，表明自己因此而"不学狂驰子"（《拟古》其二），"量力守故辙"（《咏贫士》其一）的决心。

正是由于陶渊明本人在思想上和行动上采取了与浑浊社会彻底决裂的做法，所以才在诗歌的创作上也能做到与当时独霸诗坛的玄迷诗风彻底决裂。他的一大批以田园题材为代表的诗作，一反晋宋之际玄远雕琢的积习，平淡自然地直抒胸中的感受：

> 少无适俗韵，性本爱丘山，误落尘网中，一去十三年。羁鸟恋旧林，池鱼思故渊。开荒南野际，守拙归园田。方宅十余亩，草屋八九间，榆柳荫后檐，桃李罗堂前。暧暧远人村，依依墟里烟，狗吠深巷中，鸡鸣桑树巅。户庭无尘杂，虚室有余闲，久在樊笼里，复得返自然。(《归园田居》第一首)

诗文虽极朴素，却十分生动形象，如“暧暧远人村，依依墟里烟，狗吠深巷中，鸡鸣桑树巅”数语，分明使人鲜活地看到或感受到，在夕阳黄昏中，一个平淡悠远的村落中炊烟袅袅，狗吠鸡鸣。这既是诗，又是画，是不加任何润饰的艺术语言。魏晋以来风靡了数百年的五言诗，经陶渊明再造辉煌，这是因为恢复了其文学内涵的本原：形象、质朴、自然。此外，陶渊明还有许多脍炙人口的诗句：“采菊东篱下，悠然见南山，山气日夕佳，飞鸟相与还。”(《饮酒》二十首之五)“时复墟曲中，披草共来往，相见无杂言，但道桑麻长。”(《归园田居五首》之二)“春秋多佳日，登高赋新诗，过门更相呼，有酒斟酌之。农务各自归，闲暇辄相思，相思则披衣，言笑无厌时”(《移居二首》之二)，这些诗都以日常随意的语言，描绘了农村园田中那淳朴真率的生活情态[1]。陶诗这种平淡自然的风格，深为后来评论家所推崇，钟嵘评为“文体省净，殆无长语；笃意真古，辞典婉惬”。朱子云：“渊明诗所以为高，正在不待安排，胸中自然流出。”又说：“陶渊明平淡出于自然，后人学他平淡，便

[1] 以上所引陶渊明诗，均见逯钦之校注《陶渊明集》，中华书局 1979 年版。

相去远矣。”

如前所述，陶诗之所以达到这种新的文学境界，首先是以他归隐田园，亲身参加农业生产劳动，固穷守节的行动为基础和前提的。也正因为这样，他的成就与他同时代的一批著名诗人，如山水诗代表谢灵运等分出了高下。许彦周《诗话》云：“陶彭泽诗，颜（延之）、谢（灵运）、潘（岳）、陆（机）皆不及者，以其平昔所行之事，赋之于诗，无一点愧辞，所以能尔。”《沧浪诗话》曰：“谢（灵运）所以不及陶者，康乐之诗精工，渊明之诗质而自然耳。”陶、谢二人虽都以写山水田园类自然景色知名，但因生活行为的差异，造成了诗歌境界文风的迥异。渊明以一位躬耕的亲践者写诗，情真意切；灵运为高门士族，把山水作为欣赏把玩的对象，隔膜雕琢之痕必不可免。对于自然的山水田园，谢是观赏，陶是感受，地位心境的不同，造成了诗风的不同，谢诗精于工巧，而陶诗胜于自然。

现代文学史家王瑶在评价陶渊明时说：“东晋一百多年中所产生的好诗极少，陶渊明的出现，才给我国中古文学史树立了一个显明的标记，才有了不同于当时一般作风的富有鲜明个性和艺术特色的诗篇。”这是十分中肯的评论。正是陶渊明，给东晋以来靡弱的诗坛输进了新鲜血液，使建安后的诗歌重树风骨，再振雄风，陶渊明以他的《归去来辞》《桃花源记》及一批优秀的田园诗作，并以他特殊的人格道德，给后世以深远的影响，成为中国传统文化的重要组成部分。

第三章　南朝文化

公元420年，北府兵将领出身的刘裕代东晋称帝，国号宋。自此以后的约170年间，长江以南经历了4次王朝的更迭变换，即先后有宋、齐、梁、陈四朝统治，史称南朝。

南朝政权虽然变更较频繁，但却多是通过和平方式进行的，没有造成大的社会动荡。最严重的梁朝末年“侯景之乱”，对南方某些地区的经济曾造成破坏，但很快便被平定。比较良好的社会环境，有利于南方生产的发展和文化的提高，两晋时汉文化在南方的影响，还仅限于长江三角洲和几条主要交通要道附近，到南朝后期，汉族和南方诸少数民族已趋融合，南方的开发便扩展至整个长江以南的广大区域。其文化亦更呈现出多姿多彩的面貌。

第一节　江南名都

一、都城建康

三国吴黄龙元年（229 年），吴大帝孙权将国都由武昌（今湖北鄂城）迁至建业（今江苏南京），从而开始了这座魏晋南北朝时期 300 多年国之都城的历史。建业位于长江中下游南岸，东距海约 150 公里，西接江淮平原，北枕长江天堑，其东北有钟山之险，江岸有石头城要塞，早有龙蟠虎踞、帝王之宅的称谓。吴定都于此后，筑路围墙，扩建宫室，打下了都城的最初根基。

西晋太康元年（280 年），西晋平吴，改建业为秣陵，后又分秣陵、建业两邑，并变业为邺。建兴元年（313 年），因避愍帝司马邺讳，改城名为建康。不久，西晋倾覆，琅邪王司马睿在建康称帝，是为东晋。自此，建康又作为东晋和后来南朝宋、齐、梁、陈四朝的国都，加上三国吴，共为都六朝，史称“六朝故都”。

因岁月久远，历史变迁，今天南京一带六朝都城的遗迹已基本无存，人们只能主要依据文献推测其大概。据记载，孙吴时期原尚俭朴，刚迁都到此时并未建新宫，仅修缮当地原有府寺使用。至赤乌十年（247 年）始建新宫，方三百丈（约合 2 里），名太初宫。到孙皓时已十分奢侈，于宝鼎二年（269 年）在太初宫东侧又造宏大的新宫室，方五百丈，名昭明宫。

由于受地理条件的限制，建业在城市布局上采用了较为灵活自如的发展方式，在钟山与石头山之间，北起玄武湖，南至秦淮河，形成一条南北向的轴线，吴宫在城北，自宫门南出，直抵秦淮河北岸的朱雀门。都城的官署营屯、民居里坊就依次分布在这南北向的轴线两侧，大体上是宫廷、衙署和贵族居住区在秦淮河以北，民居多在秦淮河以南。这与按规整板块状划分布局的中原曹魏都城邺城有着明显的不同。建业时的都城似乎没有正式筑造城墙，只是立栅栏防护。

东晋建业已改名建康，都城的营修仍在建业基础上进行，一般认为是在原孙吴宫苑基址上按西晋都城洛阳的格局，营造了新的宫城，称作台城。其后南朝宋、齐、梁、陈四代又相继修葺，陆续扩筑了南北中轴线上的驰道，并在宫城的正南门端门、大司马门门外建神龙、仁虎双阙，于后宫苑囿内增建殿堂楼阁，等等。

建康城作为六朝之都，曾有大片雄伟豪华的宫廷御苑。东晋孝武帝太元三年（378 年），多才多艺的大臣谢安主持营建新宫室，每天役使工匠 6000 人，造了大小 3005 间内外殿宇，其中所建朱雀门上又置重楼，名朱雀观，观上门上有两铜雀，悬楣上又木刻左右相对的龙虎。这些殿阁门楼皆雕梁画栋，色彩艳丽。至于宫殿的结构规模，亦是精致宏大。如宫中前朝主殿太极殿，晋初为十二开间，到南朝梁武帝时改作十三间。梁武帝于天监十二年（513 年）新作太极殿，高 8 丈，长 27 丈，广 10 丈，殿基全以锦石砌筑，殿前为“广庭六十亩”，折算太极殿高约 20 米，长 68 米，进深 25 米，间广平均为 5 米。与现存唐长安大明宫中主殿含元殿的规模相仿。[1]

据文献，宫城内外还种植各种名贵花木，如城周并种橘树，宫

[1] 《中华文明史》第四卷，第 584 页。

墙内种石榴，殿廷以及三台三省列种槐树，宫南夹路出朱雀门全种垂柳与槐树。南朝宋时，宫城东北开辟供皇室游乐的华林园景阳山，役使大批百姓，使人民怨声载道。甚至到南朝最后一朝皇帝陈后主时，面临危亡的局势，仍耗费巨资大修宫室，于后苑起临春、结绮、望仙三阁，阁高数丈，各有数十间。阁中门窗、壁带、枋楣、栏槛之类，都用沉香木或檀香木制作，香气飘溢。又用金玉珠翠等贵重材料为装饰。三阁之间以复道相通连。阁下积石为山，引水为池。建筑豪华侈丽，穷极一时。

除宫殿御苑外，建康城佛寺林立，商贸云集，百姓聚居。到南朝萧梁时，江南数十年无战事，民殷国富，建康城内居民达 28 万户，商业兴旺，“淮水以北，有大市百余，小市十余”(《隋书·食货志》)。公卿士族车舆衣冠，文质彬彬。其经济、文化的发达令当时北中国少数民族政权和周边国家倾慕不已。各地政权经常派遣使节到建康拜谒学习。

公元 549 年，侯景之乱爆发，叛军攻入建康，最终克台城，大肆焚 掠，梁武帝困饿而死，百姓十不存一，士大夫流离失所。昔日繁华的都城遭到空前浩劫，宫阙被毁，文物荡然，三百年金陵故都几成废墟。乃至前来朝见的朝鲜半岛百济国使臣面对残破的宫城，痛哭不已。六朝故都正是在这次事变中受到严重破坏。

二、南朝陵墓

东晋以后南方的宋、齐、梁、陈四朝，既以建康（今南京）为都城，这一时期的皇族陵墓，便也分布在今南京、丹阳一带，是南朝物质文化的重要遗存。

南朝陵墓的共同特点都是选择背依山岗、面临平原的地形，依山开凿大型墓坑，加铺多层底砖后上砌墓室，然后填土封实。墓室均为带拱券顶甬道的单室，穹隆顶，甬道内多设两重石门。因南方地下潮湿，为防止墓内积水，墓室内部都设有排水系统，排水沟道常常伸出墓室外面 100 米以外，这是南朝陵墓结构上的一个独有特点。现已发掘的南朝陵墓都曾遭到大规模盗扰，而且多半是在葬入后不久就被有目的地破坏过。存留至今，能代表南朝陵寝文化的主要是地上石刻雕塑群和墓室中的拼镶砖画。

南朝地上陵墓石雕共存 31 处，分布在南京及附近的江宁、句容、丹阳三县。其中属于帝王陵前的 12 处，王侯墓前的 19 处。亦不同程度遭受破坏，残缺不全。原来大约是安置有石柱、石碑和石兽各一对，但目前仅有一组保存完整，即南京市尧化门甘家巷的梁安成康王萧秀墓，其余各处均有缺失，但以石兽遗留最多。石兽中以刘宋时期为最早，齐、梁时期保存最多，品种亦齐全，陈代则很少。[1]

南朝陵墓石刻中的神道石柱很有特色，是由兽形柱础、凹棱形柱 身和刻字的墓表组成，为墓前神道的标识。这是沿袭了汉代在墓前立柱树表的做法。有人从凹棱的柱身联想到古希腊神殿的石柱，猜测它们之间或许有什么关系，其实这是一种误解。因为神道石柱不是像希腊石柱那样是建筑物的承重柱，而只是用作标识的独柱；另外这种柱身的凹棱是模仿中国古代建筑中以较细的材料聚合成粗大柱材的外形，即“束竹柱”作法。束竹柱外表是以小材围绕芯材而成，形成美观的纵凹凸棱线，又在柱体上束缚多道加固绳索。所

[1] 姚迁等编著：《南朝陵墓石刻》，文物出版社 1981 年版。

以仿束竹柱的神道石柱体上下，同样刻出多道象征绳索的绹索纹，而希腊等西方建筑石柱上则从不见这种绹索纹饰。可见，南朝的神道石柱正是承袭了汉晋传统，造型风格完全显示着中国古文化的民族特征。

南朝陵墓前体量巨大的石兽，是最引人瞩目的作品。有人认为帝后陵前的头上生角，应称天禄（鹿）和麒麟；王侯墓前的无角，可叫辟邪。它们前肢肩部均雕有双翼，是沿袭战国汉魏以来有翼神兽的传统做法。以之与西汉霍去病墓前石雕相比，雕刻技法的进步极为明显，与东汉时四川或河南发现的石雕神兽相比，也有相当大的突破。表现出到六朝时期大型立体雕像的技法已相当纯熟。神兽的姿态，都作四足伏地、挺胸昂首状。过去有人认为颇有西亚北非雕刻的味道，其实完全是中国文明的结晶。人们只要先去看一下战国中山王陵出土的错金银有翼神兽，就可明了南朝陵墓石兽姿态的渊源所在：那种四肢微曲、四爪按地、挺胸昂首的态势，与前者并无二致。两者只是质料不同，体量有大小，时代风格有所变化而已。南朝陵墓前的石兽，伏在绿野中，昂首直对苍穹，更加令人有积聚力量即将腾飞之感，极有气势。但又因时间先后不同，作品表现的气势随之变化，宋的神兽稍感简朴，更显浑厚自然；齐、梁的作品姿势更为生动。王侯墓前的兽周身雕饰较少，故更觉简朴而蕴藏着无穷的潜力。到陈代，国势日微，衰败之气不免反映到艺术作品上，所雕石兽的头颅颇大而向后仰，显得缩颈拱肩，无复过去那挺胸傲视的雄姿。双肩的神翼也已退化，与身躯不成比例，只能视作一种附加的装饰品。这些神韵的变化，似乎也预示着王朝的衰微。

除地上石刻外，南朝陵墓地下墓室中的大型拼镶砖画是十分有名的，它们衬托得墓室格外富丽壮观。以保存最好的丹阳建山金家村大墓为例（此墓被认为可能是南齐废帝东昏侯萧宝卷的陵墓）[1]，从甬道口向里走，首先出现的是甬道顶上的两幅砖画，偏东是内立三足乌的一轮圆日，靠西是内有桂树下玉兔捣药的一轮满月。再向前走，是对称地蹲踞在左右两侧壁面上的狮子，长鬣利爪、张口伸舌，形象威猛，为死者守门以辟除不祥。接着是一对手扶长刀的披铠武士。进入墓室后，两侧壁面均拼镶有上下两栏砖画。靠前部上层是体态修长的青龙和白虎，它们既是表示方位的神兽，也是引导死者升天的前导。画面各长 240 厘米，气势宏伟。在龙和虎的前面，各有一位毛羽遍体的仙人，手执仙草，他回身引逗召唤着龙虎，向天空飞去。在仙兽身躯上方，又各有三位凌空飞舞的“天人”相随，或捧仙果，或捧丹鼎，体态婀娜，衣带飘飞，又配以虎龙周围飞腾的朵朵浮云，更使得整个画面灵动起来，产生凌云飞升之感。在龙虎之后是七贤砖画，下栏自前而后排列着四幅对称的死者出行的仪卫卤簿砖画，以人马都披着铠甲的“甲骑具装”为先导，随着是执戟的仪卫和高举伞盖的卤簿，最后是三骑一组的鼓吹乐队。全墓的砖画，组成一曲墓内死者企图带着人间的仪威权势升天的梦幻曲。

三、拼镶砖画

拼镶砖画，就是拼镶在墓室壁面上的砖画。在早期一般绘画作品没能保存下来的今天，考古发掘中出土的六朝陵墓拼镶砖画，就

---

[1] 南京博物院 :《江苏丹阳县胡桥、建山两座南朝墓葬》,《文物》1980 年第 2 期。

成为人们窥探六朝绘画艺术真面目的一个独特窗口。

具有鲜明时代特征，且达到自身发展较高水平的六朝拼镶砖画，是在汉代的画像砖艺术的基础上发展起来的，在形式上突破了原有的一块砖一幅画的格局，在艺术上也摒弃了原来的模式，从技法到题材都反映出东晋以后的造型艺术的创新精神。目前发现最早的砖画，是南京万寿村附近的东晋永和四年（348 年）墓中的两幅。一幅是由两块砖的侧面拼合的龙，上有榜题“龙”字[1]；另一幅是由三块砖的端面拼合成的，画面正中是一头蹲坐状的猛虎，昂首左顾，似欲张口狂啸，线条简练劲健。画面四角各有一隶书题字，为“虎啸丘山”。此后用增加砖数的办法，从用几块砖到用几十块砖，把画面扩大，到东晋末至南朝初，常能使画面的长度超过两米。题材也从龙、虎扩大到日、月、狮子、披铠武士、甲骑具装、执戟仪卫、鼓吹乐队等多种，最有艺术价值的是“竹林七贤”和荣启期的画像。这样题材的砖画已发现 4 处，都是分作两幅对应砌在墓室的两侧壁上面上。其中以南京西善桥的一座六朝砖墓中的保存最好，一边是王戎、山涛、阮籍、嵇康，另一边是向秀、刘灵（伶）、阮咸、荣启期[2]。另外 3 处都发现在丹阳的大墓中，基本构图相同，但各人像的具体位置有差异。根据像旁的题榜，发现由于工匠据粉本刻模制砖时出的差错，都把向秀的名字漏掉，而把山涛的名字搞重复了。

竹林七贤是西晋名士，七贤的画像在东晋已颇流行，当时名画家如戴逵、顾恺之、史道硕等都画过这一题材的作品。南朝时七贤

[1] 南京市文物保管委员会：《南京六朝墓清理简报》，《文物》1959 年第 5 期。

[2] 南京博物院、南京市文物保管委员会：《南京西善桥南朝墓及其砖刻壁画》，《文物》1960 年第 8、9 期合刊。

题材继续流行，刘宋时期陆探微和南齐时的毛惠远的作品都流传到唐代。同时宫殿中壁画也出现过这一题材，据《南史·齐本纪》，东昏侯萧宝卷建玉寿殿时，就绘七贤壁画，并以美女侍于七贤像侧。由此可以推测砖画所据确是名家粉本。但到底源于哪位画家，目前难于确定。倒是将这几幅砖画作为了解这一历史阶段画风的代表，更为切合实际些。因为中国古代绘画在技法方面，突出地运用了线条，不仅用线勾勒物像的主要轮廓，还靠它表现人物的眉目口鼻等五官的细部，至于衣带纹褶也莫不靠线条来表示，然后填涂浓色。模印的砖画，也正是以凸起的线条表示一切，因此恰好在这一点上比较真实地表现了当时绘画的特色。因为从文献可知东晋南朝的绘画大师，其作品的特色都是在于线条的运用。不论是顾恺之的“紧密联绵，循环超忽”，还是陆探微的“笔迹劲利，如锥刀焉”，以及张僧繇的“点曳斫拂”，“钩戟利剑森森然”，都是主张要用劲健的或密或疏的线条来表现的。砖画由于是模印和烧制，故线条硬挺，恰恰可以很好地表现出当时绘画用笔那种劲健的线条趣味。

六朝拼镶砖画对汉画的突破还表现在布局构图和人物上。在布局上是把整幅画分成对称的两部分，每一部分又匀称地分割为几个独立的片断，没有维系其间的有机联系，切割开时都可以自成一幅。另外，在画面上以人物为主，旁边的树木花卉等与人体不成比例，且具有图案意味。这些尚保留着汉画的遗风，但又有新的突破，即虽然采取了分割式的布局，但摒弃了汉画像习用的图案边框，而是以树木进分间隔。同时利用树木品种的不同，或槐或柳，或银杏或阔叶竹，加之位置的前后错落，因而避免了呆板的缺点，使画面显得灵动而富有变化。在人物的绘制上，已经能够明显地表现出不同对象的特定性格，而不仅只有年龄和服饰的差别。

大型的拼镶砖画，只是帝王勋贵才有可能享用的高级艺术品，还有那些由三五块或七八块砖拼成的小幅砖画，则较为普及，分布范围也超出都城建康附近地区。如在江苏常州戚家村的一座六朝晚期砖墓里[1]，就有用7块砖拼成的青龙、4块砖拼成的神兽和飞天、3块砖拼成的朱雀等小型砖画，构图也颇生动，并具浮雕效果。

第二节　佛学发展

一、南朝译经

佛教经过三国两晋数百年的传播，到南北朝时已在全国扎下了较深的根基。因南北朝时的皇室和士族多虔信佛教，使得社会各阶层人士更趋之若鹜，寺院、僧尼数量激增，开窟造像工程浩大。在译经方面，印度大乘有宗的著作被大量译出，佛教理论的研究和著作也相继推出，一方面形成了儒、释、道三教之间既相互吸收，又互为排斥的局面，另一方面涌现了以传播、讲授一部或几部经书为中心内容的佛教学派。由于南、北朝思想文化和社会环境的差异，南方和北方的佛教派别、僧侣和信徒表现为不同的特色，一般说来南方偏重义理，重视对佛典理论的辨析和研讨；北方则较重禅修，偏重在山间水畔开窟造像，禅思自律。[2]

南朝之重佛教义理，首先是建立在佛经的系统翻译基础上的。

---

[1] 常州市博物馆：《常州南郊戚家村画像砖墓》，《文物》1979年第3期。

[2] 参见汤用彤《汉魏两晋南北朝佛教史》，中华书局1983年版。

宋、齐、梁、陈四朝170余年间，刘宋王朝执政的60年（420—479年），是佛典翻译数量最大的时期，共有译者22人，译出佛籍（包括失译）465部、717卷。此后齐24年（479—502年），译者7人，译经12部、33卷；梁代56年（502—557年），译者5人，新译及失译46部、201卷；陈代33年（557—589年），译者3人，总译40部、133卷[1]。由以上统计可以看出，宋代以后的齐、梁、陈3代110年中，译经总和为98部、267卷，同上述宋代60年间译的465部、717卷相比，差距是很悬殊的。

刘宋朝的佛教翻译所以能比较兴盛，并达到南朝译经的一个高峰期，主要是因为它直接继承了原后秦在长安的译经班底。西域译经大师鸠摩罗什入关后，曾在后秦皇室支持下于长安建立了第一处国家译场，广征天下名僧学人参与其事，规模之大，影响所及，可谓空前绝后。公元413年，鸠摩罗什卒。417年，刘裕攻入长安，原罗什门下的知识僧侣中有一大部分随其南下，成为刘裕建立宋朝后译经事业的骨干力量。公元439年和446年，北魏先是进军姑臧，在这个原北方另一译经中心焚毁佛籍；继而下“灭佛法诏”，结果使得原凉州译场的高僧和北方魏境沙门纷纷南逃过江，以避法难。这样一来，从前散布于全国的名僧和译经高手，几乎均汇集于江南，推动了刘宋一代译经活动的繁荣和发展。

刘宋朝译经的主要地点是国都建康的道场寺，主持和参与译经的代表人物是来自北天竺的沙门佛陀跋陀罗（意译觉贤，359—429年）和中天竺的求那跋陀罗（功德贤，394—468年）及慧观、慧严、法显、宝云、求那跋摩、僧伽跋摩、卑摩罗汉等。所译佛经对

---

[1] 唐·智昇：《开元释教录》卷五至卷七。

佛教理论的发展和教派形成产生了重要影响的有：

《大方广华严经》60卷，简称《华严经》，418—421年译于建康道场寺，由觉贤与沙门法业、慧严、慧观等百余人共译。此经的译出开创了全面研究《华严经》的风气，并成为后来唐代华严宗确立的经典依据。

《大般泥洹经》10卷，为昙无谶译《大般涅槃经》的部分异译，由觉贤与曾西行求法的名僧法显共译于建康道场寺，时当416—418年，另一西游名僧宝云笔受。此经的译出在江南佛教界引起了极大的震动，经中关于“一切众生皆有佛性”的观点，使得长期困惑于般若空观的学僧们豁然开朗，并继而开辟了佛教哲学研究的新方向。

《胜鬘师子吼一乘大方便方广经》1卷，简称《胜鬘经》，436年译出，系求那跋陀罗传译，慧观笔受。此经认为，法身、佛性（即如来藏的别称）就存在于生死流转的众生之中，不能脱离生死世界另寻什么彼岸世界，如去除“客尘烦恼”，则实现涅槃。此说对佛教的推广、普及影响很大，由此形成了所谓“如来藏缘起”的理论体系。

《楞伽阿跋多罗宝经》4卷，简称《楞伽经》，443年译出，译者和笔受者也是求那跋陀罗和慧观。此经以“一切佛语心”为品名，发挥了“如来藏缘起”的思想，也兼谈了大小乘佛教思想理论在禅观上的差别，一时反响很大，由研习此经而形成了一批楞伽师，开唐代禅宗的先声。中国早期禅宗史料列求那跋陀罗为国内第一代祖师，即与他翻译此经有关。

刘宋朝以后，齐、梁、陈三代译经势头稍减。到梁陈时，又出现了一位外来译经高僧真谛（499—569年），他译出了包括《阿毗达摩俱舍释论》《摄大乘论》《摄大乘释论》在内的有影响佛经 49 部、142 卷，并自作义疏 19 部、134 卷，涉及范围广泛，成果颇丰。被认为是南朝译经史上的一位大师。

二、帝王佞佛

南朝时期，佛教信仰在南中国大地上迅速传播，上至帝王贵戚，下至一般文人知识分子，都为这种包含着深奥而美妙理论的外来信仰所倾倒和陶醉，忘情地沉湎其中。特别是南朝的皇帝们，更以崇敬佛教著称，成为中国封建社会帝王中佞佛的突出代表。

南朝宋的几代帝王，几乎人人崇佛。宋武帝刘裕十分尊崇译经大师鸠摩罗什的弟子慧严、僧导等高僧，他西伐长安凯旋东归时，把留守关中的儿子桂阳公刘义真郑重地托付给当地高僧僧导，嘱咐说：我儿年小，留镇这里，望法师多多照顾。

后来，刘义真果然被来自西北的夏赫连勃勃大军所追迫，危在旦夕。僧导闻讯，率弟子数百人拦截追兵，并表白说："刘公（裕）以此子见托，贫道今当以死送之。"[1] 追兵们慑于这批僧人的神气，停止了追击，使刘义真逃得一命。刘裕对僧导的救子之恩十分感戴，遂命子侄们均以导为师。

宋文帝刘义隆在位时，对佛教界流行的竺道生的"顿悟成佛"理论十分赞赏，他曾问身边的僧人：顿悟学说的道理，现在谁最精通？当听说是隐居临川郡山中的道生弟子道猷时，便立即命人前往召猷到京，并马上在宫内大集佛僧，请道猷讲述顿悟学说。因当时

[1]《高僧传·僧导传》。

顿悟说刚刚风行，许多佛僧因不理解而纷纷提出责难，道猷“积思参玄，又宗源有本，乘机挫锐，往必摧锋”，文帝十分高兴，“抚机称快”。[1]

在南朝所有皇帝中，佞佛达到极点的是梁武帝萧衍（502—549年在位），他年轻时曾为齐竟陵王萧子良在鸡笼山西邸文士集会的“竟陵八友”之一，后他废齐建梁，一面仍重用士族，同时在思想文化上提倡佛教，终使南朝佛教在他在位时达到鼎盛。从有关记载看，梁武帝原尊崇老子，似乎是位道教信徒，可能与竟陵八友交往中又与名僧佛教接触增多，从而影响了他信仰的转化。他自天监三年（504年），即当皇帝第二年起，便下诏“舍事道法”，皈依佛教[2]。认为只有佛教才是“正道”，其他老子、周公、孔子等所立儒、道等均为邪道，他还要求王侯百官“舍邪入正”，全体依奉佛教[3]。梁武帝不仅大力提倡 信奉佛教，而且身体力行，他在位数十年中，不仅按在家佛教徒的戒律修行，每天只吃粗米蔬菜，不饮酒，不听音乐，甚至4次自愿舍身到宫城北掖门外的同泰寺为奴。每次都是由群臣出钱一亿万将他赎回。后来陈朝的皇帝陈武帝也学他的做法，在建康大庄严寺舍身为奴，也让群臣出巨资赎回。这种做法虽极其虚伪，但也可以说明南朝的历代君主迷信佛教到了何等地步。

梁武帝的佞佛还表现在他广建寺庙，盛造佛像，优待僧侣，奖励佛教义学。他对当时一些著名的僧师给予很高的社会地位和优厚的生活待遇，允许著名高僧可自由出入宫中，甚至登上正殿的御座。他更亲自参加佛经的译作注疏，著有大量佛教著作。在4次

[1] 《高僧传·道猷传》。

[2] 《广弘明集》卷四“叙梁武帝舍事道法”。

[3] 《广弘明集》卷四“叙梁武帝舍事道法”。

舍身同泰寺期间，亲自在寺中向僧众讲经说法，如于中大通三年（531 年）十月在同泰寺讲《大般涅槃经》；十一月讲《摩诃般若波罗蜜经》，中大通五年（533 年）在同泰寺讲《金字摩诃般若经》；中大同元年（546 年）在同泰寺讲《金字三慧经》。在梁武帝的大力提倡下，梁朝所建寺庙数与僧尼人数均为南朝之冠，唐法琳《辨正论·十代奉佛篇》中著录有两晋、南朝僧尼寺数、口数等，其中梁朝京内寺庙达 700 所，国中寺庙达 2 846 所，僧尼数为 82 700 人，实为西晋、东晋、宋、齐、陈同类数字之冠。

事实上，梁武帝虽“舍道归佛”，但他对儒、道二教并未排斥和压制，他常为臣下讲《老子》《庄子》，《隋书·经籍志》也记载他撰《老子讲疏》六卷。他与当时著名道士陶弘景也过从甚密。他还从未忘记弘扬儒教，《梁书·武帝纪下》说他亲自造《制旨孝经义》、《中庸讲疏》等凡 200 余卷。因此，梁武帝实际上是以振兴佛学，佞佛崇佛著称，而主张和实施三教并用原则的。梁武帝的声名因崇佛而远扬海外，被干陀利等国称为中国的“圣主”，且“是我真佛”（《梁书·诸夷传》）。评论者认为，论佛教地位的确立，不能忽视梁武帝，他对佛教的态度使人们想起阿育王对佛教大乘的提倡。他们对佛教的发展起过类似的作用，只不过时代、地区、作用大小不同而已。

三、反佛斗争和《神灭论》

南朝因佛教势力扩张而导致的寺院和僧尼人数的激增，不能不与封建社会传统的文化道德观念以及政治、经济利益产生矛盾。就在佞佛最盛的宋、梁时期，便不断有官员上奏或著文，抨击佛教教理，要求抑制佛教发展。从东晋成帝时即开始直到宋仍在继续的关于沙门是否应该礼敬王者的讨论，就是这种矛盾斗争的表现之一。按照佛教的规矩，僧侣见了什么人包括帝王都不跪拜，只是合掌致敬，这自然与中国封建传统礼仪相违背，但当时许多名僧和崇佛的贵族都支持佛教这种“不应尽敬”帝王的规矩，著名的东晋高僧慧远曾就此问题专门写了《沙门不敬王者论》。可是到宋孝武帝大明六年（462 年），朝廷终于下令僧侣对皇帝必须行跪拜礼，有僧人不遵守的，即“鞭颜皴面而斩之”[1]，僧侣们便立刻屈服了。

梁武帝时，因皇帝沉湎佛教，朝政荒弛，郭祖深、荀济等人都上书朝廷，力陈佛教紊乱纲常、僧尼不事生产、隐匿户口、逃避赋税劳役等事实，要求 40 岁以下僧尼还俗务农，抑制佛事法会，避免因崇佛而招致亡国的结局（《南史 · 郭祖深传》）。荀济本是梁武帝的布衣之交，因上书排佛而得罪了武帝，梁武帝要将他处以死刑，由于他逃往北魏而作罢（《北史 · 荀济传》）。

真正在思想理论上给佛教以致命打击的，是南朝宋梁之际的杰出思想家范缜及其代表作《神灭论》。范缜字子真，约生于宋文帝元嘉二十七年（450 年），约卒于梁武帝天监十四年（515 年），他出身于文化氛围浓厚的家庭，青年时已博通儒家传统经学，并表现出不畏强权 的战斗性格。他曾是齐竟陵王萧子良西邸文士中的一员，而西邸文人集团是以结交名僧，讲经谈玄知名的一个群体，特别是这个群体的代表者竟陵王萧子良本人，更是以崇佛著称。范缜作为西邸的宾客，却不相信佛教因果报应等理论，这就使得这位宾客与主人之间发生了明显的分歧，引起一番争论。《梁书 · 范缜传》

[1] 《广弘明集》卷六“叙列代王臣滞惑解”。

记述了这场饶有趣味的问答：

> 子良问曰："君不信因果，世间何得有富贵，何得有贫贱？"缜答曰："人之生譬如一树花，同发一枝，俱开一蒂，随风而坠，自有拂帘幌坠于茵席之上，自有关篱墙落于粪溷之侧。坠茵席者，殿下（指萧子良）是也；落粪溷者，下官（范缜自谓）是也。贵贱虽复殊途，因果竟在何处？"

在这段对答中，范缜以落花为喻，说明人生富贵贫贱的偶然性，否定了佛家的因果报应说，并进一步撰写了《神灭论》，继续阐述自己的观点。《神灭论》初稿写成后，立即引起朝野喧哗，萧子良集中了许多僧徒进行反驳，不能使范缜屈服。到竟陵八友文人集团中的萧衍成为梁武帝后，又再集中许多僧众反驳，仍不能辩过范缜。这既说明了《神灭论》的科学性，也表现了范缜坚持真理的可贵精神。

《神灭论》开宗明义说："神即形也，形即神也，是以形存则神存，形谢则神灭也。"又说"形者神之质，神者形之用，是则形称其质，神言其用，形之与神，不得相异也。"意思是形神是互为依存的，神因形的存亡而存亡，不能离形而独在。而这正是《神灭论》的基本观点。接着又用刀刃、木的枯荣、人体的形骸等作例子，反复论证形神相依，形亡神灭的原理。最后的结论则是"浮屠害政，桑门蠹俗，风惊雾起，驰荡不休，吾哀其弊，思拯其溺"。

《神灭论》对佛教有神论的批判，在社会上发生了很大的影响，引起了佞佛人士的不满和怨恨。太原王琰就写文章谩骂范缜说："呜呼范子，曾不知其祖先神灵所在！"范缜则针锋相对地回击道："呜呼王子，知其先祖神灵所在，而不能杀身以从之！"说得王琰哑口无言。萧子良也派人来劝范缜说，如果放弃神灭之说，何愁不能官至中书郎！范缜却笑而答曰："使范缜卖论取官，已至令仆矣，何但中书郎邪！"（《南史·范云传附范缜传》）范缜言行一致，他做宜都太守时，当地有各类神庙，他即下令禁止祭祀。他的无神论理论达到了他所处时代能够达到的高峰。

第三节　道教传播

一、葛洪和《抱朴子》

道教是在中国本土产生的宗教，是我国古代传统文化的一个重要组成部分。原始道教约形成于东汉后期，其始祖老子（李聃）逐渐被神化，其早期经典《太平清领书》（即《太平经》）170 卷也已产生。但因书中有主张平均主义、反对剥削压迫的思想，曾成为黄巾大起义的理论基础，所以不适合统治阶级的口味。时代的变革，统治阶级的需要，都迫切要求对原始道教进行理论和实践上的改造和充实，魏晋南北朝时期便成为道教大为发展、提高、成熟的时期，这种成熟的标志之一是出现了葛洪和他的《抱朴子》一书。

葛洪（283—363 年），字稚川，自号抱朴子，东晋时丹阳句容（今属江苏）人，出身于没落的士族官僚家庭，是三国吴名道士葛玄的从孙，他虽从少年时家道中落，但刻苦读书，胸怀大志，史载他"为人木讷，不好荣利"，广读儒、道、墨、法、阴阳家诸书，并拜通道教的大儒士郑隐为师，被授予当时神仙道教的重要口诀和仙经。因郑隐原曾师事于葛洪从祖葛玄，故对葛洪更为器重，曾立坛盟誓，将金丹仙术传授给葛洪。这些都为葛洪后来毕生从事道教理论的研究整理，亲自实践炼制金丹之术打下了基础。

葛洪一生著述丰富，最重要的是《抱朴子》一书，作者将自己的别号作为书名，亦可见对此书的看重。《抱朴子》分内、外篇，其中内篇20卷，外篇50卷。内篇20卷代表了他对魏晋以来神仙道教理论的全面认识、理解和概括，被公认在道教发展史上据有里程碑式的作用。关于写作此书的动机，葛洪在书中表述说，以往的道书，既多且杂，没有一本能全面系统地从理论和方术上讲清道教理论的著作，而且当时的许多道书是用晦涩隐秘的语辞写成，使信徒们无法看懂弄通。另外，葛洪因亲眼目睹过神仙方术的效验，又经明师指点，确信金丹能炼，长生可行，想将有关方术记录下来，传之后世。在这种思想指导下写成的《抱朴子》内篇，主要包括了两方面的内容：一是对道教思想理论的阐述和总结；二是记录了包括大量道经符书在内的多种修行方术。

在思想理论方面，内篇对我国战国秦汉以来传承的神仙思想作了总结和提高，将道教的中心教旨归纳为长生成仙，长生不死。这一理论既表现了同追求来世幸福的佛教的区别，保持了我国本民族的文化心理传统，又与以治病免灾为主的民间道教拉开了档次。葛洪将自己的神仙道教建筑在“道”“玄”“一”等抽象玄妙的哲学基础上，丰富了道教的理论内涵。如他认为“玄”是道的一种最高最美的理想境界，他的《抱朴子》内篇第一卷题目即为《畅玄》，第一句话便是“玄者，自然之始祖，而万殊之大宗也”，它先于天地万物而生，高深莫测，无所不能：“其高则冠盖于九霄，其旷则笼罩乎八隅。光乎日月，迅乎电驰……金石不能比其刚，湛露不能等其柔。方而不矩，圆而不规。来焉莫见，往焉莫追。乾之以高，坤之以卑，云以之行，雨以之施”。这一无所在又无所不在的“玄”，正是葛洪理想中道教的“道”“一”，的同义语，是其核心理论之一。同时，葛洪还主张儒道互补，在卷七《塞难》中说“道者，儒之本也。儒者，道之末也”，这是因为“儒教近而易见，故宗之者众矣。道意远而难识，故达之者寡焉”。他认为道教信奉的神仙不死之术，固然是人生的根本；而儒家的礼仪政教，能够维持社会的安定和秩序，也是丝毫不可忽视的，其重要性仅次于神仙不死之术。他坚决反对人民群众利用道教进行反抗社会政治制度的行为，对张角以“太平道”组织的汉末黄巾起义深恶痛绝，主张统治者对此应加严刑峻法予以制裁镇压。他正是想以自己阐发的长生成仙的神仙道教，来取代较低层次上的民间道教，这也正迎合了统治阶级维护封建统治的需要，他说“曩者有张角、柳根、王歆、李申之徒，或称千岁，假托小术，坐在立亡，变形易貌，诳眩黎庶，纠合群愚”，并称这些民间道教为“妖道”(《抱朴子》内篇卷九《道意》)。

“民间道教活动的困阻和受控制之日，即代表上层社会官方意识的神仙道教兴起之时”[1]，葛洪阐述的理论标志着道教理论水平的提高和性质的变化，草创于民间的宗教被引入统治阶层的殿堂，在以士族门阀统治为突出代表的两晋时期，这种神仙道教因其理论的提高而成为士族的道教。其直接结果是“民间道教的社会活动被迫衰落和停滞，神仙道教乘机勃兴，平均、平等的意识顿时消沉，尊卑等级的观念步步加强……两晋南北朝的道教，基本上是沿着神仙道教这个趋势发展，直至唐代，达到了最高峰”[2]。葛洪及其理论，正是这一发展道路上的鲜明标识。

---

[1] 王明：《中国道教史》序，载《世界宗教研究》1987 年第 3 期。

[2] 王明：《中国道教史》序，载《世界宗教研究》1987 年第 3 期。

在修行方术方面，葛洪最信奉的是服食金丹大药，并将此作为长生成仙的最佳方法。他在内篇卷四《金丹》中开始就说："余考览养性之书，鸠集久视之方，曾所披涉篇卷，以千计矣，莫不皆以还丹金液为大要者焉。然则此二事，盖仙道之极也。服此而不仙，则古来无仙矣。"除金丹之术外，葛洪还认为宝精（房中术）和行炁（气功修炼）也是重要的途径。他说："服药虽为长生之本，若能兼行炁者，其益甚速…… 然又宜知房中之术，所以尔者，不知阴阳之术，屡为劳损，则行气难得力也"（内篇卷五《至理》）。这就是说，气功导引之术，当然有利身体健康，而正常有节制的男女性交方法，也可以健身养颜，延缓衰老。认为人如果断阻阴阳交媾，便违背了上天赋予人的自然生存状态，会导致心情抑郁，生理紊乱而产生疾病。但无节制的淫乱也会伤其身心。总之，在葛洪的认识中，金丹术、气功术、房中术的三者有机配合，是神仙道教最主要的长生之术。

此外，《抱朴子》内篇中还记录和保留了大量道教经书神符资料。道教自东汉至晋，各种经书符箓为数众多，但因时代久远大都失传，《抱朴子》内篇中按经名和神符名称记载了近 300 种道经和神符，对其中重要的还引述了主要意思，使后人可以窥知晋以前道教典籍的梗概。

《抱朴子》一书在文体上带有明显的时代特征，全书多采用"或问""或难"的假设人发问方式，而以抱朴子（作者）答辩，通篇流露出魏晋时文人名士清议品评的机锋，既富于论辩性，又不失文采。

二、金丹之术

如前面所述，魏晋神仙道教的终极目标是祈求长生不死，长生成仙，而达到这一彼岸世界的途径是各种修炼方术，其中被认为最有效的即是金丹之术。金丹之术又称外丹黄白术，这里所谓的“外丹”，是炼丹者对用火法或水法制造金液还丹的方术（和称为内丹的道教气功相对应）；“黄白”，是以贱金属制作的药金药银的别称，这是一种特殊的工艺实践。在深山中隐秘的鼎釜之侧，被烟熏火烤折磨着的虔诚道士们，并没有意识到他们实际上正在从事着人类科技史（主要是化学发展史）上一项很有意义的实验。

中国外丹黄白术的起源可追溯到商周时期已成熟发达的冶金铸造业，今天考古发掘中出土的大量商周青铜礼器和兵器，被认为是那个时代文明发展的突出代表。《周礼·考工记》中已有各种合金的制造规范，到春秋战国和秦汉时，人们对许多合金及其伴生矿物的化学性质已十分熟悉，能冶炼出多种成分的金属物质。

这种原本发生在化学冶金等自然领域中的革命，却同时诱发了人们对其成果的另外一种祈望，这便是被葛洪称为“假外物以自固”[1]的金丹思想。中国古代,人们便从生活经验和一些固有的观念中，认为自然界中有一些物质具有防腐的功能，如金、玉及无机盐等。最新考古发现表明，早在新石器时代的良渚文化墓葬中，便有以数百件联缀在一起的玉质饰物为死者作“玉敛葬”，大量出土的汉代“金缕玉衣”，更是以金丝编缀起千百块小玉片，制成包装死者全身的玉衣，其目的之一都是冀望以此求得尸骨的不朽。既然金玉之类物质放在墓葬中可以防腐以固，那么吃到人的肚子里不是也能强身健体吗？道教信徒们的确是这样想的，也是这样说的，葛洪在《抱朴子》内篇卷四《金丹》中说“夫金丹之为物，烧之愈久，

[1] 葛洪：《抱朴子》内篇卷四《金丹》。

变化愈妙。黄金入火，百炼不消，埋之，毕天不朽。服此二物，炼人身体，故能令人不老不死。此盖假求外物以自坚固，有如脂之养火而不可灭，铜青涂脚，入水不腐，此是借铜之劲以扞其肉也。金丹入身中，沾洽荣卫，非但铜青之外傅矣”。他还在卷十一《仙药》中引述古代《玉经》说：“服金者寿如金，服玉者寿如玉也。”

正因为如此信仰这种以金丹强身的方术，所以当时在炼丹过程中，也要履行一整套严格的宗教仪式和戒律。首先在金丹之法的传承上就十分慎重，如葛洪在师事郑隐时，郑隐经过几年对葛洪的考察，才在马迹山立坛盟誓，将金丹之术传给他。除传承时要设坛盟誓外，炼丹的地点也要选择在名山之中，最好是人迹罕至之处，炼丹时在场 者不过 3 人，要先斋戒百日，并沐浴焚香，避免接触污秽的东西。还要不与俗人，特别是不信道的人来往，以防止他们诽谤神药，影响金丹的炼制[1]。之所以制造这种神秘的气氛，可能与当时炼制条件原始，技术手段不完备，难以预测炼制结果，故而采用种种虔诚而缜密的手段，以祈求炼制成功。

从现代科学的分析中看，古代炼丹家们所谓的“金液还丹”，就是以金属汞来溶解黄金或以含有氰化物的溶液来溶解黄金，生成金汞齐或二氰金（酸钠或酸钾）[2]；所谓“点丹阳法”，就是寻求点铜成银的方法时发现的用砒霜点铜可生成砷白铜（Cu_3As）的化学现象[3]；而他们在合丹时发现了以硫黄、雄黄、硝石与蜜一起烧炼，

---

[1] 这些做法均为葛洪的原话，《抱朴子》卷四《金丹》：“合丹当于名山之中，无人之地，结伴不过三人，先斋百日，沐浴五香，致加精洁，勿近秽污，及与俗人往来，又不令不信道者知之，谤毁神药，药不成矣。”

[2] 王奎克：《中国炼丹术中的金液与华池》，《科学史集刊》1964 年第 7 期。

[3] 郭正谊；《从（龙虎还丹诀）看我国炼丹家对化学的贡献》，《自然科学史研究》二卷 2 期，1983 年。

可导致剧烈燃烧的现象，更是我国后来首创黑色火药的先兆。从这个意义上说，道教的金丹之术实际上是我国乃至全世界最早期的科技实验术，对古代科技发展史作出了重要贡献。

因金丹中含有当时人不易控制和掌握的有毒物质，所以人服食后多有中毒甚至猝死现象，史载从南北朝直至唐代的许多皇帝的早亡都与服用金丹之药有关。唐代以后，道教内部开始盛行以修炼气功为主的内丹术，炼制服用金丹的外丹术也逐渐让位于内丹术了。

三、《三洞经书目录》

《三洞经书目录》，是中国最早的一部记录道教经典目录的书。书 的作者陆修静，是葛洪之后又一位虔诚的道教信徒和创业者，他很早就舍弃家室，专心修道，一度在庐山建道观居住。他生当南朝宋时（406—477 年），这期间佛教信仰已广泛渗透至内地，特别是佛教经典也大量传译到中国，对佛教的传播起了关键作用。形势迫切要求道教也应将自己的理论整理归纳，以利传世。宋明帝泰始年间，明帝数次下诏，坚请陆修静出山，并为他在都城建康近郊的天印山（即方山）建崇虚馆，供他组织编撰道教经典。陆修静在崇虚馆中广泛收集研究各类道教经书，分门别类进行甄别整理，集汇成经戒、方药、符图等流传于各地的道家典籍共 1228 卷，又分为三洞（即三部），包括洞真、洞玄和洞神。其中洞真主要是道教上清派诸经；洞玄主要是洞玄派诸经；洞神主要是三皇经。这便是《三洞经书目录》。“三洞”，也有模仿佛教“三藏”经典之意。

三洞之中，陆修静尤以对增修《洞玄灵宝经》和灵宝道教派的建立贡献最大。经他增修过的《洞玄灵宝经》由 1 卷扩增为 35 卷，系统充实了灵宝道派的理论思想，并制定了较规范的斋戒之法和礼拜仪式，使道教的宗教仪轨更趋完备。

四、陶弘景

继葛洪和陆修静之后，南朝道教史上最有影响的人物就是陶弘景。陶弘景，字通明，齐梁间丹阳秣陵（今江苏南京）人，生于宋孝建三年（456年），卒于梁大同二年（536年），《南史》中有传。说他读书万卷，通晓阴阳五行，医药方术，又特别长于书画。早年曾在齐朝廷中做诸王侍读，中年后隐居于茅山（江苏句容县东）修道炼丹，自号华阳陶隐居。作为一名当时著名的道教理论家和实践者，陶弘景始终与朝廷保持了密切的关系，尤其是齐梁交替之际，他以道教的特殊方式为梁武帝改朝换代造过舆论，深得武帝的倚重和信任。梁立国后，朝中恳请他出山，他却坚辞不肯，并画了二牛图，图中一牛散放于水草之间，悠然自得；一牛套着金子制的笼头，被人执绳挥杖驱赶。表明自己愿在野而得自由，不愿做官而受约束。梁武帝看过此画，懂得了弘景的意思，便不再强求于他。但国家每有吉凶征讨大事，必派人带信前往山中咨询，每月总要有几封信往还，他因此被称为“山中宰相”。

陶弘景一生著述很多，《真诰》《真灵位业图》两书，更为道教理论和教义奠定了基础，被后世奉为道家的经典之作。《真诰》是上清派道教的集大成之作。书中吸收了儒学和佛教的有关理论，又记载了道家常用的药物及按摩、导引等方术，并作了相应的注释。此书保留了很多道教史料和与此相关的炼丹、医药，甚至天文等科技史料。弘景的《洞玄灵宝真灵位业图》，更是一部很投统治者胃口的书，书中系统地将道家的诸位神仙逐一排定了座次，再次核准了各路神仙的上下尊卑。作者在书的序言中说：如同人世间的等级一样，仙界的等级也是泾渭分明，壁垒森严的，“虽同号真人，真品乃有数；俱曰仙人，仙亦有等级千亿”。书中果然将道教尊崇的神仙分为等级七阶，每阶设一中位，两侧又配左、右位。七阶中位次序是：元始天尊、玉宸道君，金阙帝君，太上老君、九宫尚书、定录真君，酆都大帝。其中最高位的元始天尊被认为生于万物太元之先，故居于天界最高的“玉清”仙境；后世人熟知的玉皇大帝，仅列第三位；道教始祖太上老君（即老子）列第四中位；等等。至于其他各左、右位，则将历史上著名的贤王名儒如周武王、孔夫子等和所谓成仙得道的名道士配列进去。这样，陶弘景就将虚幻中的道教神仙世界，也构筑成如人间一样等级分明，尊卑有序的框架。自然迎合了世家大族统治者的政治需要。

陶弘景又是历史上较早企图把儒、释、道三家合尊的理论家，他晚年向佛教靠拢，宣称自己的前世是佛教中的胜力菩萨，并前往当时有名的鄮县（今浙江宁波以南）阿育王塔礼佛拜谒，要求接受佛教的五大戒律。这固然是受了梁武帝为首的举国佞佛的影响，另外也表明这位文化造诣高深的理论家亦看到了佛教和儒学的某种合理性和可取性。史载他在句曲山中炼丹时随侍的门徒中便既有道士，又有僧侣。他去世后，“道人（当时特指僧侣）道士并在门中，道人左，道士右”[1]。给后人留下深刻的印象。

[1] 《南史·陶弘景传》。

第四节　诗与民歌

一、谢灵运和山水诗

南朝是中国文学发展史上一个重要的时代，其发展的规模、速度和成果都超过前代，也超越了同时代的北朝。特征是作为文学主要表现形式的诗歌，摆脱了哲学和伦理的束缚，即东晋以来弥漫文化思想界的玄学的束缚，重新回归到本身的发展轨道上，继续沿着强调情性的方向前进。在这一时期中，创作理论的探索、艺术技巧的积累和审美价值的提高，都有了一些重要收获。

晋、宋之际诗歌的最显著变化，便是玄言诗向山水诗、田园诗的过渡。田园诗已在本书东晋文学部分讲到，本节主要分析玄言诗与山水诗的关系。

《文心雕龙·明诗篇》说："宋初文咏，体有因革。庄老告退，而山水方滋；俪采百字之偶，争价一句之奇，情必极貌以写物，辞必穷力而追新：此近世之所竞也。"所谓"庄老告退，而山水方滋"，说的是继玄言诗后，兴起的是山水诗。事实上，山水与老庄玄学有着天然的联系，老庄崇尚自然，而青山秀水恰是自然的真实写照。东晋以前，政治文化中心在北方，南渡以后，江南秀美的自然景色和名士们追求自然的心境结合到一起，诗兴一发而不可收。《世说新语·言语篇》中"顾长康（恺之）从会稽还，人问山川之美，顾云：千岩竞秀，万壑争流，草木蒙笼其上，若云兴霞蔚。"这种对山川美景的发现、欣赏，到以诗歌、绘画来描述摹绘，正是东晋南朝这个时代对中国文学和艺术的极大贡献。

讲到山水诗，自然还要从其代表作家谢灵运说起。谢灵运（385—433年），原籍陈郡阳夏（今河南太康），出生于会稽始宁（今浙江上虞）。谢灵运的家族是东晋朝北来世族中最为显赫的王、谢二族中的一族，他的祖辈谢安、谢玄，都是东晋王朝中掌实权的重臣。他祖父谢玄曾招募并率领东晋王朝的主力北府兵，参加著名的淝水大战，击退前秦苻坚的百万大军，使南北对峙的局面得以持续和稳定。谢灵运生于谢氏家族鼎盛显赫之时，从小就受到良好的文化教育，少年时就以文才出众而受到族叔谢混的赏识。谢混是当时政界和文坛的重要人物，曾被评论家推为变玄言诗为山水诗的首创者（《续晋阳秋》云玄言诗风“至义熙中谢混始改”）。说明灵运的山水诗创作应受到过谢混的影响。

出身于门阀世族的显赫家庭，富有文辞艳逸的才华，这一切都造就了谢灵运狂傲不羁的性格特征，他虽几度出仕，但均不得意于官场。特别是当他这个阶层一向所鄙视的一介武夫，原谢氏门下的“老兵”“劲卒”刘裕掌握了政权之后，灵运的处境更为难堪。因此他屡屡借故去职还乡，在家乡整治山庄园林；即便是在为官时间不长的任上，也常常不理政事，肆意遨游，面对奇丽的山川吟诗造句，以排遣胸中的抑郁之情。谢家在始宁有一个大庄园，灵运家居时就以整治庄园为生活的主要内容，并写了著名的《山居赋》，记述庄园的山水景物。他和名僧隐士交往频繁，又常和住在会稽的族弟谢惠连见面，同时仍四处游览。在这期间，写下了很多山水诗。

谢灵运山水诗的特点首先表现为讲求声色。因为山水本身即是富有声色的自然景物，要写得逼真形象，就必然注意声色的描绘。灵运是位具有多方面艺术才能的大家．除诗文外，又工书善画。曾有人记述他用自己写的摹本调换过王献之的真迹（《全齐文》

卷八),《历代名画记》卷二还记浙西甘露寺有灵运画菩萨六壁。这样一位艺术家，对造型、色彩，甚至声音方面的感受都常常特别灵敏。如“远岩映兰薄，白日丽江皋。原隰荑绿柳，墟囿散红桃”(《从游京口北固应诏》),“春晚绿野秀，岩高白云屯”(《入彭蠡湖口》),“白云抱幽石，绿篠媚清涟”(《过始宁墅》),“崖倾光难留，林深响易奔”(《石门新营所住》)等诗句，也是因为声音和色彩运用得好，给人以色彩、构图、音响等形象思维方面的真实感受，如闻其声，如临其境。

谢诗的另一个特色是偶句的大量使用。这一方面是受了赋的影响，一方面也出于对声色字句和谐对偶的考虑。因山水诗主要描绘山水景色和游览者的观感，所以谢诗中上句写山，下句写水，上句写闻，下句写见的例子也格外多，而这也正是一种天然对偶的形式。如《登池上楼》诗云：

潜虬媚幽姿，飞鸿响远音。薄霄愧云浮，栖川怍渊沉。进德智所拙，退耕力不任。徇禄反穷海，卧疴对空林。衾枕昧节候，褰开暂窥临。倾耳聆波澜，举目眺岖嵚。初景革绪风，新阳改故阴。池塘生春草，园柳变鸣禽。祁祁伤《幽歌》，萋萋感《楚吟》。索居易永久，离群难处心。持操岂独古？无闷征在今。

诗中除“衾枕昧节候，褰开暂窥临”二句外，全部都是偶句。恰如前引《文心雕龙·明诗篇》中“俪采百字之偶，争价一句之奇”的评价。

当然，后人一般也认为谢灵运的诗还没有从根本上摒弃玄言，但是玄言在谢诗中毕竟已成为山水的附庸，仿佛一件褪了神秘色彩的罩衫，还勉强包裹在一个全新的机体之外，其实已经没有多少内容了。

谢灵运和陶渊明的出现是晋、宋之际“诗运转关”（沈德潜：《说诗晬语》）的重要标志。他俩的出身、经历、思想和作品风格虽然有很大的不同，但后人常将他俩并称“陶谢”，这多少说明他们还有某种共同的东西。主要一点，是他们殊途同归，使诗歌融合于大自然。陶渊明在平淡、若不经意之中把自己与田园融为一体，谢灵运则以全部心力刻画山水。在这个意义上，陶、谢从不同的方向共同结束了玄言诗，这之后，大自然的风光成了独立的审美客体，山水田园诗中几乎再也看不到纯思辨性的玄理了。

二、永明诗体

一般认为，南朝诗文风气的第一次变化在晋、宋之交，第二次变化在刘宋大明、泰始以后，集中表现于齐武帝永明时期，并延续至梁普通年间。此期间出现的一种新的诗文风格，史称“永明体”[1]。

“永明体”的提法，最早见于《南齐书·陆厥传》：“永明末盛为文章，吴兴沈约、陈郡谢眺、琅邪王融以气类相推毂，汝南周颙善识声韵，约等文皆用宫商，以平、上、去、入为四声，以此制韵，不可增减，世呼为‘永明体’”。说明永明体和前代诗文的不同之处，是在逐渐自觉地使用四声的规律和体制的逐渐走向格律化。

[1] 曹道衡、沈玉成：《南北朝文学史》第七章，人民文学出版社 1991 年版。

永明诗体的代表人物，几乎全在南齐竟陵王萧子良西邸文学团体“竟陵八友”之中。《梁书·武帝纪上》载：“竟陵王子良开西邸，招文学，高祖（梁武帝萧衍）与沈约、谢朓、王融、萧琛、范云、任昉、陆倕等并游焉，号曰八友。”其中沈约在永明体中的重要贡献是在声律理论方面，创作成就最高的是谢朓。王融也极富才华，可惜早死。范云等都生活到梁代，对梁前期诗歌的创作起过很大的倡导作用。

汉语是单音节字，字与字配合而成词，句，文，一首读来朗朗上口的好诗歌，要求其声调、节奏应该和谐而有变化。汉魏以来的五言诗，有的句子音节和美，这是由于作者在不自觉之中与语言规律相合而产生的效果。而将诗文中的声律从理论上有系统地提出，并明确分为平、上、去、入四声，则是到了永明时代。周颙的《四声切韵》和沈约的《四声谱》是理论上的代表专著。沈约的总原则是要使平、上、去、入四声在一句或一联中间隔运用，既变化错综，又和谐协调。而这种声律规律之所以在南朝齐时才正式明确，则主要与当时盛兴的佛经翻译、唱诵情况有关。

南北朝时，佛教已更为广泛地在南北普及，鲜明的标志是佛经翻译空前活跃。后秦名僧、著名译经大师鸠摩罗什首先提出，译经中须注意梵汉文字的各自特点，即书面翻译和口头唱诵之间的关系问题。概括说来，就是原来佛经的梵文是多音节的，并具有优美的音乐感，译为单个汉字后，为了恢复其原来的音节之美，在诵读时要将一个个字读成几个高低不等的音节，由此便明确地辨析出字的四声。他的意见和所译经文对南朝译文和唱诵有不小的影响。竟陵王萧子良爱好文学，又笃信佛教，《南齐书》本传即记他在西邸“招致名僧，讲语佛法，造经呗新声”。因此，宋代沈括《梦溪笔谈》中已看出“音韵之学，自沈约为四声及天竺梵学入中国，其术渐密”(卷十四)。现代学者陈寅恪也认为四声说的提出，是由于受佛经转读的直接影响，并具体指出除入声外，其余三声“实依据及摹拟中国当时转读佛经之三声，而中国当日转读佛经之三声又出于印度古时《声明论》之三声也”。[1]

音律的协调和对偶的工整是水明诗体的突出表现，钟嵘曾将此时诗的内容和形式概括为“工丽”二字。永明诗人写山水清丽绝俗，对偶工整，如沈约的《早发定山》:“标峰彩虹外，置岭白云间，倾壁忽斜竖，绝顶复孤圆。归海流漫漫，出浦水溅溅，野棠开未落，山樱发欲然”；又《新安江水至清，浅深见底，贻京邑游好》:“洞彻随深浅，皎镜无冬春，千仞写乔树，百丈见游鳞。”情景交融，抑扬顿错，体现出全新的艺术感染力。

总结汉语语音规律而提出四声，是文学史和音韵学史上的一个里程碑，对于过去诗歌创作中全凭直觉的情况而言，无疑是一大进步。发展到后来又进而将四声分成平仄两大类，最终形成了既符合语音规律，又繁简适中的近体诗即格律诗的声律规定，为律诗和绝句的出现架设了重要的桥梁。

三、宫体诗的兴起

南朝文学发展史上自永明体之后，又一度兴盛并对后代产生影响的，是自梁武帝普通年间至陈朝末年流行的宫体诗，代表作家即梁朝皇室萧纲、萧绎兄弟，以及他们周围常出入宫廷的文人徐摛、

---

[1] 陈寅恪:《四声三问》，载《金明馆丛稿初编》。

庾肩吾父子等。

宫体诗的兴起，有其客观历史和主观人为的原因。首先是梁、陈时期几段较长时间内，社会表面一直维持着安定平和的气象，特别是梁武帝即位后的近 50 年中，除最后两年遭侯景之乱的大破坏外，始终保持着歌舞升平景象。梁武帝萧衍和他的几个儿子即昭明太子萧统、简文帝萧纲、元帝萧绎都爱好文学，他们以帝王之尊，引纳赏接文士，梁代的著名文人，几乎人人都与他们有过文学活动上的联系。在他们的倡导奖掖下，梁代文学风气之盛，冠于整个南朝，现存此期作品数字，更超过宋、齐、陈三朝之总和。

其次，梁武帝在位的 40 多年，总是大权独揽，萧统、萧纲兄弟在政治上的活动极少，日常主要活动内容便是与文士们吟咏酬唱，著述编书。他们的文学主张和实践，对当时的文学创作和文学流派风格的形成。产生了一般人难以替代的影响。宫体诗的出现，便被认为是简文帝萧纲及他身边的一批作家倡导的结果。

萧纲是梁武帝第三子，昭明太子萧统病死后继立为太子，太清三年（549 年）梁武帝死，他又被侯景立为傀儡皇帝，仅两年便为侯景害死，年 49 岁。萧纲一生未参与政事，过着皇子的优裕生活，其主要活动和影响均在文学方面。他 6 岁能文，7 岁便有“诗癖”，在左右文学侍从徐摛、庾肩吾的教育熏陶下，醉心于诗体的创新，并在自己周围形成了一个主张相同、风格一致的文人集团和诗歌流派，发展而为宫体诗派。

宫体诗是继永明体后诗歌的又一次新变，其名称“宫体”的来历及诗风的主要变化后人认为主要是因“简文帝（萧纲）之在东宫，亦好篇什。清辞巧制，止乎衽席之间；雕琢蔓藻，思极闺房之内。后生好事，递相放（仿）习，朝野纷纷，号为‘宫体’”（《隋书·经籍志四》)。

宫体诗在形式和技巧上，巩固了永明以来在格律、声韵上取得的成绩并有所发展。七言诗更为普遍，五言诗由长篇而走向短制的趋势更为明显，十二句、十句、八句的诗较之永明时的比重更大；四句小诗不仅数量多，而且写得精炼紧凑。诗中的对偶、平仄与定型的五律、五七绝已经相距不远。

宫体诗在内容上的致命弱点是苍白肤浅。如写妇女，着意的全在她们的貌和态，对她们容貌、服饰、体态、风韵描绘得细致入微，但因为不是爱情的对象而是欣赏玩味的对象，所以作者虽极尽全力描绘，却总显得单薄而格调不高。宫体诗的领袖人物萧纲有相当高的文学才能，他的诗在现存南朝诗人作品中数量是较多的，其中艳情诗约占三分之一。这些诗大部分情调轻薄，艳丽妖冶，如他的《咏内人昼眠》:“北窗聊就枕，南檐日未斜。攀钩落绮障，插捩举琵琶。梦笑开娇靥，眠鬟压落花。簟文生玉腕，香汗浸红纱。夫婿恒相伴，莫误是倡家。”是一首典型的艳情诗，曾被人斥为“色情”之作。但他也有写妇女相思的清丽小诗，如《金闺思》:“游子久不返，妾身当何依！日移孤影动，羞睹燕双飞。”[1]

在理论上，萧纲正面肯定诗歌不同于儒家经典，而是应该言情，在《诫当阳公大心书》中，他更明确地提出“立身先须谨重，文章且须放荡”的观点。这里的所谓“放荡”，是指诗文言情咏性时不受拘检，任性而行之意，与色情之类无关。这种论点对于当时文学创作中的形式主义而言是积极的，但具体到萧纲本人. 这一主张又是建立在苍白的生活基础和脆弱的思想基础之上，目的是在为

[1] 这里所引诗，均见张溥:《汉魏六朝百三名家集》。

他们提倡的宫体诗风作理论上的辩护。总之，宫体诗是南朝文学史上出现的一个重要流派，对后世唐、五代的诗歌均有相当的影响，我们在指出其不健康因素的同时，也要分析其积极合理的方面，而不应予以简单的全面否定。

四、《玉台新咏》

《玉台新咏》，是南朝梁陈之际宫体诗的代表作家、著名文士徐陵，奉梁简文帝萧纲之命编选的一部诗歌总集[1]。全书10卷，选录从汉代到南朝梁时的诗歌660余首，第1卷至第8卷为五言诗，第9卷以七言为主兼收杂言；第10卷是五言四句的小诗，为后来五绝的前身。

关于编选此书的目的，徐陵自己在书的序文中说得很清楚，是由于“往事名篇，当今巧制，分诸麟阁，散在鸿都。不藉篇章，无由披览”。于是就编了这部书。南朝后宫中的美女众多，平日里无所事事，需要读书、作文以为消遣。《玉台新咏》的选编与当时这一需要有直接关系，所以入选的作品大多是言情之作，在题材上一般和妇女有关，风 格上以宛转绮靡为主。除此之外，人们还注意到，在昭明太子萧统署名编纂的《诗苑英华》和《文选》成书10年左右的时间里，又有一部皇太子萧纲指令编纂的选集问世，这又标志了梁代前后期以两位皇太子为代表的文学观念上的分歧。萧统的文学观点接近刘勰，主张尊经，反对艳诗，《文选》中对艳体、咏物类诗一概不录；萧纲和徐陵等则着重“撰录艳歌”（徐陵语），

[1] 见《玉台新咏笺注》，中华书局1985年版。

这里所说的“艳”，主要是指辞藻华丽和情调缠绵之作。《玉台新咏》几乎专收这类诗，这虽然与书的读者即后宫妇女有关，但更主要的还是体现了萧纲一派的文学观念，并用来扩大宫体诗的范围和影响。在这个意义上，《玉台新咏》又是反对尊经“陈腐”诗风的宫体派诗人宣扬自己的文学观念而编选的一部示范性诗集。

谈到《玉台新咏》作为一部诗歌总集的价值，很重要的一点是它保存了不少《文选》没有收录的作品。如《古诗为焦仲卿妻作》、秦嘉夫妇的赠答诗、繁钦的《定情诗》、杨方的《合欢诗》等，都是偏于正统典雅的《文选》遗漏的好诗；还有如曹植的《弃妇诗》、庾信的《七夕诗》，均不见于本集，仅见于《玉台新咏》；苏伯玉妻作《盘中诗》系晋代作品，后人误作汉代，可据《玉台新咏》改正。另外，《玉台新咏》一反《文心雕龙》、《诗品》和《文选》中仅选逝者、不选在世者作品的做法，大量选录了当时人，特别是梁代中期作家的作品，对认识当时的文学面貌及诗歌发展过程都有很重要的意义。

需要说明的是，因《玉台新咏》的编选者是宫体诗的代表作家，其目的之一也是宣扬扩大宫体的影响，故宫体诗的许多弊病，如情调的轻浮甚至庸俗，风格的单一化等，在这个选本里也表现得十分明显。这是应引起我们注意的。

五、南朝乐府新声

乐府之名，本起自于秦汉时管理朝廷音乐的官署，后来文学史上又将可以入乐的诗歌和词曲称为乐府歌辞，简称乐府。这里涉及的是南朝乐府歌辞中不署作者姓名的一部分，多录存于南宋郭茂倩编《乐府诗集》中，共约500余首。

东晋王朝南渡之后，江南经济得到长足的发展，人民生活开始变得富足而轻松，闲暇之余，歌舞娱乐之风逐渐趋盛，上自王公贵族，下至平民百姓，无不以此消遣取乐。《南史·循吏传》序记载，宋文帝时“凡百户之乡，有市之邑，歌谣舞蹈，触处成群”，到南齐永明年间，更是“百姓无犬吠之惊，都邑之盛，士女昌逸，歌声舞节，袨服华妆。桃花渌水之间，秋月春风之下，无往非适”。歌舞奏乐自然需要大量的填辞作曲，这一时期辞曲的内容便多为真挚缠绵的爱情主题，风格则以清新艳丽见长，与豪放洒脱的汉魏乐府和北朝民歌迥然有别。乐府的音乐也一改前代的古朴拙重，以轻柔哀怨为其基调，谓之“新声”。

南朝乐府在音乐分类上，绝大部分属于“清商曲辞”，只有少量属“杂曲歌辞”和“杂歌谣辞”。其中“清商曲”，又按其产生的地域分为吴声和西曲两大类。吴声产生于东晋南渡之后，地域在以建康为中心的长江下游；西曲略晚于吴声，多为宋、齐两代作品，产生地域在以江陵为中心的长江中游和汉水流域。今存南朝乐府中不署作者的歌辞，“清商曲辞”中吴声约 330 首，西曲约 135 首，另有民间祀神的《神弦歌》18 首，此外还有 30 余首“杂曲歌辞”等。过去的著述中，曾将这些不署名的歌辞全部作为民歌，是不妥当的。分析起来，这些歌辞大部分属于民歌，但其中不少是经过文人的加工润色；还有一些原本就是文人创作的，唯作者姓名已无考。原因是：一，这些歌辞的乐曲大部分来自民间，如《子夜歌》《欢闻变歌》《懊侬歌》《读曲歌》《神弦歌》，等等。这些歌辞反映的内容和情调都具有浓厚的民间气息，原始作者应多属社会的中下层人士。二，南朝文士不少人喜欢拟作乐府，他们的作品入乐歌唱，年深月久，歌辞随着乐谱而传留下来，创作者的姓名反被湮没了。另外，文士们和王公贵族经常在一起饮宴，来自民间的歌辞经他们加工修饰，自在情理之中。南朝乐府歌辞的总体风格清新细腻，但缺少民歌固有的粗犷泼辣，应与文人的加工和拟作有直接关系。如被归入“杂曲歌辞”中的一首《西洲曲》，是南朝乐府中篇幅最长、艺术水平相当高的一篇，从全诗的成熟和精致程度看，在流传过程中一定经过文人的修饰加工，写作时代被认为不晚于梁代。现将此曲全文录出：

忆梅下西洲，折梅寄江北。单衫杏子红，双鬓鸦雏色。西洲在何处？两桨桥头渡。日暮伯劳飞，风吹乌臼树。树下即门前，门中露翠钿。开门郎不至，出门采红莲。采莲南塘秋，莲花过人头。低头弄莲子，莲子青如水。置莲怀袖中，莲心彻底红。忆郎郎不至，仰首望飞鸿。鸿飞满西洲，望郎上青楼。楼高望不见，尽日栏杆头。栏杆十二曲，垂手明如玉。卷帘天自高，海水摇空绿。海水梦悠悠，君愁我亦愁。南风知我意，吹梦到西洲。[1]

第五节　文史新义

一、刘勰和《文心雕龙》

南朝文学艺术的发展和创作的繁荣，也同时呼唤着文艺理论的提高和文学批评的深入，齐梁之际刘勰所著《文心雕龙》，正是在

[1] 见《玉台新咏笺注》卷五，中华书局 1985 年版。

这种时代要求下诞生的我国文学理论和文学批评史上一部划时代的巨著。

刘勰（466？—537年），字彦和，东莞莒人（莒为今山东省莒县。东晋明帝时，侨置东莞郡于京口，京口即今江苏镇江市，故刘勰实为今镇江市人），出生于一个下级官僚家庭。他幼年丧父，家贫不能婚娶，入建康著名的寺庙定林寺，随名僧——《弘明集》的编者僧祐左右10余年。他在寺中学习经藏，整理编目，并深入研读了大量儒家经典和历代文学作品，形成了一整套自己的文学理论和见解。他在《文心雕龙·序志》中自记，自己30岁时梦见随孔子南行，由此萌生了撰写这部书的想法。其后他果然花费五年时间潜心写作，于齐末（501—502年）完成全书。书成之后，刘勰想方设法将书呈交给当时文坛名家沈约阅览，得到沈约的首肯和高度评价。梁初刘勰被接纳进入太子东宫，得到昭明太子萧统的器重。后来，他又在定林寺出家为僧，改名慧地。

《文心雕龙》是刘勰总结历代文学创作和文学理论批评而写成的一部规模宏大、结构严谨的文学理论著作。全书共10卷、50篇、37000余字，原分上、下两部。上部25篇，其中5篇为全书总纲，阐明全书的基本思想；20篇属于文体论，论述各种文体的源流、特色和作家作品的优缺点。下部主要是创作论，从《神思》至《物色》的约20篇，都是讨论创作原则和具体创作方法；《时序》《才略》《知音》《程器》论述文学史和文学批评中的重要问题，最后一篇《序志》为自序，坦言自己创作此书的动机、宗旨和全书结构。通观全书，每篇各有中心而又前后呼应，互相配合，构成了一个严谨的理论批评体系。

文学创作中首先遇到的问题是构思，因此《文心雕龙》创作论中的第一篇便是《神思》。刘勰在该篇中重点强调了形象思维，并在开头就指出：

> 古人云："形在江海之上，心存魏阙之下"，神思之谓也。文之思也，其神远矣。故寂然凝虑，思接千载；悄焉动容，视通万里；吟 咏之间，吐纳珠玉之声；眉睫之前，卷舒风云之色；其思理之致 乎？故思理为妙，神与物游。神居胸臆，而志气统其关键；物沿耳 目，而辞令管其枢机。

阐明文思的酝酿从想象开始，由想象而构成意象，同时又受到思想意志的制约，这正是这种思维方式的特征。一旦艺术构思成熟，就要注意文章辞意的安排提炼，《文心雕龙》分别以专门的篇章对文章的结构、声律、对偶、修辞进行了研讨。

在如何看待分析文学发展史方面，刘勰提出了一个准确而深刻的意见，即文学的发展变化与时代的政治、思想、文化的大变化息息相关。他在《时序》篇中提出了著名的论点："文变染乎世情，兴废系乎时序"，即文学创作是随着时世的变化而变化的。这种变化主要又是受当时时代风气的影响，他认为，战国文学"屈平联藻于日月，宋玉交彩于风云"，主要是在百家争鸣时代氛围中，受了纵横家的影响；汉代儒家一统，"华实所附，斟酌经辞，盖历政讲聚，故渐靡儒风者也"；而"因谈余气，流成文体"，更是对晋代清谈之风浸染文体的概括。另外，刘勰已敏锐地看到政治当权者，特别是君主的好恶对文学有着重大的倡导作用，如西汉因武帝的重视而促进了文学的发展；建安文坛的强劲旋风，更是与曹氏父子酷好诗辞，身体力行有直接关系。

《文心雕龙》中的《知音》篇，是我国文学批评史上同类性质专论中时代最早、论述最精采的一篇。刘勰在这里提出文学批评的三个重要因素，即批评的态度、批评的标准和批评者的主观修养。他认为文学评论的知音之难，难到“千载其一”，人们往往习惯于按自己的风格、好恶去衡量作品，极易造成偏颇：

> 夫篇章杂沓，质文交加，知多偏好，人莫圆该。慷慨者逆声而击节，酝藉者见密而高蹈，浮慧者观绮而跃心，爱奇者闻诡而惊听。会己则嗟讽，异我则沮弃，各执一隅之解，欲拟万端之变，所谓东向而望，不见西墙也。

针对这种因个人好恶，主观固执造成的批评偏差和闭塞，刘勰指出应“操千曲而后晓声，观千剑而后识器”，只有博观才有比较，有了比较才能鉴别，这就好像看到高山才明了山丘之低，见了沧海才知道水沟之浅。这些意见，无疑是针对当时评论界的现实而发的。

在评论文章的内容和风格时，刘勰第一次使用了“风骨”这个概念。在《文心雕龙·风骨》篇中，有“怊怅述情，必始乎风；沉吟铺辞，莫先于骨。故辞之待骨，如体之树骸；情之含风，犹形之包气。结言端直，则文骨成焉；意气骏爽，则文风清焉”。所谓“风”“骨”，本是魏晋以来品评人物的概念，且两字多分开使用。刘勰首次将两字合为一词，用作文学批评的术语，形象而鲜明地指示着一种清峻高爽、刚健遒劲的文风，是十分精当的概括。这个论点的提出，对当时和后世都有过较大影响，钟嵘《诗品》中的“风力”，唐代人推崇的“建安风骨”，均从此衍义而来。“风骨”亦成为中国古代文学理论和批评中的一个重要概念。

《文心雕龙》问世后，唐宋两代均没有引起人们的重视，明清时期才开始有人进行校勘、评点。到近代对此书的研究日渐炽热，其广度和深度几乎仅次于对《红楼梦》的研究。现存《文心雕龙》的最早本子为唐写本残卷，元明清均有刻本流行，范文澜、杨明照、周振甫之《文心雕龙》注本、校注本都可称力作。

二、钟嵘和《诗品》

钟嵘的《诗品》，是南朝齐梁之际我国文学史上出现的与刘勰《文心雕龙》齐名的另一部文学批评专著。所不同的，是《文心雕龙》针对各类文体，而《诗品》则仅针对五言诗，是文学史上第一部讨论五言诗的专著。

钟嵘（467？—519年？），字仲伟，祖籍颍川长社（今河南长葛），出身于下级官僚家庭，主要活动于齐梁年间，先后在当时王公贵族府中做执掌文翰的文官。因他最后在晋安王记室任内去世，后人又称他“钟记室”。关于写作《诗品》的目的，钟嵘在该书序言中开宗明义地说，当时社会上作五言诗的风气十分盛行，“王公搢绅之士，每博论之余，何尝不以诗为口实。随其嗜欲，商榷不同，淄渑并泛，朱紫相夺，喧议竞起，准的无依”，人们以谈诗论辞为高雅时髦，却苦于缺少公允而权威的品评标准。于是他担负起了这个责任。

《诗品》最早见于史籍的名称是《诗评》，后来习用今名。全书品评自汉代至齐梁五言诗作家122人（另有无名氏《古诗》一组），分上、中、下三品，每品一卷，共三卷。三卷前原各有序言，今人将三序合一，总称《诗品序》。这种将作家分上下品类，并以品论人的做法，自班固《汉书·古今人表》即开风气，曹魏官制又有九品中正制，同时代齐梁又有谢赫之《画品》、沈约之《棋品》、庾肩吾之《书品》。因此《诗品》的出现也在情理之中。《诗品》所以能够与《文心雕龙》并称而成为中国文学理论批评的重要专著，重要原因是两书都对当时文风中的浮靡华泛表示了不满，并且又从正面提出了自己的真知灼见。一般认为，刘勰的意见比较温和全面，钟嵘的品评则尖锐激烈，甚至有时有矫枉过正之嫌。

在内容和形式的关系上，钟嵘《诗品序》中提出了一个著名的论点和主张："干之以风力，润之以丹采。"又具体提出了"建安风力"这一影响深远的概念，说曹植"骨气奇高"，刘桢"真骨凌霜，高风跨俗"，便都是这一概念的体现。在具体评论到每一位作家时，钟嵘力图根据《序》中揭示的风力与丹采统一的批评原则。但因他不可能完全脱离时代风气的局限，所以对许多诗人的品位高下划分得不尽合理。他虽标举风力，但事实上还是比较偏爱风格典雅和文辞华美之作。如在上品 11 人中，他很推崇曹植，其次是陆机、谢灵运。而在他看来，陆、谢又源出曹植，相通之处即在于曹的"辞采华茂"，陆的"才高辞赡"、谢的"兴多才高"这条一以贯之的脉络。他将颇合风力标准的鲍照列入中品，曹操列入下品，把大诗人陶渊明列入中品，都受到后人的批评，而原因也在于他认为鲍照"险俗"而曹操"古直"，陶渊明"质直"，即都不够典雅和缺乏辞采。这和当时沈约、萧子显、萧统等执文坛牛耳的一批大家的意见大体相似，可见是属于一种带有时代色彩的标准。后人屡有指责《诗品》中诗人的品第失当，指出如潘岳、陆机应在中品，曹操、陶渊明，鲍照等宜在上品，但这是不同时代的不同尺度，不能以此苛求钟嵘。

钟嵘在《诗品》中阐明了他对诗歌创作的根本观点："气之动物，物之感人，故摇荡性情，形诸舞咏。"不论是季节的变换，或是离散聚合，荣辱升迁等种种自然现象和社会生活，"凡斯种种，感荡心灵，非陈诗何以展其义，非长歌何以骋其情？"他的意思是诗歌创作要反映诗人的真实感情，也就是刘勰说的"为情而造文"。在这个问题上，钟嵘的见解似更为深入，他在具体评论某位作家时，曾一再强调"凄怆""哀怨""感恨"，认为诗人所经历的种种不幸和不平，会使感情更加强烈，而膏腴子弟虽"终朝点缀，分夜呻吟"，写出来的作品因没有内在的情感动力，也只能是"庸音杂体"。也正是在这个意义上，钟嵘还强烈地抨击了当时五言诗创作中拘泥声病、隶事用典等牵强附会等弊病。

和《文心雕龙》一样，《诗品》到明以后才逐渐受到重视。现存版本较早的有明正德元年抄本，近人和今人注本有陈延杰《诗品注》、许文雨《诗品讲疏》和吕德申《钟嵘诗品校注》等。

三、昭明太子《文选》

东汉以后，文学脱离经学的羁绊而独立发展，从魏、晋到南朝，作家、作品大量出现，诗、赋、碑、铭等各种文体也逐渐趋于成熟定型，与这种情况相适应的便是文集的编定。从西晋出现最早的文学总集到南朝陈至隋，先后产生文学总集达 240 多部、520 余卷之多，这是据《隋书·经籍志》的统计。但这些书在北宋以后几乎全部亡佚，今天所能见到的最早的也是影响最大的文学总集，便是南朝梁昭明太子萧统所编的《文选》。

萧统（501—531 年），字德施，是梁武帝萧衍的长子。他被立为太子后未及即位而卒，谥号昭明，所以后人也将他主持编定的《文选》称为《昭明文选》。萧统和他的父亲及几个兄弟一样酷爱文学，并有较高的修养，他们对文学的奖掖倡导，导致了当时全社会对文学的偏好，其作用似乎只有三国曹操父子可与之媲美。萧统本人的文学作品并非上乘，但他以喜欢接纳延揽文人学者而知名，经常出入太子东宫的著名学者就达 30 多人。他们充分利用宫中藏书近 3 万卷的优越条件，品评赏析，商榷古今，终于在萧统的亲自主持参与下编出《文选》。

《文选》30 卷，收录秦以前至梁代的作家 130 人（其体例不录生存的作家），作品 514 篇（一题不止一篇者以一篇计）。它有自己的选文标准，萧统在《文选序》中说明有四类著作不在入选之列：（1）传统认为周公、孔子的著作（大体相当于经部）；（2）老、庄、管、孟的著作（大体相当于子部）；（3）贤人、忠臣、谋夫、辩士的辞令，即《国语》《战国策》以及散见于史籍中的这类著作；（4）记事、系年之书（相当于史部）。以上诸类，因或居于“文”之上，或列于“文”之外，故不被录选，可见萧统遵循的，是“文”与“非文”的界线。其中的“赞”“论”“序”“述”。因为具有“综辑辞采”“错比文华”，“事出于沈思，义归于翰藻”等特点而被归在“文”的界线之内，故入选。

萧统的文学思想，以带有齐梁时代色彩的儒家思想体系为主，既注重作品的社会功能，要求它们具有真实的思想感情，又主张兼重文质。他在《答湘东王求文集及〈诗苑英华〉书》中说：“夫文典则累野，丽亦伤浮。能丽而不浮，典而不野，文质彬彬，有君子之致，吾尝欲为之，但恨未逮耳。”刘孝绰《昭明太子集序》中也说：“深乎文者，能使典而不野，远而不放，丽而不淫，约而不俭”，中心意思就是提倡典丽而不伤于浮艳的文风，亦不排除朴素淡雅。以这种文学思想衡量《文选》入选的作品，可以看出萧统在“文质”中更重视“文”，在“典丽”中更重视“典”。如所收作品中，即以陆机、颜延之派为多，陆、颜二位都是以规矩、典雅、华而不靡的文风著称的作家，可见萧统的偏爱对象。《文选》还选入《古诗十九首》、陶诗 8 篇，鲍诗 18 篇等，体现了还有重“质”的一面。《文选》不录玄言诗，这是晋宋之间诗风转变的反映；不录咏物、艳情，亦不录南朝乐府中的吴歌、西曲，说明萧统对浮艳之风的排斥。而这些又都是儒家道德观在文学审美情调中的反映。

《文选》按文体分类编排，所列门类多达 37 类，极为细密琐碎，包括赋、诗、骚、七、诏、册、令、教、策文、表、上书、启、弹事、笺、奏记、书、檄、对问、设论、辞、序、颂、赞、符命、史论、史述赞、论、连珠、箴、铭、诔、哀、碑文、墓志、行状、吊文、祭文。其中赋、诗两类所占比重最大，又按内容把赋分为京都、郊祀、耕藉等 15 门，把诗分为补亡、述德、劝励等 23 门。各类之中的作品，以时代的先后为序。如此繁琐细碎的分类，代表了当时文集分类辨析方式特点，同时代的《文心雕龙》中，仅在篇名中提到的文体也已有 33 类之多。但确有一些让后人难以理解之嫌，如所谓“七”类，实是由枚乘《七发》衍生而出，单辟一类，令后人常感莫名其妙。也算一种时代的风气。

总之，《文选》是应社会需要而产生，并受到当时文学风尚影响的一部文学总集。全书仅以 30 卷的篇幅，就基本将先秦以来重要作品囊括其中，为文学史的研究保存了重要的资料，提供了方便的条件。南朝时期数量浩繁的总集，经过一千多年的筛选积淀，只有《文选》和《玉台新咏》流传至今，而前者的影响又远远高于

《玉台新咏》之上，这是值得人们思索的问题。

《文选》成书后不久即受到社会的重视，隋、唐和北宋前期，对该书的研究分析盛极一时，最负盛名的，是唐初李善注。其版本，最早的有敦煌残卷唐写本《文选》白文，刻本最早为北宋明道时期刻本。目前通行的，是 1977 年中华书局影印的胡克家本。

四、刘义庆《世说新语》

我国的小说创作，到魏晋南北朝时才粗具规模，就其内容而言，大体可分为两类，一是谈鬼神怪异的“志怪小说”，一是记录人物轶闻琐事的“轶事小说”。流传至今较完整，且影响较大的是南朝宋刘义庆编撰的《世说新语》，它是魏晋轶事小说集大成者和代表作品。

刘义庆（403—444 年），是南朝宋王朝宗室，宋武帝刘裕之侄，长沙王刘道邻之子，袭封临川王。《宋书 · 宗室传》说他“爱好文义，才词虽不多，然足为宗室之表”；又说他“招聚文学之士，近远必至”。当时的许多著名文人都聚集于他门下，《世说新语》和当时另一本志怪类小说《幽明录》，虽都题署为刘义庆撰，但实际上是他组织门下的文人学士杂采众书编纂而成。今本《世说新语》共 3 卷，每卷又分上下，全书分《德行》《言语》《政事》《文学》等 36 门，每门记载名人轶事若干则。所记内容上自西汉，下迄南朝宋初，绝大部分是描述魏晋人的言行，充分表现了所谓“魏晋风度”和“名士风流”。

记录人物轶闻琐事的这类小说之所以在魏晋南北朝时特别盛行，应与当时社会品评人物的清议谈玄之风有密切的关系。鲁迅在

《中国小说史略》中指出："汉末士流，已重品目，声名成毁，决于片言。魏晋以来，乃弥以标格语言相尚，惟吐属则流于玄虚，举止则故为疏放。……世之所尚，因有撰集，或者掇拾旧闻，或者记述近事，虽不过丛残小语，而具为人间言动，遂脱志怪之牢笼也。"《世说新语》中所载名人言行，虽多为片言只语或畸形琐事，但涉及到魏晋上层社会士大夫政治斗争、社会风尚、人际关系乃至学术文艺理论等多种方面，如东晋社会上层知名人物王导、桓温、谢安等的有关事迹，在书中都有生动而细致的描述。而这些初看细微的只言片语，往往可小中见大，反映出当时的政治斗争形势和人物的政治面貌。以王导为例，《方正》篇记他欲与陆玩结亲，《政事》篇记他接待临海任姓和胡人的故事，表现了他善于团结各种政治力量的才能；《雅量》篇记他听到庾亮有东下夺权传闻时的态度，《尤悔》篇记他误会周颉的言语，以致周为王敦所害，等等。这些轶事反映了不同豪门士族集团之间既相互联合，又相互倾轧的史实。

《世说新语》中记述的人物多为魏晋的清谈名士，因此也是研究当时学术思想史的重要资料。如《文学》篇中所记王弼注《老子》，何晏作《道德论》事，郭象窃取向秀《庄子注》事及支遁对《庄子·逍遥游》的解释，等等，均为历来学者考订这些著作的主要依据。《世说新语》中所记名士，有很多是著名文人，因此其中也保留着不少关于文学史和文学批评史的材料。如《文学》篇中引郭璞《幽思》篇的佚句"林无静树，川无停流"，就借此而得以保留；有关左思作《三都赋》的故事，也常为文学史家所引用。书中对以"玄言诗"闻名的东晋作家孙绰、许询、袁宏等人的创作活动和当时人对他们的评价记述颇多，是研究这一时期文学史的重要史料。

《世说新语》在语言表达艺术上具有较高的成就，这也是它能完整保存下来的重要因素之一。鲁迅说它“记言则玄远冷峻，记行则高简瑰奇”，书中对人物的记述文字不多，有的仅为只言片语，但因多出于当时人的眼见耳闻，且又多经辗转传诵，被提炼加工得极为生动传神。试举两节最著名的录下：

> 刘伶恒纵酒放达，或脱衣裸形在屋中，人见讥之。伶曰：“我以天地为栋宇，屋室为裈衣，诸君何为入我裈中？”（《任诞》）
>
> 石崇每要客燕集，常令美人行酒。客饮酒不尽者，使黄门交斩美人。王丞相（导）与大将军（敦）尝共诣崇。丞相素不能饮，辄自勉强，至于沉醉。每至大将军，固不饮，以观其变。已斩三人，颜色如故，尚不肯饮。丞相让之。大将军曰：“自杀伊家人，何预卿事！”（《汰侈》）

前一节写竹林七贤中的名士刘伶纵酒无度，裸身在屋中，别人劝他，他却反唇相讥说，我是以天地为房屋，以房舍为衣裤，你们怎么钻进我裤子里来了？描写虽短，却将一个文人酒徒狂诞无羁的性格特征表现得淋漓尽致。而后节故事被认为有些夸张，因客人不肯喝酒而滥杀劝酒的美女，显然过于残暴，但王敦说他“杀自己家里的人，与您有什么相干！”这样的话，却完全符合他这样冷酷无情的军阀的性格特征。此外，《忿狷》篇中描写王蓝田性急，吃鸡子（鸡蛋）时先“以箸（筷）刺之，不得”，继而“便大怒，举以掷地。鸡子于地圆转未止，仍下地以屐齿蹍之”，无奈“又不得”，王气坏了，“瞋甚，复于地取内（纳）口中，啮破即吐之”。通过几个连续的动作，就将王蓝田的性急脾气绘声绘色地刻画出来。

现存《世说新语》的最早注释，系南朝梁刘峻（孝标）之注。据《隋书·经籍志》，刘义庆原书 8 卷，而刘孝标作注乃分 10 卷。孝标学识渊博，其注广征博录，所据典籍大部分已散佚，因此许多珍贵史料赖其注而得以保留，且能纠正原本之误。公认体例和价值可与裴松之《三国志注》相近。《世说新语》今存版本最早者为日本所藏唐写残卷，现通行者有中华书局排印本余嘉锡《世说新语笺疏》、徐震堮《世说新语校笺》。

五、《后汉书》、《宋书》和《南齐书》

南北朝时期，私家修史的风气十分盛行，这是因为，朝代的频繁嬗替，民族矛盾的错综复杂，使得官府保存的大量资料散失，且无暇顾及修史工作，而一些富于民族自信心和历史责任感的学者则自觉或不自觉地担起了这种著书修史的重任。然而，他们所撰的众多史书都亡佚了，存留至今且较有代表性的南朝人撰史书为《后汉书》、《宋书》和《南齐书》。

《后汉书》的作者范晔（398—445 年）是南朝宋人，他编撰的《后汉书》中本纪 10 卷、列传 80 卷，主要依据了原《东观汉记》的材料。《东观汉记》是东汉时包括班固、蔡邕等在内的一批著名学者，奉朝廷之命在东观（洛阳宫中殿名）编撰的一部史书，此书有大量丰富的第一手材料，史料价值很高，但没有最后成书。尽管如此，该书还是与司马迁的《史记》、班固的《汉书》合称“三史”，在当时广为流传，直至范晔编撰的《后汉书》问世，才取《东观汉记》而代之。范书主要以《东观汉记》为蓝本，同时又博采当时诸家《后汉书》之所长（如晋华峤：《后汉书》、晋司马彪：

《续汉书》等)，终于被世人看好而得以传世，而其他诸史逐渐失传。比之《史记》《汉书》，范晔在《后汉书》中首创了一些新的传类，如列女、党锢、文苑、独行、方术，逸民等，反映了在新的时代特征、社会思潮、民众结构层次上的重新组合与分野。其中"列女传"为纪传体史书之首创，反映了封建社会成熟的礼教对妇女道德行为的规范，并为这之后历代史书相沿。《后汉书》原未及写志[1]，现合编进去的30卷志，是第一个为此书作注的南朝梁时人刘昭，为弥补范书无志的缺憾，而将晋司马彪《续汉书》中的志抽出来，加以注解，与范书合一而成。

《宋书》100卷，包括本纪10卷，志30卷，列传60卷，梁朝人沈约(441—513年)撰。《宋书》是南朝宋、齐、梁、陈四史中篇幅最大，卷帙最多的一部，全书纪、志、列传体例齐备，材料也较丰富。特别是志 的部分，内容充实而有特色。沈约在编撰《宋书》时认为，当时的史书中除前述司马彪《续汉书》有志外，其他一些有影响的史书如《三国志》等都没有志，所以他对《宋书》志的内容格外关注，书中纪、传是以刘宋朝为限，而志却上起三国，下至刘宋，对前朝典章制度也多有综述。后来唐初修《晋书》，除现撰《食货志》外，其他志多抄自《宋书》。《宋书》的这些志中，记录了许多有价值的资料，如《律历志》，收录了杨伟的《景初律》全文、何承天的《元嘉历》和祖冲之的《大明历》全文，这几种历法反映了当时自然科学的发展水平。《乐志》保存了许多汉魏乐府诗篇，《州郡志》则对三国以来南方地区地理沿革情况和东晋以来州郡分布情况作了具体的记述，使我们对南北朝时期南方经济的发

[1] 按范晔的计划，《后汉书》除本纪、列传外，还要编写10志。但他没有全部完成即因政治原因被人告发而被处死刑。

展有了直观而宝贵的了解。

《南齐书》的作者是南朝齐皇族萧子显（489—537 年），全书 60 卷，现存 59 卷。南齐的统治仅有 23 年，是南朝国祚最短的朝代，立国之初，国主萧道成就命檀超、江淹等编集《国史》。到梁代，沈约又著有《齐纪》，吴均著有《齐春秋》。萧子显的《南齐书》，便多取自这些书稿的材料，后来，这些书稿大多散失了，萧子显的这部《南齐书》就成了记载南齐历史最早的史书。此书对南齐的思想、学术、文学等历史情况有一定的反映，如为大科学家祖冲之立传，并对其有关科学成就作了详细的说明。

以上三书的作者，都是当时政治、学术地位相当高的知名文人。《后汉书》作者范晔，出身官僚世家，祖、父都精通儒术，范晔本人做过刘宋开国皇帝刘裕之子——彭城王刘义康的参军、尚书吏部郎，直至左卫将军、太子詹事，是朝中机要政事的参与者。《宋书》作者沈约，更是南朝宋、齐、梁三朝重要文臣，特别在齐梁时与皇室过往甚密，是包括梁武帝萧衍在内的“西邸”文士集团“竟陵八友”之一。他不但修史（除撰《宋书》外，还编撰《晋书》《齐纪》等），而且通诗文，在诗歌创作及理论总结上提倡“四声八病”之说，与谢朓等文人共创“永明体”诗风，推动诗歌格律化进程，被认为是齐梁文坛的领袖人物。《南齐书》作者萧子显则是南朝齐宗室，齐高帝萧道成之孙，他与齐、梁许多皇室成员一样颇有文才，除著《南齐书》外，还编撰《后汉书》100 卷、《普通北伐记》5 卷及文集 20 卷。

正是这样一批既有主观的优秀学识，又有客观优越条件的文人学者，完成了编修南朝史书的工作，为后代留下了一批纪、传、表、志俱全的规范史书，并最终成为这些朝代的正史。

六、顾野王《玉篇》

在中国古文字学方面，自东汉许慎编撰了《说文解字》后，南北朝时的文字训诂之学又有了新的发展，南朝萧梁人顾野王所撰《玉篇》便是一部重要著作。

顾野王（519—581年）字希冯，吴郡吴（今江苏苏州）人，出身于文官世家，他自幼聪颖好学，7岁读《五经》，9岁能属文。史书记载他"长而遍观经史，精记嘿识，天文地理、蓍龟占候、虫篆奇字，无所不通"(《陈书·顾野王传》)。梁武帝时他曾任太学博士，临贺王府记室参军，陈朝建立后，又补撰史博士，迁国史博士兼东宫记室，主修梁史，后至黄门侍郎、光禄卿。

顾野王的主要著作《玉篇》30卷，是继许慎《说文》之后的又一部文字学专著，全书共收字16 917个，比《说文》还多7 564个。但此书唐代就已亡佚残缺，清末人黎庶昌出使日本时，曾得唐写本4卷，存字仅为原书字数的十分之一二，被认为可能是顾野王原本（现刻入《古逸丛书》)。现存传世的《大广益会玉篇》，是经唐人孙强、宋人陈彭年等陆续重修、增补的，共收22 561字。《玉篇》部首542部，与《说文》不同者13部。其部首排列次序亦与《说文》不同，主要是更加注意了字义的归类组合，多将意义相近的部首排列在一起。释字时，已不限于《说文》的只讲字形和本义，而是包括到字的引申义和多义，将字的多种意义归列到一起。释字的次序为：先出反切，引注《说文》原义，再举例并说明，同时照顾一词多义。《玉篇》所改进的这种释字方法，实际上又向后代字典的编撰规则前进了一大步，具有重要意义。

第六节　画家与画论

一、陆探微和张僧繇

南朝时期，文化艺术底蕴深厚，特别是美术绘画，在继承东晋以来优秀传统的同时，又有了长足的进展，在绘画实践和理论的总结上涌现出一批名家和名著。

本节主要分析在绘画实践上成就突出的宋齐画家陆探微和梁朝画家张僧繇。这两位南朝的大画家在中国画史上的地位极高，一般都将他们两人同东晋顾恺之一起称为六朝三大家。后来又加上被称为“张僧繇后身”的唐吴道子，称为顾、陆、张、吴“画家四祖”。[1]

陆探微和张僧繇在经历上有许多相同之处，首先他们都是吴（今苏州地区）人，生卒年都不详。根据间接线索，陆大约活跃于公元421到472年；张主要活跃于公元502到549年。他们两人在官修的正史（如《南史》）中均无传，画史理论家认为这或与他们都只是当时的宫廷御用画家（即职业画师），其社会地位与士族文人是不能相比的，因此，史书中关于他们本人的记载很少[2]。但因他们都曾奉命为本朝的名宫显宦作画，所以有关活动又被这些名贵的史传记载下来，成为探寻两位画家绘画艺术实践的宝贵线索[3]。同

[1] 杨慎：《画品》。

[2] 参见陈传席《六朝画家史料》中陆探微、张僧繇条，文物出版社1990年版。

[3] 《南史》隐逸宗测传、儒林伏曼容传、梁武帝诸子传中，均记述有陆探微、张僧繇奉旨为其作画事。

时，他们之后的绘画理论家们对他们的绘画艺术作了高度评价，也使他们的艺术地位和声望得到了肯定和提高。

陆探微在画艺方面的突出表现，一是吸收了中国古代的书法笔意，作一笔画，改变了他之前传统的所谓“春蚕吐丝”式的游丝描线条，创造出一笔连绵不断而又劲健有力的线条技法，被评论家赞誉为“精利润媚”，劲利“如锥刀”，达到“新奇妙绝”的境界[1]。陆氏的线条技法的变化，直接导致了稍后于他的张僧繇在线条上“点、曳、斫、拂”的新创意，并一直影响到唐吴道子线条“离、披、点、画”的突破。中国画线条的解放和成熟，并形成本民族独特的绘画技法，陆探微无疑起了奠基的作用。

其二，陆氏线条方面的创新，使得他的画风，尤其是人物画，出现了一种“秀骨清像”的造型。唐张怀瓘《画断》评价为：陆公画人“秀骨清像……令人懔懔，若对神明”，这种人物瘦削清峻，眉目传神。我国北方现存著名的大同云冈、洛阳龙门、天水麦积山石窟及大量金铜石造像中，时代多属于北魏（时代约当南朝宋、齐、梁间）的“秀骨清像”式佛教人物造型十分普遍，应该与同时期传自南方有直接关系。张怀瓘又评论说：“夫象人风骨，张（僧繇）亚于顾（恺之）、陆（探微）也，张得其肉，陆得其骨，顾得其神”。

陆探微主要工于人物画，但也能画禽兽和山水，唐人朱景玄《唐朝名画录》序中说：“陆探微人物画极其妙绝，至于山水草木，粗成而已。”

对于陆探微，南朝杰出的美术评论家、绘画理论家谢赫给予极

[1] 张彦远：《历代名画记》。

高的评价，在其重要的理论著作《古画品录》中，将陆氏列为第一品第一名（同书仅将东晋大画家顾恺之列为第三品画家），并认为这还委屈了陆探微，因为陆画“穷理尽性，事绝言象。包前孕后，古今独立”，但“上品之外，无他寄言，故屈标第一等”[1]。他的意思是，陆画的水平，几乎达到尽善尽美的境界，只是上品之上，再无更高品级，故只能“屈标第一等”。谢赫的这种品评，看似有些偏颇，但却得到历代的公认。

关于张僧繇，画史的记载更为丰富而生动。他也是宫廷御用画家，《南史 · 梁武帝诸子传》记述，梁武帝的第八个儿子萧纪，被派驻蜀地 10 多年，拓境立业，深得武帝的喜爱和思念。“太清（547—549 年），帝思之，使善画者张僧繇至蜀，图其状”。梁武帝佞佛，南朝佛寺建筑在梁时达到极盛，故僧繇的另一种绘画题材是佛教画。传说他曾在江陵天皇寺柏堂画卢舍那佛像，同时又画上了孔子等中国 10 位先哲像，梁武帝很奇怪，说：释（佛）门内如何画孔圣？僧繇答曰：“后当赖此耳（将来全靠这个起作用）”[2]。后来周武帝灭佛，“焚天下寺塔，独以此殿有宣尼（孔子）像，乃不令毁拆”[3]。范文澜在《中国通史简编》中评述这一记载时说：“佞佛的人也知道佛教终究压不倒儒教。”[4] 张氏的佛教题材绘画，到唐宋时宫廷内和文人中还多有珍存，唐张彦远《历代名画记》卷七中记：“彦远家有僧繇《定光如来像》，元和中进入内，曾见《维摩诘》并《二菩萨》，妙极者也。”北宋宣和年间官方主持编撰的记载北宋宫

[1] 谢赫：《古画品录》第一品。

[2] 张彦远：《历代名画记》卷七。

[3] 张彦远：《历代名画记》卷七。

[4] 范文澜：《中国通史简编》第二编。

廷所藏绘画作品的著作《宣和画谱》卷一，列出“今御府所藏”僧繇释氏（佛教）题材画14件，包括“佛像一，文殊菩萨像三，大力菩萨像一，维摩菩萨像一，佛十弟子图一,十六罗汉像一,十高僧图一”，等等。

张僧繇的绘画成就，一是创造了一种“张家样”画风。在他之前，南北人物画风靡陆探微的“秀骨清像”（亦作“瘦骨清样”），张因“得其肉”[1]，将人物一变而为“面短而艳”[2]，他笔下的人物，面庞圆润，形体丰满，姿态婀娜，却又不似后来唐代那种肥胖健硕。这种画风的明显转变，同样很快波及到大江南北的广大地域，使这一时期及后来相当长时间内人物画的风格出现了全新的面貌。国内现存的同时代美术作品，为我们了解这种新画风提供了宝贵的实物资料。例证之一是开凿于北齐的河北邯郸响堂山石窟，佛、菩萨体态发生了明显变化，面相圆浑，两肩宽厚，体态健壮又不失妩媚之气，整体造型敦实而洗练。例证之二是出土于四川省成都市西门外万佛寺遗址的约200余件残佛像、佛头、菩萨像、伎乐天像，从纪年和造型上可分为早、晚两期。早期相当于南朝宋至梁时，晚期相当于北周至隋唐时，而造像风格，也恰恰表现出由早期的面相板正，向晚期的面形圆润，肌肉丰腴，匀称俊秀转变的趋向。特别是造像的服饰，均穿南朝士大夫流行的褒衣博带式样，更充分有力地证实这种造像的粉本渊源，是来自长江下游的南朝，而其传播路线，最便捷的自然是溯长江而上，进入蜀地。

张僧繇的成就，还表现在他对书法用笔的改造和应用，史载他将晋代女书法家卫铄（卫夫人）《笔阵图》的用笔方法融入绘画，

---

[1] 张怀瓘：《画断》。

[2] 米芾：《画史》。

在陆探微笔法线条“精利润媚”基础上，发展为“点、曳、斫、拂”，并与唐吴道子一起被后世推为变传统密体为疏体的代表。

张氏成就之三，是他善于消化和吸收外来艺术的合理成分，据记载，他学习西域和印度佛教绘画中的凹凸晕染技法，并在当时的建康（今南京）一乘寺用于壁画实践，将“寺门遍画凹凸花……其花乃天竺遗法，朱及青绿所成，远望眼晕如凹凸，就视即平，世咸异之，乃名凹凸寺”[1]。从文献所记这种凹凸画颜色（朱、青绿）和视觉效果（凹凸的立体感）判断，这应是与新疆拜城克孜尔和甘肃敦煌早期洞窟壁画中使用的晕染法（亦称凹凸技法）同类的绘画技法。

画史评论家认为，六朝三大家中，以张僧繇在中国画坛上影响最大、时间最长。梁以后，张的画风成为中国画坛二百多年的主流。而追随张氏的画家最知名者多为梁至隋唐时的代表画家。唐代被称为百代画圣的吴道子，也一直被公认为出于张僧繇[2]。张氏的流风所向，留下了许多关于他神灵之笔的传说，最著名的如画龙点睛，神龙破壁：传说张僧繇在金陵安乐寺画 4 条白龙，迟迟不点眼睛，说是怕点画了眼睛，龙即会升天而去。众人不信，坚持请求点之，果然两龙的眼睛刚点画完，便雷电大作，劈裂墙壁，两条点睛之龙乘云而去，壁上未及点睛两龙犹存。中国古代“画龙点睛”的成语，也正由此而产生。这极富浪漫色彩的传说，正说明张氏画艺影响之大。

南朝是中国历史上充满浪漫的艺术氛围的朝代，在宋、齐、

---

[1] 《建康实录》卷一七。

[2] 陈传席：《六朝画家史料》。

梁、陈的约170年间，见于画史记载的大小画家就达70多人[1]，陆探微和张僧繇不过是他们中最杰出的两位。正是他们的艺术实践和创新，推动了中国美术园地中百花的盛开，为隋唐以后美术的更大发展作出了重要贡献。

二、宗炳《画山水序》

山水画成为中国绘画中的独立画科，是在东晋南朝时确立其地位的。山水画的源头可以上溯到很早，战国时屈原作《楚辞·天问篇》，王逸注就说："楚有先王之庙及公卿祠堂，图天地山川。"但汉魏壁画中，山水还只是人物画的背景，人大山小，画风古拙。魏晋以来，政治险恶，社会动荡，人生无常，这种乱世迫使文人士大夫们畏惧仕途而寄情山水，而老庄玄学恰恰崇尚自然，青山秀水当然是自然的最真实写照，在这样的历史背景下，山水诗、山水画等艺术空前活跃。特别是晋室南渡以后，江南秀美的山水景色令士人陶醉不已，顾恺之从会稽回来，别人问他那里的山川是怎样的美法，他答道："千岩竞秀，万壑争流，草木蒙笼其上，若云兴霞蔚。"[2]他还写了《画云台山记》一文，具体论述了山水画的布局和技法。总之，六朝的知名画家，几乎人人都善画山水，如号称画坛三杰的顾恺之、陆探微、张僧繇，还有戴逵、戴勃、宗炳、王微、萧贲、梁元帝，等等。正是由于画家们大量的山水画实践，才产生了宗炳和他关于山水画理论的重要著作《画山水序》。

宗炳，字少文，南阳涅阳（今河南镇平）人，生于东晋宁康三

[1] 张彦远：《历代名画记》。

[2]《世说新语·言语篇》。

年（375 年），卒于宋元嘉二十年（443 年）。《宋书》有传，记载他祖、父都做官，母亲也有文才，他从小受到良好的家庭教育，通读过儒、道、佛家典籍，对琴棋书画也十分精通，他一生多次被征召做官，但坚辞不仕，而将全部情感寄情于名山秀水。《宋书》将他归于“隐逸”一类，说他“好山水，爱远游，西陟荆、巫，南登衡岳”，“每游山水，往辄忘归”。当他的妻子罗氏去世后，他更无后顾之忧，甚至在衡山造屋而居。晚年时他因病回到江陵故宅，将平生游历过的山川景色均作画于墙上，自己躺在床上回味观看，边看边叹息着说：“老疾俱至，名山恐难遍睹，唯当澄怀观道，卧以游之”，人称其为“卧游”。

宗炳又是六朝知名的玄学家，他的思想被认为代表了六朝时代思想的主流，这一主流的突出特征是既尊儒、道，又通佛理，三教合一。宗炳从小受儒家教育，成年后摒弃仕途，终身隐逸，是典型的道教信徒，但当接触到结构谨严、玄妙高深的外来佛教理论后，又立即被其感召吸引，他曾前往东晋名僧慧远住持的庐山，住了数十日，学习感受佛教义理，由衷地认为这种理论“高洁贞厉、理学精妙，固远流也”[1]。他针对当时有人不认识佛教、视其妄诞的看法，写成了长达 13 000 余言的《明佛论》，论述自己的观点，认为在儒、释、道三家中，佛教理论其实是最高、最精的理论。佛经“包‘五典’之德，深加远大之实；含《老》《庄》之虚，而重增皆空之尽；高言实理，肃焉感神，其映如日，其清如风，非圣谁说乎！”[2]他还就佛教的轮回报应转生论，与当时的衡阳内史何承天进行反复辩论，写了《答何衡阳书》《又答何衡阳书》等文论。宗炳的《明

[1] 宗炳：《明佛论》，《弘明集》卷二。

[2] 宗炳：《明佛论》，《弘明集》卷二。

佛论》和《答何衡阳书》《又答何衡阳书》，被作为中国佛教思想史上重要文论流传下来。

以上之所以详细介绍宗炳精通崇信儒、道和佛教的思想轨迹，是因为这样才有助于我们理解宗炳作《画山水序》的深邃内涵。《画山水序》，不过是一篇500字左右的短文，从篇幅看远远不能与他论证佛道的文论相比，但就是这样一篇短文，却被后世人评论为中国最早最精深的山水画论，甚至是中国画本质特征重理性、重精神理论的奠基之作。在这篇短文中，作者并没有侧重谈论如何构图山水，而是着意说明人与山水在“神”“道”（这里均指精神）上的沟通与契合，所谓“夫圣人以神法道，而贤者通；山水以形媚道，而仁者乐”[1]，他游、画山水，都是为了体验和领悟山水所“媚”的高妙精神境界——道。他说：“于是闲居理气，拂觞鸣琴，披图幽对，坐究四荒，不违天励之丛，独应无人之野。峰岫峣嶷，云林森眇。圣贤映于绝代，万趣融其神思，余复何为哉，畅神而已，神之所畅，孰有先焉。”[2]这正是为他晚年在居室中面对画壁，“卧游”山水的情趣作了最好的注脚。他曾面对室内满壁山水画感叹说：“抚琴动操，欲令众山皆响”，将自己的全部心灵体验，都用于领悟、调动画中山水的活力，达到了心灵与画境的完美统一。与其说卧游，不如说畅其神游，正是在山水画中，宗炳找到了精神的最佳寄托。也正是在这个意义上，宗炳的山水画论给中国古代绘画重理性感悟，重人格特征的精髓传统以强大而持久的影响，在中国绘画理论中占有崇高的地位。

[1] 宗炳：《画山水序》，见张彦远《历代名画记》卷六。

[2] 宗炳：《画山水序》，见张彦远《历代名画记》卷六。

三、王微《叙画》

宗炳稍后，六朝画论的另一位大家是王微，他的《叙画》一文写于宗炳《画山水序》之后，也对后世产生了深远影响。

王微，字景玄，琅邪临沂（今山东临沂）人，生于东晋安帝义熙十一年（415 年），卒于宋文帝元嘉三十年（453 年），距宗炳逝世晚 10 年，应与宗炳为同时代人。王微出身于东晋南朝著名的门阀世族王氏之门，王、谢二族正是东晋王朝的重要支柱，王氏几与皇族司马氏平分天下，时号称“王与马共天下”。王微的父亲王孺官至光禄大夫，伯叔们都“配食高祖庙廷”，他的叔伯兄弟和侄孙辈也都是东晋南朝的知名人物。王微生长在这样的环境中，自然受到良好的文化熏陶，《宋书》本传上记述他“少好学，无不通览，善属文，能书画，兼解音律、医方、阴阳术数，在当时就有很高的学名。但王微自幼便不慕虚名，不愿出仕，“素无宦情”[1]，只在年轻时做了一段时间的文官，便以父病为由卸任回家，后来虽有人数次举引，他均“称疾不就”[2]，是当时典型的隐逸人物。

王微的思想受儒、道影响，不相信佛教。他一生主要隐居自娱，认为奇士就应该龙潜深藏，与蛙虾为伍。史载他“常住门屋一间，寻书玩古，遂足不履地，终日端坐，床席皆生尘埃，唯当坐处独净”[3]。他或写字绘画，或研究《本草》（即《神农本草经》），甚至亲自采药治病。后来，他的弟弟生了病，王微亲自调药诊治，但竟不愈而死。王微认为是自己下药不当，医术失误所

[1] 《宋书·王微传》。

[2] 《宋书·王微传》。

[3] 《宋书·王微传》。

致，极感内疚悔恨，过度的悲伤使他亦一病不起，两个月后便亡故了。临终前他嘱托家人将自己“薄葬，……施五尺床，为灵二宿便毁。以尝所弹琴置床上，何长史来，以琴与之。何长史者，偃也”[1]，死时约39岁。

从王微一生的思想和经历看，他是虔诚的道家信仰者，因此，他的画论《叙画》，也着意阐发山水画中的“神”“道”之气韵。《叙画》全文不足400字[2]，比宗炳的《画山水序》还简短，但立意精深，见解独特。如在文章开始即严肃批评了将山水画作为地形图解或图经的主张，认为这类绘画，决“非以案城域，辨方州，标镇阜，划浸流”。即山水画不是山川河流、州镇城域的地形地貌指示图，而是与神明相通的艺术画科。在画的构图和状物上，他具体指出：“孤岩郁秀，若吐云兮。横变纵化，故动生焉。前矩后方，〔则形〕出焉。然后宫观舟车，器以类聚；犬马禽鱼，物以状分，此画之致也。”[3]这种山水画技法的见解，他说得显然比宗炳直截明了，因此被认为属于六朝画论中“明”的一面；同时他与宗炳也有神通气和之处，即也论述了画论中“暗”的观念，也就是追求玄、理、道的精神内涵：“望秋云，神飞扬；临春风，思浩荡。虽有金石之乐，珪璋之琛，岂能仿佛之哉！……绿林扬风，白水激涧。呜呼！岂独运诸指掌，亦以明神降之。此画之情也。”[4]这种追求“明神降之”的山水画意境，正与宗炳“山水以形媚道”的认识相契合，体现了画家在艺术实践中对理性的探求

[1] 见《南史·王弘传》。

[2] 张彦远：《历代名画记》卷六。

[3] 张彦远：《历代名画记》卷六。

[4] 张彦远：《历代名画记》卷六。

和呼唤。前人将王微和宗炳同视为中国山水画论之祖，也是看到了他们在这一理论上的共同点。

四、谢赫《画品》

中国古代绘画理论，在六朝时达到了其自身发展的最高峰，乃至于得到人们这样的共识：六朝以后的中国画论，都是对六朝画论的诠释和阐发；六朝以后的中国绘画，都是六朝画论的实践。六朝画论，是中国画理论的源头和灵魂。

六朝画论的最全面代表，是南朝宋梁间人谢赫所著的《画品》，明刊本标名《古画品录》。

在这篇不朽的论著中，谢赫提出了绘画的“六法”原则，成为中国古代绘画的最高品评标准和审美规范。然而在文献记载中，有关谢赫本人的生平情况记述极少，人们甚至不知他的准确生卒年，只是估计他是南朝宋武帝大明年间（459 年前后）至梁武帝中大通年间（532 年前后）人。据间接材料，他是一位宫廷画家，善画人像，同时负责画迹的鉴赏整理工作，这为他创立《画品》的理论原则提供了有利的条件。因《画品》中收有卒于梁中大通四年（532 年）的画家陆杲，故推断此书成于梁武帝时。

齐、梁间文化领域空前活跃，文学艺术的品评、赏鉴蔚成风气，钟嵘的《诗品》、庾肩吾的《书品》便都是这期间所产生，谢赫的《画品》也因时运而生。

谢赫在《画品》的简短“序”言中，便概括提出了自己品评画作的核心原则，即“六法”。因谢赫的原文和古人的辗转传抄并无标点断句，所以目前对“六法”的句读有两种。一是长久以来，根据唐人张彦远《历代名画记》中的点读，录为：(1) 气韵生动是也；(2) 骨法用笔是也；(3) 应物象形是也，(4) 随类赋彩是也；(5) 经营位置是也；(6) 传移模写是也。二是近年来，今人钱钟书《管锥编》第四册论及这段文字时，提出了新的句读方法，并认为这样才更符合谢赫的原意和古文法，即“六法者何？(1) 气韵，生动是也；(2) 骨法，用笔是也；(3) 应物，象形是也，(4) 随类，赋彩是也；(5) 经营，位置是也；(6) 传移，模写是也”。但是，这两种句读所蕴含的意义是基本相同的。

其中第一法是指绘画的形象要富于生命的活力，“气韵”原是魏晋间品评人物的用词，指人物的精神气质。谢赫在此用来强调被画的客体要有韵致和张力，具内在的精神活力。这一法则至今都是绘画乃至所有造型艺术的最高目标。

第二法，讲用笔要有“骨”力。这也是魏晋时品评人物诗文的特定辞语，如“建安风骨”，是指建安时期以曹操父子为代表的诗歌，形成的一种古拙通脱的风格。所谓“骨”，应是指文章风格、绘画笔法所显露出的内在的力度。

第三法，应物，象形是也。是指绘画对象的外观形态要与画中描绘的形似。

第四法，随类，赋彩是也。赋通敷、布，赋彩即施色，所施彩色应与所画物像相似。

第五法，经营，位置是也。是讲画的构图。经营即筹措、谋划；位置是指所画物像、人体所处的地位，即要精心设计、安排画面的构图。

第六法，转移，模写是也。讲画作的临摹和传承。模写即临摹，既可作学习前人的基本功，又是古代绘画流传的主要途径。我们现在看到的许多古代著名书法和绘画作品，都是略迟于原作的模写本，通过这些作品，今人也可窥知原作的形貌和风采。[1]

谢赫正是运用以上“六法”的原则，对自三国起至齐梁时有名的27位画家进行了品评，并按自己的品评结果将他们列为六品。谢赫本人亦承认，画虽有六法，但极少有人能各法皆通，自古至今，一人能达到擅长一法就不错了（《画品》序中“虽画有‘六法’，罕能尽该；而自古及今，各善一节”）。他特别看重陆探微、卫协，认为“唯陆探微、卫协备该之矣”（《画品》序），所以将这两人列为第一品。其余“各善一节”者，分别定品，如对以气韵生动见长的画家如张墨、荀勗，列入第一品；对以骨法用笔见长的画家如陆绥等，列入第二品；等等。同时对这些画家所绘题材、技法和师承关系等作了分析记录，这也为中国古代绘画史的研究保存了重要的史料。

对于谢赫《画品》中提出的“六法”，历代美术评论家都给予极高的评价，宋代美术史家郭若虚推崇说“六法精论，万古不移”[2]，今天权威的美术史家亦概括为“六法论提出了一个初步完备的绘画理论体系框架——从表现对象的内在精神、表达画家对客体的情感和评价，到用笔刻画对象的外形、结构和色彩，以及构图和摹写作品等，总之创作和流传各个方面，都概括进去了。

自“六法论”提出后，中国古代绘画进入了理论自觉的时期。后代画家始终把六法作为衡量绘画成败高下的标准……从南朝到现代，六法被运用着，充实着，发展着，从而成为中国古代美术理论

[1] 如顾恺之的作品真迹并无一件保存下来，现传为顾作的《女史箴图》《洛神赋图》等，都是唐、宋人的摹本。王羲之《兰亭序》的情况也是如此。

[2] 郭若虚：《图画见闻志》。

最具稳定性、最有涵括力的原则之一”。[1]

五、姚最《续画品》

谢赫《画品》所开创的画论体例，对当时和后世都产生了深刻的影响。紧随其后问世的，便是梁隋间人姚最的《续画品》，从书名即可知是对谢赫《画品》的续编。

姚最，字士会，吴兴武康（今浙江吴兴）人，生于梁武帝大同三年（537 年），卒于隋文帝仁寿三年（603 年）。姚最的父亲名僧垣，是南朝名医，一直在梁宫廷任职，受到优厚的待遇。他酷爱文史，这使得他的两个儿子，长子姚察和次子姚最都成为后来著名的文人。公元 552 年，经历了侯景之乱的梁王朝分崩离析，姚氏父子随侍的原梁湘东王萧绎在江陵继帝位，是为梁元帝。时隔二年，西魏大军南下，攻克江陵，杀梁元帝，姚氏父子即进入西魏服务，后又入周，入隋，一直得到历朝统治者的看重。如姚最在周曾“校书于麟趾殿”[2]；他的哥哥姚察一直在南朝陈，以通晓文史知名，隋文帝曾说：“我平陈唯得此一人（指姚察）。”[3]

唐张彦远《历代名画记》卷一记载：梁“元帝将降，乃聚名画法书典籍二十四万卷，遣后阁舍人高善宝焚之……于谨（西魏大将）等于煨烬之中，收其书画四千余轴，归于长安”。姚最正是随于谨入长安，他在受命整理这批书画的同时，有感而作《续画品》

[1] 郎绍君：《六法论》，《中国大百科全书》《美术 · 1》。

[2] 《周书》卷四七《艺术》。

[3] 姚僧垣之子姚察一直在南朝，梁亡后入陈。而姚最始终没有到过陈，他随父在江陵陷落后即入西魏。

是完全可能的。因此，画史研究者推测，姚最《续画品》，约成书于西魏末年。

《续画品》是《画品》之后又一部重要的画论专著，书中对宋、齐、梁（无一陈人）及在魏朝京洛画家20人的画作逐一进行了分析品评，提出了一些独到的见解。如“心师造化”“立万象于胸怀”等等。因所论画家多为姚最同时代人，有些又相当稔熟，所以书中许多论评极为准确中肯，又具有较高的可信性和史料价值。如对其父侍奉多年的梁元帝萧绎（《续画品》中称“湘东殿下”），姚最十分敬佩其艺术才华，赞扬他“学穷性表，心师造化……像人，特尽神妙，心敏手运，不加点治。斯乃听讼部领之隙，文谈众艺之余，时复遇物挥毫，造次惊绝。足使荀、卫阁笔，袁、陆韬翰”[1]。又论著名画家张僧繇：“善图塔庙，超越群工。朝衣野服，今古不失……俾昼作夜，未尝厌怠。惟公及私，手不释笔。但数纪之内，无须臾之闲”[2]。这些，都被后人作为僧繇刻苦研习画艺的可靠资料。

[1] 姚最：《续画品》。

[2] 姚最：《续画品》。

第四章　北朝文化（上）

公元4世纪末至5世纪中叶，崛起于我国北方草原的原游牧民族鲜卑族的一支拓跋氏，逐渐统一了黄河流域，建立了魏王朝（史称北魏），并与南方的刘宋王朝相对峙，形成了南北朝的局面[1]。后来北魏分裂为东、西魏，又有北周代西魏，北齐取东魏，再后北周灭北齐，统一全部北方，是为整部北朝的历史。

北朝文化史，应追溯到北魏王朝的建立者拓跋鲜卑的早期历史。

[1]　公元398年，拓跋珪定都平城（今山西大同），即皇帝位。即魏道武皇帝。其孙太武帝拓跋焘灭匈奴夏赫连氏（431年）、北燕冯氏（436年）、北凉沮渠氏（439年），统 一了黄河流域。

第一节　鲜卑溯源

一、祭祖石室铭

鲜卑是我国古代东北的一支东胡族系的少数民族，拓跋氏是鲜卑族部落联盟中较后进的一支，最早的居住地是在今天东北黑龙江省嫩江流域与大兴安岭北部一带。1980 年，考古工作者在大兴安岭北部丛山密林中的一处天然洞穴——嘎仙洞中，发现了北魏太平真君四年（443 年）石刻，内容为北魏第三代皇帝拓跋焘派遣的中书侍郎李敞到此祭祖时所刻之祝文，从而确认了嘎仙洞即是古代文献中早就记载的鲜卑祖庙石室。[1]

因鲜卑族没有自己的文字，早期汉文献对他们的记载很少，而由他们自己主持使用汉文记述系统的历史，时间已经很晚，目前所知最早的便是六世纪中魏收《魏书》中的有关内容。在《魏书 · 礼志》中，提到了拓跋鲜卑先祖的旧庙石室："魏先之居幽都也，凿石为祖宗之庙于乌洛侯国西北。自后南迁，其地隔远。真君中，乌洛侯国遣使朝献，云石庙如故，民常祈请，有神验焉。其岁，遣中书侍郎李敞诣石室，告祭天地，以皇祖先妣配。祝曰……敞等既祭，斩桦木立之，以置牲体而还。后所立桦木生长成林，其民益神奉之。咸谓魏国感灵祇之应也。石室南距代京可四千余里。"这里虽指出曾凿石为祖宗之庙（即石室），但准确地理位置不详。过去，许多中外历史学者也作过分析考证，但均无确切结论。

---

[1]　米文平：《鲜卑石室的发现与初步研究》、张明善：《嘎仙洞祝文刻石与嵩山高灵庙碑》,《文物》1981 年第 2 期。

1979年至1980年，内蒙古自治区呼伦贝尔盟文物管理站的工作人员，根据前人的有关研究线索进行了艰苦细致的调查，终于在位于呼伦贝尔盟鄂伦春自治旗阿四河镇西北10公里处，即大兴安岭北段顶巅之东麓，嫩江西岸支流甘河上源，海拔520米高的林海峭壁间，找到了曾作为鲜卑拓跋祖庙的嘎仙洞石室[1]。此洞原为一天然岩洞，洞口略呈三角形，高12米，宽19米，南向略偏西。洞内极为敞阔，南北长92米，东西宽约28米，洞内高度最高处可达20多米，面积约2000平方米，能容纳数千人。洞内石壁平整，在距洞口15米的西侧壁上，又有一处经过修磨的石面，祭祖祝文就刻在这块壁面上。据调查者描述记录[2]，祝文刻辞竖行，通高70厘米，宽120厘米，共19行，行字不等。字大小不一，约3至6厘米。全文201字，汉字，魏书，隶意犹存，古朴清晰。因石壁表面原被苔藓所覆蔽，字迹很难被发现，后清除苔藓，才使原文全部再现，抄录如下：

维太平真君四年癸未岁七月廿五日

天子臣焘使谒者仆射库六官

中书侍郎李敞傅㝹用骏足一元大武（指祭祀用的牛）

柔毛之牲（指祭祀用的羊）敢昭告于

皇天之神启辟之初祐我皇祖于彼土田

历载亿年聿来南迁应受多福

光宅中原惟祖惟父拓定四边庆流

后胤延及冲人阐扬玄风增构崇堂剋

[1] 此石室被当地鄂伦春人称为嘎仙洞。“嘎仙”为鄂伦春语，词义未详。

[2] 米文平：《鲜卑石室的发现与初步研究》，《文物》1981年第2期。

揃凶醜威暨四荒幽人忘遐稽首来王始

闻旧墟爰在彼方悠悠之怀希仰余光王

业之兴起自皇祖绵绵瓜瓞时惟多祜

归以谢施推以配天子子孙孙福禄永

延荐于

皇皇帝天

皇皇后土

皇祖先可寒配

皇妣先可敦配

尚飨

东作帅使念鑿

将洞中这篇石刻祝文与《魏书·礼志》中所记石室情况与祝文相校，可以发现它们的内容基本相同，只是个别字句稍有出入，从而证实嘎仙洞确系拓跋鲜卑祖先活动过的旧墟石室。

自公元前的若干世纪起，拓跋鲜卑的祖先在嘎仙洞一带的大兴安岭中进行狩猎活动，树茂林深的原始森林为他们提供了理想的自然条件。后来，当狩猎经济向畜牧经济过渡时，拓跋人的眼光便看好了大兴安岭西南方的呼伦贝尔草原，那里广阔无垠，水草丰美，是天然的大牧场。于是，他们终于离开了祖先的栖息地，由东北走向西南，由森林走向草原。

二、拓跋鲜卑早期踪迹

拓跋鲜卑走向草原的第一处落脚点，已被认定为今内蒙古呼伦贝尔盟的呼伦池周围。《魏书·帝纪·序纪》记为"南迁大泽方千余里，厥土昏莫沮洳"，"大泽"即呼伦池，池东南有沼泽"沮洳"，时当内地的东汉初年。他们在这里居住了七代，留下的遗迹主要是呼伦池之东的陈巴尔虎旗完工墓群[1]和呼伦池之北的新巴尔虎右旗扎赉诺尔墓群[2]。拓跋祖先自东北向西南迁移，先到完工附近，遇沼泽之阻而西至扎赉诺尔，故完工墓群时代早于扎赉诺尔墓群。两墓群所提供的实物资料，都可判断拓跋鲜卑定居在呼伦池周围时，其内部处于原始社会末期的部落联盟阶段。[3]

完工墓群位于完工西南约 0.5 公里处，东距海拉尔市约 60 公里。自 1958 年以来不断有墓葬发现，1961 年和 1963 年又进行过两次清理发掘，前后共清理 6 座墓葬。这些墓葬都是土坑竖穴木椁墓，墓内丛葬多具尸骨，还有殉葬的牛、马和狗等牲畜，随葬品有陶、石、骨、蚌、金、银、铜、铁器，以及珠饰、桦树皮器皿和残漆器等。以 1963 年清理的墓 1 为例，墓室分上下两层，上层清理出 4 具小孩骨架，除随葬品外，还有 4 个牛头骨和 2 个马头骨。上下层之间铺木板，木板上铺满长方形的桦树皮。下层墓室内发现骨架 26 具，经鉴定可知葬有 14 个男子、11 个女子和 1 个小孩。位于墓底北壁的一具男性骨架较完整，仰身直肢葬，在其腿左侧随葬有石镞和骨镞，头部附近置一件形制特殊的牛角状骨器，距其头部不

[1] 潘行荣：《内蒙古陈巴尔虎旗完工索木发现古墓葬》，《考古》1962 年第 11 期；内蒙古文物工作队：《内蒙古陈巴尔虎旗完工古墓清理简报》，《考古》1965 年第 6 期。

[2] 郑隆：《内蒙古扎赉诺尔古墓群调查记》，《文物》1961 年第 9 期；内蒙古文物工作队：《内蒙古扎赉诺尔古墓群发掘简报》，《考古》1961 年第 12 期。

[3] 宿白：《东北、内蒙古地区的鲜卑遗迹——鲜卑遗迹辑录之一》，《文物》1977 年第 5 期。

远的西壁下，排列着随葬的陶器。除此以外的骨架、葬式无一定规律，仰、俯、坐、卧皆有，而且多肢体分离。各种随葬品和人骨架杂放，殉人的牲畜也杂于人骨架一处，计有 10 匹马、8 头牛和 3 只狗。根据这些现象分析，这很可能是一个家族的丛葬墓。北壁那具葬式明显的尸骨，可能是一个族长，其余则是家族成员的尸骨，从这些尸骨肢体分离、骨骼凌乱情况看，应是为与族长合葬而迁来的已死家族成员的遗骸，为二次葬。1961 年清理的一座墓中，丛葬的骨架是排列有序的，葬式全是仰身直肢，随葬品多放在人的头与脚两侧。木椁制作粗糙，都是用没有剥去树皮的桦木板制成，在椁盖板上陈放着随葬的牲畜，发现有 4 个完整的牛头骨。

完工墓葬内出土的陶器都是手制的，制工粗糙，火候很低，数量不多，多为壶、罐类器，只有一件陶鬲。出土量最大的是骨质品，主要是兵器和工具，也有一些装饰品。1963 年清理的 4 座墓中共出遗物 600 余件，除 400 余件珠饰和蚌壳饰品外，骨器有 88 件，几乎占总数的一半左右。铜器和铁器很少，多是小型的带扣、环和铃等。出土物中还有不少石制的工具和兵器，其中有 23 枚打制精致的石镞，数量接近出土骨镞的数量。此外还有大量小型装饰品，有用绿松石、玛瑙、滑石等制成的各式珠饰，达 178 件，还有贝壳、蚌饰、珊瑚坠等，多发现于骨架的头部和颈部周围。金银器极少，只有金片和银饰各一件。还有一些骨架上残存有绢、麻衣物的残片。总起来看，由家族丛葬，大量随殉牲畜，甚至殉埋整匹的马，以及随葬品中陶器质粗量少，金属制品少，大量使用骨器，石器仍占一定数量等情况分析，这批墓群显示着鲜明的民族特色，反映出当时拓跋鲜卑还是以游牧经济为主的部落，内部维持着大家族组织。同时，从随葬品中出现陶鬲、漆器残片以及残存的绢、麻织物，又可以看到其与汉文化的联系。

扎赉诺尔墓群和完工墓群相距约60公里，分布在木图那雅河东岸的坡地上。在1959年调查的基础上，1960年进行了清理发掘，共清理墓葬31座，均为土坑竖穴墓，内置桦木棺。葬式相同，都是仰身直肢，多数墓内只葬1人，个别的葬2人，母子合葬只见一例。墓内常殉有各种牲畜，有牛、羊和马等。出土陶器多为手制的夹砂褐陶，器型以罐、壶为主，有少量的钵和碗。器物肩部常饰压刻出点纹带饰。同时也发现极少量的轮制细泥灰陶罐。骨器的数量很多，主要是箭镞和弓弭，还发现一张装在桦皮弓囊中的完整桦木弓。金属制品中，铜器多为装饰品，也有炊器，出现了高圈足铜鍑。铁器多为锻制的武器，有矛、镞和小刀。出土的马具有骨质和铁质的马衔。此外，还有各种用桦树皮制成的用具。扎赉诺尔墓群和完工墓群相比，从葬俗到随葬品都显示出二者属于同一文化，并可看出其间的承继关系。扎赉诺尔的桦木棺，已经从简单的围铺未经去皮的桦木板，进而形成前宽后窄的框架，有的铺底加盖，成为结构完备的木棺。至于殉葬的牲畜，已不再使用整牲，常用其头部，或仅采用放牲畜蹄足这种更简化的象征办法。出土的夹砂灰陶罐内常有腐烂的谷壳，或许表明这时已开始出现了少量的农耕生产。随葬器物中的突出变化，是拥有一定数量的锻造铁器，这是完工墓群中罕见的物品，表示出工艺技术方面有了巨大的进步，铁镞的使用也表明主要狩猎工具的弓矢有了很大改进。殉牲和大量的骨制品，仍和完工墓群的特点相同。总的看来，当时拓跋鲜卑以游牧狩猎为主的经济，有了进一步的发展。特别值得注意的是，扎赉诺尔墓群中已经看不到大家族丛葬的现象了。绝大多数墓都是单人葬。这一点可能反映着大家族组织已经解体。同时墓中随葬器物的数量也发生了很大变化，有的墓内放有数量较多的随葬品和殉牲，有的墓中只有一二件随葬品而且没有殉牲，说明贫富分化的现象相当鲜明了。

扎赉诺尔墓地还出土有汉代的规矩镜、“如意”锦残片、木胎漆奁等器物，看来都是中原地区的产品，说明其与汉文化的联系，也说明这处墓地的年代不会早于公元1世纪。墓地出土的铜鍑和各种动物纹饰牌，又表明拓跋鲜卑当时也深受匈奴的影响。

沿着拓跋鲜卑南移而后又西迁的路线，还在内蒙古巴林左旗南杨家营子和内蒙古乌兰察布盟二兰虎沟发现了两处墓地。南杨家营子除墓地外，还发现有居住遗址，清理出烧过的牛、马等牲畜骨骼及鸟骨，还有一些陶器的碎片。这里发现的墓葬，形制和出土物都和前述的扎赉诺尔墓群相近。墓葬都是土坑竖穴，葬式仰身直肢，有的放有使用铁钉结合的木棺。这里也有殉牲的现象，但数量比较少。具有民族特点的骨镞和骨弓弭，形制仍和扎赉诺尔出土的一样，但制作得更为精致。铁器除了兵器和马具外，还有斧（铲？）一类工具出现。因出土1枚东汉五铢钱，故表明这一墓群的时代相当东汉时期。[1]

二兰虎沟的墓群集中在沟北的山坡和平地上，都是单室土圹墓，葬式多仰身直肢，随葬陶器放在头部，铜饰品带在身上。出土的铜饰上有鹿纹、网状纹，也发现有铜鍑。陶器的形制和肩上压刻的点纹装带以及大量珠饰，都显示着与扎赉诺尔拓跋鲜卑文化相同的特征。随葬的日光镜、长宜子孙镜、四乳镜和铸有“大吉”，铭文的铜铃，说明这一时期与汉文化的关系更加密切，也表明这一墓

[1] 中国科学院考古研究所内蒙古工作队 :《内蒙古巴林左旗南杨家营子的遗址和墓葬》,《考古》1964 年第 1 期。

群的时代已接近东汉晚期了。[1]

三、盛乐城址和猗㐌部金饰

拓跋鲜卑继续向西南迁移，到四世纪初其活动范围逐渐集中到今内蒙古河套地区东部的和林格尔、凉城和山西大同一带，逐渐从部落联盟转向初期国家，据《魏书·帝纪·序纪》，被追尊为始祖神元皇帝的力微于“三十九年（258年）迁于定襄之盛乐”。盛乐城即汉定襄郡成乐县旧址，位于内蒙古和林格尔北10公里处，现存城址包括郭城和郭城内的南、北两内城。城址内出土有大量汉代遗物和北魏晚期的黑色厚瓦，但尚未找到确系力微时代的遗迹。联系到北魏定都平城（今山西大同）后，历代皇帝均屡屡幸视、巡驻盛乐城的情况，说明盛乐在北魏立国前期属重要根据地。而且据文献记载，北魏前期的皇陵金陵，就在盛乐和平城附近[2]，现金陵的位置虽未确定，却是学者们研究盛乐城址时十分感兴趣的问题。

盛乐城遗址中虽没有发现力微时期，即魏早期的遗物，但在距此不远的呼和浩特东南凉城县小坝子滩，则发现了力微之孙，桓帝猗㐌部的一批金银器。这批金银器出土于一处窖藏，工艺已很精致，包括兽纹的金饰牌、镶宝石的兽形金饰、饰有兽首的金指环和金耳坠等[3]。在一件布局对称的四兽形金饰背面，刻有“猗

---

[1] 《察右后旗二兰虎沟的古墓群》，见《内蒙古文物资料选辑》，内蒙古人民出版社1964年版。

[2] 据乾隆九年《大清一统志》归化城土默特条记，云中金陵“在古盛乐城西北”。

[3] 《内蒙古出土文物概述》，见《内蒙古出土文物选集》，文物出版社1963年版。

宦金”三字铭文，“猗㐌”即猗㐌，《魏书·帝纪·序纪》记：“昭皇帝讳禄官立，始祖之子也。分国为三部：帝自以一部居东，在上谷北，濡源之西，东接宇文部；以文帝之长子桓皇帝讳猗㐌统一部，居代郡之参合陂北。”可见这些金银器的所有者族属确为拓跋鲜卑皇族的一支。

这些金牌饰的纹样图案，是以锤鍱工艺制成的，而这种牌饰和锤鍱技艺，正是匈奴族喜爱和擅长的。但匈奴族的这类牌饰，多以狩猎纹、野兽搏斗纹、鹿纹等为主；而凉城发现的牌饰纹样，是以狼、狐和它们成群的形象为主，还有奔驰的骏马，这似乎又显示着鲜卑自己的民族艺术特色。除金饰品外，这批窖藏中还出有二方金印和一方银印，均为驼钮，但雕得较草率，为“晋乌丸归义侯”金印、“晋鲜卑归义侯”金印和“晋鲜卑率善中郎将”银印，反映出当时鲜卑拓跋部与西晋王朝有着密切的联系。

四、美岱墓群铜虎符

20世纪以来，我国内蒙古呼和浩特和山西大同附近，先后出土了一批铜虎符。联系到这一带曾是北魏前期国都盛京、平城和有关出土文物的情况，专家们认为这种虎符应是拓跋珪正式建国前后的遗物。[1]

这批虎符包括：呼和浩特市东南美岱村南宝贝梁山沟北魏墓中出土的两件“皇帝与河内太守铜虎符”。其一全长9.5厘米，两半，可以分合，背脊上有铭文“皇帝与河内太守铜虎符第三”，前胸有

[1] 马衡：《北魏虎符跋》，《考古通讯》1965年第4期，后收入《凡将斋金石丛稿》，中华书局1977年版。

“河内太守”4字二行，腹下又有“铜虎符左”和“铜虎符右”字各一行；另一件形制、大小均同于前件，只虎背脊铭文作“皇帝与河内太守铜虎符第五”[1]。另外，据马衡《北魏虎符跋》一文记述，山西大同城东北曾发现8件左右完具的铜虎符，其铭文分别为：

皇帝与博陵太守铜虎符第二（背缝）

博陵太守	（胸前）	铜虎符左	（腹下）
博陵太守		铜虎符右	

皇帝与上党太守铜虎符第三

皇帝与辽西太守铜虎符第四（？）

皇帝与阳曲护军铜虎符第三

皇帝与吐京护军铜虎符第三

皇帝与离石护军铜虎符第一

皇帝与离石护军铜虎符第二

皇帝与离石护军铜虎符第四[2]

马衡分析说：“凡虎符之制，皆右者进内，左者颁发在外，故自制成颁发之后，皆分置二地。发兵时一会合之，旋又分离矣。今此八符，左右皆完，而郡县异地者，亦同在一处，是为制成而未颁发者可知。既未颁发，则存贮之地为当时之都城，又可知矣。古之都于大同附近者惟北魏。未迁都洛阳时曾都平城，其地在今大同

[1] 李逸友：《内蒙古土默特旗出土的汉代铜器》，《考古通讯》1956年第2期。土默特旗即呼和浩特市郊。此批文物刚出土时被认为是汉代物，后确认为出自北魏墓葬。

[2] 马衡此文收入《凡将斋金石丛稿》，中华书局1977年版。

之东，闻至今故址犹存，是此符当为北魏时物。”联系到这批虎符不著国号，而称皇帝的情况，马衡认为它们是北魏拓跋珪称帝之后（拓跋珪于皇始元年，即 396 年称帝）、建国号之前（拓跋珪至天兴元年，即 398 年始定国号）所制作的。这些成批制铸的代表皇帝权威的铜虎符，被认为是北魏由部落联盟的雏形国家形态，迅速转变为中央集权的国家政权的标志。以血缘关系相依托的部族联盟让位于以皇帝为最高统帅的完备的国家组织体系。

出土虎符的美岱北魏墓群，其显著特点是，拓跋鲜卑早期墓中殉牲没有了，随葬的弓、镞和骨角器没有了，却大量出现了当时汉族墓中随葬的细泥陶器。这些都表明，北魏在向封建国家转化过程中，生产方式已以农业为主，生活方式也变为定居。这与文献记载中，北魏初期驱使各族人民在河套地区大规模屯田，发展农业生产的情况是一致的。

美岱墓群中尚遗留的鲜卑特征是，木棺仍是前宽后窄的形制，出土的铜铸仿羊矩骨与以往常见的羊矩骨相似，此外还有一些带有匈奴风格的小件饰物，如以动物作装饰的金指环、禽鸟与猛兽相搏斗的铜牌饰等。

第二节　从平城到洛阳

一、北魏平城

北魏天兴元年（398 年），拓跋珪在取得太行山以东的大部中原地区后正式即位称帝，并追尊拓跋鲜卑祖先 27 人皆为皇帝。第二年，即天兴二年（399 年），由盛乐迁国都于平城（今山西大同东北）。拓跋珪的称帝，建代、魏（以后统一称北魏），是拓跋鲜卑明确建立国家组织的标志；北魏定都平城，几乎长达百年[1]。探讨北魏平城时期的文化面貌，是把握了解北魏文化的重要发展阶段。

拓跋珪是北魏历史上很有作为的人物，在他当政的 20 多年中，在以武力统一北方的同时，一方面迅速完成从落后的部落联盟组织向封建国家体制的过渡，采用汉族典章制度，依靠汉族知识分子和工艺百匠；另一方面加紧了由不固定的游牧生产方式向内地传统的农业生产方式的转变。而这些都是在定都平城前后系统实施的。拓跋珪先迁徙太行山以东六州民吏、百工伎巧等 40 余万口至代国，赐给耕牛，计口授田。定都平城后，又迁东方六州二十二郡守宰、豪杰、吏民两千家于平城，并下令各郡县索收书籍文献，悉送平城。直到定都平城 40 年后，北魏太武帝拓跋焘于太延五年（439 年）灭北凉后，又迁凉州僧徒 3000 人及宗族吏民 3 万户于平城，后成为平城云冈石窟的主要开凿力量，总之，在平城作为北魏国都一个世纪的前半叶，拓跋统治集团到处掳掠人口，以充京师。据现存文献记载，当时至少有 100 万人（主要是汉族人民）被强迁到平城及附近，使平城成为当时中国北方政治、军事、经济和文化的中心。

北魏平城是在汉代平城县的基础上扩建而成，有内城（宫城）、外城、外郭城三重。全城地势北高南低，宫城居北，外城和外郭城在宫城以南。这种布局是仿照了原中原都城的蓝本，特别是汉魏邺城、洛阳城和长安城，如邺城即是宫苑在北，市里位南，宫城内建

[1] 自天兴二年（399 年）拓跋珪迁都平城，至太和十八年（494 年）拓跋宏再迁都于洛阳，平城作为北魏都城达 96 年之久。

有天文殿、天华殿、中天殿、紫极殿及东宫、西宫、北宫等殿堂楼阁30多座，园囿池亭9处。近数十年来，考古人员在大同城北的小北城内外及大同火车站附近，发现不少北魏忍冬纹、联珠纹灰黑色陶片，布纹大瓦和莲花纹、“富贵万岁”隶书体铭瓦当；大同车站东北还出土有排列整齐、间距5米的覆盆石础，础石面上承柱部分直径达45至50厘米。这些遗物、遗迹表明，此处是北魏时较高级别的建筑基址，联系古文献记录的方位，应即北魏宫城和宫城前衙署的范围。

平城的外郭城也很整齐，据当时曾到过北方的南方人记载，“其郭城绕宫城南，悉筑为坊，坊开巷，坊大者容四五百家，小者六七十家”（《南齐书·魏虏传》）。到魏孝文帝拓跋宏太和年间，更是“里宅栉比”（《魏书·释老传》）。20世纪70年代，在相当于平城南郭外的大同南郊工农路北侧，清理了两处北魏居住址，其中一处出土一方雕刻极为精美的石砚，另一处出土两件显然属于异域作品的西亚波斯风格银碗和鎏金高足铜杯，附近还散布有不少方形石础[1]。1988年，同样位于大同城南的红旗村至七里河一带，又发现了一批数量达100多座的北魏墓葬[2]，出土了包括各式陶容器、铜锼，各类小件器物、装饰品，如刀、勺、首饰、骨器在内，具有浓厚北方草原民族风格，且与前述札赉诺尔等早期拓跋鲜卑文化一脉相承的特征，被认为是一批建都平城之后、迁都洛阳前后的北魏墓。需要指出的是，墓内出土的器物器形和纹饰，已吸收了大量中原汉文化的因素，如陶器泥质更加精细；器形由瘦长、大底到丰满、适

[1] 《无产阶级文化大革命期间出土文物展览简介》，《文物》1972年第1期。

[2] 山西省考古研究所，大同市博物馆：《大同南郊北魏墓群发掘简报》，《文物》1992年第8期。

中；陶器纹饰既有鲜卑文化的暗纹、水波纹，又有受中原和西域影响的忍冬纹、方格纹，说明这时的鲜卑文化具有更广泛意义上的多元性和复杂性。[1]

特别值得重视的是，1988 年大同南郊发掘的这批北魏墓中，出土了两件来自西方的银器和玻璃器。据发掘简报记述，玻璃碗 1 件，淡绿色，半透明，口微侈，圆唇，宽沿，球形腹，圜底，腹外壁磨出 4 排向内凹的椭圆形纹饰，底部由 6 个相切的凹圆纹组成。口径 10.3 厘米，腹径 11.4 厘米，高 7.5 厘米。鎏金刻花银碗 1 件，敞口，口沿以下微内收，圆腹，圜底。口沿下及上腹饰小联珠纹，腹部以"阿堪突斯"（Acanthus）叶纹划成四等分，当中有一圆环，环内有一男子侧身头像，深目高鼻，长发披肩。口径 10.2 厘米，高 4.6 厘米。[2]

这两件异域器物的出土，立即引起治中西交通史学者们的极大兴趣。经研究，认为系公元四世纪前后波斯（伊朗）的产品，联系到前述 20 世纪 70 年代大同南郊北魏墓出土的同样风格的银碗和高足鎏金铜杯，说明北魏定都平城期间与西方有着频繁的交通和贸易往来。北魏继拓跋珪之后又一位有作为的皇帝，是太武帝拓跋焘，他于拓跋珪死十几年后（此 15 年为明元帝拓跋嗣当政）即位，共统治北魏达 30 年，亦恰值北魏都平城时期。拓跋焘以武力继续对北方的统一战争，于太延三年（436 年）灭北燕，五年（438 年）击败北凉沮渠氏，占领通西域的交通要道河西地区，至此完成了统

[1] 山西省考古研究所，大同市博物馆：《大同南郊北魏墓群发掘简报》，《文物》1992 年第 8 期。

[2] 山西省考古研究所，大同市博物馆：《大同南郊北魏墓群发掘简报》，《文物》1992 年第 8 期。

一北方的事业。正是在他当政时期，北魏王朝才真正与江东的南朝刘宋王朝相对峙，形成南北朝的格局。拓跋焘领有河西地区后，获益极丰，因河西自前凉张氏执政后，与西域相通，商贸经济和学术文化均十分发达，汇集了国内许多知名的学者名士，这批文人高士最后都被延揽于北魏平城，使北魏文化得到振兴。

拓跋焘得河西，继续了与西域的交通贸易活动，并将这条以丝绸贸易闻名的商路东延至平城。太延三年就曾派散骑常侍董琬、高明等携带金帛，前往招抚西域九国。后来西域与北魏保持经常联系的，有十六国之多。大同多次出土的这类波斯金银器、玻璃器，正是当时北魏平城与西方商贸繁荣的宝贵实物例证。

二、永固陵和万年堂

中国历史上的封建王朝统治者，几乎无不将自己的陵寝修造当作一件重大工程进行，往往动用最大的财力和最好的工匠。因此，他们的陵墓建筑和出土遗物，便成为了解该时代文化发展水平和面貌的宝贵窗口。

北魏以平城（今山西大同）为都城约百年，但到目前为止，除文献记录的部分线索和有限的勘查发现外，北魏平城时代的文化内涵还远未被人们所知。1976 年，考古工作者对位于大同以北方山永固陵北魏文明皇后冯氏墓的清理[1]，为我们了解北魏平城文化提供了丰富的资料。

文明皇后冯氏，是北魏定都平城后的第 4 代皇后，即高宗文成

[1] 大同市博物馆、山西省文物工作委员会 :《大同方山北魏永固陵》,《文物》1978 年第 7 期。

帝拓跋濬的皇后，以“孝文改制”而著称的高祖孝文帝拓跋宏（元宏）的祖母，她富有雄才大略，是位有作为的女子，曾在北魏历史上起过重要作用。公元 465 年，文成帝以 26 岁的英年早逝，被尊为皇太后的冯氏“密定大策”，诛杀了企图谋逆的丞相乙浑，亲自“临朝听政”。后来，曾违背冯氏旨意的献文帝拓跋弘，继位 6 年突然“暴崩”。他的死亡，人们都认为系太后所为。孝文帝即位后，对这位祖母格外敬畏，史记“自太后临朝专政，高祖（孝文帝）雅性孝谨，不欲参决，事无巨细，一禀于太后。太后多智略，猜忍，能行大事，生杀赏罚，决之俄顷……是以威福兼作，震动内外”[1]。冯氏曾在孝文帝陪同下游方山，看到这里山川俊秀，遂决意在此建陵。文帝“乃诏有司营建寿陵于方山，又起永固石室，将终为清庙焉。太和五年起作，八年而成，刊石立碑，颂太后功德”[2]。文明皇后的陵墓，无疑可代表北魏平城时代物质文化所达到的较高水平。

文明皇后的永固陵，位于今大同市北 25 公里西寺儿梁山（古名方山）的南部，现存墓冢封土高大，坐北朝南，高 22.87 米，基底呈方形，南北长 117 米，东西宽 124 米。在墓冢前面约 600 米处，现存一平面长方形的建筑遗址，分布有柱础和砖瓦等建筑材料，还有驮碑用的石龟趺。值得注意的是这处遗址前 200 米，又有一座周绕回廊的方形塔基遗迹，塔基长 40 米、宽 30 米，回廊基宽近 10 米（图 1）。

冯氏墓冢（永固陵）中心建砖砌墓室，主室平面近方形，四壁微向外凸呈弧形，向上内收成四角攒尖顶，顶心嵌一上雕莲花图案的白砂石，南北长 6.4 米、东西宽 6.83 米、高 7.3 米。主室南壁开门，以

[1] 此处及以上引文，皆见《魏书·皇后列传》“文成文明皇后冯氏”。

[2] 此处及以上引文，皆见《魏书·皇后列传》“文成文明皇后冯氏”。

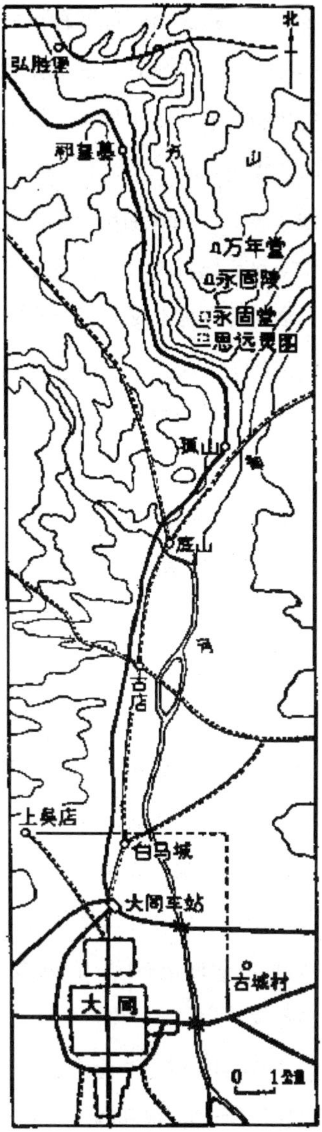

图 1　北魏文明皇太后永固陵位置图（山西大同方山）

券顶过道与前室相连。过道前后两端各安有一道石门，门框浮雕下具龛柱的莲瓣形券面。两侧龛柱的雕饰精美，各浮雕一个手捧莲蕾、面带笑容的赤足童子，体态丰腴，衣带飘飞，娇憨可爱，高约 37 厘米。童子下方，又各雕一口衔宝珠的长尾孔雀，振翅扬尾，尾部羽毛刻得极为细腻逼真。石门墩雕作虎头状，造型浑厚有力。前室券顶，平面近长方形，长 4.2 米、宽 3.85 米、高 3.9 米。地面还保留部分铺地方砖，这些方砖边长约 50 厘米，砖坯细密坚固，棱角整齐，规格统一，背面有细绳纹，扣之作金石声，应是专门为皇陵所制……长 5.9 米、宽 5.1 米、高……长达 23.5 米。此墓……坏，至今墓内……年间盗掘时……物已被……残石……

北魏皇室中居重要地位有关；另一方面也表明北魏礼制的特殊性，即母系家族权势的作用。更有意义的是冯氏墓园的整体布局和附属建筑、主建筑本身，都带有浓郁明显的佛教色彩，如墓冢前的附有回廊的塔基、墓室内佛教常见的莲花纹样装饰等。

这种把墓地和佛寺结合在一起的做法，对北朝晚期统治集团陵墓的影响很大。北魏政权崇信佛教，文明皇后冯氏与其兄熙亦是佛教的虔诚信奉者，曾广建佛寺，还在龙城（今辽宁朝阳、原北燕都城）建“思燕佛图”（佛图即佛塔），因冯氏为北燕第二代国主冯弘之孙女。永固陵址既为冯氏自选，陵墓建造又在冯氏当政盛时，则这种富有佛教特色的陵墓应出自冯氏本意。

在冯氏永固陵北面，相距不到 1 公里处，另有一座封土墓冢，规模较冯氏陵小，现存封土堆高约 13 米，基底方形，边宽约 60 米。这便是北魏孝文帝拓跋宏的虚宫，称作“万年堂”。

孝文帝由冯氏亲自抚养长大，为表示对祖母的孝敬之情，又在冯氏墓旁预先营造自己的“寿宫（陵墓）”，意在百年之后仍陪伴瞻望祖母于左右。但后因迁都洛阳，而使“万年堂”终成虚室。1976 年在清理冯氏陵墓时，也对这里进行了调查。其墓室结构与冯氏陵墓相同，墓为砖筑，主室平面近方形，四角攒尖顶，顶心也嵌一雕饰莲花纹的白石。前有拱顶通道与前室相连，通道宽 2.46 米、高 2.51 米，现残长约 10 余米。通道中也设前、后两道石门，已残毁，在残存的一段门框上浮雕有握剑武士的图像。

对冯氏永固陵和万年堂的发掘清理，使我们了解了北魏前期皇陵的建筑和制度。砖结构的墓室，从外凸呈弧线形的四壁和四角攒尖顶等特点，可以看出其与当时中原的墓制相同，也可以看出当时鲜卑统[illegible]爱中原文化的程度。同时，墓中石门等浮雕，提供了除佛教石窟外的北魏早期雕刻实物，为研究当时造型艺术提供了重要资料。

三、从司马金龙墓出土物看南北文化融合

1965年，大同市东南郊约6.5公里处的石家寨村，发现了北魏琅邪王司马金龙夫妇合葬墓[1]。据出土墓志，知司马金龙死于北魏都平城期间的太和八年（484年），其妻姬辰死于延兴四年（474年）。司马金龙是东晋皇族之后，他的父亲司马楚之，是晋宣帝弟太常馗之八世孙，他的祖父司马荣期，曾任东晋梁、益二州刺史。因刘裕建立南朝刘宋王朝期间，杀戮晋宗室，诛夷司马戚属，金龙父司马楚之逃往北方，后降北魏。司马楚之父子在北魏深受宠信，金龙官至“使持节侍中镇西大将军吏部尚书羽真司空冀州刺史琅邪康王”。他的墓葬形制和大量出土文物，表现出南方文化和北方文化的固有特征及互相融合的情况，是探讨当时南北文化交流的可贵实物史料。

司马金龙墓室用特制青灰色砖砌筑，砖侧有铭文“琅邪王司马金龙墓寿砖”。全墓由甬道、前室、东耳室和后室（主室）构成，总长近18米，加墓道全长超过45米。前、后两室均为四角攒尖顶，后室高4.2米。在墓门券顶上部，出土有碑形石墓表。墓虽早年被盗，但发掘时仍存陶俑及动物模型约400件，其中半数以上是披有铠甲的步兵和骑兵俑，骑兵的战马亦披有铠甲，还有驮粮的马匹及骆驼等。并出土石砚、陶壶、青瓷唾壶、漆食榼、铁剪和马镫等物。在后室西侧，有一张雕饰精美的石床，用以放置棺木。床足

---

[1] 山西省大同市博物馆、山西省文物工作委员会：《山西大同石家寨北魏司马金龙墓》，《文物》1972年第3期。

雕出承托力士，足间雕壶门，壶门以上雕忍冬图案，图案中雕出伎乐、龙虎、凤凰、金翅鸟等。室内还有一具漆屏风，屏面以油料漆绘列女等题材的图像，并附有榜题。现仅残存部分屏板及 4 个雕刻精细的石屏趺。石趺的方座雕缠枝忍冬及伎乐图案，座上的覆盆部分饰蟠龙和山形上托覆莲高浮雕。有的石趺方座四隅还雕出立体伎乐童子，造型生动。

司马金龙墓的发掘，得到考古学界和史学界的高度重视，专家们指出：此墓室“后室和过道部分的布置和同时的南方地区以及魏晋时期中原地区较高的统治阶级墓葬基本一致”[1]，墓之规模、形制和出土文物“形象地说明了五世纪中叶以后，平城地区汉族的上层人物，几乎完全恢复了他们旧日的奢侈生活，并强烈地谋求恢复封建的等级制度”。[2]

在所有出土物中，给人印象最深的首推那具漆画木屏风。虽因盗扰已被拆散，但部分屏板保存尚完好，上面的漆画色彩依然鲜艳。较完整的屏板有 5 块，每块长约 80 厘米、宽约 20 厘米、厚约 2.5 厘米，上下两侧均有榫卯，可以与相邻的屏板和上下边框相榫合。其正、背两面满髹朱红漆为衬底，上面横分成 4 栏，每栏高 19—20 厘米，依次绘画，以一幅或数幅为一单元，并在每单元侧写题记。题记均朱髹黄漆为底，再以黑漆加框并画栏，然后书写。所绘人物均用黑漆勾勒轮廓，面部和手部敷白，再用墨书勾眉目，其余衣饰器用分施有黄、白、青绿、橙红、灰蓝等色彩。残存宽约 7 厘米的边

[1] 宿白：《盛乐、平城一带的拓跋鲜卑——北魏遗迹——鲜卑遗迹辑录之二》，《文物》1977 年第 11 期。

[2] 宿白：《盛乐、平城一带的拓跋鲜卑——北魏遗迹——鲜卑遗迹辑录之二》，《文物》1977 年第 11 期。

框上，绘有四神、流云、飞鸟、神兽、童子及忍冬等纹饰。屏面画主要内容为古列女图，据现有榜题，有“帝舜二妃娥皇女英”“启母”“周太姜”“汉成帝班捷（倢）伃”“灵公夫人”等。此屏风复原后，应是一具上饰漆画列女图的十二牒四尺石础木屏风。

这件出于北魏高官墓中的屏风漆画，最引人注意的是所绘题材、人物的形象、服饰，绝不见北魏早期造型艺术作品中习见的鲜卑式样，论者一致认为与传本东晋顾恺之《女史箴》《列女仁智》等图摹本的内容和风格相近似，甚至有些局部构图亦如出一辙。常被举出的例子有“灵公夫人”和“汉成帝班捷（倢）伃”两幅[1]，说明它们可能是出自同样的底本。再观其艺术风格，特别是轮廓线的勾勒，则又似南京西善桥东晋墓出土的“竹林七贤与荣启期”拼镶砖画[2]，那幅砖画用线的笔法，正反映着顾恺之的紧劲连绵、笔迹周密的画风。在宁夏固原的一座北魏墓中，曾出土一具残漆画木棺，漆画工艺似与此屏风相近，但所绘人物形象则呈现出明显差别，服饰多鲜卑装，轮廓线用笔呆滞而缺乏神韵[3]。对比之下，更显示出司马金龙墓的屏风漆画，呈现出极为强烈的东晋绘画风格，它只能是江南顾恺之开创的画风影响下的产物，换言之是来自东晋文化影响的产物。

“痛哭去旧国，衔泪届新邦”[4]，与司马金龙父辈们一样逃奔北

[1] 志工：《略谈北魏的屏风漆画》，《文物》1972 年第 8 期；王伯敏；《中国绘画史》，上海人民美术出版社 1982 年版；李浴：《中国美术史纲》（上），辽宁美术出版社 1984 年版。

[2] 南京博物院、南京市文物保管委员会：《南京西善桥南朝墓及其砖刻壁画》，《文物》1960 年第 8，9 期合刊。

[3] 固原县文物工作站：《宁夏固原北魏墓清理简报》，《文物》1984 年第 6 期。

[4] 韩延之：《赠中尉李彪诗》，见《先秦汉魏南北朝诗》引《诗纪》，中华书局 1983 年版。

魏的韩延之，曾借上述诗句，表达了北奔的原东晋皇族勋贵们的心声。他们与刘裕抗争失败，为保身家性命只能忍痛离开江南“旧国”，自然对那里的礼仪制度和文化艺术十分依恋，幸好这些又与土地不同，还是可以直接或间接地随着主人同移至“新邦”。因此，他们自觉或不自觉地将东晋时期萌发的新的文化艺术成果移植到北魏控制的中原大地来。

还应看到，这些东晋皇族勋贵之北奔，并非仅是单个人的行动，随着他们迁徙的还有其亲族和部曲。以司马楚之为例，他据长社时，已是“归之者常万余人”。入魏后，“以楚之所率户民分置汝南、南阳、南顿、新蔡四郡，以益豫州”（《魏书·司马楚之传》），可见人数之多。再如刘裕灭姚泓时，与司马休之一起转降北魏的，包括韩延之、殷约、刁雍、袁式等数百人，他们都携妻子家眷同奔，其势力是不容忽视的，人数也颇为可观。类似的大规模行动和人员流徙，自然会将大量有形的物质文化和无形的精神文化充实“新邦”北魏。

以北奔的原东晋勋贵为中介移植到中原地区的吴晋物质文化，主要以两种方式对北魏文化发生影响：一种是直接的影响，如由江南携来的器用、服饰、宝货、绘画等实物，以及有关的制作技术、工艺规范、图像底本，乃至随之迁来的有关匠师。司马金龙墓中出土的漆画木屏风，应即属于这类直接影响的产物。屏风及漆画虽不一定是自江南输入的，但描绘时所根据的底本，则必来自江南无疑。同时提倡和传播这些艺术品的家族，在北魏朝廷中越显贵，与皇室关系越密切，其影响也自然越大，自入魏即深受宠信，子孙多人与北魏皇室联姻的司马楚之家族就属于这种情况。

除上述直接影响外，另一种影响的作用更为深远。由于北奔的东晋勋贵中，不少人是学识渊博之士，他们除了在政治或军事方面对北魏有所贡献外，更在文化的传播方面发挥了作用。如渤海刁雍，在他先北奔至后秦时，便因“博览书传，姚兴以雍为太子中庶子”(《魏书·刁雍传》)。再入北魏后，他除在军事方面有所建树外，还推动水利的兴修和提倡水运，都受到北魏皇帝的嘉许。比刁雍更值得重视的还有陈郡袁式，据《魏书》本传，“式沉靖乐道，周览书传，至于诂训、《仓》、《雅》，偏所留怀，作《字释》，未就”。又说，袁式“泰常二年归国，为上客，赐爵阳夏子。与司徒崔浩一面，便尽国士之交。是时，朝仪典章，悉出于浩，浩以式博于古事，每所草创，恒顾访之。性长者，虽羁旅飘泊，而清贫守度，不失士节，时人甚敬重之，皆呼曰袁咨议”。可以想见，以袁式为代表的东晋世族，对当时北魏的厘革礼仪，迅速过渡为封建国家起了相当大的作用。

同时，司马金龙墓的出土物中，还保留着一定的鲜卑文化痕迹和特色，如随葬俑群中的骆驼模型，还有陶俑衣多窄袖、腰系带、衣长过膝，又多带风帽者，女俑常在高髻外面再包巾类，等等。这些都是原中原汉人墓中所没有的，反映着鲜卑的习俗。

四、孝文改制

北魏皇兴五年（471 年），献文帝拓跋弘传帝位给 5 岁的太子拓跋宏（即孝文帝元宏），国政由其祖母冯太后主持。孝文帝是北魏历史上继拓跋焘、拓跋濬以后又一位有作为的皇帝，他的汉文化修养很深，十分器重出身江南高门的王肃和北附的江南文士，认为鲜卑族必须实行汉化才能成为中原华夏文化的正统继承者，从而巩固国家政权，并进而统一南北。孝文帝在位 29 年，实行了一系列大刀阔斧且行之有效的改革措施，加速了北魏全面汉化的进程。“孝文改制”，成为北魏历史乃至中国古代史上极为重要的历史事件。

孝文改制在经济方面的主要标志，是于太和九年（485 年）颁布了均田令，在北方广大地区内实行均田制。太和十四年冯太后去世后，他更是大权独揽，于太和十八年（494 年）迁国都于东汉以来政治、文化中心的洛阳，巩固了对广大中原地区的政治统辖权。

在文化和上层建筑领域中，孝文帝实行的改革措施令世人耳目一新，其主要表现在：

1. 禁鲜卑语言，改鲜卑复姓。拓跋鲜卑原有自己的语言，刚定鼎中原时，朝中用语和军中号令，都是使用鲜卑语。汉人在朝中做官，也要学鲜卑语，或利用通鲜卑语和汉语的人翻译（传译）。孝文帝实行汉化政策，特别是迁都洛阳后，仅为少数人使用和掌握的鲜卑语言，便愈加暴露出落后和局限性。于是，孝文帝在迁都后不久即下令，今后一律以汉语为北魏唯一通用的语言，禁止鲜卑语等少数民族语言的使用。太和十九年（495 年）正式下诏：“不得以北俗之语，言于朝廷，若有违者，免所居官”（《魏书 · 高祖纪》）；并在朝廷上宣布“今欲断诸北语，一从正音（汉语）。年三十已上，容或不可卒革。三十以下，见在朝廷之人，语言不听仍旧；若有故为，当降爵黜官。所宜深戒”（《北史 · 魏咸阳王禧传》）。可见其决心之大和措施之严厉。

孝文帝既禁用鲜卑语，便也同时禁用鲜卑族原多缀语的复姓，他身为表率，首先下诏改皇族复姓“拓跋”为汉语的单字姓“元”[1]，又改北魏皇族其他九氏及初期所辖部落一百十八氏复姓为单

[1] 孝文帝太和二十年（496 年）下诏，称“北人谓土为拓，后为跋。魏之先出于黄帝，以土德王，故为拓跋氏。夫土者，黄中之色，万物之元也；宜改姓元氏”（《资治通鉴》齐明帝建武三年）。

姓。如改拔拔氏为长孙氏，达奚氏为奚氏，乙旃氏为叔孙氏，丘穆陵氏为穆氏，步六孤氏为陆氏，独孤氏为刘氏，勿忸于氏为于氏，等等。孝文帝改鲜卑姓氏和禁鲜卑语言之举，是北魏走向汉化的重要里程碑，使得汉族和鲜卑族人民在文化心理结构的更深层次上趋于一致，促进了中华民族的又一次大融合。

2. 改革服制，禁穿胡服。鲜卑族起自塞外，其服饰装束惯穿左衽窄袖衣。孝文帝的汉化改革最早就涉及服装形式的变化，因为衣冠礼乐的面貌，往往代表着一个王朝的特定文化面貌。早在太和十年（486 年），他就在朝廷的正式典礼上，穿着汉晋以来汉族帝王的褒衣博带式朝服，戴传统汉族君王的冠冕[1]；同年起又命人策划制定各级官员的新服制，因这项工作迟迟未完成，孝文帝甚至下诏暂时取消了太和十五年（491 年）十二月初一的小岁贺仪式和太和十六年（492 年）正月初一的盛大朝贺活动。到太和十八年（494 年）迁都洛阳前后，北魏全国上下服制改革已全面推广实施。但孝文帝仍密切关注着这一改革措施的落实和巩固情况。太和二十年（496 年），孝文帝外出巡幸后回到洛阳，看到街上有的妇女仍穿小领窄袖衣，立即批评留守京师的官员禁胡服不力。太和二十三年（499 年），他再次外出后回洛阳，第二天便“引见公卿……曰：‘朕昨入城，见车上妇女，冠帽而着小襦袄者，若为如此，尚书何为不察？’（任城王）澄曰：‘着犹少于不着者。’高祖曰：‘深可怪也，任城意欲令全著乎？’”（《魏书 · 任城王云传子澄附传》）可见孝文帝对这一改革已到了亲自督察的地步。而新式服制的范本则基本是

[1] 据《魏书 · 高祖纪》第七下，太和“十年春正月癸亥朔，帝始服衮冕，朝飨万国”、“夏四月辛酉朔，始制五等公服。甲子，帝初以法服御辇，祀于西郊”。

南朝服饰。

孝文帝的服饰改革在当时的许多文化遗留物上都留下了鲜明的印记。其中最突出且常被人们引用的是现大同云冈石窟中，属孝文帝时开凿的第二期洞窟（特别是太和十年后开凿的洞窟），如 5、6 号窟的主尊像全部雕饰为南朝士大夫式的褒衣博带式服装，而这之前的第一期洞窟，佛像还完全是中亚、西域的右袒或通肩式袈裟。最新的研究成果显示："太和十年的服饰改革，在云冈最早的反映，就是太和十三年 11 窟外壁小龛上释迦、多宝二佛都穿上了褒衣博带式服装。在另一窟 17 窟明窗上有一题记，同样是太和十三年，然而服装还是昙曜时期的袒右肩式服装。就是说太和十三年前后，在云冈是形象题材和服装急剧变化的转换时期……题材除佛、菩萨、弟子外，新出现了供养人行列……供养人所穿服装，变化比较显著。早期是鲜卑装束的夹领小袖式游牧民族的服装；晚期供养人则穿上了宽博的南朝汉式服装。"[1]

3. 改定官制和律令。孝文帝任用北归的南朝世族王肃统一改定北魏官名官制，将过去汉语、鲜卑语杂用的官名官职全部厘定为两晋、南朝的官制、军号。孝文帝更两次改定律令，废除和降等使用十六国时施行的车裂、腰斩、夷五族三族等残酷落后的刑律。新制定的《魏律》，对后代的《隋律》和《唐律》均有很大影响。

为了表明自己是华夏文化的正统继承者、中央皇权的合法继承人，孝文帝甚至废除了按鲜卑族的传统仪式祭祀原鲜卑人尊崇的天神地祇，而采用汉族帝王历来祭祀天地的做法，以圜丘祭天、方泽祭地。另外，还将北魏太庙中居中供奉的原太祖、平文皇帝郁律的

---

[1] 国家文物局教育处编：《佛教石窟考古概要》，文物出版社 1993 年版。

牌位取掉，换上了第一位在华夏大地上称帝的北魏皇帝拓跋珪的牌位，并称拓跋珪为太祖。

通过上述种种措施，孝文帝拓跋宏（元宏）终于完成了经济、政治和文化方面向汉文化的全面过渡。纵观魏孝文帝改制的全过程，正如恩格斯在《反杜林论》中精辟阐述的那样，历史上征服了先进民族的落后民族，往往“不得不适应征服后存在的比较高的‘经济情况’，他们为被征服者所同化，而且大部分甚至还不得不采用被征服者的语言”。[1]

五、迁都洛阳

北魏太和十七年（493 年），孝文帝为了更有效地保持对黄河南北广大地区的统治，并加速拓跋鲜卑汉化的进程，决定将北魏国都由平城南迁至洛阳。

据《魏书 · 天象志》四：孝文帝于太和十七年“冬十月诏司空穆亮、将作董迩缮洛阳宫室，明年（494 年）而徙都之”。《魏书 · 高祖纪下》记：太和十九年（495 年）“九月庚午，六宫及文武尽迁洛阳”。

从此，洛阳这处汉晋以来政治、文化中心的故地上，又兴建起了一座雄伟繁华的城市——北魏洛阳城（图 2）。

北魏洛阳城是在原东汉旧城城址上重新扩建的，位于今天洛阳老城东北约 15 公里处。近 40 年来，考古工作者曾两次大规模勘察了这处城址，勘察了城垣、水道、宫城、城内道路及其他建筑遗

[1] 《马克思恩格斯选集》第三卷，人民出版社 1972 年版。

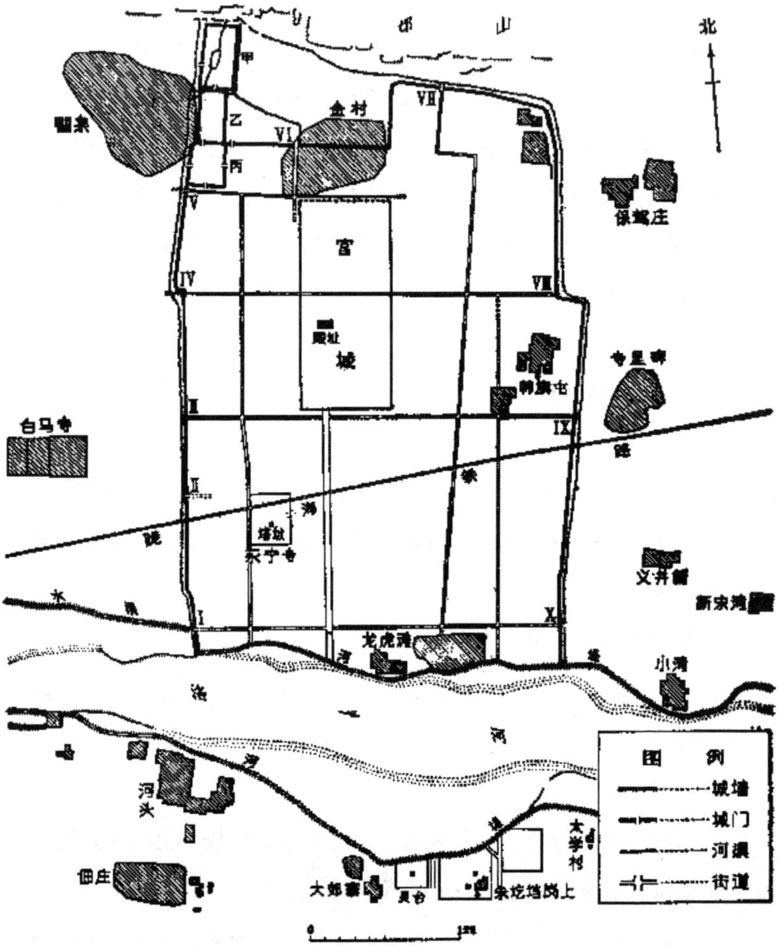

图 2　汉魏洛阳城平面实测图

（采自《新中国的考古发现和研究》，文物出版社 1984 年）

址，绘制了有关实测图。将这些第一手勘察材料与文献结合起来分析比照，已基本能够对当时城的面貌有较清楚的了解。

勘察表明，汉魏洛阳城大体作南北长方形，东、西、北三面城垣不取直线，各有几处曲折（被认为是出于军事防御方面的考虑），保存情况较好。其中西垣残长约 4290 米、宽约 20 米；北垣全长约 3700 米、宽 25 至 30 米；东垣残长约 3895 米、宽约 14 米。南面城垣因洛河北移被毁，无遗迹，如以东西垣的间距计约 2460 米。全城周长共约 14345 米，去掉突出于大城外的金墉城的部分长度，其数字与古文献记载是相符的[1]。专家们认为，北魏建洛阳城时，汲取仿照了原都城平城的某些做法，将地势偏高的汉以来的旧城，置于新域的中部偏北，再在其略低平的外围，主要是东、南、西三面兴建郭城[2]。同时，改变了东汉以来宫城分南北两处建造的格局，而将宫城集中建于全城北部中心（略偏西）的位置上（也是沿袭平城的布局）。这是对中国古代都城布局的重大改革，这种方法被后代的大多数都城所沿用。北魏宫城的遗址也已基本勘探清楚，是一片长方形的宏大建筑群，宫墙外围东、西两侧各长 1400 米，南、北两侧各长 660 米。正殿太极殿在宫城前部，南北长 60 米、东西宽 100 米，是一座十分高大雄伟的殿堂，这周围夯土台基分布密集，相互围绕成组，应为主要宫殿建筑群之所在。宫城南面，正对阊阖门是一条宽达 41 至 42 米宽的大街——铜驼街，这是北魏洛阳城中最宽阔的主要街道。铜驼街两侧分布着宗庙、社稷和太尉府、司徒府等高级中央衙署。

---

[1] 中国社会科学院考古研究所：《新中国的考古发现和研究》第五章，文物出版社 1984 年版。

[2] 宿白：《北魏洛阳城和北邙陵墓》,《文物》1978 年第 7 期。

北魏洛阳城内外，还遍布着佛教寺庙。文献记载孝文帝这位虔诚的佛教信徒，早在迁洛之前就提早规划设计了洛阳城中佛寺的位置，并预先兴建，这是过去历代都城设计中未见先例的。后来城中佛寺的发展势头之大，连朝中亦无法遏止，最盛时达 1300 多所。其中最有名的，是曾一度主持朝政的北魏孝明帝之母胡太后所建之永宁寺。

关于这所寺院和寺内高大的永宁寺佛塔，北魏人杨衒之在所著的《洛阳伽蓝记》中有详尽的记载。其中永宁寺塔的基址，到清代时仍在地面保留有高大的土台，曾被误认为是汉代的陵墓。清代人还在那里树立了刻有“汉质帝静陵”字样的石碑。直到 20 世纪 60 年代，才对这里进行了考古勘察，70 年代末作了发掘。发掘表明，永宁寺塔基平面呈方形，用土夯筑，分为上下两层。下层东西长 101 米、南北长 98 米、高度超过 2.5 米。在其中央筑起基座的上层。也呈方形，每边长 38.2 米、高 2.2 米。在台基的四边，以青石垒砌压边，原来还安有石质栏杆。在基座的四面居中处，都铺设有可供上下的踏步。在上层基座上，还保留着 124 个方形的础石，分为内外 5 圈，排列成正方形的网格式。在塔基中心，第 4 圈础石内，以土坯垒砌成方形实心体，作为塔之中心柱。中心柱每边长 20 米，残存高 3.6 米。在其东、西、南三面各辟有 5 个弧形龛，其中原有塑像，现仅见少数残块。在北面（后面）不设像龛，留有方形柱槽，可能是支架木梯的登塔之处。塔的檐墙外涂丹朱，内绘彩色壁画，地面铺一层很厚的白灰硬面。从揭露出的迹象观察，表明这座巨塔确如文献记载的那样，是毁于一场大火之中，保留下的泥塑残像，都被烧得坚硬如陶质。这些残像有大小两种，大像较少，形象有佛和菩萨，小像残存较多，已获得 300 余件，多属贴在壁上的

"影塑"，有飞天、菩萨、比丘和世俗供养人的形象。供养人中有高冠大履、褒衣博带的上层人物和他们的侍从、女吏和武士等。这是目前确知属于北魏皇室所建庙宇中的塑像，塑造技艺极高，造型准确，形态生动，远远超出同时期其他地区石窟中泥塑艺术的水平，是北魏泥塑中的精品。[1]

除永宁寺外，北魏洛阳城位于西郭的还有汉以来著名的白马寺。在城南的伊阙，即今龙门一带山间，至今仍存不少北魏时开凿的佛教石窟石龛，其中最大的是龙门石窟中的"宾阳三洞"，北魏皇室曾驱使80万以上民工，历时20多年（景明元年至正光四年，500—523年）尚未最后完工。

然而，佛教的灵光并不能给北魏王朝带来永久的繁盛，公元528年，北魏朝廷内部发生暴乱，握有兵权的重臣尔朱荣举兵入洛阳，将曾极度佞佛、建造了永宁寺塔的胡太后和刚立的少帝拘送于河阴，沉河而死，同时被尔朱荣杀于河阴的北魏皇室王公及百官达千余人之多。当时的永宁寺恰成为尔朱荣的屯兵之处。永安二年（529年），北海王元颢又曾在永宁寺屯兵。永安三年（530年），孝庄帝杀死尔朱荣后，尔朱兆进军洛阳捉住孝庄帝，也曾把他囚禁于永宁寺中。永熙三年（534年）二月，永宁寺塔突然起火，火从第8级开始烧起，越烧越猛，虽有羽林军卒千余人前往扑救，终无济于事。全塔被毁于火，余火三月不灭。

这时的北魏王朝也濒临末日，不久就分裂为东魏和西魏两个对立的政权，而东魏的都城也北迁至邺（今河北临漳），一度繁荣的古都洛阳，从此又失去了光辉。到东魏元象元年（538年），城再度

---

[1] 中国社会科学院考古研究所洛阳工作队：《北魏永宁寺塔基发掘报告》，《考古》1981年第3期。

毁于兵火，从此自东汉至北魏数度营建的洛阳城被废弃。以后隋唐时则将洛阳城向西移至现在的洛阳市区一带，汉魏洛阳从而成为后人凭吊的历史遗迹。

第三节 墓制变迁

一、邙山陵墓

北魏孝文帝迁国都于洛阳以后，皇室和高官的墓葬主要分布在北魏洛阳城西北的邙山一带。20世纪初以来，帝国主义者勾结国内奸商大肆盗掘这里的北魏陵墓，出土了一批墓主身份明确的墓志[1]。新中国成立以后，考古工作者根据有关线索，对其中几处较重要的墓葬进行了清理和发掘[2]，专家们据以上资料作了深入分析研究，大体判断出了邙山一带北魏陵墓的分布情况。[3]

北魏北邙墓葬分布的判断，始于孝文帝本人的墓葬长陵和皇后高氏墓位置的确定[4]，再根据以往出土与长陵有关的10件墓志记载，初步划出长陵的大体范围。又根据有关墓志，划清了孝文帝子元恪（拓跋恪，宣武帝）的景陵和孝文帝孙、元恪子诩（孝明帝）的定陵之位置和范围。从平面布局看，作为北魏洛阳帝陵的开创者，孝文帝元宏（拓跋宏）的长陵无疑为祖陵，其子元恪的景陵在长陵的

[1] 郭玉堂：《洛阳出土石刻时地记》，洛阳大华书报供应社，1941年。

[2] 已发表简报的有洛阳博物馆《洛阳元邵墓》，《考古》1973年第4期；《河南洛阳北魏元乂墓调查》，《文物》1974年第12期。

[3] 宿白：《北魏洛阳城和北邙陵墓》，《文物》1978年第7期。

[4] 郭建邦：《洛阳北魏长陵遗址调查》，《考古》1966年第3期。

右前方；其孙元诩的定陵在距长陵较远的左前方。孝文帝的另一个儿子，河清王元怿墓在长陵直前方的右侧，元怿子宝月墓在长陵直前较远的左侧。

1991 年 6—8 月，对位于洛阳北郊邙山乡冢头村东的宣武帝景陵进行发掘，这座陵墓在地表保留有现高 24 米的圆形封土，直径 105—110 米。封土墓冢中央地下是坐北面南的墓室，全长 54.8 米，由墓道、前甬道、后甬道、墓室四部分组成，墓室是巨大的方形砖室，面积约 46 平方米，四角攒尖顶，高 9.36 米。可惜墓早经盗掘，仅出土有少量青瓷器和陶器。看来迁洛后北魏皇陵仍保留平城方山文明太后永固陵的一些特征，整个墓葬弥漫着雄浑、壮观、俭朴、庄严的气氛。另外，在墓冢前还残存一躯石刻武士像，头部已失，连座残高 2.89 米，表明北魏陵墓的神道两侧原来也有石刻。[1]

长陵附近的瀍河以东，还分布着北魏皇族其他支系子孙的墓地，如以孝文帝七世祖拓跋珪（道武）子孙的墓地为中心，六世祖拓跋嗣（明元）、四世祖拓跋晃（景穆）、二世祖拓跋弘（献文）的子孙墓地在其右侧；五世祖拓跋焘（太武）、三世祖拓跋濬（文成）子孙和孝文帝子元怀一支的墓地在其左侧。

综观以上孝文帝及其诸世祖子孙墓地中，父与子（女）墓葬的分布情况，可知其规律有 4 种方式：父为祖坟，子墓位于祖坟的左前方，或左后方，或右前方，或右后方。又以子墓位于祖墓左前方的为多数。而孝文帝及诸世祖子孙墓地中，兄弟墓葬的排列是自左而右。专家据此认为：“北魏洛阳北邙这处大墓区，集中了以前不久还是同属于一个氏族（皇室元氏）、一个大氏族（九姓

[1] 中国社会科学院考古研究所洛阳汉魏城队、洛阳古墓博物馆：《北魏宣武帝景陵发掘报告》,《考古》1994 年第 9 期。

帝族）的死者；同属于一个联盟而又类乎兄弟氏族（勋旧八姓）的死者；还有同为一个联盟的其他部落的死者（其他内入的余部诸姓）；另外还集中了其他鲜卑诸部的降臣（如慕容诸燕和北燕冯氏）；甚至还把来投的中原和南方的降臣（如弘农杨氏、琅邪王氏）也集中起来，这无疑是原始社会族葬的遗风……表明了这个大族葬群内部的次第，大约是以父子（女）辈左右夹处，兄弟行并排成列为其特点的。这个特点实际是母系半部族制在墓葬制度上的反映的残迹。”[1] 这种做法与中原葬制无关，应是源于原始残余较重的鲜卑旧习。邙山北魏陵墓的布局方式，说明迁洛后的北魏王朝虽已在诸多领域中实行了汉化，但在丧葬制度的某些方面，还保留着相当的原始因素。

之所以说北魏迁洛后丧葬制度的某些方面（主要是陵墓位置排列）还保留着原始因素，是因为考古材料同时显示，陵墓的地下建筑结构、出土器物已与同时期的中原传统墓制十分接近。以前面提到的作过考古清理发掘的孝昌二年（526 年）江阳王元乂墓和建义元年（528 年）常山王元邵墓为例：

在墓葬形制和壁画内容上，洛阳北魏墓多是带长斜坡墓道的单室砖墓。元乂、元邵属较大型的墓葬，这类墓常有高大的封土。元乂墓封土残存高约 20 米、直径达 35 米。墓室皆砖砌，平面近方形，四壁多微向外弧凸，墓门前有砖筑券顶甬道。元邵墓在甬道与墓道间还有带一个天井的过道。元乂墓的墓室，南北长 7.5 米、东西宽 7 米、高约 9.5 米。穹隆顶。墓壁绘壁画，四壁绘四神，下部有人物和马匹，墓顶绘出横贯南北的天河，天河东西布满星宿，有

[1] 宿白：《北魏洛阳城和北邙陵墓》，《文物》1978 年第 7 期。

的用连线连成星座，总数约 300 颗左右。这是依照天空实际而绘出的星象图。

随葬品方面，因墓多遭盗扰，多已保存不完整，但推测原来有青瓷、陶质器皿以及数量众多的陶俑群。仅元邵墓就收集到陶俑 100 多件，俑群有出行仪仗，以牛车和鞍马为中心，前有骑俑、鼓吹俑，旁有文武侍俑，后随驮物的驼、驴。还有持物操作的奴婢仆从和演奏乐器的伎乐。一些虬状须发或高鼻深目的陶俑，可能模拟当时西北少数民族形象。此外，还有形体高大的镇墓俑和镇墓兽。这些陶俑多数面目清秀、塑工精细。有的墓还出土有雕刻精美的石棺，棺上刻孝子故事。这些都是汉晋以来中原汉族丧葬文化所表现的内容。特别是数量很大的陶俑群，更是与洛阳地区西晋时墓葬中俑群的内容组合一脉相承。西晋统一后，随葬俑群又蔚然成风，虽然规模和造型艺术还难于同东汉的盛时相比，但在内容和组合上，却开一代风气之先河。以最典型的西晋都城洛阳出土西晋墓陶俑为例，可以看出俑群是由四部分组成，第一组是由低头昂角的牛形镇墓兽与身披铠甲的镇墓武士俑所组成，主要用于镇墓驱邪；第二组有牛车和鞍马，是墓主人出行的车骑；第三组有男女侍俑，供死者在家居生活中役使；第四组有庖厨用的明器，如井、灶、磨、碓等，还有供役使和食用的家畜家禽犬、猪、鸡等。

短命的西晋王朝覆亡后，出现南北对峙的局面，北方十六国先后混战，丧葬制度混乱而缺乏统一规范。但关中地区还保持着随葬俑群的习俗，突出的例子是西安草厂坡 1 号墓[1]的出土品，陶俑多达 100 余件，主要内容仍沿袭西晋的旧制，但第二组与牛车、鞍

[1] 陕西省文物管理委员会：《西安南郊草厂坡北朝墓的发掘》，《考古》1959 年第 6 期。

马一起有大批武装仪卫，特别是战士和战马都披着铠甲的重甲骑兵——甲骑具装大量出现，形成一代新风。还有骑马的军乐队——鼓吹，鼓角齐鸣，更壮出行之声势。

细致观察北魏元乂、元邵墓俑群，其制度、内容恰是承袭了洛阳地区西晋以来的传统，元邵墓百余件俑群亦可分四组：第一组为镇墓俑，两兽两人，兽形的一作人首兽体，一作狮首兽体，均蹲坐姿态，背竖鬃毛，肩部生翼，狰狞可怖。人形的都头戴兜鍪，身披铠甲，手持长盾，为武士形象，身躯高大，比墓中其他俑要高得多。第二组是以牛车和鞍马为中心的豪华出行队列，有骑马的鼓吹乐队和甲骑具装俑，有步行的乐队和持盾的步兵，还有头戴小冠或笼冠的文吏。第三组是男仆女侍和乐舞俑，有穿胡装的仆从。第四组是庖厨明器和家畜家禽模型。

这时的陶俑多是将头和身体分别模制，再插合成整体，然后略加修整，全身施粉彩，最后彩绘贴金，工艺颇为精细。人物除体态匀称外，面相衣饰都颇逼真，特别是动物中马和骆驼的造型，极为生动传神，具有较高的艺术价值。如果将随葬陶俑与洛阳永宁寺塔基出土的北魏泥影塑作品相比，后者是当时皇室营造佛塔中的泥塑，应是当时水平最高的作品，陶俑与之相比虽略显粗拙，但造型特征和塑制手法颇显一致，确可代表当时陶塑艺术品的时代风格。

二、邺都大墓

公元528年至534年，北魏皇室内部互相杀戮，政局动荡，战乱迭起，最后以彻底分裂为东、西魏而告结束。东魏由高欢拥立孝文帝子清河王元怿孙元善见（东魏孝静帝），都于邺（今河北临漳）；西魏由宇文泰拥立孝文帝子南阳王愉子元宝炬（西魏文帝），建都于关中长安（今陕西西安）。后来，高欢子高洋废东魏帝，自称齐皇帝（即北齐文宣帝，时在公元 549 年），建立北齐王朝。宇文泰侄宇文护拥立宇文泰子宇文觉代西魏而称周天王（是为北周闵帝，时在公元 556 年），建立北周王朝。这样，中国北方版图上，再次发生分裂，出现东魏—北齐和西魏—北周各自统治东、西部约半个世纪左右的局面。

这一时期的墓葬制度，亦表现出不同的文化内涵。

东魏—北齐的统治者高欢家族是以晋阳（今山西太原）为根据地，以邺为都城，因此形成了邺和晋阳两处政治中心。与之相应，就在今河北磁县一带和山西太原附近，都遗留并出土了一批有代表性的东魏—北齐的重要墓地。它们因地域等诸多因素，又保持着各自的文化特色。这里主要分析墓室壁画和随葬俑群。

在邺都周围，今河北磁县一带的东魏北齐墓中，有代表性的大墓有：葬于武定八年（550 年）的茹茹公主闾叱地连墓；磁县以东，葬于天保二年（551 年）的崔芬墓；葬于武平六年（576 年）的范粹墓；葬于武平七年（577 年）的高润墓；还有这一地区目前发现规模最大、但缺乏纪年的湾漳村墓。这些墓主人身份为皇族、外戚、鲜卑贵族和汉族高级官吏，墓保存情况较好，多有壁画和大量随葬俑群等。

壁画　邺都附近大墓壁画的主要内容和布局为：

第一，墓道壁画以巨大的龙、虎布置在最前端，青龙和白虎面向墓外，衬以流云、忍冬，有时附有凤鸟和神兽。

第二，墓道两侧中段绘出行仪仗，茹茹公主墓出现廊屋内的列戟，每壁六戟，立置于廊屋内兵栏之上，兵栏后各有 6 个持盾坐姿卫士。湾漳墓仅存廊屋残迹。墓道地面有莲花、忍冬、花卉等图案，或认为是模拟地毯。

第三，墓门正上方绘正面的朱雀，两侧有神兽等图像。门侧多有着甲门吏。

第四，甬道侧壁为侍卫人像。

第五，墓室内壁画仍按传统做法，在正壁（后壁）绘墓主像，旁列侍从卫士。侧壁有牛车葆盖或男吏女侍。墓主绘作端坐帐中的传统姿态，如高润墓。室顶绘天象，其下墓壁上栏分方位绘四神图像。值得注意的是，位于山东的北齐崔芬墓室内正壁（后壁）绘屏风画，屏面为树下席地而坐的人物，人像侧后还有女侍。

以上壁画的内容和布局显示，邺城附近地区的墓室壁画，仍保留着较多的汉魏遗痕，如墓室内仍以传统的正壁绘死者像为主的布局，侧壁则保持鞍马车骑仪卫图像。另外，这一地区墓室壁画还明显受到南朝画风的影响，特别是邺城以东，位山东境内的北齐崔芬墓出现的屏风画，屏面绘出树下人物图像，人像均褒衣袒胸，姿态悠闲，席地坐树前，构图与形貌特征明显仿效南朝竹林七贤和荣启期砖画。崔芬墓壁画树下人像侧后还有女侍，更是南齐在东昏侯萧宝卷时开始流行的画法。男女出行画面，亦与传世顾恺之《洛神赋图》中的形象极为神似。这些都表明山东北齐壁画的艺术风格正仿效南朝，而这一地区应为南北文化交流中起重要作用的地区之一。崔芬墓所属的清河崔氏，族人当时致仕于南北朝双方，此一族在南北文化交流，主要是将南方文化传播于北朝方面，当起过重要作用。

俑群　因各墓死者身份不同，俑群规模、数量差异很大，但基本内容仍沿续北魏俑群的4组题材，其具体形象有了新变化，呈现出时代特征：

第一组，镇墓兽和甲胄武士形象镇墓俑各一对，形象与北魏时比有所变化。镇墓俑所披铠甲由北魏的两当铠改为明光铠，兜鍪上多带有冲角，左手按的长楯，在楯面中脊居中处都饰有一狮子面图案。镇墓兽仍蹲坐，一人面，一狮面，但与前不同处是在头顶上各伸出一支朝天的戟。

第二组，以牛车和鞍马为中心。有甲骑具装、轻骑、骑马鼓吹、步行击鼓俑、持盾俑、背箭箙俑、文吏、风帽套衣俑的仪仗等，以及负物的驴和骆驼。

第三组，男女侍仆及舞乐俑，女侍的数量增多，曾出现手执各种器皿、用具乃至靴鞋衣物的女侍。舞乐俑中出现长须的胡人舞蹈者形象。

第四组，庖厨用具模型的形象日益简化，伴随着有跪坐执炊的女仆俑，常见执箕和持盆者。家禽家畜模型多雌雄成对出现，雌畜多作卧伏哺乳幼畜状。

以上陶俑的造型风格和细部刻画，在承继北魏俑群造型的基础上，邺城附近地区和晋阳附近地区并不完全相同，概括说，邺城附近地区陶俑塑工较细致，面相较清秀，但比北魏后期流行的面相消瘦、体态修长的风格稍显圆润，但肥瘦适度，头和躯干、四肢的比例较匀称。一些衣饰、器物等装饰，较为繁缛细致。而晋阳附近地区出土的陶俑，塑工远逊于邺城附近的出土品，俑的面相浑圆，下颐过于丰满，眉目口鼻挤在脸面中部。体型显得臃肿，腹胯圆鼓，下肢短而过细，使全俑的外轮廓近于梭形，比例不调，因而体态不够美观。衣饰、器物等的细部装饰，较为粗放简略。产生以上差异的原因，可能是邺城地区的工匠，原由首都洛阳迁去，承继和保留着北魏时期陶俑塑造技艺，而晋阳地区的工匠技艺水平稍差，并且有地方色彩。

三、晋阳风格

作为东魏北齐的另一个政治中心晋阳，即今山西太原附近，也发现了多处这一时期的重要墓葬，主要有：太原天保十年（559年）张肃俗墓，寿阳河清元年（562年）厍狄迴洛墓，祁县天统三年（567年）韩裔墓，太原武平元年（570年）娄叡墓等。其中又以1979年至1981年发掘的北齐安东王娄叡墓因壁画、俑群、陶瓷器保存完好、数量众多而格外引人瞩目，可作为这批墓葬的典型代表。

壁画　晋阳地区墓室壁画主要以娄叡墓为代表，厍狄迴洛墓仅门有壁画，虽基本与邺城地区近似，但也有不同之处。

第一，娄叡墓的墓道两侧各绘三栏壁画，分别为出行和归来队伍。下栏绘诞马、吹角和佩弓囊箭袋的侍卫；中栏多绘成组骑卫；上栏多绘负物驼队和马群，最前绘奔犬。三栏行列远近有序，应是当时鲜卑贵族外出与归来时从行部众的写照[1]。此题材邺城地区不见。

第二，娄叡墓门上方绘正面兽面，戟状双角。厍狄迴洛墓绘侧身朱雀。也与邺城地区的正面朱雀有区别。二墓门扉上分绘青龙、白虎。

第三，娄叡墓甬道绘戴冠两当柱仪刀门吏。

第四，娄叡墓室正壁（后壁）绘墓主端坐帐中的传统画面。两侧绘鞍马、牛车、羽葆、扇盖等。墓顶绘天象；其下四壁绘十二

[1]　宿白：《太原北齐娄叡墓参观记》，见《文物》1983年第10期《笔谈太原北齐娄叡墓》。

时，十二时作兽形，于四壁上栏按子午方位分列；中栏绘四神，有仙人像，有羽人引导，并绘连鼓雷公。十二时和连鼓雷公等图像，在邺城地区不见。

俑群 以娄叡墓为代表，共出陶俑610件，其题材组合基本同于前述邺都大墓的4组俑群，只造型和塑制工艺有别，请参看前文，此不赘述。

釉陶器 娄叡墓出土一大批釉陶器，尤以76件淡黄色调的低温釉陶最富时代和地域特色。这些釉陶器有尊、瓶、壶、灯、托等。烧成温度为900℃左右。陶瓷专家们指出，这种低温铅釉陶始于西汉，盛于东汉，从问世时起，就以明器面目出现，后来著名的隋唐三彩器、就是这种低温釉陶发展的最盛期产品[1]。这类陶器在晋阳附近几座大墓，如厍狄迴洛墓和韩裔墓中也有出土，应为北方（或即山西）地区生产。这批陶器体量普遍较大，如娄叡墓中的一件陶灯高50.2厘米；器身多装饰模印贴花纹样，这种装饰又是摹仿自金银器上的锤锞花纹，这类金银器当时流行于西域葱岭以西。北齐时内地皇室上层喜用西方器玩，与西域的商贸、文化（包括佛教）交流频繁。这类造型独特的大批随葬釉陶器，正是这种历史条件下的产物。

另外，晋阳地区北齐墓中少见瓷器，在邺都地区墓中则多见瓷器，而不见低温黄釉陶器。如范粹墓中出土瓷器超过20件，有黄釉乐舞人物扁壶，还有较多白釉瓷器，制作很是精美。

通过对以娄叡墓为代表的晋阳北齐墓葬的分析，可以看出其明显承袭着东魏的传统；再向上追溯，也就是继承着北魏孝文帝改鲜

[1] 冯先铭：《从娄叡墓出土文物谈北齐陶瓷特征》，《文物》1983年第10期《笔谈太原北齐娄叡墓》。

卑行汉化后的传统。除墓之形制为北魏迁洛后盛行的砖筑方室结构外，壁画中人物的服制，特别是手扶仪刀的门吏画像，其冠履服制乃至面相胡须，都与河南邓县学庄南朝墓券门两侧的壁画人物极为近似。综观墓内壁画风格，也可以从衣纹技法等方面，看到传世顾恺之作品摹本及南朝大墓拼镶砖画的风格。同时，由于娄氏家族在北齐的显贵地位，也多有人认为墓内壁画或出于北齐知名宫廷画家，如杨子华之手。至于出土物中的黄釉螭柄鸡首壶等，显然是仿效南方青瓷造型的作品。上述现象，与魏孝文帝迁洛以后南方与北方在物质文化方面日渐同一的趋势相符合，也是由长期分裂走向重新统一的历史潮流的反映。北齐高氏取得政权，主要依靠了六镇鲜卑及边镇鲜卑化汉人的军事实力。北齐建立后，曾力图排斥汉文化而再行鲜卑文化，这种逆历史潮流的企图，结果仅是促使北齐朝廷内部的各种矛盾更加激化，实际上并未能阻止北魏时已开始的日渐统一的趋势。娄叡及晋阳一带墓葬的发掘材料，正从物质文化方面反映了当时的历史事实。后来不久出现的隋唐大一统局面的形成，正是这种历史大趋势发展的必然结果。

四、北周墓制

西魏—北周时期纪年明确的墓葬，目前发现的资料较少[1]，其中较重要的有陕西咸阳底张湾北周建德元年（572 年）墓和宁夏固原北周天和四年（569 年）李贤墓。另有陕西咸阳市胡家沟西魏大统十年（544 年）侯义墓。其中柱国大将军、原州刺史河西公李贤墓

[1] 西魏、北周墓葬材料，多未正式发表报告。

最为重要典型。

李贤墓1983年发掘，该墓为三天井长斜坡墓道的单室土洞墓，墓道、过洞、天井、甬道、墓室都绘有壁画。墓道两壁绘拄仪刀的侍卫，仅存两幅。甬道前部即天井和过洞两侧壁均绘执环首刀的侍卫，三个过洞上方均绘门楼，有斗栱。墓室四壁均先用红色边框分隔成多幅人物画像，有女伎乐和持物女侍。

侯义墓亦为单室土洞墓，甬道及墓室均绘壁画，但多残损。甬道以黑红两色绘壁画，仅在两壁靠近墓室处，隐约可见用黑色画的树木及人马；墓室壁画，仅墓顶部可见有朱红色星座图残迹。

以李贤、侯义两墓为代表的西魏—北周墓室壁画，题材、布局颇有与东魏、北齐墓壁画的不同之处。而对了解隋唐时期西安地区墓室壁画的渊源，提供了较为明晰的线索。李贤墓壁画的特点，如过洞上所绘门楼及墓室内以侍女和伎乐为主的布局，都为隋唐所承袭。因此在研究隋唐墓壁画渊源时，要更注重关西本地的因素。[1]

西魏—北周墓中随葬的俑群，与东魏—北齐墓一样，也是承继了北魏俑群的4组内容，但俑的造型和细部刻画，与东魏、北齐有较大的差异。以李贤墓为例，第一组中，镇墓兽不是蹲坐状而是匍匐于地。甲胄武士形象的镇墓俑，也不作按楯端立的姿态，而是挺着凸出的大腹、身躯稍作歪曲状，不持楯。头戴的兜鍪两件不同，一件作尖顶状，另一件兜鍪顶漫圆。第二组中，甲骑具装所骑战马塑造得比例不调，四肢过粗而马头颇小，造型拙稚。底张湾建德元年墓的甲骑具装俑所骑战马，同样是四条粗腿，说明这是北周塑马的特殊风格。仪仗中有着笼冠的，也有着小冠或风帽的，披衣状的

---

[1] 宿白：《宁夏固原北周李贤墓札记》，见《宁夏文物》总3期，1989年11月。

胡俑数量较多。还有驮物的驴和骆驼。第三组，主要是作拱手持物状的女侍俑。第四组，有犬、鸡和灶、磨、井、碓、鸡舍等模型。灶、磨、井、碓各有两件，或是李贤夫妇各随葬一套。总起来看，北周陶俑塑制工艺远逊于北齐陶俑，与北齐不同处还有北周陶俑是头体连在一起模制，而北齐俑则多头、体分模再插合成一体。这些差异的出现，很可能是因为北周的陶俑不是直接受洛阳地区的影响，而主要延续着关中地区北魏俑群而制造的。如镇墓兽作匍匐于地状，正承袭了陕西西安任家口北魏正光元年（520 年）邵真墓中镇墓兽的形制 [1]，仅是减去了背脊上竖起的鬃毛。

第四节　佛法勃兴与灭法

一、北魏初设道人统

北魏王朝在内迁和加速汉化的过程中，也逐渐接受了佛教。北魏第一位真正入主中原的皇帝、道武帝拓跋珪好黄老、佛教，《魏书 · 释老志》记述他十六国末年率军征战燕赵故地河北时，路过各处佛寺，“见诸沙门、道士，皆致精敬，禁军旅无有所犯”。他还派使者带着礼敬问候的信件和各类丝织品、银钵等礼物，前往泰山琨瑂谷，去见隐居在那里的后赵名僧、大和尚佛图澄的弟子僧朗。并在平城内外造塔建寺，“别构讲堂、禅堂及沙门座”，使佛教迅速传

[1]　陕西省文物管理委员会：《西安任家口 M229 号北魏墓清理简报》，《文物参考资料》1955 年第 12 期。

播开来。

为了有效加强对寺庙和僧尼的管理，自道武帝皇始年间（396—397年）起，又在京中设立了僧官制度，最高的僧官即“道人统”[1]。第一位被任命为道人统的是来自河北的沙门法果。《魏书·释老志》说：“皇始中，赵郡有沙门法果，诫行精至，开演法籍。太祖（道武帝）闻其名，诏以礼征赴京师。后以为道人统，绾摄僧徒。”法果是位极聪明的僧人，十分懂得如何打动皇帝的心扉，他经常说：皇帝英明好法，实在就是当今在世的如来佛，佛教信徒们都应该好好礼拜他。还自我表白说：我并不是礼拜天子，而是在礼拜佛祖！[2]这些话传到拓跋珪那里，拓跋珪当然十分高兴，愈加看重法果，给他以十分优厚的待遇。明元帝拓跋嗣继位后，对法果更加崇敬，永兴年间（409—416年），先后授封他以辅国、宜城子、忠信侯、安成公之号，拓跋嗣还常常亲自到法果所在的寺中看望，因为门小，皇帝所乘舆辇出入不便，还专门将门改大。法果于泰常年间，以80岁高龄去世。葬礼前，明元帝3次前往吊唁，并追赠法果为老寿将军、赵胡灵公。

北魏继法果之后任道人统的最高僧官，见于史书记载的有文成帝时来自西域的僧人师贤和昙曜，师贤死后，昙曜继之，并从此改为沙门统（也称沙门都统）。沙门统既为全国的最高僧官，他下面又设副职“都维那”，也称“维那”，协助沙门统管理中央和地方的佛教事务。而在地方又有州统、州都；郡统、郡维那及县维那，分

[1] 南北朝时佛教僧人称“道人”，道教徒称“道士”。前章已详。

[2]《魏书·释老志》载：“初，法果每言：太祖明叡好道，即是当今如来，沙门宜应尽礼，遂常致拜。谓人曰：‘能鸿道者人主也，我非拜天子，乃是礼佛耳。’”

管地方各级的僧尼和日常事务。

北魏中央的僧官机构是监福曹，后改为昭玄寺、崇玄寺。后来的东魏、北齐、西魏、北周也相沿成习，《隋书 · 百官志》载 ：“昭玄寺，掌诸佛教。置大统一人，统一人，都维那三人。亦置功曹、主簿员，以管诸州郡县沙门曹。”当然僧官的数字在各朝的不同时期也不完全相同，但整个北朝僧官机构的情况大致是如此的。

需要说明的是，以往的佛教史都认为最早设立国家僧官机构的是后秦，当时西域高僧鸠摩罗什入关，在长安设盛大译经场译经。弟子多达数千人，为加强管理，后秦姚兴始设僧官，“僧正”（又称国内僧主）为全国最高僧官，“悦众”为仅低于僧正的僧官。后秦设僧官在弘始三年（401 年），而北魏所设道人统在皇始年间（396—397 年），实略早于后秦。后秦灭后，其僧官称谓大体为南朝沿用 ；而北朝则沿用了北魏的僧官体制。

二、太武帝灭法

正当佛教开始在入主中原后的北魏王朝确立自己地位的时候，从太武帝拓跋焘太延四年（438 年）到太武帝太平真君七年（446 年），却发生了太武帝灭法的重大毁佛事件。这也是中国历史上第一次由最高统治者皇帝亲自下令的灭佛的行动，被称为“太武法难”。

太武帝灭法，有着深刻的社会和时代原因。第一，太武帝是北魏王朝最后以武力统一北方，并完成与南方对峙格局的皇帝，他在位的 20 多年中，绝大多数时间都是在进行攻城略地的统一战争。从公元 426 年到 439 年的 13 年中，他先后灭夏、后燕、北凉诸国，终于结束了自 304 年以来十六国在北方纷争的局面，统一了以黄河流域为主的北中国大地。在大规模的武力征战中，当然随时需要兵员、徭役和税赋的充足保证，而佛教及其所属的寺院僧人、寺院经济却是游离于国家统一征调之外的，这便与当时战争的需要形成了尖锐的矛盾。为此，太武帝于太延四年（438 年）三月下诏“罢沙门年五十以下”者（《魏书 · 世祖纪》），目的就是让他们还俗服兵役[1]。50 岁以下的人不能出家为僧，寺庙中只剩了老弱病残，这自然是对佛教的沉重打击。

第二，北魏统治者在统一北中国，加速汉化、封建化的过程中，接受了中原先进的传统制度和学说，即封建制度和儒家学说，但对西来的“胡神”佛祖和本土宗教黄老道教的认识和把握还不够准确，特别是太武帝本人，受笃信儒学、道教的北方世家大族崔浩影响颇深。崔浩是北方著名士族、学者，历仕北魏道武帝、明元帝和太武帝三朝，经常参与朝中军政机要，是太武帝倚重的要臣。崔本人通儒道，却“尤不信佛，与帝言，数加非毁，常谓虚诞，为世费害”（《魏书 · 释老志》）。崔浩又将名道士，久居嵩山的寇谦之引荐给太武帝，使太武帝逐渐偏信道教。他派人奉礼品牺牲去祭嵩山，尊奉寇谦之为“天师”，并将寇之弟子 40 余人接到京都平城，在平城东南建天师道场，祭祀礼拜。公元 440 年，寇谦之上奏，吹捧太武帝为真君下世，为开古以来所未有，武帝十分高兴，随即改年号为“太平真君”。公元 442 年正月，“帝至道坛，亲受符箓，备法驾，旗帜尽青”（《魏书 · 世祖纪》），完全倒向了道教一方。太平真君五年（444 年）正月，太武帝再下一道给佛教更沉重打击的诏书：“愚民无识，信惑妖邪，私养师巫，

[1]《资治通鉴》卷一二三，胡三省注：“以其强壮，罢使为民，以从征役。”

挟藏谶记、阴阳、图纬、方伎之书；又沙门之徒，假西戎虚诞，生致妖孽。非所以一齐政化，布淳德于天下也。自王公已下至于庶人，有私养沙门、师巫及金银工巧之人在其家者，皆遣诣官曹，不得容匿。限今年二月十五日，过期不出，师巫、沙门身死，主人门诛。明相宣告，咸使闻知。"（《魏书·世祖纪》）这无疑是向佛教徒们发出了最严厉的警告。

由于以上两个主要原因，太武帝对佛教一直采取了限制和打击的措施。而当太平真君七年（446 年），太武帝在平定卢水胡盖吴起义，率军途经长安一佛寺时，偶然发现寺内贮藏大量兵器[1]。这无疑是又点燃了一根导火索，太武帝怀疑僧人是与盖吴通谋反叛，于是又在宰相崔浩的劝说下，下达了在全国灭佛法、焚毁寺院、坑杀沙门的诏书。这道诏书对佛教的打击更是毁灭性的：

> 昔后汉荒君，信惑邪伪，妄假睡梦，事胡妖鬼，以乱天常，自古九州之中无此也。夸诞大言，不本人情。叔季之世，闇君乱主，莫不眩焉。由是政教不行，礼仪大坏，鬼道炽盛，视王者之法，蔑如也。自此以来，代经乱祸，天罚亟行，生民死尽，五服之内，鞠为丘墟，千里萧条，不见人迹，皆由于此。朕承天绪，属当穷运之弊，欲除伪定真，复羲农之治。其一切荡除胡神，灭其踪迹，庶无谢于风氏（按伏羲氏）矣。自

[1] 据《魏书·释老志》："会盖吴反杏城，关中骚动，帝乃西伐，至于长安。先是，长安沙门种麦寺内，御驺牧马于麦中，帝入观马，沙门饮从官酒，从官入其便室，见大有弓矢矛盾，出以奏闻。帝怒曰：'此非沙门所用，当与盖吴通谋，规害人耳！'命有司案诛一寺，阅其财产，大得酿酒具及州郡牧守富人所寄藏物，盖以万计。又为屈（窟）室，与贵室女私行淫乱。"

> 今以后，敢有事胡神及造形象泥人、铜人者，门诛。虽言胡神，问今胡人，共云无有。皆是前世汉人无赖子弟刘元真、吕伯强之徒，乞胡之诞言，用老庄之虚假，附而益之，皆非真实，至使王法废而不行，盖大奸之魁也。有非常之人，然后能行非常之事。非朕孰能去此历代之伪物！有司宣告征镇诸军、刺史，诸有佛图形像及胡经，尽皆击破焚烧，沙门无少长悉坑之。(《魏书·释老志》)

诏书历数佛教为妖邪之教，认为自传入中国起便遗害无穷，乃至东汉以后的无数战乱祸害皆由此而起。而太武帝以“非常之人”自誉，要传承华夏千百年来的“羲农之治”，即伏羲神农正统政教礼仪，要彻底毁灭所谓“胡神”之教。

这封诏书下达前后，幸有信奉佛教的太子拓跋晃监理国政，他利用一切可能拖延诏书的下达，并数次上表请求皇帝减缓对佛教的打击力度，从而为各地的佛教徒赢得了宝贵的时间，他们或南逃刘宋，或西逃西域，或将能够藏匿的佛像、经书密藏起来。这样，虽然各地的佛寺塔庙被毁严重，也有许多僧人被杀戮，但还是有相当的佛教势力保存下来，这为太武帝去世后佛教的再次崛起创造了条件。

又据《魏书·释老志》，当崔浩力主太武帝灭佛时，深谙佛、道义理的寇谦之是持反对态度的，并因此与崔发生了争执，他曾警告崔说“卿今促年受戮，灭门户矣。”后来不久（灭法事件后 4 年），崔浩果然被满门抄斩，公元 452 年，太武帝被宦官宗爱所杀，此后的文成帝和献文帝都大力兴佛。这样，一度失势的佛教才又开始在北朝传播开来。

三、师贤和昙曜

公元452年，北魏文成帝拓跋濬即位，随即下诏复兴佛法，令各州郡县可重建佛寺塔庙，愿出家为僧者可听其出家，佛教造像得以重造，经论又渐盛行。此期间在平城主持佛教恢复工作的，主要是来自原凉州的僧人师贤和昙曜。

师贤，本是西方罽宾国王族，从小就出家为僧，他东游至凉州，北魏平凉州后随之迁至平城。太武帝灭佛法时，师贤假借行医而还俗民间。文成帝复法后，他再入佛门，由文成帝亲自为之落发，并命他任道人统，掌管僧尼事务。和平初年（460年），师贤死，亦来自凉州的昙曜代其职，且从此改道人统为沙门统，师贤和昙曜在重振佛法的过程中做了大量工作，师贤主持为文成帝凿一石像，又在"五级大寺内，为太祖以下五帝，铸释迦立像五，各长一丈六尺，都用赤金二十五万斤"，应属金铜造像。而他之后的昙曜，更说服皇帝，"于京师西武州塞，凿山石壁，开窟五所，镌建佛像各一。高者七十尺，次六十尺，雕饰奇伟，冠于一世"。师贤主持铸造的、用赤金25万金的金铜佛像今已不存，但昙曜主持开凿的武州塞石窟至今犹在，即现在山西大同著名云冈石窟中的"昙曜五窟"（编号第16—20窟）。本书后将详述这处重要佛教艺术遗迹。

昙曜除开凿大规模石窟外，还为佛法的再兴争取了更为实际的经济利益。他上奏皇帝，要求将"平齐户及诸民，有能岁输谷六十斛入僧曹者，即为'僧祇户'，粟为'僧祇粟'。至于俭岁，赈给饥民。又请民犯重罪及官奴以为'佛图户'，以供诸寺扫洒，岁兼营田输粟。高宗并许之。于是僧祇户、粟及寺户，遍于州镇矣"（以上引文，均自《魏书·释老志》）。又据有关文献分析，被划入寺院的佃户——僧祇户，多系北魏平定北方各国后徙来的俘虏，而佛图户的地位更卑微，为重罪犯人及官奴，他们被正式划归寺院，成为寺院经济的主要承担者和劳动力，形成后来僧侣地主阶级赖以形成的经济基础。昙曜之复兴佛法，经济方面的功劳也是重大的。

四、净土宗形成

佛教在北朝传播的过程中，为适应广大民众的需要并使他们易于接受，也在不断重新修正、提炼着更易于普及和运作的理论。在这样的历史背景下，一个中国化的教派，即净土宗孕育并诞生了。

以往的佛教史家曾将净土宗的创建归于唐代早期僧人善导，实际上生于北魏承明年间的高僧昙鸾才是这一教派和理论体系的最初构筑者。

昙鸾承明元年（476 年）生于雁门（今山西代县），他家距佛教灵山五台很近，自少年起便出家为僧，广读佛经。后来他因身体不适而寻求方术，特慕名到南方高士陶弘景处拜谒，得到陶赠的道书《仙经》10 卷。他北还过洛阳时，见到印度僧人菩提流支，接受了他传布的《观无量寿经》和《往生论》，顿时大彻大悟，因而烧掉 10 卷《仙经》，专修净土，主要从事传布弥陀净土信仰的工作。

昙鸾的净土学说是在继承前代净土说的基础上，结合北朝佛教注重修行实践的特点而创立的。

净土说的理论源头可追溯到印度大乘佛教中观学派的创始人龙树及瑜伽派创始人世亲，主要经论依据是《无量寿经》、《观无量寿经》、《阿弥陀经》和《往生论》。其核心宗旨是宣扬死后往生阿弥陀西方净土。两晋时期，净土说作为佛教学说的一种出现，东晋庐山僧人集团的代表慧远，曾在庐山东林寺邀僧侣和名士结社发愿，祈求往生西方净土[1]，但实际对当时社会的影响并不太大。昙鸾的高明之处在于，他以以往的《阿弥陀经》《无量寿经》学说为基础，又提出阿弥陀的西方净土是佛教修炼方式中独有的“易行道”，而其他的理论和修炼方法则都属“难行道”[2]，只要相信阿弥陀佛的愿力（《无量寿经》说弥陀成佛前曾许下拯救众生的四十八愿），真心希望往生安乐净土，就可以借助佛力在死后到达此处。

至于这种信仰的修炼方法，昙鸾更将其精炼简化为观佛像、念佛名。即在禅观入定时，一心只观察念想阿弥陀佛，要观想佛的整体法像，甚至他身体的某个部位；观想佛的光明、神力、功德和智慧，同时又要把心中观想的阿弥陀佛名号念出声来，所谓“但称名号（阿弥陀佛），亦复如是”，还要“令声不绝”，“声声相次”，一遍接一遍反复不停地念出阿弥陀佛的名号，据说如此便可以消除包括五逆罪在内的各种罪恶，往生西方安乐净土。昙鸾的这些论点，集中在他的主要著作《往生论注》、《略论安乐净土义》和《赞阿弥陀佛偈》中。择要如下：

忆念阿弥陀佛，若总相，若别相，随所观缘，心无他想，十念相续，名为十念；但称名号，亦复如是。（《往生论注》卷上）

若念佛名字，若念佛相好，若念佛光明，若念佛神力，若念佛功德，若念佛智慧，若念佛本愿，无他心间杂，心心相次，乃至十念，名为十念……垂命终时……为称阿弥陀佛名

---

[1] 相传慧远在庐山东林寺集僧人、学士创“白莲社”，修习西方弥陀净土，故后世亦有将净土宗的初祖作慧远，称其为“莲宗”。

[2] 鸠摩罗什译龙树著《十住毗婆沙论》卷五《易行道》中，首先提出难行道和易行道之说，认为佛教有难、易两类修行方法，正“如世间道有难有易，陆路步行则苦，水道乘船则乐”。昙鸾借用其说，宣扬信奉阿弥陀佛的西方安乐净土是易行道，其他信仰皆属难行道。

号，愿生安乐，声声相次，使成十念也……此命断时，即是生安乐时。(《略论安乐净土义》)

有人造五逆十恶，具诸不善，应堕恶道，经历多劫，受无量苦，临命终时，遇善知识，教称南无无量寿佛（或南无阿弥陀佛），　如是至心，令声不绝，具足十念，便得往生安乐净土。(《往生论注》卷上）

在昙鸾构筑的这种阿弥陀西方安乐净土中，没有南方佛教论辩中那高深玄奥的哲学理论，也无须任何事实加以证明，对于文化水平并不很高的北方广大民众来说，这种教义和修行方式是如此简洁明了，易行，所以它在北方动乱而苦难的大地上如野火春风般流行开来。

昙鸾开创的净土宗，对于印度佛教向中国佛教的过渡产生了深远的影响[1]，经过隋唐道绰和善导等的加工倡导，使其理论和实践体系更趋完善，终于成为唐代佛教的显赫宗派。后又与禅宗融为一体。净土宗又被唐代来华的日本僧人圆仁介绍传入日本，并形成日本的净土宗，他们也尊昙鸾、道绰、善导为自己教派的最初三祖。当年昙鸾等净土宗创始者讲经说法过的山西交城县玄中寺，更一直被中日佛教徒们作为净土宗的祖庭而顶礼膜拜。

五、达摩和慧可

南北朝时期，佛教大盛于中国，但在信奉教理和修行方式上，

[1]　汤用彤指出：“然北方大弘净土念佛之业者，实为北魏之昙鸾（亦作峦）。其影响颇大，故常推为净土教之初祖。”（汤用彤：《汉魏两晋南北朝佛教史》，中华书局 1983 年版）。

南北方却有不同的表现，最显著的特征是南方重义理，北方重禅修。北魏孝文帝以后，禅法大行于北土，汤用彤先生曾专门引述杨衒之《洛阳伽蓝记》中的一个故事，来说明北魏僧人对禅法的重视程度[1]。那故事说，崇真寺一比丘死去七日后又复活，向人们叙说了自己和另外几个同死的比丘在阎王那里的遭遇；一比丘生前坐禅苦行，阎王放他升入天堂；一比丘专诵《涅槃》，亦升天堂；又一比丘自己说曾为千人讲《涅槃经》，但阎罗王说“讲经者心怀彼我，以骄凌物，比丘中第一粗行”，遂将其打入黑门；又一比丘说自己曾写经造像，教化四方，阎罗王说“沙门之体，必须摄心守道，志在禅诵，不干世事，不作有为。虽造作经像，正欲得他人财物，既得他物，贪心即起。既怀贪心，便是三毒不除，具足烦恼”，也将其送入黑门。后来，当时十分崇信佛教的胡太后听说了这位比丘在阎王那里的见闻，立即请来一百位坐禅僧人，在宫内供养。而洛阳京城内的僧人们也全部修习坐禅，而再不愿意讲经了。

这个故事自然属于虚构的传说，但在很大程度上反映了北魏僧人对禅修的偏重，自姚兴后秦被灭亡后，北方佛学义理颓衰，一般僧人多以禅诵为主，甚至有坐禅者往往根本不懂佛理。

正是在这样的历史背景下，才有了菩提达磨（摩）和其弟子慧可等的事迹和影响。将达摩作为北方禅修始祖的最早记载，是杨衒之的《洛阳伽蓝记》和唐道宣《续高僧传》。但前书只记他是“波斯国胡人也，起自荒裔，来游中土”，“自云年一百五十岁，历涉诸国，靡不周遍，赞叹永宁寺之精丽，阎浮所无也”，“口唱南无，合

[1] 汤用彤：《汉魏两晋南北朝佛教史》十九章“略论北方禅法”。

掌连日”；而后书才明确了他与禅教的关系，说他是“南天竺婆罗门种”，“初达宋境南越，末又北度至魏，随其所止，诲以禅教……游化为务，不测于终”，而在同书之“慧可传”中，更进一步说明“达摩禅师以四卷《楞伽》授可曰：我观汉地唯有此经，仁者依行，自得废也”[1]。《楞伽经》是由慧观、慧严等主持、来自中天竺的译师求那跋陀罗在南朝建业译出的禅法佛经，正是这部禅经，奠定了后世禅宗的理论基础，同由求那跋陀罗译的《胜鬘经》和《十二头陀经》，也是这一禅法系统的组成部分。而菩提达摩最先将这部佛经作为修禅的首要经论，所以他被尊为禅宗的初祖。又根据《伽蓝记》中他在洛阳看到永宁寺等的间接资料分析，他在中国活动的时间最有可能约在公元478至518年[2]，约40余年。

达摩的修禅方式主要是“安心”、“壁观”，“凝住壁观”。《续高僧传·菩提达摩传》记其禅法为：

如是安心，谓壁观也；如是发行，谓四法也。如是顺物，教护讥嫌；如是方便，教令不着。

深信含生同一真性，客尘障故，令舍伪归真，凝住壁观，无自无他，凡圣等一。坚住不移，不随他教，与道冥符，寂然无为，名理入也。

---

[1] 菩提达摩在南北朝的重要僧史和佛教典籍中均不见记载，如僧祐：《出三藏记集》、慧皎：《高僧传》、魏收：《魏书·释老志》等。近代研究者甚至有怀疑是否确有其人，这至少说明达摩在南北朝上层和佛学界并不知名，影响远无唐以后大。

[2] 《续高僧传·菩提达摩传》说他于天平年（534—537年）前“灭化洛滨”；他到中国南朝当刘宋期（420—479年）；而永宁寺建于魏熙平中（517年），毁于永熙三年（534年）。故推知其最可能的活动期为478—518年。

凝心观壁，静心禅思，不受世间任何动乱苦难的影响，不为身边各种烦恼乃至富贵所迷惑，这便是达摩禅法的要义。可以想见，这种禅法对于乱时中的千百万信徒有着何等的约束力，而对于希望巩固政权的统治者又是多么美妙的福音。因此我们也就不难理解禅法何以在北方迅速传播，并得到统治者的提倡和支持。

达摩死后，禅法由弟子慧可传承。慧可又名僧可，洛阳虎牢人（今河南洛阳东），生于北魏孝文帝太和年间，卒于隋开皇年，主要活跃于东魏、北齐间。史载他出家后居洛阳龙门永穆寺，约 40 岁时在嵩山少林寺拜达摩为师，研习《楞伽》禅法。达摩死，慧可云游于河南河北一带，声望逐渐提高。他将达摩手传的四卷《楞伽》经加以阐述和发展，提出求佛要注重坐禅而不在于语言，他在东魏都城邺地传法时，门下弟子很多，《续高僧传·慧可传》中就记有向居士、林法师、那禅师、化公、和禅师等。他的弟子那禅师习禅法后，“手不执笔及俗书，唯服一衣一钵、一坐一食。以可常行，兼奉头陀，故其所往，不参邑落”。由于这批僧人也都以四卷《楞伽》为要旨，故又被时人称为“楞伽师”。

在慧可的弟子中，较出色的有僧粲。慧可后被尊为禅宗二祖，僧粲为三祖。僧粲又传道信，道信传弘忍，弘忍传神秀（北宗）、慧能（南宗）。这便是中国化佛教中对后世影响最大的宗派传承系列——禅宗六祖。

六、石窟与禅修

北朝佛教既重禅修，便有大规模开凿石窟之举。僧人习禅，是一种思维修法，要进行禅思，就要有安静的环境，开凿于山林水畔的石窟寺，恰是修禅的理想场所。

《坐禅三昧经》卷上云："闲静修寂志，结跏坐林间。"《禅秘要法经》卷中云；"出定之时，应于静处，若在冢间，若在树下，若阿练若处，修行甚深，诸圣贤道。"经文不但说明要在山林静处坐禅，而且明确指出应在石窟中坐禅，《付法藏因缘传》卷二记："山岩空谷间，坐禅而龛定，风寒诸勤苦，悉能忍受之"，同书卷四又说："有一比丘名达摩密多，……南天竺有二比丘，心意柔和，深乐善法，素闻尊者坐禅第一，即共相将往诣其所。于其住处有三重窟……尔时二人进至上窟，见向比丘已于中坐。"

我国北方保存至今的佛教石窟绝大多数是北朝开凿，如著名的山西大同云冈石窟、河南洛阳龙门石窟、甘肃敦煌莫高窟、天水麦积山石窟、河北邯郸响堂山石窟、山西太原天龙山石窟、宁夏固原须弥山石窟，等等。特别是由北魏皇室主持开凿的云冈石窟和龙门石窟，规模之大，雕饰艺术之高超精美，为后世所不及。

开凿石窟和重禅修，是北魏佛教信仰上同时存在的两个显著特点，开凿石窟的人往往都是禅僧。敦煌莫高窟最早的洞窟就是由禅僧所开凿，据当地最早的碑刻记载："莫高窟者，厥蓥（前）秦建元二年有沙门乐僔戒行清虚，执心恬静。常杖锡林野，行至此山，忽见金光，状有千佛……造窟一龛。次有法良禅师从东届此，又于僔师窟侧更即营建。伽蓝之起，滥觞于二僧。"[1] 云冈石窟，也是在禅僧昙曜主持下雕凿的。麦积山石窟的开凿，也与业禅的玄高有密切关系[2]。

---

[1] 据北京大学图书馆藏刘燕庭旧藏拓片，拓自敦煌武周圣历元年《李君莫高（窟佛）龛碑》。

[2]《高僧传·宋伪魏平城释玄高传》，"高乃杖策西秦，隐居麦积山，山学百余人，崇其义训，禀其禅道。"

北朝石窟中专有用于坐禅的小型禅窟，现已发现的有几种类型：[1]

（1）在石窟群附近，离开造像窟一定距离，选择更幽静的地方，单独开凿小窟。窟门拱形，窟内平面略呈方形，长、宽、高均约 1 米左右，窟顶平顶或穹隆顶，窟内空间仅可供一人坐禅。窟内壁面多没有造像和雕饰，如云冈石窟群附近和敦煌莫高窟北部的许多小石窟，就是这种类型。

（2）石窟群中的一些小型窟，形制大小同（1）型。石窟内四壁有造像，云冈石窟西部和中部上方有许多属这一类型的小窟。

（3）较大造像窟中附属的小窟，即所谓毗诃罗窟中的小僧房。这种小僧房开凿在毗诃罗窟的左右壁下部，形制大小和（1）型相近，其中也无造像。敦煌莫高窟第 268 窟中的 267、269、270、271 窟和第 285 窟左右壁下部的 8 个小窟也是这种类型的。敦煌 285 窟窟顶周围，画有正在石窟中坐禅的禅僧图像，坐禅小窟的窟门亦作拱形。将这种壁画图像和本窟下部的小窟对照，清楚地表明它们互为说明，互为表现的内在联系。

坐禅除静思外，还须观像，即观各类佛造像。北朝石窟中保存数量最多的是有佛像的洞窟，这与修禅有直接关系。禅经认为，人之自信无过于眼，观看佛像便能达到如见真佛的境界。《坐禅三昧经》卷上要求初习禅法的僧人“若初习行人，将至佛像所，或教令自往，谛观佛像相好”，《五门禅经要用法》云：“若行人有善心已来，未念佛三昧者，教令一心现佛”。观像应观的主要佛为：释迦牟尼佛（包括坐像、立像、卧像）、释迦与多宝佛、十方三世诸佛、

[1] 刘慧达：《北魏石窟与禅》，《考古学报》1978 年第 3 期。

无量寿佛、四方佛、七佛和弥勒菩萨等。而这些佛和菩萨像，正是北朝石窟造像的主要题材。也很可能就是当时居住于石窟寺内的僧人禅观的主要对象。

可以想象，在寂静的山林石窟之内，整日面对无物的石壁或庄严的佛像，心中充溢着对佛和佛国的美好遐想，僧人们的脑海中完全可能出现种种美妙的幻觉。在幻觉中，佛经上描绘的流泉浴池，树林葱郁，华果茂盛，百兽游集，吉鸟翔鸣，金银琉璃遍布其地，真正的佛祖正向自己走来……这一切都仿佛变成了眼前的现实。《法苑珠林》中"感应缘"一节，就记载沙门释冏"夜四更尽，众僧皆眠，冏起礼拜，还欲坐禅，忽见四壁有无数沙门，悉半身出，见一佛螺髻分明了了……俄尔霍然无所复见"。这位释冏和尚在观释迦像后坐禅，于四更深夜的半睡半醒状态中产生了见佛的幻觉。

坐禅观像如不能奏效（不产生幻觉），则还可入塔观像。《观佛三昧海经》卷二《观像品》说："若坐不见，当入塔观。入塔观时，亦当作此诸光明想。至心合掌踟跪谛视，一日至三日心不错乱"，直到产生见佛的幻觉为止。北魏石窟的中心柱式窟，心柱大都雕成塔形，有的石窟门外还凿出双塔，如云冈石窟 5、6、7、8 窟等。东魏北齐的南北响堂山石窟，更将窟门及其前面窟壁（门上部）雕成覆钵塔形，当时僧人进入这类石窟中观像，或可即等于"入塔观像"了。

七、末法思想与佛经镌刻

佛教在北朝的迅速崛起，逐渐与封建国家的政治、经济、军事产生了尖锐的矛盾，寺院占有大量肥沃的良田，拥有众多的僧侣人口，创造着可观的经济效益，却享受着免租免税，免除徭役的种种特权。这无疑给国家带来沉重的负担，引起相当一部分头脑清醒的官僚、学者的强烈不满，他们纷纷上书要求朝廷采取抑佛措施。而北朝的部分统治者，也出于对形势和自身的种种考虑，实施了几次严厉的灭（抑）佛之举，如北魏太武帝灭佛、北周武帝灭佛事件。特别是北魏太武帝灭佛，杀僧人，拆寺庙，毁佛像，手段极为惨烈。北朝的灭佛之举，在佛教界引起了极大的恐慌与不安，使得北朝早期即出现的所谓佛教“末法时代”、“末法思想”更加弥漫开来。末法思想由来已久，北凉昙无谶时已明确提出：释迦牟尼佛正法五百年，像法一千年，末法一万年（一说三万年）。与他同时代的北凉道朗《涅槃序》后跋即云“至于千载像法之末，虽有此经，人情薄淡，无心敬信，当知遗法将灭之相”，说明北凉时人已认为当时即近末法时期。经过太武帝和周武帝两次灭佛法难，北朝后期的佛教思想界，更为一种末法将至的巨大阴影所笼罩。

为了佛教的生存并保证佛法的继续传播，佛教徒们除在各地开凿石窟、雕造佛像外，也十分重视保护和庋藏佛经典籍，几次灭佛的教训说明，金石造像难毁，皮纸经书易焚，而佛经书籍正是佛教教义和理论的根本依据，护经应为护法的重要手段。为此，他们开始在山间岩壁间大量镌刻佛经。北朝大规模石刻经书始于北齐时期，这个仅有 20 多年国祚的政权极为崇佛，在所辖的北方有限区域内留下了数量可观的石窟和刻经。国内已知年代较早的佛教刻经，几乎都是北齐的遗存。北齐刻经方式主要有两种：一是摩崖石刻，以山东泰山经石峪《金刚经》和泰安徂徕山《大般若经》为代表。都是选择一片较平展的天然巨石或石坪，在石上直接露天镌刻，一般一处只刻经一部，且字体硕大。经石峪《金刚经》字径达 50 厘米，是一种较原始、粗放的书刻方式。另一种是石窟附刻，即将佛经附刻于有造像的石窟窟壁上，以河南安阳小南海石窟和河北邯郸南、北响堂山石窟刻经为代表。一处石窟中往往书刻多部佛经，刻经内容与窟中造像题材和当时佛教信仰流行情况密切相关。

北齐石刻佛经最著名者，首推北响堂石窟中的唐邕刻经。北响堂石窟是北齐皇室参与开凿的重要石窟群，正是在这处石窟中出现了大量镌刻佛经的洞窟。如 3 号窟是一座长方形平面大窟，有前后二室，后室三壁开龛造像，前壁刻经；前室则以三壁满刻《维摩诘所说经》《净土论偈》《弥勒下生经》等多部佛经，刻经字体隶意浓厚，刀工精炼流畅，堪称书法艺术佳作。此窟外壁刻一碑，详细记述了北响堂刻经的组织者、北齐重臣唐邕刻经的原委：

> 特进骠骑大将军、开府仪同三司、尚书令、并州大中正、食司州濮阳郡于长安县开国侯、晋昌郡开国公唐邕，挺固理时……法宝是所归依。以为缣缃有坏，简策非久，金牒难求，皮纸易灭，于是发七处之印，开七宝之函，访莲华之书，命银钩之迹，一音所说，尽勒名山。于鼓山石窟之所，写《维摩诘经》一部、《胜鬘经》一部、《孛经》一部、《弥勒成佛经》一部。起天统四年（568 年）三月一日，尽武平三年（572 年）岁次壬辰五月二十八日。

碑文字里行间充满了对佛法将灭、佛经难留的深深忧虑。正由于唐邕等深知“缣缃有坏，简策非久，金牒难求，皮纸易灭”，所以发誓要将所有佛经“尽勒名山”。时隔仅两年，这一忧虑果然不幸而言中，公元 574 年的周武帝灭法，将原北齐佛教扫荡一空，寺庙易主，经书散佚，唯有那雕镌于苍山顽石间的造像和佛经得以存留。

据近年调查，北朝石刻佛经以北齐邺都为中心，在这一地区附近留下多处保存尚好的遗迹，主要有：南北响堂山石窟刻经、小南海石窟刻经、涉县娲皇宫刻经、香泉寺石窟刻经等。其中最新公布调查材料的河北涉县中皇山娲皇宫刻经[1]十分重要，被认为与唐邕有直接联系。娲皇宫的一组南北毗邻的双窟，平面方形，无坛，纵券顶，敞口，刻经分布于窟内左、右、后三壁及窟外崖面，令窟内外刻经内容首尾相接，浑然一体，应是专门为刻经而开凿的经窟。现存中皇山的摩崖刻佛经有6部，为《思益梵天所问经》、《十地经》、《佛垂般涅槃略说教戒经》、《佛说盂兰盆经》、《深密解脱经》和《妙法莲华经·观世音菩萨普门品》，共计13.1万字，是我国现存摩崖佛经时代早、字数多的一处。据范寿铭、顾燮光《河朔金石目》卷四载，娲皇宫有“为亡女赵妃造观世音像，正书，无年月，未著录”。赵妃即唐邕妃赵氏，而娲皇宫又称唐王峻，指唐邕。所以，范寿铭认为“按娲皇顶所刻经，其字体与响堂无异，盖北齐唐邕之所镌刻”。这与前述唐邕发愿将佛经“尽勒名山”是一致的。应将其视为唐邕刻经的一部分。

北朝刻经除与末法思想有直接关系外，还应有便于礼拜和禅诵的作用。

八、周武帝灭法

北朝佛教史上发生的最后一件大事，莫过于周武帝灭法。中国历史上三次大的佛教“法难”，北朝就发生了两次（第三次是唐武

[1] 马忠理、张沅等：《涉县中皇山北齐佛教摩崖刻经调查》，《文物》1995年第5期。

宗灭佛），可见崇佛与灭法的斗争在早期的激烈。究其原因，根本不外乎两条：一是中国自古以来孔孟的儒学伦理源远流长，传统的儒家纲常礼教根基稳固，深入人心，佛教作为外来的“胡教”，在其传入之初，特别是还没能调整好自己在中土思想流派中的合适位置，也就是没有改进为完全适合中国统治者和民众口味时，其被批判和排斥乃是不可避免的。如士大夫们对佛教最尖锐的批评是认为其违背“礼”教，如斥其“一身亲老，弃家绝养，既非人理，尤乖礼情，堙灭大伦，且阙王贯。交缺当世之礼，而求将来之益。孔子云‘未知生，焉知死’。……安有弃堂堂之政，而从鬼教乎！”（《魏书·李孝伯传附李玚传》）这种认为佛教弃家绝嗣，属不孝之罪的看法，代表了当时排佛意见的主流。另外一条，就是佛教的大肆建塔修寺，占用良田和人力，确成为封建国家财政的一大负担。特别是当统治者要大兴兵戎，建功立业之时，用人用税矛盾就显得格外突出。北魏太武帝灭佛，正是他大举统一北方之时；到北周武帝灭佛，也恰逢他平定北齐前后，故急需“求兵于僧众之间，取地于塔庙之下”。[1]

如同魏太武帝灭佛受到身边崔浩和寇谦之影响一样，周武帝决定灭佛，也是听从了身边人卫元嵩的意见，尽管卫元嵩自己原也是一个佛教徒。卫元嵩，益州成都人，幼年即出家，是名僧亡名法师的弟子，接其师指点，以狂放不羁的举止博取声名，游走各地，编唱谶语歌谣，预言未来。因蜀地封闭，难展宏才，乃改俗服入关至长安，结交北周上层权贵，受到周武帝礼敬。天和二年（567年）他上书周武帝，提出包括“省寺减僧”在内的10多项建议。主要内容有：

---

[1] 此据《大正藏》卷五二，《广弘明集》卷二四周释昙积《谏周祖沙汰僧表》。

（1）废除于治国安邦无益的寺塔佛像。他指出，传说中的唐虞之世没有佛教而国家安定，南朝齐、梁佛教盛行，塔寺遍地却遭亡国之祸，这是因为违背了佛教“大慈为本”“安乐含生”的根本之“道”，因此不应当劳民伤财，修寺建塔，礼拜佛像。

（2）改革佛教，使其与儒学相融合，并创造出一种所有僧俗国民都能崇信的道德准则。

（3）通过一定经济改革措施，抑制佛教经济危害国家利益。提出对品德好的贫苦人只征租调，免除劳役；而对品行不端的富豪僧侣，除收租调外，还应令其服劳役。

从卫元嵩的所有建议看，他并非是主张彻底灭佛的，而是按自己对佛教的理解提出了一种理想的佛国世界，并希望以此为蓝本进行佛教的改革。

卫元嵩的建议，自然深合周武帝之心，但他并不是下一纸废佛诏书了事，而是亲自出面，先后 7 次召集群臣百僚、沙门道士于殿前，公开辩论儒、道、佛三教的优劣，并亲自宣讲儒家《礼记》等学说。史籍记载这 7 次殿前论战中，儒，释、道三教斗争极为激烈，而周武帝始终站在排斥佛教的一边。如《周书 · 武帝纪》记天和四年（569 年）三月十五日，召集众僧、名儒、道士于正殿讨论三教优劣，“帝以儒教为先，佛教为后，以道教出于‘无名’之前，故道教最上。此月二十日再次集议，帝曰：‘儒教道教，此国常遵，佛教后来，朕意不立。’”天和五年（570 年）二月，司隶大夫甄鸾上《笑道论》三卷，引据大量材料，对道教教义和说法进行讥讽、驳斥。五月，“帝大集群臣，认为此论‘伤蠹道法’，即于殿廷焚掉”。建德二年（573 年）十二月，周武帝已亲政一年，他“集群臣及沙门、道士等，辨释三教先后，以儒教为先，道教为次，佛教为后”（以上引文均见《周书 · 武帝纪》）。

此时，武帝废佛之意已定，而佛教徒们看到形势愈加不利，便愈加紧了对道教的攻击。建德三年（574 年）五月十六日，武帝再诏僧、道大集京师，他于太极殿陈设高座，亲自坐在高座上听道士、僧人辩论二教优劣。道士张宾辩不过僧人智炫，武帝为其助战，斥佛教不净，而智炫竟当面顶撞武帝，说："道教之不净尤甚。"[1] 周武帝对数年间佛道之争本已厌倦，辩论中又听到人们对道教的种种指责[2]，于是在第二天，即五月十七日便痛下决心，将佛、道二教一并灭除，"下诏禁断佛、道二教，经佛皆毁，罢沙门、道士。并令还俗"，"并禁诸淫祀，礼典所不载者尽除之"（《周书 · 武帝纪》）。到建德六年（577 年），北周灭齐，武帝临邺城宫殿，召集僧众宣布废佛，"毁破前代关山西东数百年来官私所造一切佛塔，扫地悉尽。融刮圣容，焚烧经典。八州寺庙出四十千（4 万）尽赐王公，充为第宅。三方释子减三百万，皆复军民，还归编户"[3]。至此，达到了灭佛的最高潮。

周武帝灭佛，涉及范围包括了北方大部及现在的四川、湖北部分地区。这次灭佛与北魏太武帝灭佛有明显的不同之处：一是虽毁坏寺塔，焚烧佛经，但不杀僧人，只是强制他们还俗为民；二是将佛、道二教同时废除；三是提倡三教会通，但强调以儒教为正统国教。

这次灭佛之后，佛教僧侣或逃匿山林，或隐迹民间，还有相当部

[1] 《续高僧传 · 智炫传》。

[2] 甄鸾上《笑道论》三卷，释道安又上《二教论》，驳斥揭露道教虚讹及丑行。

[3] 《历代三宝记》卷一一。

分渡江逃往南朝陈国，在客观上促进了南北佛教文化和学术的交流。

第五节　佛教艺术的繁荣

一、昙曜五窟

北朝是佛教艺术的繁荣时期，此期佛教艺术的最成熟代表，首推石窟寺艺术。这是一种融石窟的建筑形式、雕塑和壁画为一体的综合性艺术。中国北方现存的著名石窟，如云冈石窟、龙门石窟、巩县石窟以及天龙山、响堂山石窟，几乎都是北朝开凿，而且均带有强烈的皇室（国家）经营的特色，有的石窟雕塑的主要佛像被认为是当朝皇帝的化身。因此这些石窟的开凿集中了国家最大的财力物力，使用了最优秀的雕塑工匠，标志着石雕艺术达到的高度水平。云冈石窟中的“昙曜五窟”，正是这批石窟中的典型作品。

云冈石窟明以前名武州山石窟，位于今山西大同城西 16 公里处的十里河北岸山崖上，东西开凿区长约 1 公里，绝大部分洞窟都是北魏中后期雕造的。按窟形和造像内容、样式分为三期，昙曜五窟正是最早开凿的第一期洞窟。北魏太武帝时虽发生了灭佛事件，但佛教并没有一蹶不振，到文成帝继位后，反而更迅速恢复发展起来。文成帝不仅颁布了恢复佛教的诏书，而且“诏有司为石像，令如帝身。既成，颜上足下各有黑石，冥同帝体上下黑子”[1]，开始按皇帝的身体仪容雕造石佛像，又在京师平城“五级大寺内，为太祖

---

[1]《魏书·释老志》。

已下五帝（即道武帝、明元帝、太武帝、景穆帝和文成帝自己）铸释迦立像五，各长一丈六尺”[1]，是为金铜造像，以上造像的雕铸，在文成帝兴光二年（455 年）前后，这之后不久的文成帝和平元年（460 年），在经凉州来的西域高僧、担任了北魏最高僧官的沙门统昙曜主持下，开始了在武州山下五大石窟的开凿。《魏书 · 释老志》记这一经过时说 ：“昙曜白帝，于京西武州塞，凿山石壁，开窟五所，镌建佛像各一，高者七十尺，次六十尺，雕饰奇伟，冠于一世。”这五座石窟佛像，实际是前不久铸金铜五像于五级大寺的重演，性质同样，是将太祖以下五帝作为佛像供养。[2]

昙曜五窟即今云冈石窟编号第 16、17、18、19、20 窟，造像题材主要是三世佛（过去佛、现在佛、未来佛）和千佛。五窟窟形均为摹拟印度圆形平面、穹隆顶的草庐形制，造像则突出表现为雄浑硕大，强调雕塑的体积和分量。布局集中、突出主像。如第 20 窟主尊坐佛高 13.6 米，虽不是五窟主像中最高大的，但因窟前壁和顶部早已崩塌，故暴露于露天之下，佛仪态威严，面阔肩宽，嘴角带有一丝冷峻的微笑，站在佛像面前，人们会自然感到自身的渺小和佛的威慑与震撼力，从而情不自禁地匍伏于其脚下。

五窟造像的形貌多双肩齐挺，身体粗壮，面庞丰满，鼻梁平直，嘴阔唇薄，眉目略长，呈现出与中原汉族完全不同的容貌风格，主像释迦牟尼蓄有八字胡须，这是印度造像的典型特征。造像所穿服装主要有两种 ：一是袒右肩袈裟，一种是通肩袈裟。右袒式

[1] 《魏书 · 释老志》。

[2] 一般认为，16 号窟主像释迦是现在佛，象征当时在位的文成帝（此像是五窟主像中最高大的，为 16.8 米）；17 窟主像是未来佛，相当于没继位就死去的景穆帝 ；18、19、20 窟分别为太武帝，明元帝和道武帝而开。

装的里边穿内衣，一般画有方格纹，外披的袈裟边缘雕饰出宽阔的装饰带，上有联珠纹和折带纹。菩萨像多为圆脸短身，头戴宝冠，裸上身，饰项圈璎珞，下着羊肠大裙，戴臂钏、手镯。这种菩萨装饰正是当时印度贵族的装饰。[1]

雕刻技法方面，主要采用平直刀法，简洁、劲健而又不失其细腻。20 窟主佛衣着厚重，衣纹层层凸起，有明显的毛质感。反映了中亚牧区和犍陀罗造像特征和服饰特点；18 窟主佛衣纹轻薄贴体，匀称而密紧，其雕工反映了印度恒河流域笈多地区造像的某些特点。[2]

据文献记载，北魏平城造像的粉本（所依稿本），除取自凉州外，还取自中亚、西域的一些国家。因此，昙曜五窟造像“既不同于凉州造像，也不完全同于犍陀罗造像。这种造像风格反映出西域凉州造像及犍陀罗造像的某种特点，又注入了一些新的因素”，而这种独特的造像风格。同东南亚、中亚、新疆、甘肃等地现存的佛教遗迹相比较，可以说是没有先例的。这种造像风格应该说是五世纪中期，平城地区僧俗工匠在云冈创造的一种新样式”。[3]

二、龙门石窟

龙门石窟位于河南洛阳市南 13 公里伊水两岸的东、西山上。龙门古称伊阙，因两山夹伊水，山形似门阙而得名。石窟始建于北魏孝文帝迁都洛阳（494 年）前后，后代又历有开凿，现存洞窟（龛）两千多个，造像 10 万余尊，三分之一是北魏时开

---

[1] 参见国家文物局教育处编：《佛教石窟考古概要》，文物出版社 1993 年版。

[2] 参见国家文物局教育处编：《佛教石窟考古概要》，文物出版社 1993 年版。

[3] 参见国家文物局教育处编：《佛教石窟考古概要》，文物出版社 1993 年版。

凿的。其中最重要的便是由北魏皇室直接经营的宾阳三洞（中洞、南洞、北洞),《魏书 · 释老志》记述这三洞开凿经过说 :“景明初（500 年），世宗（宣武帝）诏大长秋卿白整准代京灵岩寺石窟（即大同云冈石窟），于洛南伊阙山，为高祖、文昭皇太后营石窟二所。初建之始，窟顶去地三百一十尺。至正始二年中，始出斩山三十三丈。至大长秋卿王质，谓斩山太高，费功难就，奏求下移就平，去地一百尺，南北一百四十尺。永平中，中尹刘腾奏为世宗复造石窟一，凡为三所。从景明元年至正光四年六月已前，用功八十万二千三百六十六。”据此可知，宾阳三洞是迁洛以后的北魏皇帝直接继承了云冈开窟的传统，为孝文帝、文昭皇太后和宣武帝凿造的。因工程浩大，曾修改原设计方案，降低开窟高度，即使这样，也花费了 24 年时间，用工八十万两千余个。而主持实施工程者的白整、王质、刘腾，都是皇帝委派的宦官。

龙门石窟的造像题材仍是云冈石窟主尊的三世佛，但造像的面貌和装饰有了鲜明的变化，更多地呈现出中原地区汉族的传统做法。佛、菩萨更趋温和世俗化，并穿上了孝文帝改革服制以后兴起的褒衣博带式服装，这种服装原是南朝汉族士大夫的常服，在云冈石窟第二期孝文帝时造像中已经出现，到龙门石窟中更加成熟和普遍。龙门北魏以后的造像，身材苗条，清癯秀劲，加之华丽的衣纹和人情化的表情，更显得清秀俊颖。雕刻方面，正从云冈的平直刀法过渡到圆刀刀法，艺术风格从云冈的深厚粗犷嬗变为优雅端庄。这些显著的变化，是由于孝文帝迁都于洛阳之后，进一步推行改制政策，任用南朝儒士，吸收南朝文化，使南朝崇尚的“秀骨清像”式风格传入北方，并风靡全国，逐渐形成中原佛教艺术的主流。龙门石窟的雕塑在这一中国式佛教石雕造型艺术形成过程中，无疑具有承前启后的重要作用。

作为皇家营造的石窟，龙门宾阳三洞之宾阳中洞中，出现了表现最高统治者皇帝与皇后礼佛的大型浮雕画面——帝后礼佛图。因构图、人物刻画及雕工极为精美，被认为是龙门石窟石雕艺术的代表作品。帝后礼佛图镌凿于宾阳中洞前壁南北两侧（即窟门内左右两侧）墙壁上，两幅画面各高 2 米，宽 4 米，其中北侧浮雕以孝文帝为中心，前面仪仗导引，旁边有侍者扶持，后有人擎华盖羽葆，簇拥面南行进；南侧浮雕以文昭皇太后为中心，头饰华冠，前后十余名侍女或捧香炉，或持莲花，随太后面北行进。两图虽人物众多，层次错综，但构图严谨，布局和谐，呈现出一种恢宏的统一效果，庄严而肃穆的盛大场景。在雕刻技法上，古代艺术家们成功地运用了中国传统艺术中线条的表现力，以平直刀法刻出的线条，体现人物丰富多变，或雍容或婀娜的形体轮廓，勾勒出不同人物繁缛细腻的服饰、衣褶、裙带，又用圆刀雕刻塑造人物的面部，使之柔和圆润。同时，众多人物间相互联系呼应，顾盼有致，寓动于静，使画面丝毫没有生硬呆板的感觉，而充满了一种动态的生机与活力。这两幅精美的雕刻令国外一些人垂涎欲滴，竟于 20 世纪 40 年代中期被盗凿出龙门石窟，现藏美国纽约市艺术馆。此类题材的帝后礼佛图石雕，在距龙门不远的河南巩县石窟寺中还保存两幅，但雕刻技法略逊于龙门的作品。

三、敦煌莫高窟

北朝石窟艺术中，云冈和龙门石窟今天均是以石雕见长（这些石雕造像当年也施彩），而位于西北部河西走廊的甘肃敦煌莫高窟，则因地处沙漠戈壁，石雕不易，故以壁画和彩绘泥塑造像最为恢宏精美，为我国著名的佛教艺术宝库。

敦煌莫高窟的开凿始于十六国前秦时期。当地碑文记载，前秦建元二年（366 年），一位名乐僔的僧人游方到河西重镇敦煌，当他来到敦煌附近的三危山脚时，一幅奇异的景色出现了：三危山被一片绚烂的金光遮蔽，光幕中显示出千万尊佛的身姿。高僧被这景色震撼了，认为这是佛祖向自己发出的召唤。于是他留在这里，并主持开凿了当地的第一座洞窟。莫高窟的第一次开窟高潮是北朝，现存北魏、西魏、北周等洞窟 36 个，窟形主要有 3 种；一是主室两侧壁凿有小禅室的禅窟，以西魂大统年间的 285 窟为典型代表。窟主室平面方形，覆斗顶，正壁凿一大龛，两侧各一小龛，南北壁各凿 4 个小禅室；二是中心柱窟，平面长方形，窟内凿方形塔柱，柱体四面开龛，窟顶前部多作“人字披”形，后部为平綦顶，这是北朝的典型窟形；三是方形平面的覆斗顶窟。

莫高窟是佛教壁画的圣殿，每座洞窟的顶部和四壁，均满绘色彩绚丽的壁画，一般顶和四壁上部绘天宫伎乐；四壁中、下部绘千佛、佛传、佛本生和因缘故事等。这些壁画除少量早期作品仍保留着某些西域画风外，绝大多数已呈现出融中原传统绘画技法和佛教题材内容为一体的特有艺术风貌。这是因为佛教艺术传至中国当时的政治文化中心，如北魏都城平城和洛阳后，经过一定时期的消化、补充和提高，又以新的面貌和强大的影响力辐射反馈回周围及边缘地区，给后者以新的洗礼。莫高窟北魏时的壁画，增加了与神仙思想有关的中国传统神话题材，如乘仙车邀游太空的东王公、西王母、伏羲、女娲和四神等，而这些也正是当时中原地区墓室壁画中常见的内容。在构图上，也改变了以往佛教壁画中一个故事以一个独立画面表现的方式，大量采用如连环画一样横向展开，成长卷画幅式的布局。每个佛教故事依情节的发展顺序，依次绘制成多幅连续画面，如428窟的“舍身饲虎图”，便前后共绘出11幅画面。洞窟的一个壁面，往往可以按上、中、下分层绘制长幅壁画。这种做法，恰是中原汉画像石艺术的典型构图模式。

在技法上，敦煌壁画除继承了西域壁画的晕染法和线描法外，又有了更丰富的技巧和表达方式，主要是晕染效果更加柔和、圆润，线条更为自由、奔放。色彩的运用方面，北魏时期多以土红色为底色，用青、绿、赭、白等彩敷色，色调热烈厚重；西魏以后多用白色壁面为底色，色调趋于清新雅致。

莫高窟中保存的彩绘泥塑，比之壁画虽数量为少，但成就仍是卓越的。北朝窟中所塑主像一般是释迦牟尼或弥勒，两侧多有二胁侍菩萨像；北周时佛的两侧出现二弟子像，成为一佛、二弟子、二菩萨一铺的组合。北魏塑像虽然在形式上还保留西域造像的原型，但佛、菩萨的头部造型、脸部表情、袈裟衣纹的处理已明显改变为中原汉晋以来的传统人物造型风格。

敦煌莫高窟这座佛教艺术宝库，唐宋各朝均有增修，明代以后曾一度被荒废和遗忘，到清中期才又受到人们的注意，特别是清末光绪二十年（1900年）发现了著名的藏经洞，更使莫高窟声名大噪，引起国内外学术界和艺术界的重视。1900年，一个住在莫高窟的道士王圆箓，偶然间在莫高窟某窟通道的墙壁内，发现了一座被封闭达800多年之久的洞窟（现编号为莫高窟第17号窟）。这是一个长、宽、高仅约3米的小窟，里面从地面到窟顶，密密匝匝地堆放着四五万件上起三国两晋、下至北宋的经卷、文书、佛画和法器，这就是著名的敦煌藏经洞。据推测，这或许是当地历史上某次大的动乱中，僧侣们为保存佛家文献而采取的紧急措施，后来这批僧侣未能回返原地，这个洞窟便得以长期密封起来。

藏经洞所出文物中历史和艺术水平最高的是各类佛教经典和精美的佛教绘画，佛经大多数是手写本，尤其可贵的是保存了宋以后失传的部分经目，此外还有老子《道德经》和儒家经典，以及大量文学作品，包括曲子词、诗歌、变文、话本小说等等。它们与莫高窟原有的壁画、彩塑一起，成为“敦煌学”研究的主要内容。

四、响堂山、天龙山和须弥山石窟

北朝晚期的石窟艺术，以河北邯郸响堂山石窟（北齐）、山西太原天龙山石窟（北齐）和宁夏固原须弥山石窟（北周）最有特色。

响堂山石窟和天龙山石窟部是北齐皇室直接参与营造的大型石窟，分别位于北齐时的两都，即邺都（今河北临漳）和晋阳（今山西太原）附近。其中响堂山石窟因规模大、艺术风格独特而在中国石窟史上占有重要地位，极受学人瞩目。它位于邯郸市峰峰矿区鼓山，包括南响堂、北响堂及小响堂（水浴寺）3 处。据当地有关碑文记载，石窟始凿于北齐文宣帝高洋时（550—559 年），现南响堂存 7 窟，北响堂存 8 窟，小响堂 2 窟，总计造像约 4000 余尊。并有北齐武平三年（572 年）重臣唐邕写经记和大量刻经。以高欢、高洋家族为首的北齐统治集团极为崇佛，在当权的 20 多年中，把佛教奉为国教，尊名僧为国师，不但皇帝亲自筑坛礼佛，还让所有后妃和重臣都受菩萨戒。他们倾国力开凿的响堂山和天龙山石窟，堂皇富丽，《续高僧传》中赞其“雕刻骇动人鬼”。石窟中的造像形体丰腴圆润，既不似云冈雕刻那样气势逼人，又不同于龙门北魏晚期的清癯俊逸，整体风貌明显为之一变，呈现出一种饱满、洗练的造型；在雕刻技法上不但注意比例接近现实，而且细部起伏变化也较自然、柔和，仿佛当时贵族男女雍容华贵的人像实体。作局部装饰用的忍冬、覆莲，也叶瓣肥大，丰硕圆润，刀法流畅自如，充满成熟的石雕艺术之美。

响堂山石窟尤以一种独特的窟前建筑装饰蜚声中外，这就是每窟前雕凿中国传统木结构建筑形式的带檐柱的前廊，廊上方浮雕仿砖木结构的檐瓦、椽、枋和斗栱；而在檐廊上方即窟前壁门上方，则又雕出一印度大覆钵塔轮廓。拱形塔周围饰山花蕉叶，正中立金翅鸟，并用精美的忍冬及火焰宝珠刻出塔刹，形成所谓“塔庙”样的建筑外观，极为奇伟华丽。这种以中国木构建筑和印度佛教大塔相结合的石窟装饰造型，在国内其他地区石窟中几乎不见，仅在响堂山石窟中出现，令学者们颇费思索，其造型粉本的来源需作进一步研究。

天龙山石窟在山西太原市西南 40 公里的天龙山东、西峰，东峰 8 窟，西峰 13 窟。从现存造像和《开皇石室铭》碑记考察，石窟开凿于高欢摄政的东魏末，北齐大盛。此期洞窟多为进深、面宽相等的方形，三壁三佛式，造像均用圆雕法雕出，华丽美观，世称“天龙山样式”。二十世纪初年，石窟曾遭外国势力的严重破坏，150 多件精美的石造像被盗凿劫往国外，散失于日本和欧美各国（大部分是佛头）。

须弥山石窟位于宁夏固原西北 55 公里的六盘山支脉，以北周洞窟数量多。造像精，规模大而著称。这处石窟因地处僻远，长期以来未能被人们认识，原均误认为是唐以后开凿。近十数年间才被确定为有北魏、北周的重要遗存。其中北周洞窟均为平面方形的中心柱式，中心柱每面只开一龛，龛形浮雕仿木构帐架结构，覆帷幔流苏，并饰口衔珠璧、璎珞的龙头。造像亦有时代和地域特色。佛像低平肉髻，面相方圆，两肩宽厚。腹部突出。菩萨像面部也较圆润，上披天衣，下着长裙，璎珞环身，微侧的双肩和略呈 S 形的体态给人以生动、亲切之感，总体趋于写实。其人物的基本造型比之北齐石窟显得浑厚、硕壮。须弥山石窟后世改凿、补刻的情况较少，多保留了作品的原始风貌，是研究北周佛教艺术的珍贵实物。

北朝石窟中除主要用于供养、礼佛的洞窟外，还有一种作为墓葬功能的特殊类型——瘗窟，典型代表如甘肃天水麦积山石窟中西魏皇后乙弗氏的“寂陵”。《北史 · 后妃传》中记述了这样一个凄婉动人的故事：公元 538 年，西魏文帝元宝炬为缓解柔然入侵的威胁，以和亲策略迎娶柔然公主入宫，而将与自己同甘共苦 13 年、生男女 12 人的皇后乙弗氏废黜为尼，迁至秦州（即甘肃天水）暂避。两年后，柔然军队再次大兵压境，并有传言说是因为皇帝仍怀念废后的缘故。文帝无奈，只得派人持手敕至秦州，令乙弗氏自尽。乙弗氏死后，在当地麦积山崖间凿窟而葬，号“寂陵”，这就是今天麦积山石窟第 43 号窟，俗称“魏后墓”。此窟为麦积山石窟中颇为华美的一窟，窟前雕成仿木结构的崖阁，三间四柱，前檐的屋脊、瓦垅、鸱吻俱全，建筑装饰十分讲究。窟内由前而后分阁廊、享堂和瘗室 3 个不同性质的空间，现有塑像虽皆宋人之作，但仍可见到西魏壁画残迹。这种瘗窟在洛阳龙门石窟中也有相当数量的发现，著名响堂山石窟中的北响堂第 3 窟，宋代史书就记为北齐神武帝高欢的瘗窟，虽然此说没有被完全证实，但其影响之大还是不容忽视的。

五、金铜造像与石造像

与石窟寺艺术并行的佛教造型艺术品，还有被供奉在寺院或佛塔内，可以移动的中小型金铜造像和石造像。

这里说的中小型金铜造像，是用铜或青铜铸造，表面鎏金，大者不过 1 米，小者仅 10 厘米左右。题材包括佛、菩萨、弟子、天王、力士等。中国传世最早的一批金铜造像精品，都是出自北方十六国时期少数民族国家，但大多已流散国外。如现藏于美国三藩市博物馆的后赵石虎建武四年（338 年）铭鎏金铜佛像，是已知有明确纪年最早的铜造像。佛高髻，穿通肩衣，手作禅定印，结跏趺坐于四足方座上。造像端庄朴素，是早期金铜造像的典型佳作，特别是佛的结跏坐式，以及双手相叠，平置腿上的禅定手印，更是早期金铜造像的通用造型，可以作为断代的标尺。

北魏时的金铜造像比之十六国作品有了新的变化，题材更加多样，造型更趋繁缛精美，装饰意味更加浓厚。现藏美国纽约市大都会艺术博物馆的北魏正光五年（524 年）新市县（北魏属定州）午猷为亡儿造弥勒像，通高 0.77 米，是一组包括一立佛、二立菩萨、二思惟菩萨、四供养菩萨、二力士、十一飞天、二博山炉和二狮子构成的大型套装造像。主像弥勒佛居中立于双层四足方座上，背后是镂空透雕舟形火焰纹背光，背光外缘呈放射状加附十一身飞天，结构严整对称，极富装饰效果。与前举十六国时期金铜造像简洁朴素的造型形成鲜明的对比。

金铜佛像的制作工艺十分精细复杂，从传世和出土实物分析，它们大都是浇铸成形后，又经过锉、凿、刻、抛光、鎏金等多道工序方能完成。结构复杂的造像，则是采取分铸合体的方法，将造像的各个局部分别浇铸，预先留孔和备榫，最后插接为一个整体。有的像头后及身后有榫，插入背光的方孔中，背光周缘留圆孔，可插入有榫的飞天。山东博兴县出土的一件北齐河清三年弥勒造像，背光的火焰纹上留有 11 个圆孔，现只插存 5 身飞天，可见原来应有 11 身飞天。这种分铸合体的方法，最初见于中国新疆地区的金铜造像，说明是由西域传入的古老工艺技法。

近年来，国内北方地区陆续出土了几批数量很大的金铜造像，如 1983 年山东博兴出土北魏至隋代铜造像 101 件，1986 年山西省寿阳县出土东魏至唐代造像 90 件，等等。这些成批出土物均为窖藏，且多出于古寺庙遗址附近，说明它们是当时佛教徒们出资铸制，并供养在佛寺中的。这些造像时代延续性长，表明十六国以后虽然开窟造像的石窟礼佛盛行各地，但在寺庙中供奉小型金铜佛像仍然是民众敬佛的主要方式。在这些造像上刻铸的发愿文中，多数内容都是为去世和在世父母、眷属祈求幸福、平安。

石雕造像在北方和南方也有大量出土，北方以河北曲阳修德寺造像数量最大，时代延续性强[1]；南方则属四川成都万佛寺造像最为精美[2]。大部分石造像都是出土于已废弃的寺址、塔基下，发现时叠放整齐，与前述成批窖藏的金铜造像一样，可能是历史上几次灭佛事件时被佛教徒精心埋藏的。河北曲阳修德寺造像 20 世纪 50 年代初发现于修德寺塔基和寺址下，总数达 2200 余躯，内有纪年造像 247 躯，自北魏神龟三年（520 年）至唐天宝九载（750 年），包括北魏、东魏、北齐、隋、唐、五代，历代皆有。又以东魏、北齐和隋造像为主，多为小型单体圆雕汉白玉石雕像。这是历年来中国发现和出土数量最大的一批石造像。其中北魂像题材主要是弥勒，多

[1] 罗福颐：《河北曲阳县出土石像清理工作简报》，《考古通讯》1955 年第 3 期；杨伯达：《曲阳修德寺出土纪年造像的艺术风格与特征》，《故宫博物院院刊》总 2 期，1960 年。

[2] 四川省博物馆：《成都万佛寺石刻艺术》，中国古典艺术出版社 1958 年版。

作双腿相交的交脚式，细颈修身，衣褶厚重，一般作三角隐起或重叠式，手施无畏、与愿印，后有舟形举身背光，背光边缘饰莲瓣及火焰纹。东魏弥勒像骤减，观音像激增，还有释迦、多宝并坐像和思惟菩萨像，衣质变薄，衣褶作双沟曲线，显示了北魂向北齐的过渡形式。北齐出现了阿弥陀佛和无量寿佛，雕刻风格肌肉凸张，面相丰满，衣饰更显轻薄飘逸，衣纹简化，多用无双勾阴线。这些艺术特色代表了中国佛教北方石雕几个不同时期的典型风格。如东魏逐渐改北魏的硬直刀法为圆柔的刀法，雕出袈裟适体、和蔼可亲的佛菩萨形象；北齐石雕刀法又崇尚利落洗练，使造像更加柔和丰满，衣饰宽松，衣纹疏简而自然，开唐代造像丰腴健康，生动流畅之先河。4 世纪中叶，随着佛图澄在后赵的传教活动，河北日益成为北方佛教要地，加上当地出产汉白玉石料，更为佛教石雕工艺创造了条件。曲阳修德寺大批石造像正是在这种历史背景下产生的。

四川成都万佛寺石造像，最早发现于清光绪八年（1882 年），19 世纪 50 年代前后又陆续有几批出土，总数达 300 余件（大部分破损）。时代包括南朝宋、梁和北周、隋、唐等历代纪年作品，是南方地区出土石造像最多的一批，为研究中国南方及四川地区早期佛教艺术，提供了极好的标本。万佛寺梁代造像组合复杂，一铺像中除本尊、胁侍外，往往还有众多的天王、弟子，甚至下设 6 至 8 人的乐伎，反映出独特的地方特色。这些造像面相方正，衣饰繁缛，刀法圆熟细腻，如梁中大同三年（547 年）造像，主像观世音菩萨戴花蔓冠，天衣轻薄贴体，居中亭亭玉立，脚边两侧分别蹲一狮，昂首张口，形态生动，观音的两名胁侍菩萨就分别立于狮身之上，外侧两旁又有二象，象上也各立一护法天王。整铺像前下边，又雕出一排 8 个吹奏乐伎，手执不同乐器，仿佛正在合奏佛国神曲。造像采用高浮雕技法，衣帛飘垂，宝冠华丽，璎珞细致，交叉穿璧。人物虽多但主次分明，所站位置前后错落，参差有序，丝毫无繁乱之感，充满了热烈欢快的气氛。

六、造像碑石雕

北朝时期，佛教艺术石雕的另一类形式是造像碑雕刻。造像碑整体上借用了中国传统石碑的样式，全形似碑，在其上开龛雕像，多为佛教造像，只有极少数与道教有关。并常铭刻造像缘由和造像者姓名、籍贯、官职等，有时也有线刻的供养人像。多发现于今北方河南、陕西、山西、甘肃等省。宋赵明诚《金石录》记载有光初五年（322 年）前赵浮图澄造释迦像碑，是见于著录的年代最早的一例。现存的实物，以北魏时期的最早，而以东魏—北齐和西魏—北周时期的数量最多，说明其最盛期在北朝晚期，至隋代日趋衰落，唐代仅偶有发现。造像碑的造像题材和造型风格等方面的特征，一般近于同时期的石窟寺艺术。但因雕造于碑石上面，故多为高浮雕作品，且形体较小，雕琢得更加精细，是研究当时宗教艺术及宗教史的重要实物资料。

造像碑的形状与题材大致可以分为扁体碑形和四面体柱状两类，以前一类为多。

扁体碑形造像碑又可分为有碑额和无碑额两式，主要像龛雕于碑体正面，碑阴及碑侧有的也雕造像，但多是造像人题铭及供养人像等。有碑额的一式，如山西新绛东魏武定二年（544 年）释迦多宝造像碑，碑额作双龙盘曲状，但额上居中处雕一尊立佛。碑身上部开龛雕一佛、二菩萨，下部为铭刻。碑侧上部开龛造像，以下分

3 排线刻供养人像，并各有榜题。无碑额的一式，碑首又有作圆拱形和方形两种，圆拱形顶的如麦积山石窟“麦察”133 号窟中第 10 号造像碑，碑分 3 段，上段为圆拱状，居中刻释迦多宝并坐龛，龛楣尖拱上刻七尊化佛。下段刻主龛，内雕一佛、二菩萨，龛外两侧有力士和狮子。龛侧稍上处左刻鹿野苑双鹿听法，右刻维摩诘像。中段刻交脚弥勒像龛。在上、中两段的主龛两侧雕有佛传故事。碑首作方形的，如河南襄县北齐天统四年（568 年）造像碑，上端方形，雕垂帐纹，底部刻宝炉和双狮，其上中分为二，各开龛 3 层，合计 6 龛，龛内造像。除立碑形造像碑外，也有作卧碑形的，如同是河南襄县的北齐天统五年造像碑，高仅 53 厘米，而宽达 137 厘米，碑面居中开小龛造像，为交脚弥勒及二胁侍。其余部分均刻造像记铭文。

四面体柱状造像碑之四面宽度大致相同，均有雕刻，以河南浚县北齐武平三年（572 年）造像碑最精美。该造像碑下有碑座，上有雕成仿砖木建筑的九脊单檐歇山式碑顶。碑身四面均刻有上中下 3 层小龛，龛内造像。据造像铭记，知正面上龛为弥勒，中龛为释迦，下龛为阿弥陀；左侧上龛为弥勒、观世音双尊，中龛为普贤，下龛为无量寿佛；背面上龛为释迦，中龛为大势至菩萨，下龛为释迦多宝并坐；右侧上龛为维摩诘，中龛为涅槃变，下龛为药师佛。题材多样，刻工精细，是很罕见的。常见的还有以千佛为题材的造像碑，是在佛龛上下或四周雕刻千佛，如山西高平出土的北魏王黄罗等人造像碑。

北朝的造像碑上，还有刻雕道教题材的，陕西耀县常有这种类型，均是与佛造像合雕于一碑。道教像多戴冠蓄髯，如北魏始光元年（424 年）魏文朗造像碑、北周武成元年（559 年）绛双鲁造像碑等，特别是保定二年（562 年）李昙信造像碑发愿词中，记明为“敬造释迦、太上老君诸其菩萨石像一区”，可确证为佛、道像合雕的造像碑。

七、舍利瘗藏与建塔

所谓舍利，即佛祖的骨殖。是传说佛祖释迦牟尼死后（佛教称“涅槃”），弟子焚其身而得。按佛经的说法，这些舍利如五色珠，光莹坚固，击之不碎。因最初被八国所争夺，故被分为八份，分装在八个宝坛（或说宝瓶）内，藏于八国专门构筑的佛塔内。印度阿育王时，佛教大发展，又将舍利分为八万四千份，在各地造八万四千塔贮藏。随着佛教在中国的传播，建塔瘗藏舍利的做法也传到中国，并迅速在中国普及。

中国目前经考古发掘和科学调查得知与瘗藏舍利有关的佛塔（包括已颓圮的塔基）约有70余座，其中三分之二有明确纪年，时代最早的即北魏太和五年（481年）塔基，最晚到明永乐时期[1]。1964年发现于河北定县城内的北魏太和五年舍利塔基及舍利石函，是国内已知时代最早，出土物最丰富，时代特征最典型的一处。塔基为夯土筑成，瘗藏舍利的石函直接埋在夯土中，石函高58.5厘米、宽57.5厘米、长65厘米，约为长方形。函盖盝顶形，上刻铭文12行，共269字，详细记述了造塔的缘起[2]。大意是说太和五年春二月，孝文帝舆驾东巡于此地（中山），有感于当地山川险要，佛法渊源深远，遂命在此“造五级浮图（佛塔）”，意在为自己和一切臣民、六宫眷属祈福。这一史事恰与《魏书》“高祖本纪”太和五年春东巡中山的记载相符。石函内装有用于盛舍利的铜钵、玻璃钵和小口琉璃瓶、银瓶，用于奉请（取）舍利的铜匙、铜镊，以及

---

[1] 徐苹芳：《中国舍利塔基考述》，《传统文化与现代化》1994年第4期。

[2] 河北省文化局文物工作队：《河北定县出土北魏石函》，《考古》1966年第5期。

数千颗玛瑙、琉璃、珍珠、珊瑚、宝石组成的串饰，与舍利一同供奉埋藏。还有作为财宝施舍的金银耳坠、镯子、戒指、钗环等。其中出有41枚波斯萨珊银币，尤其是第一次出土了耶斯提泽德二世银币，是研究中西交通史的重要材料[1]，表明北魏时中西交通贸易的发达和繁荣。函内还随藏两枚官印，一为“军司马印”，一为“魏昌令印”，应是奉皇帝命负责造塔的官员印章。“值得注意的是在石函内还有铜盖弓帽、铜镞和铜镜残片等，这说明早期瘗埋舍利时，除了宗教仪式上所规定的法器和供养具之外，人们还按照当时墓葬随葬的习俗来施舍供养，铜盖弓帽和铜镞之类正是当时北方鲜卑族墓葬中常见的随葬品，它们在舍利石函中的发现是可以理解的”。[2]

著名的洛阳北魏永宁寺塔下也发现有与藏舍利有关的洞穴[3]，此塔亦为夯土塔基，在塔基的中部有一个深1.7米、宽1.6米左右的竖穴，四壁为夯土筑就，边缘整齐，显然与埋贮舍利石函有关。惜塔基在清代末年遭盗掘，现穴内已无任何遗物。

以上两座北魏塔基都没有后世塔基砖石砌筑的“地宫”建筑，而是将盛置舍利及供器的石函直接埋在夯土塔基内，一般认为这是中国舍利塔基的早期形式。隋唐以后，舍利塔下开始出现以砖石砌筑的专门埋贮舍利的“地宫”，而盛放舍利的容器也逐渐发展为仿中国传统葬具的金棺银椁类。

除已颓圮的塔基外，现存北朝佛塔还有著名的河南登封嵩岳寺塔、塔坐落于河南省登封县城北6公里处的嵩山南麓，始建于

[1] 夏鼐：《河北定县塔基舍利函中波斯萨珊朝银币》，《考古》1966年第5期。
[2] 徐苹芳：《中国舍利塔基考述》，《传统文化与现代化》1994年第4期。
[3] 中国社会科学院考古研究所洛阳工作队，《北魏永宁寺塔基发掘简报》，《考古》1981年第3期。

北魏正光年间（520—524 年），是我国现存时代最早的砖塔。塔高 37.05 米，平面十二边形，塔身之上施迭涩檐十五层，自下而上层层内收，使塔体外轮廓呈轻快秀美的抛物线型，极为挺拔秀丽。1988 年，河南省古代建筑保护研究所在对塔进行加固维修时，于一层塔底部发现表现为唐代文化内涵的地宫。地宫位于塔内中部稍偏西北，方向南偏东 5°，平面近方形，边长 204—208 厘米。四面墙体中部向外呈弧线，残高 130—150 厘米，从结构看原应为穹隆顶。地宫内残留的壁画、建筑彩画及石刻线画的内容、技法，都表现为典型的唐代特征，壁上最早的纪年题记亦为唐开元二十一年（733 年）。但发掘者认为此地宫有可能是与塔同时建造，唐代作过整修，其主要依据是地宫甬道墙和塔身相连，压在塔下，是塔基的一部分；地宫宫室结构的穹隆顶，四壁微外弧方形，是北朝墓葬的常见形制，等等[1]。如此说不确，则简报中还报道地宫宫室中部地下有一不规则的扰坑，东西长 100 厘米，南北宽 60 厘米，深 125 厘米，上部略大，下部内收，坑底为建塔前的地面，露出三块大石。坑内出土包括一件背雕“大魏正光四年（523 年）”铭文在内的多件残碎的佛造像。大魏（即北魏）正光四年恰为嵩岳寺塔始建之年，或此扰坑即为建塔之初的北魏瘗埋舍利处。[2]

[1] 河南省古代建筑保护研究所：《登封嵩岳寺塔地宫清理简报》，《文物》1992 年第 1 期。

[2] 河南省古代建筑保护研究所：《登封嵩岳寺塔地宫清理简报》，《文物》1992 年第 1 期。

第五章　北朝文化（下）

第一节　北方道教

一、北魏初北方道教

北朝不但佛教兴盛，道教也得到迅速发展，特别是道教的教理教义和教规得到全面的整理、整肃和提高，完成了由一个低级的民间宗教向成熟、高级的宗教体系的过渡。其中，最显著的标志是北魏寇谦之对五斗米道的改革。

五斗米道原是东汉道教初起时形成的两大主要教派之一（另一派为张角领导的太平道），因其创始人张陵、张鲁等均以天师自居，故又称天师道。东汉末年，张鲁以五斗米道为号召，在汉中起义称雄，后被曹操招安。曹操为防止此教教徒在汉中地区重新聚集，遂“拔汉中民数万户以实长安及三辅”（《三国志·张既传》），五斗米道虽受到沉重打击，却也因此获得了向全国传播的机会。

两晋时，五斗米道迅速被社会上层人士所接受，世家大族中信奉者更多，北魏拓跋部亦在此时接触到道教。《魏书·释老志》记“初，文帝入宾于晋，从者务勿尘，姿神奇伟，登仙于伊阙之山寺。识者咸云魏祚之将大”，说的便是北魏先祖文帝拓跋沙漠汗居洛阳时，他的侍从务勿尘信奉道教，传说还在伊阙山成了仙。后来，北魏太祖道武帝拓跋珪和太宗明元帝拓跋嗣在崇佛的同时也都信奉道教，《魏书·释老志》载“太祖好老子之言，诵咏不倦。天兴中（398—403年），仪曹郎董谧因献服食仙经数十篇。于是置仙人博士，立仙坊，煮炼百药，封西山以供其薪蒸。令死罪者试服之，非其本心，多死无验。太祖犹将修焉。太医周澹，苦其煎采之役，欲废其事。乃阴令妻货仙人博士张曜妾，得曜隐罪。曜惧死，因请辟谷。太祖许之，给曜资用，为造静堂于苑中，给洒扫民二家。而炼药之官，仍为不息。”拓跋珪置仙人博士，立仙坊，煮炼百药求长生，虽试服药的罪犯多死而无验仍乐此不疲，最后他和他的儿子拓跋嗣之死都与服食长生药中毒有关。

到了拓跋嗣之后的太武帝跋拓焘，更是抑制佛教，专崇道教，实行了严厉的灭佛行动，造成中国历史上第一次大规模灭佛事件。

道教之所以在经过三国时期的短暂低谷又重新于两晋南北朝勃然兴起，学者们认为主要有以下几个因素：第一，道教在中国社会中有其不可替代的文化价值，尤其是体现了人们对生死问题的普遍关注。人生必有死，但生存的欲望与对死亡的恐惧，又驱使人们企图设法超出生死大限，各种宗教和哲学流派都必须面对这个根本问题。儒学是教人们将潜隐在心灵深处的欲望通过社会道德实践得以升华和转化；佛教是把人们的精神引向虚幻的彼岸世界，从而排遣生存的苦闷和对死亡的恐惧；而道教则直接提供给人以长生不老（不死）的处方和途径。道教的炼丹术给了贵族统治者永享富贵荣华的希望，符水治病满足了下层劳动者缺医少药的需要，养生健身理论更是广大民众增强体质、健康长寿的共同愿望。这样一种全方位、多层次的社会功能是儒、释两家无法取代的[1]。第二，道教文化具有极大的开放性和兼容性，它将中国古代的民间信仰、老庄思想、阴阳五行、神仙方术、医药卫生、民间巫术均吸收消化于自己之体系内，后来连佛教的有关教义仪轨、组织形式、造像典籍等方式方法也兼收并蓄，显示出丰富多采的理论特色，从而在中国传统文化，特别是俗文化层面上占一席之地[2]。第三，当时社会、文化的动荡促进了道教的崛起。两晋南北朝时战乱频繁，政权更迭，人们感到得失无常，祸福无定，当他们感到完全丧失了把握自己命运的能力时，理性主义的儒学便失去了“独尊”的地位。乱世使得各种宗教抬头，道教虽不如佛教理论体系缜密严谨，但却具有华夏本土正统宗教的地位，因此也有相当的领地和扩展余地[3]。如北魏太武帝便斥责佛教为外来的胡妖、鬼道，而奉五斗米道为正统宗教。第四，此时期出现了葛洪、寇谦之、陆修静、陶弘景等一大批卓越的道教活动家，他们根据时代的变化，逐步改革道教的教义理论和组织结构，剔除其平民性和地方性，突出其贵族性和正统性，从而得到统治者的支持和信任，并使其迅速变为统治阶级的思想工具。

[1] 《中华文明史》第四卷第十一章第二节，第 386 页。

[2] 《中华文明史》第四卷第十一章第二节，第 386 页。

[3] 《中华文明史》第四卷第十一章第二节，第 386 页。

二、寇谦之和崔浩

寇谦之（365—448 年）字辅真，上谷昌平（今属北京市）人，南雍州刺史寇讚之弟，自云寇恂之十三世孙。他早年就爱好神仙道教，修张鲁之术，曾与仙人（道士）成公兴一同入嵩山修道。据陈寅恪考证，《北史·寇讚传》中记“讚弟谦，有道术，太武敬重之”，此处谦之之名少一“之”字，陈寅恪认为并不是脱落此字，而是因天师道信徒多以“之”字为名，乃代表其道教信仰，就如同佛教徒名中多有“昙”“法”等一样，“之”字并非实名，可以不避讳，亦可省略。陈寅恪同时亦考证，寇谦之家族乃一大族，世代信奉天师道，或即是曹操拔汉中民数万户实长安及三辅时，从汉中迁出之豪族，“以其为豪宗大族，故有被徙之资格，以其为米贼（五斗米道）余党，故其家世守天师道之信仰。然则寇谦之之所以早修张鲁之术，固非偶然也”[1]。说明寇谦之早年即信奉道教，实与他出身世奉天师道的家族有渊源关系。同时亦说明寇谦之所以能得到北魏汉族大儒、太常卿崔浩的激赏，也与他们同出于信奉道教的世家豪族，有相应的政治理想有关。

寇谦之能够得到太武帝的重视，大刀阔斧地改革了原来的天师道即五斗米道，并进而夺得天师的教主地位，确与崔浩的看重和全力推荐有直接关系。寇谦之与崔浩的交往，被人们看作北朝史中一种极醒目的现象，陈寅恪称之为“北朝史中一大公案也”。[2]

---

[1] 陈寅恪：《崔浩与寇谦之》，见《金明馆丛稿初编》，上海古籍出版社 1980 年版。

[2] 陈寅恪：《崔浩与寇谦之》，见《金明馆丛稿初编》，上海古籍出版社 1980 年版。

崔浩（?—450年）字伯渊，清河东武城（今河北武城西北）人，关东著名士族崔宏之子。他少好文学，信天师道，通阴阳术数。仕北魏道武、明元、太武帝三朝，以元老受封为东郡公，拜太常卿，后迁司徒，参与军国大计。后因遭鲜卑贵族的忌恨而被杀害。崔浩出身于当时第一盛族高门清河崔氏，崔家世奉道教，崔浩本人也是道教的忠实信徒，他后来师事寇谦之，对太武帝崇道灭佛起了促成作用。

南北朝时的中国北部，统治权虽在少数民族贵族手中，但当地毕竟仍以汉人居多，不但汉人文化水准高于少数民族，经济力量也远远胜于后者。所以少数民族想要统治中国，不得不借助于汉人中的高门大族，而汉人中的高门大族，亦欲借少数民族贵族统治者以实现其家世传统之政治理想，并巩固其社会地位。崔浩及其家族，是东汉以来儒家大族经西晋末年后留居北方未南渡的代表，正是北魏统治者倚重的主要对象[1]。清河崔氏既为北朝第一盛门，而崔浩一支又为清河崔氏门中最显赫之房，以当时的政治理想论，崔浩最看重的主要是家族门第（高官）和才学，而寇谦之既出身秦雍大族，才华又为崔浩所推服，所以二人相互推重，相见恨晚。《魏书·崔浩传》记：

> 浩从太宗幸西河、太原。登憩高陵之上，下临河流，傍览川域，慨然有感，遂与同寮论五等郡县之是非，考秦始皇、汉武帝之违失。好古识治，时伏其言。天师寇谦之每与浩言，闻其论古治乱之迹，常自夜达旦，竦意敛容，无有懈倦。既而叹美之曰："斯言也惠，皆可底行，亦当今之皋繇也。但世人贵

[1] 陈寅恪：《崔浩与寇谦之》，见《金明馆丛稿初编》，上海古籍出版社1980年版。

远贱近，不能深察之耳”。因谓浩曰：“吾行道隐居，不营世务，忽爱神中之诀，当兼修儒教，辅助泰平真君，继千载之绝统。而学不稽古，临事暗昧。卿为吾撰列王者治典，并论其大要。”浩乃著书二十余篇，上推太初，下尽秦汉变弊之迹，大旨先以复五等为本。

可见崔浩为旧儒家之领袖，寇谦之为新道教之教宗，他们二人互相利用，相得益彰，故二人之契合，绝不是偶然的[1]。正是在上引这段记述中，寇谦之向崔浩透露了他受神的启示，要以儒家学说来改造补充道教理论，辅佐皇帝成大业的政治理想。但他自己感到对儒教缺乏知识，不如崔浩，故请求崔浩的帮助。崔浩果然为其著书，此书虽已不存，但主旨应属东汉儒家的共同理论。寇谦之在崔浩等儒家大族的支持和帮助下，审时度势，对原始天师道进行了全面的改革和整肃。

三、寇谦之清整北魏天师道

寇谦之清理整肃北魏道教主要有如下几方面内容：

第一，改造道教早期的民间原始性质，使其成为封建统治服务的宗教工具。《魏书·释老志》记寇谦之的改革内容是：“除去三张伪法，租米钱税，及男女合气之术”。寇谦之利用神权的力量，托言太上老君授予他真经和天师职位：

[1] 陈寅恪：《崔浩与寇谦之》，载《金明馆丛稿初编》。

以神瑞二年（415年）十月乙卯，忽遇大神，乘云驾龙，导从百灵，仙人玉女，左右侍卫，集止山顶，称太上老君。谓谦之曰：“往辛亥年，嵩岳镇灵集仙宫主，表天曹，称自天师张陵去世已来，地上旷诚，修善之人，无所师授。嵩岳道士上谷寇谦之，立身直理，行合自然，才任轨范，首处师位。吾故来观汝，授汝天师之位，赐汝《云中音诵新科之诫》二十卷，号曰“并进”。(《魏书·释老志》)

从而为自己取得了新天师的地位。他反对天师职务的世袭，强调“天道无亲，唯贤是授”。天师道即五斗米道原是因教徒入会要交五斗米会费而得名，北魏时因获得国家的支持，无须再要信徒交米，寇谦之因此除“租米钱税”，恰好维护了封建国家经济上的垄断地位。另外，原张鲁居汉中时，用宗教组织代替政权组织，自号君师，以祭酒代州、县官，下设治头、鬼卒等，寇谦之去掉了这些行政管理组织名号，将原政教合一的形式改造成单一的宗教组织，划清了与政权组织的界线，防止有人利用道教组织反叛朝廷。这些措施，都得到北魏王朝的欢心和支持。特别是道教中原保留着早期所谓“房中术”的修炼方式，存在男女混杂，轻浮淫乱的状况，曾遭到儒家士大夫和佛教徒的极大反感和攻击，寇谦之断然除去“房中术”，维护了封建宗法家族制度，得到广泛的赞许。[1]

第二，整顿道教组织。寇谦之将分散于民间、属于不同系统的天师道集中统辖起来，使其变成为封建皇权服务的宗教团体。他宣称新天师道“专以礼度为首”，把服从纲常名教作为首要信条。要

[1]《中华文明史》第四卷第十一章第二节，第393页。

求教徒“不得叛逆君王，谋害国家”，要安于现状，“勿以贫贱求富贵”。他还直接为北魏政权的合理性辩护，说“魏氏承天驱逐，历使其然，载在河洛，悬象于天”[1]，尊北魏太武帝为太平真君，使天师道成为当时北魏的国教，而北魏国都所建设之道坛成了北方天师道活动的中心。[2]

第三，制定教仪教规，规范教徒行为。宗教仪轨是教徒表达宗教信仰观念的主要活动和仪式，繁复缜密的教仪可以增加宗教活动的庄严和神秘性。佛教因历史久远，早已有成套严密的仪轨，而道教早期教仪简单且不规范，为此寇谦之适时吸取佛教某些仪制，为道教创立了成套的仪轨制度，如奉道受戒仪式，求愿仪式，为死亡之人请祈、为消除灾病祈祷以及宥过的祈请仪式等。为改变道教组织涣散、科律不严的情况，寇谦之还重新申定了许多戒律，除道教中原有的以外，又从佛教中借用了不杀生、不偷盗、不邪淫、不妄语、不饮酒等等。还从儒家传统纲常名教中借用如“不得违戾父母师长，反叛不教”，不得叛逆君王，谋害国家，等等。这些戒律，表现出儒、释、道三教合流的特征。[3]

总之，五斗米道经寇谦之清整后，从组织到教义以及与封建国家的关系，都发生了显著的变化，原来政教合一的组织形式瓦解了；教会的租米钱税被取消了；教义上吸取儒、释思想，提倡礼度及规诫，强调约制信徒身心，置身外修炼诸术于辅助地位。这些都使五斗米教成熟发展为为统治阶级乐于接受和利用的宗教，成为封建国家维护其统治的精神工具。

---

[1] 《正一法文天师教戒科坛》。

[2] 《中华文明史》第四卷第十一章第二节，第 393 页。

[3] 《中华文明史》第四卷第十一章第二节，第 393 页。

正因为寇谦之对五斗米道的改革成果显著，故以后的五斗米道史称“新天师道”，六朝宋陆修静创南天师道后，北朝的新天师道才又称为北天师道。

四、太平真君

寇谦之在崔浩的帮助下在北魏大力推崇和改革道教，并取得很大成功，根本原因之一是得到了北魏最高统治者皇帝的信任和支持。崔浩仕奉过的三位北魏前期皇帝——道武帝、明元帝和太武帝，是拓跋鲜卑入主中原、统一黄河流域的主要统帅者。北魏领有的黄河流域，包括今河北、河南、陕西、甘肃等广大地区，是十六国时期佛教最盛行的地区，北魏在收取平定这些地区的过程（如佛教西部重地西北凉州）中，曾受到佛教的强烈影响，道武帝、明元帝都十分虔信佛教，而太武帝开始也是信奉佛教、礼敬沙门的。

后来，北魏君王为巩固在中原的统治地位，做正统的名正言顺的中国皇帝，开始迅速接受封建制度，实行向汉化、封建化的转移。从道武帝起便开始重用儒家学者，尊崇中原王朝传统的儒家学说。太武帝继续了这种政策，但对佛、道二教的社会作用却有一个认识的过程。道教徒历来斥佛教为“胡教”，称佛法为“西戎之法”，而将道老子奉为国师，并直接鼓吹长生成仙之术，这对北魏统治者是有煽惑作用的。太武帝既想尊中原的传统宗教，自然亦盼望能长生，于是在崔浩的劝说下逐渐信奉寇谦之的天师道，排斥佛教，乃至发展成后来的灭佛运动。[1]

[1] 《中国佛教史》第三卷第一章第三节，中国社会科学出版社 1988 年版，第 58 页。

寇谦之在明元帝末年从嵩山入北魏当时国都平城（今山西大同），结交崔浩，二人常通宵达旦讨论古今治乱经历，相见恨晚，十分默契。到太武帝始光初（424 年），寇谦之献道教书给朝廷，但起初反应不大。崔浩上书劝道：

> 臣闻圣王受命，则有天应。而《河图》《洛书》皆寄言于虫兽之文，未若今日人神接对，手笔灿然，辞旨深妙，自古无比。昔汉高虽复英圣，四皓犹或耻之，不为屈节。今清德隐仙，不召自至。斯诚陛下侔踪轩黄，应天之符也，岂可以世俗常谈，而忽上灵之帝。(《魏书·释老志》)

在崔浩的劝导下，太武帝开始信奉道教，他派人带着玉帛牲牢去祭嵩山，礼敬寇谦之为“天师”，并把寇的一批弟子 40 人接到时国都平城，在平城东南建天师道场，筑高达 5 层的道坛，举行庄严的祭祀礼拜活动。公元 440 年，寇谦之上奏说：“今陛下以真君御世，建静轮天宫之法，开古以来，未之有也，应登受符书，以彰圣德。”太武帝听信他的话，改年号为“太平真君”，并于太平真君三年（442 年）以太平真君之名亲至道坛，受符箓，备法驾，旗帜尽青。以从道家之色。自此以后，北魏每位皇帝即位之初，都要去道坛接受符箓，此法遂成为制度。

太平真君五年（444 年），太武帝下诏书限制、打击佛教，斥“沙门之徒，假西戎虚诞，生致妖孽，非所以壹齐政化，布淳德于天下也”。接着又下诏“自顷以来，军国多事，未宣文教，非所以整齐风俗，示轨则于天下也”，命王公贵族子弟“皆诣太学”，“百工伎巧”子弟世袭父兄之业（以上引文均见《魏书·世祖纪》）。由此可见，太武帝是将道教作为华夏正统宗教来崇奉，以儒家“文教”来“整齐风俗”的，而把佛教当作“妄生妖孽”的“西戎虚诞”之教加以排斥。

紧接着第二年，即太平真君六年（445年），卢水胡人起义于杏城（今陕西黄陵西南），太武帝为镇压起义，途经长安时，见佛寺中藏有兵器、酿酒器及供淫乱的密室，遂怀疑佛教徒通盖吴谋反。崔浩从行，亦劝帝灭佛，帝乃下诏诛杀佛教徒，焚毁佛像、佛经。这便是中国历史上第一次由皇帝发起的灭佛事件，史称“太武法难”。这次事件给全国佛教以沉重打击，客观上促进了道教的发展，使道教一度成为国教。据《魏书 · 释老志》载，寇谦之对灭佛并不赞成，曾与崔浩争论，甚至说：“卿今促年受戮，灭门户矣”，他可能料到用武力灭佛对维护封建国家的统治未必会有好结果。

第二节　北朝文史

一、豪放的民歌

北朝文学的发展是和少数民族的汉化及北方文人接受南方文学的影响分不开的，但北朝文学毕竟保持了自身固有的特色。隋代人在对比分析南北朝文学的不同风格时指出：“江左宫商发越，贵于清绮；河朔辞义贞刚，重乎气质。气质则理胜其辞，清绮则文过其意。理深者便于时用，文华者宜于咏歌。此其南北词人得失之大较也。”（《隋书 · 文学传序》）总的说来，与南朝文学精致、清绮特色形成对比的北朝文学，更明显的表现为贞刚、质朴、豪放的风格，这是由北方民族生产、生活方式及因此而形成的民族性格决定的。最能体现这种文学风格的是一批较原始的乐府民歌民谣。

北朝这批乐府民歌主要保存在《乐府诗集》的“梁鼓角横吹曲”及“杂曲歌辞”等中，约70首左右。这些诗歌绝大多数是用汉字记录下来的，传入南方后由南朝乐府官署收集、整理而流传下来。这一方面因为北朝主要是北魏孝文帝改制后，强令国中上下一律改说汉语，加速了北地汉语的推广和普及；另一方面是部分原用少数民族语言文字记录的歌曲传入南方时，被作了翻译加工。如现存歌谣《折杨柳》中“遥看孟津河，杨柳郁婆娑。我是虏家儿，不解汉儿歌”，“虏”是当时南地汉人对北方少数民族的鄙称，则原歌必为少数民族语言。

北朝长期处于战争纷乱之中，所以民歌的内容突出反映了慷慨悲歌的征战和崇尚武勇骑射功夫等，如《紫骝马歌辞》：

高高山头树，风吹叶落去。
一去数千里，何当还故处。[1]

歌辞以风吹叶落比喻流浪他乡的人不能重返家园的痛苦，反映了北朝连年混战给人民带来的灾难。再如《折杨柳歌辞》：

健儿须快马，快马须健儿。
跸跋黄尘下，然后别雄雌。[2]

[1] 郭茂倩：《乐府诗集·梁鼓角横吹曲》，中华书局1979年版。
[2] 郭茂倩：《乐府诗集·梁鼓角横吹曲》，中华书局1979年版。

短短四句，骠悍豪爽，读来仿佛感到一股黄尘扑面，显示了北方大地上健儿们能骑善射的勇猛性格。这种尚武的气魄在北方女子身上也得到了表现，《魏书》和《北史》中《李安世传》均记录了一首名《李波小妹歌》的民谣：

李波小妹字雍容，褰裙逐马如卷蓬，
左射右射必叠双。
妇女尚如此，男子那可逢？

李波是北魏广平（今河北永年）人，他的宗族豪强善战，成为当地一股令官府头疼的武装势力。后来李安世做刺史，诱杀李波及子侄30余人。李波小妹从文意看即李波的妹妹，她与男子一样骁勇善骑射，撩起衣裙放马飞奔，就像一股被风卷起的蓬草，左右开弓则可一箭双雕，女子尚且如此，男儿更是不可逢遇的对手了。

北朝民歌中也有很多情歌，歌辞大胆坦率，毫不忸怩，被认为是历来民歌中少有的。如：

月明光光星欲堕，欲来不来早语我。[1]
门前一株枣，岁岁不知老。
阿婆不嫁女，那得孙儿抱。[2]
谁家女子能行步，反著裌禅后裙露，
天生男女共一处，愿得两个成翁妪。[3]

---

[1] 郭茂倩：《乐府诗集·梁鼓角横吹曲》之《地驱乐歌》。
[2] 郭茂倩：《乐府诗集·梁鼓角横吹曲》之《折杨柳枝歌》。
[3] 郭茂倩：《乐府诗集，梁鼓角横吹曲》之《捉搦歌》。

这些情歌感情真率，语词爽朗，直抒了战争丧乱中女子迫切待嫁的心情，却绝不显鄙俗，与同时期南朝爱情歌咏的缠绵委婉情调截然不同。

二、《木兰诗》和《敕勒歌》

北朝诗歌中流传最久远而著名的，莫过于长篇叙事诗《木兰诗》和七句杂言《敕勒歌》。它们也被收入《乐府诗集》中。

《木兰诗》是唐以前叙事诗中，除《古诗为焦仲卿妻作》外，篇幅较长且故事完整的一篇，全诗写北朝一个名木兰的女郎假扮男装代父从军12年，屡立战功而不计功名，终于回家乡重换女装的传奇故事，塑造了这位北方少数民族少女纯朴尚武、保卫国家的勇敢精神。全诗如下：

唧唧复唧唧，木兰当户织。不闻机杼声，唯闻女叹息。问女何所思？问女何所忆？女亦无所思，女亦无所忆。昨夜见军帖，可汗大点兵。军书十二卷，卷卷有爷名。阿爷无大儿，木兰无长兄。愿为市鞍马，从此替爷征。东市买骏马，西市买鞍鞯，南市买辔头，北市买长鞭。旦辞爷娘去，暮宿黄河边。不闻爷娘唤女声，但闻黄河流水鸣溅溅。旦辞黄河去，暮至黑山头。不闻爷娘唤女声，但闻燕山胡骑鸣啾啾。万里赴戎机，关山度若飞。朔气传金柝，寒光照铁衣。将军百战死，壮士十年归。归来见天子，天子坐明堂。策勋十二转，赏赐百千强。可汗问所欲，木兰不用尚书郎。愿借明驼千里足，送儿还故乡。爷娘闻女来，出郭相扶将。阿姊闻妹来，当户理红妆。小弟闻姊来，磨刀霍霍向猪羊。开我东阁门，坐我西阁床。脱我战时袍，着我旧时裳。当窗理云鬓，对镜帖花黄。出门看火伴，火伴皆惊忙：“同行十二年，不知木兰是女郎。”雄兔脚扑朔，雌兔眼迷离。双兔傍地走，安能辨我是雄雌！

从诗中出现的“可汗”、“燕山胡骑”、行军所过的“燕山”、“黄河”字样，可知这确是源出于北朝的诗歌，战争的双方被认为是北魏与柔然，全诗虽经过南方文人的加工润色，但仍保留了浓郁的北方民歌风格，所有口语、对话、比兴、夸张等用词均简洁明快、朴素活泼。在文学的形象思维方面，全诗达到了相当高的水平，几个主要场面、情节的安排如闻其声，如见其情。如木兰出征前准备行装时，“东市买骏马，西市买鞍鞯，南市买辔头，北市买长鞭”；木兰还乡时，“爷娘闻女来，出郭相扶将。阿姊闻妹来，当户理红妆。小弟闻姊来，磨刀霍霍向猪羊”；木兰回到自己的闺房，“开我东阁门，坐我西阁床。脱我战时袍，着我旧时裳”，等等。每处场景的描写都极为生动、准确，使人读来不仅朗朗上口，而且眼前分明可见一个个充满动态的画面。正是通过这些通俗、上口、形象的歌词和富于传奇色彩的故事情节，使得木兰这位诞生于千年前的古代奇女子，成为中华民族历史上家喻户晓的女英雄。作家们多次将这个故事编成戏剧，搬上舞台，历代诗论家们对《木兰诗》都给予很高的评价，将其推为乐府叙事诗中的千古佳作。

除《木兰诗》外，北朝还有一首妇孺皆知的短歌——《敕勒歌》，诗为杂言，仅七句：

敕勒川，阴山下。天似穹庐，笼盖四野。天苍苍，野茫茫，风吹草低见牛羊。

关于这首歌的流传，《北齐书 · 神武纪下》和《乐府诗集》引《乐府广题》都记述了北齐创立者高欢的一段逸事：东魏武定四年（546 年），高欢率军攻周玉璧，战斗进行得十分激烈，将士阵亡近半，高欢急而病发。但为了安定军心，勉强支撑着召集众将，“使斛律金唱《敕勒》，神武（高欢）自和之，哀感流涕”。并注明“其歌本鲜卑语，易为齐言，故其句长短不齐”。

敕勒，是南北朝时期活跃于中国北部、西北部的游牧民族，又称狄历、高车、丁零、铁勒。《北史 · 高车（铁勒）传》说他们被北魏徙置于漠南千里之地，“乘高车、逐水草，畜牧蕃息”。具有浓郁而鲜明草原风貌的《敕勒歌》产生于他们之手，自在情理之中。北魏在与这些少数民族的长期征战中，吸收了他们文化中的精髓部分，故史书记其歌为鲜卑语，被译为汉语后在南方保存下来。

敕勒川的确切地点，今天已难指明，但论者认为大致上应在阴山之南，即今内蒙古自治区中西部河套北的土默川平原一带[1]，这里水草丰茂，是天然的草原牧场。诗的原作者虽可能并无高深的文学修养，但他将自己目力所及的高天、碧草、原野、牛羊随意歌出，仿佛勾勒了一幅色彩丰富而线条粗犷简洁的画面。自然，诗的汉语译者必是一位语言文学水平较高的作家。[2]

作为北朝民歌中的杰出作品，历代评论家都认为此歌的独特

[1] 曹道衡、沈玉成：《南北朝文学史》“北朝乐府和歌谣”，人民出版社1991 年版。

[2] 曹道衡、沈玉成：《南北朝文学史》“北朝乐府和歌谣”，人民出版社1991 年版。

艺术魅力在于自然质朴，不事雕琢，金人元好问盛赞其“慷慨歌谣绝不传，穹庐一曲本天然。中州万古英雄气，也到阴山敕勒川。”明人胡应麟认为，此歌之妙，正在于没有文化之人在无意中随意抒怀，所以浑朴苍茫，古风犹存。近人王国维《人间词话》将此诗与陶渊明“采菊东篱下”句同列为“写景不隔”之例，给予很高的评价。

三、庾信诗赋

庾信（513—581年），是梁代著名诗人庾肩吾之子，他年轻时便随父亲和徐摛、徐陵父子出入宫禁，与太子萧纲（梁简文帝）一起写作唱和，被称为“徐庾体”。梁末，他经历了侯景之乱的战火，饱尝了家破子亡的流离颠沛，后来，又在为江陵的梁元帝萧绎出使西魏时，被迫滞留长安，不得南归。从此历仕西魏、北周，终于没能再回南方。

庾信一生的特殊经历给他的文学创作打下了鲜明而深刻的烙印。文学史家一般都以他入仕北朝不归为界，将他的作品分为前后两期加以分析。他前期作品数量不多，因环境的优裕和文坛风尚的影响，内容较狭窄，多局限于儿女之情和风花雪月。尽管如此，他的文风比起同时期人的作品，还是较为清新高爽的。公元554年，他在出使西魏时被迫滞留长安，从此，亡国之痛、思乡之情和羁旅之愁像一张大网，始终笼罩、缠绕着他，造成了他内心的巨大矛盾和痛苦。正是在这样的心境中，他创作了与前期作品完全不同的《拟咏怀》诗和《哀江南赋》等杰出篇章。

《拟咏怀》二十七首，多半是感叹自己身世不幸，悼梁思乡的情愫。一些辞句悲怆沉痛，催人泪下。如写被迫羁留异乡之苦：

榆关断音信，汉使绝经过。胡笳落泪曲，羌笛断肠歌。纤腰减束素，别泪损横波。恨心终不歇，红颜无复多。枯木期填海，青山望断河。（其七）

他借前朝女诗人蔡琰（文姬）流落北方，任凭青春年华在胡笳羌笛中消殒的无奈，喊出“青山望断河”的悲愤之声。而在第三首诗中，他更以“倡家遭强聘”来比喻自己被迫北留的屈辱心情，被认为是诗人心情的真率表露。而造成这一切悲惨结局的，正是萧梁君臣们的文恬武嬉，苟且偷安。诗人借用《世说新语·任诞》中张翰“使我有身后名，不如即时一杯酒”的用句，在第十一首结尾指斥萧绎辈：

眼前一杯酒，谁论身后名。

庾信辞赋中最具代表性的作品是《哀江南赋》。赋前有序，序文和赋文共计 3904 字，以宏大的气魄和雄强的笔力回顾勾画了萧梁一代兴衰的全过程，抨击了上层统治阶级腐朽和败落，给战乱之苦的人民以深切的同情。此赋被评论家公认为“史诗”，为南北朝辞中的“压卷之作”。全赋以《序文》开篇，集中概括了作者在动乱的年代中对世事人生的感慨：

日暮途远，人间何世！将军一去，大树飘零；壮士不还，寒风萧瑟。

> 孙策以天下为三分，众才一旅；项籍用江东之子弟，人惟八千。遂乃分裂山河，宰割天下。岂有百万义师，一朝卷甲，芟夷斩伐，如草木焉？江淮无涯岸之阻，亭壁无藩篱之固。头会箕敛者，合从缔交；锄耰棘矜者，因利乘便。将非江表王气，终于三百年乎？

赋的正文从自叙家世，到评述梁朝由盛至衰的过程。侯景之乱以前，到处歌舞升平，“五十年中，江表无事”，权贵们沉溺酒色，已不知干戈为何物。然而大难已在悄悄逼进，“山岳暗然，江湖潜沸”，侯景之乱爆发，梁军一溃而不成阵，城池一座座被攻陷，百姓流离失所。江陵陷落后，梁元帝被杀，百官及妇孺被掳往北方，沦为奴婢者十多万人，正是：

> 城崩杞妇之哭，竹染湘妃之泪。水毒秦泾，山高赵陉。十里五里，长亭短亭。饥随蛰燕，暗逐流萤。秦中水黑，关上泥青。于时瓦解冰泮，风飞电散。浑然千里，淄渑一乱。雪暗如沙，冰横似岸。逢赴洛之陆机，见离家之王粲。莫不闻陇水而掩泣，向关山而长叹。

作者亲身经历、亲眼目睹了战争给人民带来的苦难，结合自己的不幸遭遇，以悲愤真挚的激烈言辞写下了这篇概括一代兴亡的叙事力作，成为千古绝唱的文章。文学史家评论他“是整个北朝时代成就最高的作家，也是影响最大的作家。由于他过人的才华和独特的经历，在中国文学史上，他是最早把南方文学的文采和北方文学的气骨在作品中融化、统一的大作家……庾信挟重名入北，他清新绮艳的文风对当时北方文坛是有益的营养，上层文人一时靡然风从”[1]。《北史》本传记载，当时的北朝文人对庾信“竞相模范，每有一文，都下莫不传诵”，可见其影响之大。

四、颜之推和《颜氏家训》

颜之推（531—591？年），字介，父亲颜协是梁代文人，曾为皇室萧绎的幕僚。颜之推早年丧父，由兄长抚育成人，他继承家庭儒学传统，自己又喜爱文学。他一生的经历与约同时代的庾信有极为相似之处，即也是在侯景之乱后到江陵，江陵被西魏攻克后掳至关中，因听说北齐的梁代旧臣有能返回南方的，便逃奔北齐，冀图假道南返，但终因陈朝代梁而留仕北齐。

颜之推是一位恪守儒家伦理道德的学者，他的文风也比南朝时尚的绮丽格调质朴典正，他以自己历尽艰难，侍奉南北数个政权的亲身体验，撰写了警喻子孙的文集《颜氏家训》，这是一部既有史料价值，又富文学色彩的散文集，在北朝散文中占有重要地位。

作为告诫儿孙安居守业的家训、家诫类文字，起源很早，但集为一部系统的书则始自《颜氏家训》。经文学史家考证，书中各篇未必作于同时，就是一篇亦可能为随想随有心得而记，成书的时间可能很长。

颜之推既是正统的儒家学者，在形势的逼迫下不得不为原敌方政权服务，经历了破国流离的灾难，目睹了梁朝贵族们的荒淫腐败，他对社会、人生的剖析是深刻的，又由于是对家族子孙的诫

---

[1] 曹道衡、沈玉成：《南北朝文学史》。

告，文字便又简明而直率。如在《涉务》篇中总结梁朝亡国的教训时，揭露了贵族士大夫们的腐朽和虚弱：

梁世士大夫，皆尚褒衣博带，大冠高履。出则车舆，入则扶侍，郊郭之内，无乘马者。周弘正为宣城王所爱，给一果下马，常服御之，举朝以为放达。至乃尚书郎乘马，则纠劾之。及侯景之乱，肤脆骨柔，不堪行步，体羸气弱，不耐寒暑，坐死仓猝者，往往而然。建康令王复，性既儒雅，未尝骑乘，见马嘶歕陆梁（嘶鸣跳跃），莫不震慑，乃谓人曰："正是虎，何故名为马乎？"其风俗至此。

又在《勉学篇》中记：

梁朝全盛之时，贵游子弟，多无学术，至于谚云："上车不落则著作，体中何如则秘书。"无不熏衣剃面，傅粉施朱，驾长檐车，跟高齿屐，坐棋子方褥，凭斑丝隐囊，列器玩于左右，从容出入，望若神仙。

在这里，颜之推为南朝梁世家大族子弟勾画了生动的骄奢侈靡、不堪一击的脸谱，他们不学文习武，却熏衣剃面，傅粉施朱，穿长袍大袖的锦衣，饰高冠，登高屐，出行必乘华车，进门需人扶持，走不惯远路，耐不过寒暑，到侯景之乱爆发，个个"肤脆骨柔，不堪行步"，乃至"坐死仓猝"。他们不但不知农桑，"未尝目观起一垄土，耕一株苗，不知几月当下，几月当收"（《涉务》），甚至连牛马都不识，闹出指马为虎的笑话。腐朽败落到如此程度，怎能不在战乱爆发时国破家亡。作者的痛惜愤懑之情，溢于字里行间，他正是用前朝这些活生生的现实，提醒警诫自己的子孙后人不要重蹈覆辙。

颜氏记叙的以上文字，亦成为研究当时社会生活及风俗史的形象资料，如讲贵族们熏衣剃面，傅粉施朱，尚褒衣博带，大冠高履的情况，便受到风俗史、服饰史学者的重视，常常被引用。《颜氏家训》中还有反映当时北方世家大族歧视妇女、溺杀女婴的恶习，《治家》篇中记：

> 太公曰："养女太多，一费也。"陈蕃曰："盗不过五女之门。"女之为累，亦已深矣。……世人多不举女，贼行骨肉。……吾有疏亲，家饶妓媵，诞育将及，便遣阍竖守之，体有不安，窥窗倚户，若生女者，辄持将去，母随号泣，莫敢救之，使人不忍闻也。

《颜氏家训》共20篇，每篇都不是长篇大论，而是具有作者真知灼见的夹叙夹议式的散文、随笔，分门别类地发表对于修身、处世、治学、治家的见解。因作者的较高文学修养，使得许多篇节内容含意深刻隽永，行文简洁精采，被后人评为富于《世说新语》式的练达、幽默风格。在其中专论文学的《文章》篇中，作者中肯地阐明了自己的文学观和文学品评标准，主张为文要有充实的内容、立论，即"理"，而后再讲究写作的技巧，即"文"，也就是内容应重于形式，他说：

> 文章当以理致为心肾，气调为筋骨，事义为皮肤，华丽

为冠冕。

又批评当时追求辞藻华丽的弊病：

> 今世相承，趋末弃本，率多浮艳。辞与理竞，辞胜而理伏；事与才争，事繁而才损。

认为繁缛的华辞，反而会埋没和掩盖文章主要内容的表达。他的这些主张和刘勰《文心雕龙》中的一些观点契合，因此也是受到刘勰的影响。

五、郦道元《水经注》

如果说庾信和颜之推都是由南方进入北方的著名文人，那么北朝影响极大的地理兼文学作品——《水经注》的作者郦道元，则是一位地道的北朝人。

郦道元（466？—527年），字善长，北魏范阳（今河北涿县）人。他在孝文帝太和后期任尚书主客郎，景明年间为冀州镇东府长史、代行州刺史事，后官至河南尹、御史中尉等职。郦道元为官清正，《北史》说他“有严猛之称”，因而得罪了权贵，他们终于假叛将萧宝夤之手将他杀害于关中阴盘驿（今陕西临潼县东）。

郦道元平生好学不倦，博览群书，游历各地，有较高的学识和文学才能，他生前撰有多种著作，但均已亡佚，现存《水经注》四十卷传世。《水经注》，就是为一部记述水道的古书《水经》所作的注文。《水经》为汉或三国时人作，原只记录了137条水流，多处水系往往只一二句话。郦道元以此书为本，但作了大量的补充、修订、加工、润色，使其成为一部详尽记述国内约1300多条水系河流，共30余万字的地理学专著，又因其文字优美，历来亦被看作文学名著。这样统计下来，《水经注》的总字数量已相当于《水经》的20倍。

郦道元为什么要作《水经注》呢？他在《水经注序》[1]中开宗明义地说：

> 易称天一生水，故气微于北方，而为物之先也。元中记曰：天下之多者水也，浮天载地，高下无所不至，万物无所不润，……昔大禹记著山海，周而不备，地理志其所录，简而不周。尚书本纪与职方俱略，都赋所述，裁不宣意。……今寻图访迹者，极聆州域之说，而涉土游方者，寡能达其津照。

正因为水在天地之间有“浮天载地”“无所不至”“无所不润”的重要作用，而人们对于水系之来龙去脉，所经区域之地理沿革并不大清楚。所以他选择了这一艰巨的工作。

郦道元的方法是将各类古文献中记录水系、山川、城邑、墓葬、宫殿、庙寺等所有资料汇集查检，除逐一考据各水的源头、流向、分支、合汇及水道变迁情况外，又结合以上各种文献资料，将每水沿途所经之地域内的山川地貌、古迹胜地、风俗人情、动物植被、矿产资源、州城县郡等所有有关内容一并吸收梳理，详加注说，采用书籍多达340多种。从而使《水经注》一书不但成为我国

[1]《全上古三代秦汉三国六朝文》卷四一。此《水经注序》系据《永乐大典》录出，中华书局1991年版。

六世纪以前地理著作的集大成者，而且是语言文学、历史地理、文化古迹、文物考古、水利矿产等方面重要的第一手文献资料，经常为各有关学科的研究者作为权威著作称引。

《水经注》首先是具有丰富的资料价值。以《漯水注》为例，即对北魏平城（今山西大同）一带的自然地理和人文古迹都有翔实的记述。如描写当地的自然景观火井温泉：

> 右合火山西溪水，水导源火山，西北流。山上有火井，南北六七十步，广减尺许，源深不见底，炎势上升，常若微雷发响。以草爨之，则烟腾火发……其山以火从地中出，故亦名荧台矣。火井东五六尺，又东有汤井，广轮与火井相状，热势又同。以草内之，则不燃，皆沾濡露结，故俗以汤井为目。……井北百余步，有东西谷，广十许步。南崖下有风穴，厥大容人，其深不测，而穴中肃肃常有微风，虽三伏盛暑，犹须袭裘，寒吹陵人，不可暂停。

郦道元对当地火井温泉的细致绘述，真实而形象地反映了此地区 1000 多年前的火井活动和周围的地貌情况。

同是在《漯水注》中，郦道元又记录了北魏著名的女政治家、孝文帝的祖母文明皇太后冯氏的陵墓——永固陵人文景观的情况：

> 方岭上有文明太皇太后陵，陵之东北有高祖陵。

北魏定都平城百年间，文献记载其帝陵为“金陵”，但金陵的位置已不能确指。而文明皇太后的永固陵和孝文帝附建的虚宫万年堂（即“注”中所说“高祖陵”）便成为北魏王朝在平城的唯一帝陵。郦道元作为其同时代人，其记录的权威性和可靠史料价值是不言而喻的。20 世纪 70 年代，考古工作者对永固陵作了正式清理发掘，它也是北魏王朝都平城时目前确认并经科学发掘的帝王陵寝。

《水经注》的语言具有较高的文学色彩，这是因为南北朝时，描述山川景物的散文题材作品已大量涌现，郦道元本人有较好的文学修养，又博采众书收了各地优秀山水文学的文字资料。文学史家认为，《水经注》作为山水散文，在某种意义上也是两晋南北朝时期许多作家共同劳动的结晶。

如写北方的《巨洋水注》：

> 巨洋水自朱虚北入临朐县，熏冶泉水注之。水出西溪……斯地盖古冶官所在，故水取称焉。水色澄明，而清泠特异。渊无潜石，浅镂沙文。中有古坛，参差相对，后人微加功饰，以为嬉游之处。南北邃岸凌空，疏木交合。先公以太和中作镇海岱，余总角之年，持节东州。至若炎夏火流，闲居倦想，提琴命友，嬉娱永日，桂棹寻波，轻林委浪，琴歌既洽，欢情亦畅。是焉栖寄，实可凭衿。小东有一湖，佳饶鲜笋，匪直芳齐芍药，实亦洁并飞鳞。

作者回顾少年时与友人在熏冶泉上游玩的情形，既写水清，又写人娱，语言流畅明快，令人如见其景。

写南方巫峡四季景色的《江水注》：

> 重岩叠障，隐天蔽日。自非亭午夜分，不见曦月。至于夏

水襄陵，沿溯阻绝。或王命急宣，有时朝发白帝，暮到江陵，其间千二百里，虽乘奔驭风，不以疾也。春冬之时，则素湍绿潭，回清倒影。绝巘多生怪柏，悬泉瀑布，飞漱其间。清荣峻茂，良多趣味。每至晴初霜旦，林寒涧肃。常有高猿长啸，属引凄异，空谷传响，哀转久绝。

《水经注》的写景，文辞华美清丽，既不是辞赋，也不全是骈文，因而流畅自然，直抒所感，没有引经据典的艰涩，也没有堆砌词藻的弊端，为后世游记文学开拓了一个新的领域。

六、杨衒之《洛阳伽蓝记》

《洛阳伽蓝记》是东魏时完成的性质略同于《水经注》的史地类散文著作。作者杨衒之（杨或作阳、羊），北平郡（今河北完县）人，生卒年不详，大约活动于六世纪上半叶，做过抚军府司马、期城郡太守和秘书监等职。

《洛阳伽蓝记》，“伽蓝”是梵文中对佛教寺庙的称谓。北魏王朝是极为佞佛的政权，早在建都平城的百年间，就在当地开凿了规模宏大的云冈石窟。迁都洛阳后，除仍继续在伊阙的龙门凿造石窟外，还在城内外广建佛寺，一些高官大族也纷纷舍宅为寺，使全城寺庙几占民房的三分之一。北魏末年，战乱的硝烟烈火使一度繁华的洛阳城由盛变衰，到东、西魏分裂，西魏据长安，东魏迁都邺城后，洛阳城更为颓毁。当曾在洛阳居住、体验过当年城市之繁华的杨衒之因公重返洛阳时，眼前却是满目疮痍，想到后世的人们恐怕再难相信这片焦土上曾经有过那样的繁华，他的心中简直不寒而粟。他在《洛阳伽蓝记》的序言中说：

> 至武定五年（547年），岁在丁卯，余因行役，重览洛阳。城郭崩毁，宫室倾覆，寺观灰烬，庙塔丘墟。……农夫耕稼，艺黍于双阙。麦秀之感，非独殷墟；黍离之悲，信哉周室。京城表里，凡有一千余寺，今日寥廓，钟声罕闻。恐后世无传，故撰斯记。

于是，他将书的写作分为城内、城东、城南、城西、城北五卷，每卷以当年洛阳城内外最大最繁华的40个佛寺为纲，在详尽介绍这些寺庙建筑的同时，附带考证补充了与这些寺庙密切相关的皇亲国戚、历史事件以及这些佛寺邻近街道坊里的古迹文物、民俗风貌乃至怪异传闻。在留下大量宝贵历史地理材料的同时，深刻地揭露了上层统治者的腐朽导致国家动乱、城市衰败的缘由。

据《洛阳伽蓝记》记载，洛阳盛时佛寺达1367座，其中最著名、规模最大的便是权重一时的魏孝明帝母亲胡太后所建的永宁寺。永宁寺是专供皇室礼佛的场所，占地近9万平方米，周围建有宫墙般施椽覆瓦的围墙，寺内僧房楼殿达千余间。全寺保持中国早期寺庙以塔为中心的布局，其永宁寺塔最为雄奇壮观。书中对此塔的描述，亦历来被后世称道：

> （寺）中有九层浮图（塔）一所，架木为之，举高九十丈；有刹复高十丈，合去地一千尺。去京师百里，已遥见之。……刹上有金宝瓶，容二十五石。宝瓶下有承露金盘三十重，周匝皆垂金铎，复有铁锁四道，引刹向浮图。四角锁上亦有金铎，

铎大小如一石瓮子。浮图有九级，角角皆悬金铎，合上下有一百二十铎。浮图有四面，面有三户六窗，户皆朱漆。扉上有五行金钉，其十二门二十四扇，合有五千四百枚。复有金环铺首布，殚土木之功，穷造形之巧。佛事精妙，不可思议。绣柱金铺，骇人心目。至于高风永夜，宝铎和鸣，铿锵之声，闻及十余里。

书中还记录，永宁寺塔在永熙三年（534年）的一场大火中被彻底烧毁。当年二月，塔突然失火，火从第八级烧起，越烧越旺，虽有羽林军卒千余人前往扑救，仍无济于事，终将全塔焚毁，余火三月不灭。20世纪60年代，考古工作者对洛阳附近的永宁寺塔遗址进行了科学的发掘，出土的泥塑残像，都被烧得坚硬如陶质，表明塔确实毁于火灾，亦证实杨衒之记述的准确性。关于此塔的建筑造型和结构，固无其他材料，一般均以《洛阳伽蓝记》的描述为研究之依据，有人还据此绘出复原图。

此书的结构语言以记事的散文体为主，生动华美，比之《水经注》，其追求骈偶的倾向更明显。但仍不失为一部史学和文学价值较高的历史散文著作，其许多状物写景的精采段落曾屡屡被人们引据吟诵，成为千古绝唱。

七、魏收《魏书》

北朝传世史书首推《魏书》，共130卷，内本纪12卷，列传98卷，志20卷，记述了北朝拓跋氏建立的北魏及东魏约200年的兴亡史。《魏书》的作者魏收（506—572年），字伯起，巨鹿下曲阳（今河北晋县）人，是由北魏、东魏入北齐的著名文人，与当时温子升、邢子才齐名、他在北魏、东魏时就参与了修国史的主要工作，所以到北齐天保初年被诏令修魏史后，仅用一两年的时间就完成了《魏书》的编撰。史书记他恃才顽固，引荐参加同书写作的都是平庸而趋奉他的史官，凡事都还由他决断，所以魏收本人是此书的主要作者。

由于魏收在列传人物的去取褒贬上触犯了某些世家大族的利益，而他本人又有谄媚贵臣之嫌，因此书成后不久就招来满朝非议，控诉不平者达上百人，曾被称为“秽史”。但北齐最高统治者还是庇护了魏收，捉了一些控诉人治罪，暂时平息了这场风波，同时也暂不将书面世。后来，朝廷又数命魏收对书进行修改，始成定本传世。其实，《魏书》收集史料相当丰富，因为北魏修国史和起居注的工作自道武帝拓跋珪以来始终未曾间断，而魏收自北魏末经东魏到北齐，参与修史和起居注的整理达 20 年之久，对有关史事了如指掌。就是东晋及十六国各传，也有崔鸿《十六国春秋》和孙盛《晋阳秋》及《续晋阳秋》等史书为据。《魏书》除博采国史和各家史书之长外，又根据时代特点，在志中始设《释老志》和《官氏志》，这是魏收在正史体例中新创立的专志。

《释老志》记载了佛教在印度的诞生和发展源流，传入中国后在北方的被崇信和传播情况，在中国佛教史上有极其重要的史料价值。

如记北魏皇权与佛教的结合的情形，以太祖、太宗与沙门法果的过从交往最典型：

> 初，皇始中，赵郡有沙门法果，诚行精至，开演法籍。太祖闻其名，诏以礼征赴京师。后以为道人统，绾摄僧徒。每与帝言，多所惬允，供施甚厚。至太宗，弥加崇敬，永兴中，前

后授以辅国、宜城子、忠信侯、安成公之号，皆固辞。帝常亲幸其居，以门小狭，不容舆辇，更广大之。年八十余，泰常中卒。未殡，帝三临其丧，追赠老寿将军、赵胡灵公。初，法果每言，太祖明叡好道，即是当今如来，沙门宜应尽礼，遂常致拜。谓人曰："能鸿道者人主也，我非拜天子，乃是礼佛耳。"

皇权求助于神（佛）权，佛教高僧又鼓动人们把帝王当作佛祖来崇拜，所谓"非拜天子，乃是礼佛"，成为佛教史学者常常引用的名句。《释老志》对十六国北魏时，西北交通要冲的凉州、敦煌盛事佛教，高僧昙曜在北魏京都平城主持开凿武州山石窟（即今云冈石窟），北魏迁都洛阳后大兴庙塔，在永宁寺大办佛事的诸多记载，都具有极生动而翔实的价值。

《释老志》还记述了佛教对道教的影响及寇谦之改造道教的经过。

《官氏志》设立的意义也颇深远，北魏原是鲜卑人建立的政权，进入中原后部族蕃衍很快。孝文帝实行汉化政策，主要做法之一就是改鲜卑姓氏为汉姓姓氏，魏收仿效汉族氏族谱牒的传统，在文武百官职志之后又附姓氏志，将鲜卑原姓与改定后的汉姓相对应，为后世研究北魏氏族的历史提供了极大的方便，是适应当时特定历史环境的处理方法。

《魏书》的行文也富有文采，简洁扼要，文辞精当而不浮华。如写魏孝文帝改革的政绩和北魏后期诸王贵族的事迹，朝中上层争权斗争，过程虽复杂纷繁，书中却条分缕析，层次清楚，描绘得声情并茂，使人有如见其人、如闻其声之感。今人钱钟书《管锥编》中即肯定地评价道："魏收《魏书》叙事佳处，不减沈约《宋书》。"

第三节　长稍铁马

一、军事氏族制

公元398年，拓跋珪率领拓跋鲜卑的滚滚铁骑，攻取今山西、河北的大片土地，入主中原，在平城定都称帝，是为北魏道武皇帝。本来，拓跋族是原鲜卑族中较落后的一支，在拓跋珪进入中原时，还是过着逐水草而居、无城郭村落的游牧生活，社会组织是以血缘关系为基础的氏族制。拓跋鲜卑何以能长驱直入中原大地？其中一个重要原因就是他们的特殊军事组织和作战方式。

拓跋鲜卑既是以血缘关系为纽带的氏族部落式社会组织，其军事组织亦同时依附从属于这种制度，即军事氏族制。据《魏书·官氏志》，早在拓跋珪的前数代祖先拓跋邻时，就已将国人分至自己和诸兄弟名下，各赐姓氏，建立起政治、军事合一的氏族组织。《官氏志》说：

> 至献帝（拓跋邻）时，七分国人，使诸兄弟各摄领之，乃分其氏。
>
> 献帝以兄为纥骨氏，后改为胡氏。次兄为普氏，后改为周氏。次兄为拓跋氏，后改为长孙氏。弟为达奚氏，后改为奚氏。次弟为伊娄氏，后改为伊氏。次弟为丘敦氏，后改为丘氏。次弟为侯氏，后改为亥氏。七族之兴，自此始也。
>
> 又命叔父之胤曰乙旃氏，后改为叔孙氏。又命疏属曰车焜氏，后改为车氏。

如此一姓一个部落，一个部落即是一个军事单位，而一个部落的首领，同时又是这个部落的军事统帅。这种军事氏族组织的显著特征是军民不分，每一部落氏族中年轻力壮的子弟，平时是畜牧生产的主劳力，战时又是冲锋陷阵的战士。在血缘这一古老而牢固的纽带联系下，他们长期互助生产，并肩作战，具有强大的凝聚力和战斗力。

拓跋鲜卑的作战方式主要为迅疾勇猛的骑兵兵团作战，因他们本是来自草原的游牧民族，在驯养驾驭马匹方面有得天独厚的优势和经验，北方大地广袤的原野又给他们提供了纵横驰骋的大好战场，行动迅速的骑兵也使他们能够充分发挥机动灵活的战术。这些条件的具备，都使得他们的作战能力大大强于以农业经济为主的中原地区。

由于有以上两个主要原因，又因此时的魏国国主拓跋珪是一位胸怀韬略，有勇有谋的杰出军事指挥员，所以将拓跋鲜卑的军事优势发挥得淋漓尽致，终于长驱南下，君临中原。北魏军事氏族制骑兵的巨大威力，在与后燕进行的战争中表现得最为典型。

东晋太元二十年，后燕国主慕容垂见拓跋魏已成为塞外唯一的强国，并拥有大量马匹牛羊，便担心拓跋人势力日益雄厚，最终会威胁自己的安全，再加上垂涎拓跋人的马匹牛羊等财富，遂命太子慕容宝率兵 8 万进攻拓跋珪。拓跋珪听说后燕大军来犯，则先避其锋芒，率部落牲畜远徙千里，西至黄河南岸的今内蒙古伊克昭盟一带。慕容宝大军至五原（今内蒙古五原县），又进至临河（今内蒙古临河县），却一直难与魏军遭遇。慕容宝发兵在东晋太元二十年的五月，拓跋珪避走河南（今内蒙古伊克昭盟）是在这年七月。到了这一年的十月下旬，慕容宝的远征军已出师近半年之久，因为始终未能与拓跋军队的主力决战，且天气已日渐寒冷，塞外风沙逼人，再加上数月间得不到国内消息，军心逐渐不稳，故只得撤兵。十一月初，拓跋珪得知后燕撤兵的消息，立即将辎重留在原地，自己选率最精锐的骑兵二万人急追。后燕军撤至参合陂（今内蒙古凉城县西北 25 公里石匣子沟），忽然感到后面有大风黑气涌起，形如一堵堤坝（应是魏骑兵大部队疾驰而扬起的烟尘）自军后来，并笼覆于军上。随行的僧人支昙猛对慕容宝说："风气暴迅，魏兵将至之候；宜遣兵御之。"但慕容宝认为早已将魏军远远甩在后面，而不予理会。昙猛反复劝说，甚至哭着说："当年苻坚以百万之师，败于淮南（即淝水之战），正因为恃人多而轻敌、不信天道的缘故。"虽然后燕还是派了 3 万兵殿后，但终因轻敌而不加戒备。十一月九日，拓跋珪率领的魏军轻骑兵赶到参合陂西，并星夜部署在燕军周围山上。到十日晨，处于山下水边不利地势的燕军才发现魏军已至眼前，惊恐之中，军伍大乱，拓跋珪纵兵追击，燕军奔逃渡河，人马相践，压死溺死者数以万计，其余均束手就擒。结果后燕军四五万人及文武将吏数千人，兵甲粮货价值万金，均落入拓跋珪手中，仅后燕太子慕容宝和数千人逃回。

参台陂之战是北朝战争史上以少胜多的著名战役，战争史论者在评价这次战役乃至整个北魏与后燕战争时指出，拓跋魏军队有几个主要优势：（1）骑兵众多而精强，燕军远不及；（2）魏人皆游牧部族，平时马背上的生活与战时骑乘没有太大的差别；故当他们久攻一地而经年不克时，军队士气并不因此而受挫；（3）行军因粮于敌，无后方辎重之累，故行动疾速，如其久攻中山与邺时，便实行"以战养战"之策，收当地租粮以供给军队；（4）统帅拓跋珪超人的胆略与智慧。这些优势，又正是拓跋魏军事组织和作战方式的集中体现。

拓跋珪于公元398年在平城称帝后，为适应中原以农业经济为主的生产和生活方式，当年即将自己统领的皇家禁卫军以外的部族，整编分为八个部，分别划给土地，使其分土定居于首都平城周围，又谓之“八国”，任命其统帅为“八部大夫”“八部帅”。《魏书·官氏志》记其事曰：

> 天兴元年（398年）……十二月，置八部大夫。……其八部大夫于皇城四方四维面置一人，以拟八座，谓之八国。

八国的军队为“外军”，平时驻在州郡，负责镇压各地人民的反抗，维持国家秩序。外军的成分原也是拓跋人，后因长期分土定居于各地，与各地汉族人混居，再加上随时补充的各种兵源，使其逐渐成为以汉族农民为主，间有少量羌、氐等族的成分。但各级指挥人员和统帅仍主要由拓跋族担任。外军以步兵为主。

拓跋珪自己统帅的皇家禁卫军为“中军”，又称羽林、虎贲，成员基本是清一色的拓跋鲜卑族人。中军以骑兵为主，是一支装备精良、忠诚可靠的劲旅，其任务原是随侍皇帝左右，保卫皇室的安全，后在长期征战中壮大为一支精锐的铁骑部队，成为北魏平定统一北方，对抗南方的核心主力。

北魏既以武功定天下，拓跋鲜卑族人曾构成军事氏族的全部部队，而在北魏王朝初期，又构成北魏王朝军队的基本核心，因此拓跋军人的地位原是相当高的。他们曾被称为“八国良家”（《魏书·官氏志》）、“国之肺腑”（《北齐书·魏兰根传》）。然而，随着北魏入主中原后封建化进程的加剧，特别是孝文帝改制，全面汉化后，北魏原血缘氏族制迅速被封建等级制所取代。部落内部的阶级分化，使得贫富差距急剧扩大，北魏皇室和部分氏族贵族很快上升为高高在上的统治阶级，过着骄奢淫逸的腐化生活，而一般氏族成员则急速下降为被奴役、被统治的阶层，田租户调的经济剥削和繁重的力役、兵役，大都压在他们肩上，令他们难以喘息，实际身份和地位已大大降低。特别在迁都洛阳以后，更加速了这种分化的过程。除了少数拓跋贵族随都南迁，“得上品通官”（《北史·魏广阳王建传孙渊附传》）以外，大部分拓跋人和被征服的各族人民都无可抗拒地沦落到被剥削的社会底层去了。

就连少数随京南迁入洛阳的原拓跋武人，也遭到朝中拓跋贵族和汉族高官的排斥，被称贬为“代来寒人”，并引发了他们的抗争。孝明帝神龟二年（519年）二月二十日，洛阳的羽林、虎贲等聚集千余人，进入尚书省闹事，并“以杖石为兵器”（《魏书·张彝传》），焚毁张彝的宅第，烧死张的儿子，起因就是张彝之长子张仲瑀曾上书，提出排斥代来武人动议的缘故。[1]

京中羽林、虎贲等中军的境况尚且如此，驻在外地的各部地位更是日趋下降。北魏进入中原的人口原不多，又连年征战不止，大量征兵扩充部队的结果造成了军队成分的复杂化，在兵源不足时，大批被流放到边远地区的罪犯也进入军伍。军中的拓跋人不但没有了氏族时代光荣的社会地位，甚至落到与罪犯为伍，身份大大降低。这自然激起了他们的不满和反抗，这批人因此成为北魏末六镇起义与河北人民大起义的参加者。

总之，北魏王朝建国之初的强悍军力，是建立在以血缘关系维系的氏族制军事组织之上的，进入中原后封建化加速的过程，也就

---

[1] 王仲荦：《魏晋南北朝史》第七章。

是军事氏族制削弱瓦解的过程。北朝后期北周宇文泰组建府兵，也试图以过了时的氏族制管理军队，希望将领和士兵能如血缘近亲那样紧密结合，提高战斗力。但此时将士间的血缘关系久已消失，宇文泰的初衷自然难以实现。但这也说明历史上曾一度辉煌的这种组织制度，是怎样强烈而又深刻地影响、震撼着整整一个时代。

二、甲骑具装

> 男儿欲作健，结伴不须多。鹞子经天飞，群雀两向波。放马大泽中，草好马着膘。牌子铁裲裆，铔鉾鸐尾条。前行看后行，齐着铁裲裆。前头看后头，齐着铁铔鉾。

这首乐府横吹曲辞中的梁企喻歌辞[1]，生动地刻画出南北朝时北方重甲骑兵的英姿形象：骑着肥壮的骏马，身披铁裲裆铠，头戴插饰着鸐尾条的铁兜鍪，列队驰骋在大泽中。呈现出豪放、热烈的北方民族色彩。

南北朝时期，北方军队的核心力量是骑兵。这是因为由匈奴、鲜卑等少数民族建立的北朝政权，进入中原前社会发展较落后，多为游牧经济，长于骑射，其原来的军事力量便是骑兵，军事制度又保留着氏族的纽带，进入中原后与汉族门阀世族相结合，逐渐变成以部曲为核心的军队组织。而骑兵的大量使用，也促进了战马和骑手防护装备的发展，因此在南北朝时，适用于重甲骑兵的两种铠甲：人穿的裲裆铠和马披的具装铠便大量出现，并成为当时骑兵的

[1] 郭茂倩：《乐府诗集》二五，横吹曲辞。

最主要防护装备。

裲裆铠的名称来源，是因为它的形制和服饰中的两当形状相近似。《释名》:“裲裆，其一当胸，其一当背也。”裲裆铠的特征，也正是“一当胸，一当背”，在肩上用带前后扣连。两当铠虽盛行于南北朝，但可以从汉代甲制中找到其渊源关系，只西汉的胸甲和背甲是在腋下连系，而裲裆在腋下是不相连的。真正的裲裆铠，是到三国时才出现的，《太平御览》卷三五六引曹植表 :“裲裆铠，十领，兜鍪自副 ; 铠百领，兜鍪自副。”一方面说明曹魏时已经开始装备了这种式样的铠甲，另一方面又可以从数量上看出，它比一般铠甲要少得多，反映出它可能是一种新式的优质铠甲。南北朝时，裲裆铠逐渐成为军队中的主要装备，而且被定为武官的主要服制。例如北齐河清中所定的宫卫制度中，左、右卫将军都披裲裆甲 [1]，《北史 · 阳尼传》记阳休之由较高的文官降为骁骑将军，就改变了服饰，“衣裲裆甲”。这种服制在同时期的出土陶俑和传世石刻上亦有明显表现，如西安任家口北魏正光元年（520 年）邵真墓出土的陶俑 [2]，头戴兜鍪，披两当铠。河北曲阳嘉峪村北魏正光五年（524 年）韩贿妻高氏墓出土残陶俑 [3]，也是戴兜鍪，披裲裆铠，腰束带，腰以上刻画出三排甲片，甲片作圆角长方形。兜鍪和铠甲涂红彩。与正光五年陶俑时代相近，形象也相似的一件龙门石窟莲花洞下层第四龛的天王像 [4]，虽有残缺，但也可以清楚地看出所披的裲裆铠

[1] 《隋书 · 礼仪志》。

[2] 陕西省文物管理委员会 :《西安任家口 M229 号北魏墓清理简报》,《文物参考资料》1955 年第 12 期。

[3] 河北省博物馆等 :《河北曲阳发现北魏墓》,《考古》1972 年第 5 期。

[4] ［日］水野清一 :《龙门石窟之研究》, 1931 年版。

和铠上的长方形甲片。此外，南方同期墓葬出土陶俑，亦可看到披裲裆铠的武士形象。[1]

另外，在河南邓县学庄彩色画像砖墓出土的画像砖上，凡披铠武士，都是身着袴褶，在褶上罩以裲裆铠，肩部连扣胸甲和背甲的扣带刻画得很清晰。[2]

综合以上材料，可以较清楚地了解裲裆铠的形制，它是由一片胸甲和一片背甲所组成，在肩部用带扣连起来，腰中束带。其质料有铁铠和皮甲之分，铁铠所用甲片有长方形的，即所谓“牌子铁裲裆”，另外也有鱼鳞甲。当时武官的服制还有一种裲裆衫，有可能是模拟皮质的裲裆铠，可以穿在铠甲里面作衬，因铁铠会磨损肌体，不便直接披在身上。《宋书·柳元景传》描述薛安都单骑突阵时，“乃脱兜鍪，解所带铠，唯著绛纳两当。”这可能也是南北朝时军队中流行的着法之一。

在防护骑手的裲裆铠盛行时，一种防护战马的装备也开始大量使用，这便是“具装”铠[3]。保护战马的防护装备，汉代已有使用，主要是皮革制成的“当胸”[4]。从文献记载看，东汉末年已经出现较完备的马铠了。曹操在《军策令》里，提到“（袁）本初马铠三百具，吾不能有十具”[5]，可见当时军队中装备有马铠的骑兵数量很少。但是到十六国和南北朝时，马铠已成为骑兵中较普遍的装备，常常数以百计千计甚至万计。因此，这一时期的墓葬中，常常出土有甲

[1] 湖北省博物馆：《武汉地区四座南朝纪年墓》，《考古》1965 年第 4 期。

[2] 河南省文物工作队：《邓县彩色画像砖墓》，文物出版社 1958 年版。

[3] 马铠，晋以后多称为“具装”或“具装铠”。《宋史·仪卫志》：“甲骑具装，甲，人铠也；具装，马铠也”。

[4] 马前垂下防护马体的皮甲。

[5]《太平御览》卷三五六引《魏武军策令》，第 1636 页。

骑具装俑和绘有甲骑具装的画像砖、壁画等。将这些考古材料依时代先后的顺序，大致可以看出马具装的发展变化，是由比较简单不够完善的早期形态，发展到各部位结构谨严、完备的成熟形态。其中河南邓县彩色画像砖上的图像结构完备，细部刻画也很清晰，可以用来作为分析这一时期具装铠的典型标本。

邓县的着彩画像砖，表现的是一匹黑马，上披白色具装，由六部分组成：即面帘、鸡颈、当胸、身甲、搭后和寄生。除面帘和寄生外，都是用长方形的甲片编缀成形的。面帘是用来保护马头的，是一整片，双眼处开有孔洞，双耳间树有一朵缨饰。寄生竖在马鞍后尻部，形似扇面，上涂粉绿彩，高度与马额的缨饰相当，它的作用可能是保护骑乘者的后背。用来编缀具装的甲片均作长方形，搭后所用的较小，其余部分的较大，在身甲下缘包有宽边。马尾露在搭后处，是结扎起来的。这以后直到北宋时期，马具装基本还是这样的结构。

另一幅关于甲骑具装的壁画很值得注意，就是敦煌第285窟的西魏壁画《五百强盗成佛》故事。画出的具装铠，形制和邓县的标本一样，骑士所披的铠甲是裲裆铠，这反映了当时的重装骑兵，主要是用这两类铠甲装备的。而裲裆铠之所以在这一时期盛行，正是因为适合于骑兵的使用。

上海博物馆藏的北魏甲骑具装俑，也是人披裲裆铠，马披具装铠。因此，披裲裆铠，骑带有具装的战马，是当时重装骑兵，也即是“甲骑具装”的主要形象。

南北朝时期，除了裲裆铠和具装铠外，从当时的陶俑和石雕上，还可以看到另外一种样式的铠甲。以洛阳出土的两组北魏陶俑为例：孝昌元年（525年）元熙墓出土的俑群中，有手按长楯的披甲俑，所披铠甲的胸、背部分都是由左右两片近椭圆形的护组成，腰间束带[1]。建义元年（528年）元邵墓里，也出土有形象极为近似的标本，这类俑较高大，高30.8厘米，而同墓所出的甲骑具装俑，连人连马高仅27厘米左右，那些穿袴褶持盾的一般士兵俑，高19.1厘米左右[2]。因此，可以认为这种俑在俑群中的地位是较为重要的，它们所披的铠甲也应是较为名贵的。

这种铠甲胸前、背后的大型金属圆护，很像镜子，在战场上，圆护反照太阳光即发“明光”，正如汉代镜铭中“见日之光，天下大明”一样，所以它应该就是当时所称的“明光铠”。到南北朝时，这种铠甲还是很珍贵的、质量较高的。当时北齐与北周的部队在邙山的一次战斗中，北周将领蔡祐就披着这种防护能力较强的铠甲战斗。《周书·蔡祐传》记：“祐时着明光铁铠，所向无前。敌人咸曰：‘此是铁猛兽也’，皆遽避之。”以后，直到《唐六典》中，还在甲制里把明光铠列为第一种。

在考古材料中，把明光铠的形象刻画得最细致的，是刻在北魏永安二年（529年）宁懋石室门扉上的线雕画[3]，其中有一个武士持盾执戟，身披明光铠，胸甲为左右两面大型圆护，腰束带，在肩部和大腿处，分别有用甲片编缀的披膊和腿裙。另一件传世的孝子棺石刻里，有一个披甲执刀的武士，所披的明光铠作盆领状，也加有披膊[4]。北朝末年，明光铠的使用日趋普遍，披明光铠的陶俑和石刻经常发现。东魏的材料，有河北赞皇武定二年（544年）李希宗墓

---

[1] 现藏加拿大安大略考古博物馆。

[2] 洛阳博物馆：《北魏元邵墓》，《考古》1973年第4期。

[3] 《考古》1960年第4期，第3页图1。

[4] ［日］长广敏雄：《六朝时代美术之研究》，1969年版。

出土的持盾陶俑和他弟弟李希礼墓出土的按楯陶俑，还有磁县东陈村武定五年（547 年）赵胡仁墓的按楯陶俑。北周的材料，有陕西咸阳建德元年（572 年）墓出土的陶俑。北齐的材料，有天统二年（566 年）崔昂墓出土的陶俑和武平六年（575 年）范粹墓出土的陶俑，都是披明光铠、左手按着饰有狮子面图案的长楯的形象。它们所戴的兜鍪，和元熙墓出土的标本近似，中脊起棱，额前伸出冲角，两侧有耳护，耳护上又加覆一重方形的护，这是流行于北魏晚期迄于隋代的一种形制。在北响堂山北齐时期的洞窟里，披着铠甲的神王雕像，也都是披着明光铠，自颌下居中纵束甲绊，至腹前打结，再束于腰上，胸前左右两面圆护，肩有披膊，足踏长靴，可见明光铠到北朝末期日趋流行，并有取代两当铠的趋势。

关于马的具装铠质料，和人铠一样，有铁制和皮质两种，铁质者在北燕冯素弗墓中曾获得实物[1]，据分析，一领具装铠的总重量在 40 公斤左右。

甲骑具装的骑兵作为南北朝时期主要是北朝军队的核心，极大地增强了保护自己的能力，提高了战斗力，他们纵横驰骋在北方中原大地上，尤其是在对付那些没有铠甲的步兵时，发挥了巨大的威力，往往可以比较容易地取得战争的胜利。

但是，有利即有弊，沉重的铠甲，也加重了人和战马的负担，使其难于坚持持久的战斗，而且由于负重而行动迟缓，在一定程度上还会失去骑兵特有的轻捷迅猛的优势。特别是对于南方坚固高大的城防和水网密布的水乡地形，重甲骑兵都是极不适宜作战的，因此，这也是南北朝时期南方和北方可以长期对峙的不可忽

[1] 黎瑶渤：《辽宁北票县西官营子北燕冯素弗墓》，《文物》1973 年第 3 期。

视的重要原因之一。

三、马矟代戟

此期兵器所发生的巨大变革，首先是因材料的进步，最突出的成就是“灌钢”的使用。

灌钢是一种将生铁和熟铁相结合而锻炼成钢的工艺。生铁因含碳量高，质硬而脆；熟铁又含碳过低，质柔而不坚。生铁熔点较熟铁低而易熔，如将生铁和熟铁相合加热，则生铁先熔灌入熟铁中，就会使熟铁中含碳成分升高。所谓“生熟相和，炼成则钢”，说的就是这种技术[1]。关于灌钢的明确记载见于南北朝时期，南朝道教炼丹家陶弘景曾说过“钢铁是杂炼生鍒作刀镰者”，此时这种灌钢确已用作刀镰之类的大宗商品。北齐的一位灌钢实践者綦毋怀文，曾用自己炼成的宿铁刀作过表演，将铁甲叠起三十札，手起刀落，铁甲被斩为两半。这种刀的制作方法，据《北齐书·方伎列传》记载，是使生铁和熟铁同宿一起，如两性交配一样，把“生铁精”烧熔后灌注到柔铤（熟铁）中去，连宿数次才能成钢。于是这种钢又被称为“宿铁”。而意义相同的“灌钢”，一词则到宋代才出现，沈括《梦溪笔谈》中记其操作方法，是将熟铁条屈绕成盘，把生铁陷在盘中，用泥密封起来，入炉烧炼，炼成后取出锻锤成钢，称为“灌钢”或“团钢”。[2]

正是因为南北朝时期钢铁冶炼技术的不断进步，促进了兵器制造业的发展，为军队提供了优质的钢刀，更为重装骑兵——甲骑具

[1] 北京钢铁学院：《中国古代冶金》，第 80 页。

[2] 北京钢铁学院：《中国古代冶金》，第 80 页。

装生产了质量精良的马矟（槊）。

矟是安有长柄专为骑兵使用的一种矛。《释名·释兵》："矛长丈八尺曰矟，马上所持，言其矟矟便杀也。"虽然汉魏时军队中已有使用，但是当时骑兵装备的标准格斗兵器是马戟，直到西晋戟仍被名将周处誉为"五兵之雄"。北朝时期，情况完全不同，装备骑兵的标准格斗兵器，已改换为矟，它取代了自东周至汉魏一直称雄于军中的汉族传统兵器钢铁制作的长戟。马矟代戟这一变化，一方面是为了适应人马都披铠甲的甲骑具装成为军队主力兵种的新情况，另一方面也与建立北魏王朝的鲜卑族以善用矛而著称的民族传统密不可分。从使用功能方面，传统的马戟呈"卜"字形，有前伸的戟"刺"，和侧旁伸出的带上、下刃的戟"枝"，保留着以戈为代表的中国古代传统的勾兵的特征，以横击和向回勾斫为主，前刺为辅。当人马都披有重铠的甲骑具装出现在战场上以后，戟刺较单薄，难以穿透重铠，而戟枝的力量更不易斫断日益坚精的铠甲。所以西晋时已将旁侧横伸的戟枝改为上折的形状，全体呈双叉状，以增强扎刺的穿透能力，但是由于刺与枝形成的双叉都较窄，其穿透力远不及长身阔体的两刃矟。而且在工艺制作方面，锻制在刺旁加伸上折小枝的戟，较锻制矟要复杂费工，特别是用于大量装备军队的标准格斗兵器，既要求质量优良又需大量供应，所以工艺简便易造且穿透力强的矟，较之复杂费工又穿透力弱的戟，自然更合于需要。从民族传统来看，北魏时的统治民族是鲜卑族，传统习用长矛和马矟，据《南齐书·魏虏传》记魏孝文帝"军中有黑毡行殿，容二十人坐，辇边皆三郎曷刺真，槊多白真毦，铁骑为群，前后相接。步军皆乌楯槊，缀接以黑虾蟆幡"。又《魏书·于栗磾传》记刘裕致书于栗磾，题书曰"黑矟公麾下"，因为他好持黑矟以自标，故北魏明元帝拓跋嗣知道后授予栗磾为“黑矟将军”。至于骑兵以矟代戟的过程，较早开始于鲜卑族慕容氏聚居的辽东地区，绘于原慕容皝司马冬寿墓（葬于357年）壁画冬寿统军出行图中，在冬寿所乘牛车两翼行进的重装骑兵——甲骑具装，手中所执的长柄格斗兵器是马矟，而车前的步兵还是装备着戟和楯。这幅壁画已给人们带来下述信息：当时的重装骑兵已淘汰了传统的马戟，改用长矟，不过步兵还保持着传统的格斗兵器，以戟楯为装备。但到前引孝文帝军中，不但铁骑用矟（槊），步兵也由戟楯改为槊楯了。传统的戟已被排除于军队标准装备之中。北方精锐的重装骑兵，影响到与之抗争的南朝军队，不但组建了重装骑兵，而且军中的精锐骑兵还选用鲜卑族人。《宋书 · 武帝纪》记其使宁朔将军索邈“领鲜卑具装虎班突骑千余匹”作战是一例证。不仅如此，宋军中也编有善用步矟的鲜卑步兵，亦见于《宋书 · 武帝纪》。因此马矟在南朝军中同样取代了传统的戟。马矟不仅流行于南朝，而且还加以改进，以增强效能，将矟刃加长而使其具有锐利的两刃，例如梁大同三年（537年）少府新成长二丈四尺的两刃矟，当羊侃试用时，还引出一段故事。“侃执矟上马，左右击刺，特尽其妙”。由于看羊侃使矟的人过于众多，有些人还攀到树上以看得清楚些，“梁主曰：‘此树必为侍中折矣’，俄而果折，因号此矟为‘折树矟’。”

四、军乐鼓吹

南北朝时期的军乐队沿袭着两汉魏晋时期的制度，称为“鼓吹”，从名称就可以看出它的组成包括两类乐器：“鼓”——打击乐器，“吹”——吹奏乐器。这里的“鼓”是专为演奏的乐器，与作为军队指挥工具的金鼓是有区别的，它们在部队行军阵列中的位置也不同。东晋永和十三年（升平元年，357 年）冬寿墓壁画中，有一幅描绘他统军出行的图像[1]：部队以身着甲胄手执盾戟的步兵为前导，主力是重铠的骑兵——甲骑具装，均执长柄的马矟。在军阵中央是坐在牛车中执麈尾指挥的冬寿，车后簇拥着手执节幢的骑吏，车前和两侧列有手执幡、弓矢、刀盾及钺斧的卫士。在车前执幡武士的前面，排列着二鼓一钲[2]，上面张有四角朱伞，鼓、钲均用二人抬扛，另随一人执桴敲击。这当为军中指挥用的金鼓。在车后骑吏的后边，又排列着一组骑马的乐队，乐器包括敲击的鼓、铙和吹奏的箫、笳；鼓为建鼓，上树羽葆。这就是“鼓吹”。

南北朝时期的鼓吹乐队的组成，与汉魏时期相同，仍包括鼓、铙、箫、笳 4 种乐器，而以排箫的数量最多，说明箫是鼓吹中最主要的乐器。冬寿墓壁画揭示了东晋时鼓吹乐队的图像，乐器的组合与东汉画像砖是相同的。当然墓室内的画像或壁画受客观条件的限制，常常是象征性地反映出鼓吹的组成，并不一定按真实人物绘出整个乐队来。一部鼓吹的乐工人数各代不同，大致在 7 至 16 人之间。十六国后赵石虎时，据《邺中记》，一部鼓吹是 12 人[3]。到南北朝末期，陈宣帝太建六年（574 年）曾对鼓吹制度重新作出明确规定：“其制，鼓吹一部十六人，则箫十三人，笳二人，鼓一人。东宫一部，降三人，箫减二人，笳减一人。诸王一部，又降一人，减箫一。庶姓一部，又降一人，复减箫一。”[4] 从这一规定除了可以看

[1] 洪晴玉：《关于冬寿墓的发现和研究》，《考古》1959 年第 1 期。

[2] 钲，同镯，“形如小钟，军行鸣之，以为鼓节”，见《宋书 · 乐志》。

[3] 《太平御览》卷五六七引《邺中记》。

[4] 《隋书 · 音乐志》。

出组成不同等级的鼓吹的人数外，同时可以看出进入南朝以后，乐器的组合有些变化，铙逐渐失去了原有的位置，最后从乐队中消失，敲击的乐器只剩下建鼓。这一变化可能南齐时已开始，江苏丹阳胡桥的仙塘湾、吴家村和建山的金家村发掘了三座南朝大墓[1]，墓中都有拼砌的大幅砖画，画上都有鼓吹的图像。三墓的砖画大致相同，由30多块砖组成。画面达3150平方厘米。乐队共三骑，第一骑击建鼓，第二骑吹排箫，第三骑吹笳。三骑乐工及三种乐器，象征着整部鼓吹。

南北朝时，除以箫鼓为主的“鼓吹”外，还有沿袭汉魏时的另一类军乐队——“横吹”。组成这类军乐队的乐器，主要是鼓和角。角源于西北从事游牧狩猎的古代民族，据《宋书·乐志》：“角，书记所不载。或云出羌胡，以惊中国马。或云出吴越。”《晋书·乐志》又说：“胡角者，本以应胡笳之声，后渐用之横吹，有双角，即胡乐也。”因胡角横吹，所以这类以角为主的军乐也得此名。又因为鼓吹和横吹都属军乐，所以有时也把横吹概称为鼓吹。至于两者使用上的区别，似乎是鼓吹进入朝堂，成为宣扬威仪的卤簿的组成部分，而横吹则一直用于军乐，拥有它的都是与军事有关的将校。特别是北朝时期，鲜卑族以骑兵为主力的部队中，使用的军乐主要是横吹。以1953年在西安南郊草场坡发掘的北朝早期墓的出土品为例[2]，墓西侧室放一组以牛车为中心的甲骑具装俑群，伴出的有一组4件骑马乐俑，其中两骑吹角，另两骑击鼓。吹角者双手握角，角

---

[1] 南京博物院：《江苏丹阳胡桥南朝大墓及砖刻壁画》，《文物》1974年第2期。《江苏丹阳县胡桥、建山两座南朝墓葬》，《文物》1980年第2期。

[2] 陕西省文物管理委员会：《西安南郊草场坡村北朝墓的发掘》，《考古》1959年第6期。

身长而弯曲，口部上扬，即是所谓“胡角”。这正是配属于重装骑兵的军乐队——“横吹”。这类骑在马上的军乐队，在北朝墓里出土的俑群中经常可以看到。洛阳北魏建义元年（528 年）葬的元邵墓中，伴同甲骑具装俑出土的骑马军乐队就是横吹[1]。乐工着袴褶，乘背铺赤色障泥的骏马；击鼓者所击的鼓不同于鼓吹乐中横悬的建鼓，而是平置的板鼓。1975 年在河北磁县东槐树村发掘了北齐武平七年（576 年）葬的冯翊王高润墓[2]，墓中与甲骑具装俑伴出的骑乐队，也属横吹。击鼓的乐工骑红马，双手执桴，击板鼓；吹角乐工骑白马，双手高擎胡角，作吹奏状，可惜胡角均已残失。这一时期内，横吹乐不仅在北方盛行，在南方同样盛行，而且除了骑马的乐队外，也有徒步的。河南邓县彩色画像砖墓中东壁第二柱上就嵌有一方徒步的横吹画像砖[3]，上有乐工 4 人，戴黑帽，着袴褶，缚袴，前两人吹角，长角上昂，口端系红、绿二色的彩幡，随风扬飘；后两人击鼓，腰悬红色板鼓，右手执桴敲击。除了由角、鼓组成的横吹乐外，这一时期又出现了不用打击乐器的横吹乐，以角为主，增添了笛、箫、笳等吹奏乐器。邓县彩色画像砖墓中也有这样的画像砖，画面中有 5 个由左向右徒步行进的乐工，从前而后顺序吹奏的乐器是横笛一、排箫一、长角二、笳一。到了隋代，这种以吹奏乐器组成的乐队中又增加了筚篥和桃皮筚篥，称为“小横吹”（《隋书·音乐志》），与有鼓的“大横吹”一起列入皇室卤簿之中。于是横吹这种军乐队和鼓吹一样，成为宣扬威仪的工具了。

需要说明的是，鼓吹和横吹除了用于乐器演奏外，还配有歌

[1] 洛阳博物馆：《北魏元邵墓》，《考古》1973 年第 4 期。

[2] 磁县文化馆：《河北磁县北齐高润墓》，《考古》1979 年第 3 期。

[3] 河南省文物工作队：《邓县彩色画像砖墓》，文物出版社 1958 年版。

唱，许多曲辞是采录自当时流行的民歌。北朝时期，横吹乐显示着浑厚粗犷的风格，伴随着纵横驰骋的少数民族铁骑，横吹曲辞也出现了许多豪放粗犷的佳作，看来也是取自民歌，如《企喻歌》《琅邪王歌》《紫骝马》《折杨柳》等[1]。这些曲辞在我国古代诗歌史上占有重要地位。在它们的影响下，唐代许多著名的诗人写出了千古佳作。

五、府兵制度

北朝后期，西魏权臣宇文泰为加强自己的军事实力，在整编原有部属时，创建了一套新的军队组织制度，这就是府兵制度。从西魏大统年间（535—551 年）历北周、隋、唐几朝，府兵发展至几十万人，最终成为隋唐王朝开国的主要军事力量。

公元 535 年，北魏在六镇起义后分为东、西魏，西魏权臣宇文泰将原六镇军人中以贺拔岳为首的武川军团、侯莫陈悦兵溃后李弼为首的军团和随魏孝武帝入关的北魏宿卫禁军共 3 万余人整编起来，与东魏高欢对峙。先在沙苑会战（537 年）中得胜，又补充兵源至 10 万人，于大统八年（542 年）正式成立六军。六军的骨干，全是鲜卑人。公元 543 年，宇文泰军与高欢军战于邙山，西魏军失利，死伤大半。这迫使宇文泰不得不从当地汉族民众中招募补充新兵，并选择关陇当地有名望的人来统领。宇文泰对自己的统帅部队也作了改组，形式上仍仿北魏立国时的军事氏族制，将全军分八部，立八柱国，而自己为柱国大将军，实际掌握了军队最高指挥

[1] 《乐府诗集》，中华书局 1979 年版。

权，这支军队，就是历史上所说的府兵。

关于府兵制度，史学界对其一些具体问题的看法尚有分歧，这里只说几个公认的主要特点。

首先，府兵建立的初期，带有较浓厚的鲜卑部落兵制色彩。因府兵的前身和骨干，即六镇军人和北魏所谓“六坊之众”的宿卫禁军，原是鲜卑化十分彻底的军队，而他们的主要将领，即以宇文泰为首的军官将帅，既出身于其中，主观上亦带有满足这批鲜卑人愿望的要求。更深层的原因，是他们认为鲜卑军人地位在北魏后期的下降，正是由于汉化的结果，因此冀望在新组建的军队中重新恢复北魏立国时的鲜卑氏族军事制度。因而采用了当年拓跋珪的做法，即以八部组织为蓝本编定新军。公元554年，诏以有功诸将继承鲜卑三十六国（大部落）及九十九姓（大氏族），并将军中主要将领均改回鲜卑复姓（原为鲜卑复姓者不变，而将孝文帝变法时改单姓者，如于氏仍改勿忸于氏），甚至原为汉人汉姓的，也赐改三十六部落中的鲜卑复姓。由于鲜卑复姓的重新大规模使用，当时南朝入北的著名诗人庾信诗中竟有“梅林能止渴，复姓可防兵”（《出自蓟门北行》）的诗句。宇文泰主观上想用旧时的氏族关系组织府兵，使将士之间如同当年血缘亲族那样相亲相近，团结作战，并以此来提高府兵的战斗力。这使得府兵制在初期带有明显而浓厚的氏族军事制的色彩。然而事实是，时代早已发生了变化，不必说与鲜卑并无血缘关系的汉族农民，就是鲜卑族成员之间，血缘联系也早已消失殆尽，因此，府兵制并没有亦不可能真正恢复过去的血缘氏族制。但是，六镇鲜卑和关陇豪强的军人地位，在府兵中确实得到提高，社会、经济地位均大大改善，这也促进了军队战斗力的提高。[1]

府兵具有中央禁卫军性质。从一开始就和北魏孝文帝迁都洛阳时“以代迁之士皆为羽林虎贲”（《魏书·高祖纪》）一样，是以禁旅姿态出现的中央禁卫军。不过他们名分上隶属西魏朝廷，而实际上直接受控于权臣宇文泰，所以名义上的“禁旅”“宿卫”之早期府兵，皇帝是无法调动的，真正的指挥权归宇文泰之相府（宇文泰时任大丞相、大冢宰、都督中外诸军事），宇文泰死后又归宇文泰之侄宇文护，直到公元572年北周武帝杀宇文护，这支府兵才真正直辖于皇帝。第二年的建德三年（573年），周武帝下令“改诸军军士为侍官”（《周书·武帝纪》），从此府兵才名副其实地成为皇家的禁卫军。

府兵制与均田制相结合，“籍民为兵”，最终走上封建化兵制的道路。为了稳定地扩充兵源，获得军事给养，宇文泰和后来的周武帝均采取“籍民为兵”的做法，以均田制为基础，吸收合适人材入伍。《玉海》卷一三七《兵制》引《后魏书》说：

> 西魏大统八年，宇文泰仿周典置六军，合为百府。十六年籍民之有材力者为府兵。

同书卷一三八《兵制》引《邺侯家传》：

> 初置府兵，皆于六户中等以上，家有三丁者，选材力一人，免其身租庸调，郡守农隙教试阅，兵仗、衣驮、牛驴及粮粮、旨蓄，六家共备，抚养训导，有如子弟，故能以寡克众。

---

[1] 王仲荦：《魏晋南北朝史》下册。

以上说的主要是宇文泰初建府兵的规定。所谓“六户中等以上”，是讲选兵的资财标准。北魏以来按资财多少分为九等户[1]，又称“九品”。“六户中等以上家”指九等户中属中等以上的六个户等。让这些较富裕农户出兵，且由其自备兵械资粮，正是与宇文泰招募关陇豪右入府兵的初衷相一致的。他正是希望以关陇豪右为其府兵的核心，笼络他们并利用其资财建立军队与东魏和南朝抗衡。而对于被征入军的民户和封建国家来说，“免其身租庸调”都不损害各自的利益。因当时的赋税庸调是与均田制的占田多少联系在一起的，“六户中等以上家”，是九类品等户中田宅奴婢最多的，应缴纳的赋税粟绢也应比下三品等多，即越是户等高，赋额亦越重。而被籍入伍后，免去其身租庸调，对当兵者家庭自然是好事，但他所在地区的租赋仍不作减免，还是九等混通，要分摊在其他不当兵户的身上。其中不服兵役的上、中户固然要增加负担。为数众多的贫下户，更会负担增加总额中的很大数量。因此这种做法吸引着上、中户的人充服兵役，而对封建王朝来讲，赋税总额则不会减少[2]。府兵制和均田制结合以后，均田户中六等以上被籍入兵户的身份、地位显然有所提高，而这部分上升的均田户，“必然带有豪强的气息”。[3]

在军资供给方面，《邺侯家传》说“兵仗、衣驮、牛驴及糗粮、旨蓄，六家共备”，《北史》卷六〇称“每兵唯办弓刀一具，月简阅之；甲、槊、戈、弩，并资官给”。二者说法有矛盾之处，但看来

[1] 这里的九等，指上上、上中、上下、中上、中中、中下、下上、下中、下下。

[2] 谷霁光：《府兵制度考释》，上海人民出版社 1962 年版。

[3] 王仲荦：《魏晋南北朝史》。

有些随身携带的轻兵器须自备是无疑问的，如刀、弓（包括箭镞）各一具等。

到周武帝杀宇文护、收回兵权后，进一步扩大募兵范围，采取的措施有：广征百姓充当府兵，包括贫下户即广大农民在内，突破了宇文泰时重点吸收“豪右”和“六户中等以上家”的范围，大大开扩了兵源；被征募为兵的，本人“除其县籍”，即免除本身的租庸调和杂徭，有的地区贫下户还得以给复三年；军籍与民籍分开，除其县籍即不编户贯，不负担其他徭役。均田制下遭受封建剥削的农民，由于这种优惠条件的感召，纷纷入伍。所以史称这之后“夏人（汉人）半为兵矣”（《隋书·食货志》）。

第四节　舆服风习

一、褒衣博带与袴褶胡服

魏晋南北朝时期既是以民族大融合为主要历史特征的时代，故此时的社会风习，包括人们的衣、食、住、行，便无不表现出各民族原有风习的相互影响、渗透、融合之趋势。又由于当时主要是以农业经济为主的中原和南方汉族与以游牧经济为主的北方诸少数民族（后来主要是鲜卑族）相融合，所以这期间的社会风习便出现了或汉化，或胡化，或胡汉兼容的错综复杂的过程，但最终还是根据社会生活的实际需要，实现了社会风习的新发展。

这里，服饰的变化是一个突出的例证。因这是一个涉及面广、门类繁细的领域，故我们只就几个最富此时代特征的问题加以分析。

说到汉晋以来中原及南方汉族政权上层人士的服饰特征，一般都用褒衣博带、冠冕衣裳加以概括。据考证，我国早在秦以前，从西周时起，中原及南方（如楚）上层贵族服饰，就有了包括冠冕、鞋履、衣裳（上衣下裳）、袍服乃至各类佩饰在内的一整套体制。这些服饰的外观突出特征是宽袍大袖，高冠大履，佩饰铿锵，雍容华贵。长期以来，这种繁缛华贵的服饰已与封建礼仪法制紧密联系在一起，成为封建政权传统礼法的重要组成部分，甚至亦成为封建政权某种程度上的代表和标志。汉扬雄《法言·先知篇》即说："圣人，文质者也。车服以彰之，藻色以服之，声音以扬之，《诗》、《书》以光之。笾豆不陈，玉帛不分，琴瑟不铿，钟鼓不耾，则吾无以见圣人矣。"即是说如果没有这一套特殊的车舆服饰、琴瑟玉帛为标志，就无法分辨真正正统的圣人了。北朝末年，具有鲜卑血统的北齐统治者高欢曾发牢骚说："江东复有一吴儿老翁萧衍者（指当时南朝梁武帝萧衍），专事衣冠礼乐，中原士大夫望之以为正朔所在。"[1] 正道出了其中的关键。

正因为如此，当北魏统一北方，入主中原以后，孝文帝要做名正言顺的中原皇帝，在其大刀阔斧的汉化改革中，便将改胡服为汉服作为一项重要内容。本来，北魏王朝的建立者拓跋鲜卑人，是从东北大兴安岭中走出的狩猎民族，他们原有的服装属边塞之地的"短制褊衣"[2]，其发式亦为北方少数民族的辫发，内地汉人看不

[1] 《北齐书·杜弼传》。

[2] 《大唐西域记》卷二"印度总述·衣饰"，上海人民出版社 1977 年版。

起他们的装束,贬称为“被发左衽,故称‘索头’”[1]。而他们起初亦固守本民族的习俗，对中原士大夫的褒衣博带式服装持排斥、反感的态度。《魏书 · 序记》记北魏始祖神元帝力微之子沙漠汗曾长期留在洛阳，归国后被诸部首领所害，理由之一就是指责他的“风采被服，同于南夏”。北魏王朝内部统治集团中，对汉化还是反汉化进行了长期激烈的斗争，到雄才大略的孝文帝当政后，真正认识到以出自边戎胡族的身份，要想君临华夏，做正统的中原皇帝是多么困难，遂痛下决心，自上而下实行全面汉化。历来的治史学者，对孝文帝的改革都作了高度的评价，指出：孝文帝汉化是我国历史上极其特殊的大事件。一位统治者全盘否定本民族的语言、礼仪、服装、籍贯乃至姓氏，可谓空前绝后之举。这固然反映出当时汉族与鲜卑族在文化层次上的巨大落差，但同时也说明在高度重视门阀族望的历史条件下，以‘出自边戎’的身份君临诸夏是不容易被真正接受的。孝文帝之所以断然进行如此彻底的改革，就是要名正言顺地做正统的中原皇帝。[2]

孝文帝对服制的改革极为重视，任命一批深通汉族儒家礼仪的官员负责新服饰的设计工作，他们是冯诞（孝文帝祖母文明太后兄冯熙之子）、高闾、游明根、蒋少游、刘昶等人。其中刘昶更是来自南朝的贵族子弟，是南朝宋文帝刘义隆第九子，由南朝入北魏，娶北魏公主为妻，封宋王。他们在北魏“禁中”即宫城内讨论设计服制长达 6 年之久，而这期间因新服未定，孝文帝竟下诏暂时停止举行太和十五年（491 年）十二月初一日的小岁贺活动和太和十六

[1] 《晋书 · 武帝纪》咸宁元年“鲜卑力微遣子来献”。

[2] 孙机：《南北朝时期我国服制的变化》，载《中国古舆服论丛》，文物出版社 1993 年版。

年（492 年）正月初一日的元旦大型朝贺（因原来在这种贺典上是以鲜卑族传统的袴褶胡服为礼服），可见其改服制的决心之大。经过 6 年的反复研究，终于制定出以汉族服制为基础，并吸取南北服制之优点的冠冕朝服，同时对民间男女的服饰也作了汉化的改造。这之后，北魏上层统治集团从帝王到官吏，都穿上了以宽袍大袖、高冠危履为主要特征的褒衣博带式服装。学者们将“龙门宾阳中洞前壁浮雕《礼佛图》中的皇帝，即孝文帝本人的形象，以之与顾恺之《洛神赋图》中陈思王曹植像相较，其（孝文帝）雍雅襜裕之致，实有过之而无不及。《礼佛图》中的人物皆着高头大履，完全改变了原草原民族着靴的旧俗”[1]，图中孝文帝及随行的官员侍者们无不长袍曳地，大袖当胸，羽葆华盖，仪态雍容。完全是一派汉族帝王的装束。在巩县石窟寺也有类似的帝后礼佛浮雕。不仅如此，连这之后完成的皇家经营的石窟造像，如云冈、龙门的巨大石雕佛像，也一改以往西域通肩或半袒服制，而穿上了宽袍广袖的褒衣博带式服装。石窟中佛像服制的这一明显变化，成为今天研究者对其建造时间进行分期断代的主要标志。

如果说褒衣博带是南北朝官服的突出特征，则轻便简捷的袴褶正是人们平日所着的主要便装。所谓袴褶，用通俗的话说，袴即下身所着之装；褶即上身所着之短装。在我国古代，上衣无非有长、短、内、外的区别，但基本结构差别不大。而下装，即今天意义上的裤子，却经历了结构方面许多实质性的变化，据古代文献和出土文物考证，直到汉代以前，我国中原汉族服装中的内衣，这里主要指裤子的结构，还相当不完善。汉代人贴身的下装约有两种：“一

[1] 孙机：《南北朝时期我国服制的变化》，载《中国古舆服论丛》，文物出版社 1993 年版。

种并不缝出裤管，仅以一布缠于腰股之间，名犊鼻裈”[1]。形制约同于今日本相扑运动员下身所缠之布，当时下层劳动者或可只着其做工，我国山东沂南汉画像石中有例。《史记 · 司马相如列传》记著名文士司马相如携富商卓王孙之女文君私奔，为卓王孙所不容。司马相如与卓文君在街头开一酒肆，令文君卖酒，自己仅“身自著犊鼻裈，与保庸杂作，涤器于市中”，令卓王孙十分难堪，终于出钱认了这门亲事。《史记》中此处后集解引韦昭注说“犊鼻裈以三尺布作，形如犊鼻。称此者，言其无耻也”。这是一种绝不可显露于外的内下装。除犊鼻裈外，汉代还有一种仅用来护住腿部的下装，亦称“裈袴”。这种下装仅缝制成两条裤管，而上部并不合裆，两裤管于腰部系带约束。所以汉简中袴的单位名“两”，与鞋、袜的计算方法一样，而与袍以领计，裙以腰计者不同。《释名 · 释衣服》说：“袴，跨也，两股各跨别也”，清宋绵初《释服》亦说绔“即今俗名套袴是也”。出土实物中有黄文弼先生在新疆罗布淖尔发现的汉代裈，被黄先生描述为“有两脚……上通于腰，与裆相连，左右缝之，……前后不相通也”[2]。山东沂南汉画像石中也有此种裈袴的形象。从文献和实物看，这种下装也是不能遮蔽下体的，所以当时需用各种外衣，如深衣、袍、襜褕等各式长外衣来加以掩盖，而一旦外衣翻起，或弯腰（撅）乃至倒立，下体仍不免露出。所以《礼记 · 曲礼》告诫人们应“不涉不撅”，就是因内衣下装的不完备而避免揭开外衣。

---

[1] 此处及以下所述均据孙机《汉代物质文化资料图说》中“服饰Ⅲ、Ⅳ”，文物出版社 1991 年版。

[2] 黄文弼：《罗布淖尔考古记》，载《西北科学考察团丛刊》，北平研究院史学研究所中国西北科学考察团理事会，1948 年。

真正意义上的合裆裤装应是因骑马民族的骑射需要而产生的。游牧民族所在的北方风土寒烈，人们常年骑在马背上放牧作战，需要有效保护下体及双腿的下装，也要求上装不能因过于长、宽而影响骑乘者的行动。由此产生了轻便合体且能直接作为外衣穿着的下裤和上衣，即南北朝时的裤褶。王国维在《胡服考》的开篇即认为“胡服之入中国始于赵武灵王”，他在“其服上褶下袴”中进一步指出：“以袴为外服，自袴褶服始。然此服之起，本于乘马之俗。盖古之裳衣，本乘车之服，至易车而骑，则端衣之联诸幅为裳者与深衣之连衣裳而长且被土者，皆不便于事。赵武灵王之易胡服，本为骑射计，则其服为上褶下袴之服可知。此可由事理推之者也，虽当时（指赵武灵王时）尚无袴褶之名，其制必当如此，”[1] 而袴褶之名的出现，始自汉末军旅，即首先在军队服装中流行。《胡服考》中说：“汉末袴褶为将领之卑者及士卒之服，及魏文帝为魏太子，驰骋田猎，亦服此服，自是复通行于上下矣。”到“魏晋以后至于江左士庶服之”。[2]

南北朝时袴褶的特色亦在袴而不在褶（短上衣）。这时期的袴流行大口裤管，《晋书 · 五行志》称其为“袴者直幅，为口无杀”。杀通䌫，《集韵》：“䌫，衣削幅也。”无杀就是袴下口不使其裁缝变窄，也就是上下一般宽窄，为行动的便利，特别在膝关节处系一根带子，将下面小腿处的裤管向上扎缚起来。这种装束的形象在出土文物及图像中屡屡可见，最典型的如河南邓县彩色画像砖墓中的徒

---

[1] 王国维：《观堂集林》卷二二，载《王国维遗书》第三册，上海古籍书店 1959 年版。

[2] 王国维：《观堂集林》卷二二，载《王国维遗书》第三册，上海古籍书店 1959 年版。

步行进中乐队人员的装束，均为上着短衣（褶），下着长裤，大下口，膝部提缚，使裤口呈喇叭口状[1]。此外，洛阳出土的北魏孝子画像石棺上，人物亦着袴褶装。连湖北襄阳等地南朝墓葬出土画像砖上的劳动者，也普遍为袴褶打扮，说明此时南北下层民众的便装已通行袴褶。

北朝末年，北齐、北周等鲜卑化倾向较重的政权，又掀起过反对汉化，恢复鲜卑语言、服饰的浪潮。但这之后出现的鲜卑服装，已与旧式鲜卑装大不相同，最引人注意的是出现了一种“缺骻袍”，这种袍圆领或交领，袍长过膝，而两外侧（骻部上下）开启（不缝合），腰束带。山西太原北齐武平元年（570年）贵族娄叡墓壁画中有生动的表现：骑手们全部着这种缺骻袍骑于马上，飞驰前进，各人物间又相互呼应，顾盼有致，他们脑后的披护长帛与缺骻长袍的下襟向后高高扬起，使画面充满一种生机勃勃的动感。这种缺骻长袍的出现，说明人们的服装终究要服从于生产和生活的方便与需要，因为它毕竟比褒博的衣饰更实用。隋唐以后，这种缺骻袍作为常服与褒衣博带式的正规朝服并行不悖[2]，为南北朝时期我国服制的变革画上了圆满的句号。

二、牛车和步舆

南北朝时期，社会上层人物出行的主要代步工具是牛车和步舆，这两类交通工具在中国历史上独兴盛于此时，具有鲜明的时代特征。

---

[1] 河南省文物工作队：《邓县彩色画像砖墓》，文物出版社1958年版。

[2] 孙机：《南北朝时期我国服制的变化》，载《中国古舆服论丛》。

先说牛车。中国古代东汉中期以前，驾牛的车本不受重视，《晋书·舆服志》说："古之贵者不乘牛车，汉武帝推恩之末，诸侯寡弱，贫者至乘牛车……"，可见牛车被当作规格低级的车，只落魄贫弱的官员才用以代步。但到东汉晚期，情况开始有了变化，《后汉书·宦者列传》说：左悺等四侯"其仆从皆乘牛车而从列骑"，牛车进入官员出行的行列，虽为侍仆乘坐，却已成庄严的出行队列中之重要组成部分。到了东汉末年，牛车则迅速发展为上层人士普遍乘坐的交通工具，成为代表社会地位和豪富的高级车型。所以《晋书·舆服志》又说："古之贵者不乘牛车……其后稍见贵之。自灵、献以来，天子至士庶遂以为常乘。"

牛车之所以在此时取代马车而成为人们的主要出行工具，学者们分析其原因主要有两个方面[1]，一是中国早期的马车（以轺车为代表）车身多敞露，而儒家的传统礼仪要求乘车者无论坐乘或立乘，都需保持端正的姿态。《论语·乡党篇》说："升车必正立执绥，车中不内顾。"贾谊《新书·容经篇》，更对"坐车之容""立车之容""兵车之容"，即乘马车者的各种姿势、表情、动作均提出种种要求，连乘车时立不直，坐不正，神态疲惫，左右环顾，甚至咳嗽、吐痰都在被禁止之列。如此烦琐苛刻的规矩，必然令人感到拘束不适。

二是牛车行进时牛的步履徐缓，其车的颠簸程度自然比马车小得多，乘坐者必然感到舒适。特别在两晋南北朝时，士族高官们熏衣剃面，傅粉施朱，出入需侍从服侍，养尊处优的生活促使他们将牛车装饰得更为华丽舒适。

此时的牛车不但上结幰幔，而且车身、轮毂都满绘油彩漆画，

[1] 孙机：《汉代物质文化资料图说》24"车"。

还有一种以云母装饰的牛车，称云母车，是皇帝专门赐给王公贵族用的，一般的臣下都不得使用。《晋书》中关于牛车的记载比比皆是，如《舆服志》中："皂轮车，驾四牛，形制犹如犊车，但皂漆轮毂，上加清油幢，朱丝绳络。诸王三公有勋德者特加之。位至公或四望、三望、夹望车。""油幢车，驾牛，形制如皂轮，但不漆毂耳。王公大臣有勋德者特给之。""通幰车，驾牛，犹如今犊车制，但举其幰通覆车上也。诸王三公并乘之。"

牛车不但外表装饰华美，车内还可安置凭几等小件家具，可供乘车者随意坐卧，南京赵士岗东晋南朝墓等处出土的陶牛车中，便都设有凭几[1]。而自西晋至南北朝各地大墓中出土的俑群中，几乎每墓都有牛车、鞍马类陶俑组合。

正因为牛车的广泛使用，文献中留下了许多与牛车有关的记载，最著名的是《晋书·王导传》中，东晋开国重臣王导乘牛车往救小妾的故事："初，（王导妻）曹氏性妒，导甚惮之，乃密营别馆，以处众妾。曹氏知，将往焉。导恐妾被辱，遽令命驾，犹恐迟之，以所执麈尾柄驱牛而进。司徒蔡谟闻之，戏导言：'朝廷欲加公九锡。'导弗之觉，但谦退而已。谟曰：'不闻余物，惟有短辕犊车，长柄麈尾。'导大怒，谓人曰：'吾往与群贤共游洛中，何曾闻有蔡克儿也。'"为解众妾之围，王导亲自以麈尾击牛车速行，生动地刻画出这位既风流又惧内的人物形象。

牛车既为高级车乘，则驾车之牛的身价也贵至千金。《晋书·王济》传记王济性豪侈，丽服玉食，他与帝舅王恺斗富，赌的是一条价值千万钱的名牛："王恺以帝舅奢豪，有牛名'八百里驳'，常莹

[1] 《南京附近六朝出土文物》，《文物参考资料》1955 年第 11 期。

其蹄角。济请以钱千万与牛对射而赌之。恺亦自恃其能，令济先射。一发破的，因据胡床，叱左右速探牛心来，须臾而至，一割便去。”一头脚力好的牛可价值千万钱，又被当作富人豪赌的赌注，可见其在当时被看重的程度。

步舆又称“平肩舆”，是南北朝时上层士族乘坐的一种以人力抬负类似车样的坐具。它的最早出现约在汉代，三国两晋时开始普遍使用。《太平御览》卷七七四引《语林》记述诸葛亮乘步舆指挥作战时说：“武侯（即诸葛亮）与宣王（即司马懿）在渭滨将战。宣王戎服莅事，使人视武侯。乘舆、葛巾、持白羽扇指麾，三军皆随其进止。宣皇闻而叹曰：可谓名士。”《晋书·谢安传附弟万传》亦记，谢万妻父太原王述为扬州刺史，“万尝衣白纶巾，乘平肩舆，径至听（厅）事前。”又，《晋书·王羲之传附子献之传》：“尝经吴郡，闻顾辟疆有名园，先不相识，乘平肩舆径入。时辟疆方集宾友，而献之游历既毕，傍若无人。”无独有偶，其兄王徽之亦有此行为。《世说新语·简傲》篇记：“王子猷（子猷为徽之字）尝行过吴中，见一士大夫家极有好竹，主已知子猷当往，乃洒扫施设，在听（厅）事坐相待。王肩舆径造竹下，讽啸良久……遂直欲出门。主人大不堪，便令左右闭门，不听出。”以上诸例，可见当时平肩舆使用之普遍。

步舆的形貌，据《隋书·礼仪志》追叙南朝车舆之制时，记有“天子至于下贱，通乘步舆，方四尺，上施隐膝，以及襻，举之。无禁限。载舆亦如之，但不施脚，以其就席便也。”又记“方州刺史，并乘通幰平肩舆，从横施八横，亦得金渡装较。”在河南邓县学庄南朝墓出土绘彩画像砖中，有一方为平肩舆图像[1]，该砖虽左

---

[1] 河南省文化局文物工作队：《邓县彩色画像砖墓》，图三二。

上角已残，但未损及平肩舆及抬舆人形象，舆面呈方形，舆板的四面都有低栏，舆下四角各有一足，足形与当时床足相同。舆侧与舆板平齐处各装一长杆，前后伸出，以供舆夫肩扛之用。在舆前栏又向后斜装二小柱，上托一横木，极似车舆前的车轼，人坐舆上可以凭倚其上，功能又似床上所施隐几即凭几，前引《礼仪志》中所说“隐膝”，或即指此物。在舆的两侧各立一幰杆，在前、后又各斜伸出两斜杆，用以支撑舆上张的“通幰”，其形貌与当时车上所张通幰相同。该舆用四位头戴小冠、身着袴褶的舆夫以肩扛抬，舆前后各二人。这种平肩舆的瓷塑模型，在广西永福县寿城南朝墓中出土过[1]。舆的平面呈长方形，四侧有低栏，下面四角各有一足，形同床足。舆长7.5、宽5.5、高2.5厘米，其长、宽、高之比约为3：2：1。舆上端坐一俑，舆前后都有抬舆的舆夫俑，现前后各存一人，但据底板上的痕迹，原来应前后各有二人，也是共用四舆夫，均以肩扛抬舆杆，可惜舆杆已残损无存。这件青瓷模型与前述邓县画像砖不同处，只是没有舆上张的通幰。将上述两件文物质料相对照，大致可以了解南朝时期步舆即平肩舆的形貌。值得注意的是，在寿城南朝墓中，瓷肩舆模型与瓷持旗俑、侍从俑和陶武士俑、击鼓俑伴同出土。邓县画像砖墓中，也有着鼓吹和肩刀、弓持盾的步兵行列，还有供墓主乘骑的披有白色具装铠、粉绿寄生的黑色战马图像。邓县南朝墓葬所在地又正处南北对抗的前沿地带，因此墓内所葬死者极可能是统军的官员。由此亦可推测，平肩舆既可认为是墓主出行时的乘舆，也可能是他统军战斗时的乘舆。南朝乘舆形制系承袭自魏晋，因此亦可推知当年诸葛武侯伐魏时乘舆的形貌。

---

[1] 广西壮族自治区文物工作队：《广西永福县寿城南朝墓》，《考古》1983年第7期。

在山西大同石家寨北魏延兴四年至太和八年（474—484年）司马金龙夫妇墓中，屏风漆画中有一步舆图像[1]，旁有榜题“汉成帝班捷（倢）伃”。班婕妤故事，见于《汉书·外戚传下》：“成帝游于后庭，尝欲与婕妤同辇载，婕妤辞曰：‘观古图画，贤圣之君皆有名臣在侧，三代末主乃有嬖女，公欲同辇，得无近似之乎？’上善其言而止。”图中舆上坐着帝王装、身向后顾的是汉成帝，舆后随行的是班婕妤。所绘步舆虽也是由四舆夫以肩扛抬，但形貌较邓县画像砖图像颇为不同。舆板四周不是低栏，而形似当时的车箱，后背两角立小柱，上施横枋，形成高靠背状，左右两侧栏较高，上缘弧曲向前伸。从画面可看出的前、左两面，舆下部有一圈装饰带，绘出若干方形饰片，当由贵金属所制作。舆下无足。舆上张通幰，但在通幰正中上方处，又立张有伞盖。看来此画面是摹绘出当时帝王所乘坐的“辇”，也就是装饰华美的特殊步舆。据《隋书·礼仪志》：“初，齐武帝造大小辇，并如轺车，但无轮毂。”大辇装饰华丽异常，“箱外凿镂金薄，碧纱衣，织成（毛）〔芚〕，锦衣。厢里及仰（项）〔顶〕隐膝后户，金涂镂面〔钉〕，玳瑁贴，金涂松精，登仙花纽，绿四缘，四望纱萌子，上下前后眉，镂镖。”小舆装饰亦颇华美，《南齐书·舆服志》记这种小舆为皇帝小行幸乘之，“形如轺车，漆画，金校饰，锦衣。两厢后户隐膝牙兰，皆玳瑁帖，刀格，镂面花钉。幰竿成校栋梁，下施八棢，金涂沓，兆床副。人举之。”据《隋书·礼仪志》，梁时，大辇“中方八尺，左右开四望。金为龙首。饰其五末，谓辕毂头及衡端也。金鸾栖轭。其下施重层，以空青雕镂为龙凤象。漆木横前，名为望板。其下交施三十六

[1] 出土文物展览工作组编：《文化大革命期间出土文物》（第一辑），文物出版社1973年版，第143页。

横。小舆形似轺车，金装漆画，但施八横。”因此，司马金龙墓屏板漆画所绘，应是形似轺车而无轮的辇。《礼仪志》又说：“后魏天兴初，诏仪曹郎董谧撰朝飨仪，始制轩冕，未知古式，多违旧章。孝文帝时，仪曹令李韶更奏详定，讨论经籍，议改正之。唯备五辂，各依方色，其余车辇，犹未能具。”至明帝熙平年间才大造车服，形成定制。若此则司马金龙墓屏板漆画所绘小辇，当本自南方传来的粉本，所绘服色车舆仍依南方形制，唯其年代早于齐武帝，可能仍依东晋旧制，装饰不如齐梁，后趋于华美。

司马金龙墓屏板漆画“汉成帝班捷（倢）伃”图像，常使人联想起传为顾恺之所绘《女史箴》图中“割欢同辇”部分的画面，该图虽为后代摹品，但尚存原图笔意。图中所画辇的结构，较屏画复杂，则更近轺车的形貌。该舆由八人肩抬，但似是前面每侧各三人，而舆后每侧只一人。辇上坐有二人，前一人正坐向前，后一人回顾辇后的班婕妤，系汉成帝。这正合于徐爰《释问》中“天子御辇，侍中陪乘”（《隋书·礼仪志》）的制度。在这一图像中，可以看到舆饰的碧纱衣，四望纱萌子等装饰。除外出游乐外，有些帝王还乘辇外出狩猎，据《北堂书钞》引《邺中记》：“石虎作猎辇，使二十人担之，如今之步辇，上安徘徊曲盖，当坐处施转关床，若射鸟兽宜有所向，关随身而转”石虎又作金华辇、嵩路辇、朱漆辇等。嵩路辇和朱漆辇为石虎皇后外出所乘，以纯云母代纱，极为豪华奢侈。

与豪华的乘舆相对照的，是简便的版舆（亦称“板舆”）。晋潘安仁《闲居赋》有“太夫人乃御版舆”句，李善注：“版舆，车名，傅畅《晋诸公赞》曰：傅祗以足疾，版舆上殿。”《文选》卷十六又注版舆一名步舆，并引周迁《舆服杂事记》曰：“步舆方四尺，素木为之，以皮为襻扛之，自天子至庶人通得乘之。”其实版舆无足，即“载舆”。因其质朴无华，僧人亦可乘坐。《北堂书钞》卷一四〇引《赵书》云“佛图澄号曰大和上，有事语，乃命大和上乘板舆也。”一般庶民使用的板舆极为简便，样子就仿佛今天抬伤员的担架。1977 年洛阳发现的北魏画像石棺后档，雕刻山林中二人以板舆抬一骨瘦如柴的老者，前一人回首后顾，并用右手前指，似向后一人问询该往哪里去，二人皆着袴褶[1]，这是描述孝孙原縠的图像。另一件流至海外的孝子石棺上的孝孙原縠图，除二人以板舆抬老人外，还有将老人抛至林中，原縠将板舆收回与其父对语的画像[2]。这种板舆，只是一方平板，两侧各有一抬竿而已，不用时一人即可挟持而行。值得注意的是其用法，抬舆的人不是以肩担荷，而是双手下垂提竿，因此板舆高只与舆夫腰高相当，极似现代人抬担架的情形。这可称“腰舆”而非“肩舆”，与当时流行的步舆的扛抬方式有别，或许因板舆轻便而采取这种方式。

唐代以后，大驾卤簿中仍列有各式豪华的乘舆，但皇帝平时宫中乘用的是较轻便的步舆，即步辇，当时著名画家阎立本所绘《步辇图》流传至今，为我们留下唐太宗乘步辇接见吐蕃使者禄东赞的真实写照。

三、家具与习俗

在中国古代，日用家具的使用和演变，与各族人民的生活习俗紧密相连，也与礼节制度的关系极为密切，并从一个重要的侧面反

---

[1] 洛阳博物馆：《洛阳北魏画像石棺》，《考古》1980 年第 3 期。

[2] 参见王增新《关于“孝子闵损”和“孝孙原縠”》图一、图三《文物参考资料》1958 年第 10 期。

映着当时人们的物质生活和文化生活的面貌。第一阶段是中国古代家具的发生期，约自史前时期至魏晋。家具启蒙于史前时期，产生于殷周时期，到汉代已形成组合完整的供席地起居的家具。第二阶段是中国古代家具的发展期，约自东晋十六国到北宋。在这一阶段中，家具的发展使传统的席地起居的习俗逐渐废弃，与其相适应的，是出现了家具形体由低到高的趋势。十六国到北朝，即公元5—6世纪，正是这一趋势开始的关键时期。经过隋唐五代，这一发展趋势越来越猛，至北宋便形成新式高足家具的完整组合，并逐步排挤着传统的供席地起居的旧的家具组合，迫使它们退出历史舞台。宋以后，中国古代家具历史发展到第三阶段，步入成熟期，最后迎来中国古代家具发展的高潮，形成在艺术造型、工艺技巧和实用功能诸方面都日臻完美的明式家具。由此看来，公元5—6世纪的十六国到南北朝时期，正是中国古代家具发展史上关键的转折时期。而这种转折和变化的主要契机，则是北方少数民族起居习俗的内传濡染。

中国古代，自殷周至秦汉，以黄河中下游为中心的广大疆域内，人民一直保持着在室内席地起居的习俗。在房屋建筑室内的地面上，先铺垫较大的席——筵[1]，将全室地面覆盖。然后在筵上再铺设供坐卧的家具，主要是席和低矮的床、榻。当需书写办公，宴饮会客等时，则临时陈设几、案、屏风等，但均非固定陈设，用毕即行撤除。因此登堂入室，必须先脱去鞋子——履，才好踩行在筵上。而坐的样式，也与今天的概念不同，是双膝跪地而将臀部坐压在脚后跟上，不论在席上或床榻上均是如此坐姿。因此当时社会上形成的各种礼节，就都是在这种席地起居习俗的基础上产生的。《礼记》和

[1] 筵，还作度量建筑物面积的基本单位，据《考工记》："周人明堂，度九尺之筵，东西九筵，南北七筵，堂崇一筵。五室，凡室二筵。"

《仪礼》中有关礼节制度的许多繁琐规定，多是与升阶、脱履及履的摆放位置，室内陈设席的方位及几案与食器等放置的位置、上席和下席及坐姿的规矩等相联系的[1]。入室解履是最基本的礼貌行为，见长者或上级时着履入室是最严重的失礼，见帝王不仅脱履而且还需去袜，否则是大不敬。《左传·哀公二十五年》记褚师声子见卫侯于灵台，未脱袜而卫侯大怒之事可以为证。帝王本人在室内也是不得着履的，《左传·宣公十四年》楚庄王闻楚使被杀，未及着履而冲出室外一事可以为例[2]。至于在人前坐时作双足垂前蹲踞姿态，都表明该人缺乏教养，不懂礼貌，如以那种姿态见客，则是对来客的污辱。《史记·郦生陆贾列传》记郦食其去见刘邦时，刘邦正“倨床使两女子洗足”，这自然与他起兵反秦前那市井无赖的习性有关，只是当受到郦食其“必聚徒合义兵诛无道秦，不宜倨见长者”的驳斥后，刘邦自知失礼，于是急忙“辍洗，起摄衣，延郦生上座，谢之”。

古代中国崇尚席地起居的习俗，但在当时世界上其他地区的古代文明，特别是地中海沿岸的古代文明，如古埃及和古希腊等，则有着不同的生活习俗，高足的坐具和垂足坐的习俗流行久远。自西汉张骞通西域，开通了中西陆上交通的“丝路”以后，中西文化交流日益扩大，汉朝的人士自然也会接触到西方的高足坐具，不过一个民族传统习俗的势力是极难变更的，何况还已形成与之相联系的整套礼制观念的束缚，因此这种接触对中原的汉文化看来并未产生大的影响，我们至今尚未在中原地区的汉代物质文化遗存及古代文献中寻到任何踪

[1] 以履为例，《礼记·曲礼》：“侍坐于长者，履不上于堂。解履不敢当阶。就履，跪而举之，屏于侧。乡长者而履，跪而迁履，俯而纳履。”

[2] 《左传·宣公十四年》：“楚子闻之，投袂而起，履及于窒皇，剑及于寝门之外。”

迹。但是表明中西文化在家具方面确实存在接触的证据，在边远的西陲，如新疆境内的汉代遗址中就有保留，例如在尼雅遗址中，就有木制高足坐具的残迹[1]。这些残存的木椅，从形貌看与中原的汉文化没有关系，可能因为当地的土著居民的习俗与中原地区有一定差异，而汉王朝的控制相对说来又较薄弱，正如“春风不度玉门关”一样，它们无法通过传统习俗的关隘而向东影响到汉文化的中心区域去。

到东汉末年，传统习俗的关隘大门才开启了一条缝隙，有一种从西方传入的家具出现在宫廷中，那就是胡床。胡床是指足部交叉且可折叠的小凳，因床在汉代并不是如今日一样专指睡眠的卧具，而同时是日常的坐具。故人们将这种西方胡地传入的新式坐具仍称为床。只是前面冠以胡字。由于汉灵帝喜好胡床，故京城贵戚多来仿效，但看来那也只是贵族间居奇的洋货而已，不但对民间没有影响，而且当时就受到正统舆论的指责，并未对社会习俗产生冲击而引起变化。直到晋司马彪修《续汉书》时，仍认为这不过是服妖，而写入《五行志》：“灵帝好胡服、胡帐、胡床、胡坐、胡饭、胡空侯、胡笛、胡舞，京都贵戚皆竞为之，此服妖也。”还指此为后来董卓拥胡兵入长安的预兆。看来只有发生社会的大动乱，特别是居统治地位的民族有所变更时，传统生活习俗和礼制的关隘才有被冲垮的可能。这样的变动时机，西晋灭亡以后，在十六国至北朝时期的北方出现了。

四、家具的变迁

十六国、北朝时期，中原战乱频仍，大规模的人口流动和民族

---

[1] [英]A. 斯坦因著，向达译：《斯坦因西域考古记》，中华书局 1936 年版。

迁徙，特别是居于统治地位的民族不断变更，使得中原地区自殷周以来传统的社会习俗，以及与之紧密关联的礼节制度，受到极大的冲击，出现了许多新的变化。与此相反，在江南地区，东晋和以后的南朝的宋、齐、梁、陈仍主要承继着汉晋以来的传统，在南朝人的眼中，视北方社会习俗方面的新变化违背传统的礼制，斥之为“虏俗”，其中被认为最失礼的还是坐姿的改变。

在游牧民族习俗中，不以垂足坐及蹲踞等姿为失礼，拓跋鲜卑也是如此，从平民百姓至皇帝，在日常生活中都对垂足坐及蹲踞毫不在意，甚至在皇宫殿上的庄重场合，也莫不如此。在梁萧子显撰的《南齐书·魏虏传》中，对此特别加以描述：“虏主及后妃常行，乘银镂羊车，不施帷幔，皆偏坐垂脚辕中；在殿上，亦跂据。”这样的坐姿在皇室中流行，自然是对中原地区汉晋以来传统习俗的极大冲击，使席地起居的习俗开始发生转变，同时也导致日用家具随之有了新的发展，促进了适于垂足跂踞的高足坐具的使用和流行。这些新式家具的雏形，在敦煌莫高窟同时期的壁画和雕塑中都有反映。[1]

敦煌莫高窟现存洞窟中，修建年代最早的约在十六国时期，包括第268、272、275窟，推测应建于北凉统治敦煌时。北凉为沮渠蒙逊所建割据政权，据《晋书·沮渠蒙逊载记》：“沮渠蒙逊，临松卢水胡人也。其先世为匈奴左沮渠，遂以官为氏焉。”因此这一政权的统治民族，也是原以游牧经济为主的古代少数民族。这一时期洞窟中佛像的坐姿颇有特点，保存最好的第275窟中，正面（西壁）为坐于高座上的垂足交脚的弥勒菩萨，两侧（南、北壁）上各

[1] 本书所引用的敦煌莫高窟的塑像及壁画资料，均选自敦煌文物研究所编：《中国石窟·敦煌莫高窟》第1、2卷，文物出版社、日本平凡社中文版。

有三龛，里侧二阙形龛内均塑交脚菩萨，外侧一龛内为思惟菩萨，即坐于高座上的一足下垂，另一足盘趺于膝上。至于第 268 窟和 272 窟正壁的塑像，前者是垂足交脚的菩萨像，后者是垂足倚坐的佛像。可以看出，这些受人供养的佛像的坐姿，除了双足的具体姿式略有差异外，基本都是高坐垂足，与汉晋传统的席地跪姿坐法有明显的差别。如果我们再与已确知的属于汉晋的佛教造像相比，就可以看到一个值得注意的现象，即不论四川崖墓出土的东汉晚期陶摇钱树座所塑佛像[1]，还是东吴、西晋时青瓷或陶质谷仓罐（魂瓶）上所贴塑的小型佛像[2]，或是与之约略同时铸造的佛兽镜与夔凤镜上的佛像[3]，都主要采用结跏趺坐的坐姿，而且大都衣裾垂障住足部。这些看起来是有意如此安排的，因为其形象与汉晋传统坐姿的人像从轮廓上看颇为近似，还有些镜上佛像的佛座两侧伸出龙头等纹饰，更与传统神仙像中西王母所坐的龙虎座相仿。上述现象一方面说明当时外来的佛教还附于传统的神仙信仰之中，佛像不过被一般民众视为神仙像的一种。另外说明对造像的形象选择，也受到民族传统礼俗的制约，以使其易为广大民众所接受。当经过空前的社会大动乱以后，十六国时西陲的敦煌出现大量肢体裸露，以垂足坐姿为主的造像，一方面与造像所依据的佛学流派与经典有关，另一方面也与社会的礼俗变化有关，在垂足跂踞坐姿已不视为失礼时，自然这种坐姿的造像才易于为广大民众所接受，在这方面，居于统治地位的少数民族上层人士又起着决定性的作用。

---

[1] 参看《南京博物院》图版 77，文物出版社、日本讲谈社 1982 年版。

[2] 孙国璋：《中国佛教的早期图像》，《中国历史博物馆馆刊》总 8 期，1986 年。

[3] 王仲殊：《关于日本的三角缘佛兽镜——答西旧守夫先生》，《考古》1982 年第 6 期。

十六国以后，北魏、西魏、北周及至隋初的敦煌洞窟中，主要塑像亦多为垂足坐式，如属北魏中期到西魏大统十一年间的两期计18座洞窟中，正壁或中心柱正面的塑像，除已残损或为后代所塑的5窟外，其余诸窟多为佛说法像，但都不是趺坐而是垂足倚坐，如第437、435、431、248、249、288、285、257、260窟。此外，第254窟中心柱正面塑垂足交脚佛像，第246、259窟为二佛并坐像。在第259窟中，二佛并坐于高台上，均是外侧一足斜垂接地，内侧一足盘趺，仍属垂足坐姿。广大信徒供养顶礼的佛像主要坐姿，可以曲折地反映出现实社会中人们对坐姿习惯看法的改变，但是较为直接反映这种变化的，还是洞窟中大量的经变、佛传和佛教故事壁画。那些壁画中的众多人物的垂足坐姿显示得更为清晰，并且富有生活气息，而且绘出了与故事情节有关的建筑物及日用家具，我们不仅可以从坐姿的变化去推断日用家具的变化，而且获得了当时家具的形象资料。

在公元5—6世纪的敦煌壁画中出现的家具，主要是各种坐具，大略可以分为两类：一类是传统的坐具，有席、床和与之相关联的屏风等；另一类是新出现的高足坐具，有束腰圆凳、方凳、胡床和椅子。同时期各地墓葬的出土文物，也与壁画中的有关家具形制互为印证并吻合。现分别归纳如下。

在传统坐具中，表现铺席坐地的画面较常见，特别是采用连续手法绘成的大幅本生、经变等壁画中，表现在宫室、衙署等建筑中的人物，常常是在建筑物正中横向铺席，主要人物面朝外坐于席上，采取传统的跪形坐姿，如第285窟南壁上层《五百强盗成佛》中，坐于室内审讯被俘强盗并观看行刑的王者，就是席地正坐[1]。再

[1]《敦煌莫高窟》（一）图版131。

如北周第 428 窟《须达拏太子本生》、第 290 窟《佛传》、第 296 窟《善事太子入海品》与《微妙比丘尼缘品》等中[1]，坐于宫室中的王者太子等人物，也多是在室内当阶席地正坐的姿态。

床，是殷周以来传统的室内坐卧兼用的家具，床体宽大而床足低矮，信阳楚墓出土的大漆木床，下设六足，足高仅 17 厘米[2]。类似的木床又在湖北江陵的包山大冢中出土过，它与信阳出土的床不同之处，是其床身由形制完全相同的两个半边组成，不用时可分两部分折叠成长 137 厘米、宽 15 厘米、高 38.8 厘米的构件存放，用时则打开成两个方框，并拢即成一张床[3]。将大床制成可以折叠拆合的式样，表明它是为随时改地陈放而设计的，而不是用于固定陈放在一定位置上。直到汉晋时期，从画像石及壁画等图像中见到的床（或较小的仅供独坐的榻），仍较低矮，看来高度大致在 20 厘米左右，曾在河南郸城发现过一件带有铭文的汉代石榻，高仅 19 厘米[4]。直到东晋时江南流行的坐榻仍大致如此，如南京大学北园东晋墓出土的陶榻，高 28 厘米[5]；象山王氏墓群第 7 号墓出土的陶榻，高 21.4 厘米[6]，这种传统的低矮的床、榻，在公元 5—6 世纪敦煌壁画中也可见到，如第 290 窟人字披顶东披《佛传》中，在下层居中的几幅画面的宫室中的人物，都坐于这种低矮的床榻上面。但是从

[1] 《敦煌莫高窟》（一）图版 166、176、177、186—188。

[2] 河南文物研究所：《信阳楚墓》，文物出版社 1986 年版。

[3] 阎频：《包山大冢珍品撷英》，《文物天地》1987 年第 6 期。

[4] 曹桂芹：《河南郸城发现汉代石坐榻》，《考古》1965 年第 5 期。

[5] 南京大学历史系考古组：《南京大学北园东晋墓》，《文物》1973 年第 3 期；陈增弼：《汉、魏、晋独坐式小榻初论》，《文物》1979 年第 9 期。

[6] 南京市博物馆：《南京象山 5 号、6 号、7 号墓清理简报》，《文物》1972 年第 11 期。

同一时期的壁画中，我们又可发现当时床榻一类家具出现了日渐加高的趋势。在第 285 窟南壁中层《沙弥守戒自杀缘品》中，可以看到室内坐在高床上的人物形象，所绘床下设四足，足颇高，呈内弧状，左右对称，故构成近似壶门的形态。以之与床上人物及床前侧所立人物身高相比，床高至少与人的小腿高度相近。时间更迟一些的壁画中，这种高床（或榻）的图像日趋增多，例如隋代的第 303 窟人字披顶《法华经变 · 普门品》中，较多地绘出壶门状足的高床以及独坐的四足方榻。将高足的坐榻形体画得最清楚的应属第 314 窟西壁的《维摩诘经变 · 问疾品》，画中的文殊和维摩诘均坐在高足的榻上，文殊的坐榻形制清晰，榻下设六足，足间各呈壶门状，以榻旁侍立的菩萨体高来度量，榻高约相当于人小腿的高度。这类高床的形象，也可以在洛阳出土的北魏孝子棺的石刻画中看到。宁夏固原发现的北魏漆棺前档画中，有坐在榻上的男子形象，但坐法不是传统在床榻上的跪式坐法，而是垂足斜屈着地的姿势[1]，表明坐在床榻之上时，也已不再恪守传统的跪形坐姿了。

在新出现的高足坐具中，敦煌壁画中出现最多的是一种束腰的圆凳。这种束腰的圆凳在十六国时期的壁画中已看到，如第 275 窟《月光王本生》中，月光王即坐在这类坐具上。画中的月光王全身赤裸，仅穿短袴，垂足坐于圆凳之上。圆凳束腰状，涂白色，并绘有竖直的条纹。这样画也许表明这种坐具是用植物枝条编制而成。在西魏第 285 窟《五百强盗成佛》中，强盗们受刑后皈依佛法，集于佛前听佛说法，佛的坐具亦作束腰圆凳形，凳面覆盖有白色织物，佛垂双足坐其上。该凳的束腰颇细，束腰上下绘成细长的仰覆

---

[1] 固原县文物工作站 :《宁夏固原北魏墓清理简报》,《文物》1984 年第 6 期。

莲瓣状，但整体形态仍表现出用植物枝条编制的原型。这类束腰圆凳在北朝的墓室画像中也有发现，例如山东益都北齐墓的石刻线画中，有一幅绘有一男子垂足坐于束腰圆凳上与胡人对话的图，圆凳的式样与敦煌壁画所绘相同[1]。这种圆凳到隋唐时仍颇流行，在长安洛阳两京出土的唐俑，都有坐于束腰圆凳的形象。由以上资料看，这种坐具原是用植物枝条编制的，似应源于印度次大陆，随着佛教的传播兴盛，这类坐具也流行于中国境内，北朝晚期以山东益都北齐线刻画为例，所描绘的已经是一般人物的坐具了。

方凳，在敦煌壁画中也有图像，如第257窟南壁北魏壁画《沙弥守戒自杀缘品》中，庐中和庐前的比丘，都坐在四足方凳上。方凳的高度约与人的小腿相近，故比丘垂足坐于其上。除有足的方凳外，还可看到画有另一种方形坐具，也见于上述画中，它形如立方体的方墩，或可称为实体方凳。

胡床，是交足可折叠的坐具，东汉晚期已传入中原，但流行范围仅限于皇室贵胄之家。魏晋时多用于军旅，公元211年，曹操西征，大军自潼关北渡，突遭马超袭击。据《三国志·魏书·武帝纪》注引《曹瞒传》所记当时的情况是："公将过河，前队适渡，超等奄至，公犹坐胡床不起。张郃等见事急，共引公入船。"可见曹操在指挥军队渡河时，是坐在胡床上的。又如《梁书·韦放传》记梁将韦放，于公元527年与魏将费穆遭遇，当时"放军营未立，麾下止有二百余人。……放胄又三贯流矢。众皆失色，请放突去。放厉声叱之曰：'今日唯有死耳。'乃免胄下马，据胡床处分。于是士皆殊死战，莫不一当百。"由此可见，胡床有两个特点，第一，它是

[1] 夏名采：《益都北齐石室墓线刻画像》，《文物》1985年第10期。

一种便于携带的轻便家具；第二，它是一种坐具，但坐的姿势与中国古代传统的坐法不同，不是席地或在床上那种双足后屈的方式，而是“据”，即“踞”，也就是下垂双腿，双足着地。至于它的名字前面冠以“胡”字，则因为这种家具是由西北域外传来。后面的“床”字，常引起后人的误解，把它和现代的“床”的概念混淆起来，以为是一种专供睡眠的卧具。有些文学作品中，甚至让匈奴的单于和阏氏一起到“胡床”上睡觉。之所以产生这样的误解，是由于对中国古代床的特点和用途不够了解，其实在汉魏时期，床并不仅仅是用于躺下睡眠的卧具，而是室内适于坐、卧，乃至办公、授徒、会客、宴饮等多用途的家具。所以《释名》中是这样释床的：“人所坐、卧曰床。床，装也，所以自装载也。”因此，对从域外传来的新式坐具，自然也就称之为“床”了。

胡床传入中国，大约是在东汉末年。《后汉书·五行志》说：“灵帝好胡服、胡帐、胡床、胡坐、胡饭、胡箜篌、胡笛、胡舞，京都贵戚皆竞为之。”说明至少在东汉灵帝在位时（168—189年），胡床已出现在当时的宫廷中。前引曹操坐胡床的例子，是在建安十六年（211年），也说明灵帝以后到曹魏时期，这种家具已日渐流行了。关于胡床的具体形象，在古代文献中也有记录，梁庾肩吾《咏胡床应教》诗：“传名乃外域，入用信中京。足欹形已正，文斜体自平。临堂对远客，命旅誓初征。何如淄馆下，淹留奉盛明。”其中“足欹形已正，文斜体自平”二句，正道出了胡床的形体特点，说明它与一般四足直立的床不同，胡床的足必须交叉斜置时床体才能平稳。此种交叉的斜足，构成胡床形体的主要特点。也正是根据这一点，胡床在隋代以后改名为“交床”。实际上，按文献描述和出土文物图像看，古代的所谓胡床就是今天仍在使用的轻便折叠凳，近似北京俗称的“马扎儿”。

敦煌莫高窟壁画中，第257窟西壁《须摩提女缘品》中满财长者接待众梵志，其中两个梵志即并坐于一交足长凳之上，应即胡床之一种。至于绘制得最为清晰的一幅，是第420窟隋代壁画《法华经变·普门品》中，商人遇盗部分所绘群盗首领全身甲胄坐于胡床上，胡床形制清楚，可看出斜向交叉的床足和其上平撑的床面。

椅子，见于莫高窟西魏第285窟顶部北披下部禅修壁画中，所绘椅子形体清晰，四足，后有高靠背，两侧有扶手，修禅者趺坐其上。这是目前发现的早在北朝晚期的椅子形象。表明这种后来在中国普遍流行的高足坐具，其出现的时间可能比人们原来认为的要早得多。目前考古发现中纪年明确的椅子图像，最早的一例是发现于西安唐天宝十五年（756年）高元珪墓的壁画[1]。至于椅子正式见于文献记载，时间又迟得多[2]。

综上所述，敦煌壁画和出土文物中所见的公元5—6世纪，即南北朝时期的家具图像，一方面使我们看到传统礼俗仍在社会生活中占主要位置，另一方面又看到突破传统的新习俗正在以难以抗拒的势头发展着。前一方面可以从大量传统家具和坐法的画面中反映出来，后一方面则表现为新出现的家具和坐姿，特别是椅子的出现，以及束腰圆凳、方凳、胡床等垂足踞坐的高足坐具的形象，它们不但显示出社会习俗的变化，而且宣告中国古代家具发展期的开始。面对新式坐具和坐法的冲击，传统家具也不得不作出迎合潮流的局部的改革，主要表现在床（或榻）足部加高等方面。但是床的这种加高足部的局部改良，并不能满足社会生活习俗变化的需求，最后还是迫使它从汉晋时为室内坐、卧的主要家具的地位，后退为

[1] 贺梓城：《唐墓壁画》，《文物》1959年第8期。

[2] 参看宿白《白沙宋墓》，文物出版社1957年版。

只供人们睡眠的卧具。而在人们日常起居、办公、宴饮等方面，原来供席地起居的床、案等家具组合，逐渐为新兴的高足桌、椅等家具组合所取代。这种变化正是公元 5—6 世纪发生的。

五、乐舞新声

魏晋南北朝的民族大融合，也为此时期文化艺术中的音乐舞蹈艺术注入了新鲜血液，补充了更为丰富的内容和形式。

《隋书·音乐志上》开头就说："乐者，乐也。圣人因百姓乐己之德，正之以六律，文之以五声，咏之以九歌，舞之以八佾。"这里的"乐"，即正统的雅乐，它的声歌部分，其实源头就是《诗》三百篇。三百篇中相当内容均采自民间，经宫廷乐师们整理编纂，并配以钟磬鼓笙等合奏乐器，便成为朝廷礼仪娱乐的重要形式。但这种逐渐脱离了民众的艺术，到汉末已渐至消亡。建安初曹操平荆州，获得原汉专司雅乐的官员杜夔，也仅能使用三百篇中的四篇，其余已不知所传。到了西晋时，更连一篇也无人会演唱了。

中原正声既难流传，各地方各民族的新形式、新内容的音乐便群起而各领风骚。首先是继承了汉晋传统的《清商乐》在南方兴起，后又传播到北方，风靡全国。接着来自漠北、西域的《西凉乐》《龟兹乐》进入黄河流域，盛行于整个北方中原地区。

《清商乐》的前身。本是汉代的《相和歌》。汉魏时有一种不配乐器的《但歌》，是以一人领唱，三人和之。《相和歌》与《但歌》的不同，是有了音乐作伴奏，"丝竹更相和，执节者歌"（《宋书·乐志》）。节是一种小鼓，领唱的人执鼓，且击且歌。三国魏时的曹操父子，都好为相和歌撰写歌辞，著名的《薤露行》、《蒿里行》、《观沧海》、《龟虽寿》（曹操），《燕歌行》二首（曹丕），《怨歌行》二首（曹植），《陇西行·夏门》（曹叡）等优秀歌辞，便都是为这种“被之管弦”的相和歌而作。而曹氏父子麾下的建安七子等文人学士，恰个个能文擅赋，都是作歌的高手，他们写出的大量作品，被看作是清商乐的滥觞。所以《宋书·乐志》说“今之清商，实由铜雀（指曹操所建之铜雀台），魏氏三祖，风流可怀。”正是在曹魏时，乐师们将流行的《相和歌》改编整理，配以新的弦管乐器，称为清商三调。西晋末年洛阳沦覆，这种音乐传至江南，又吸收补充了南方的吴歌（建业附近的辞曲）和西曲（长江中游，今湖北江陵、武昌、襄樊，湖南岳阳，四川奉节一带的辞曲），再回传到北方，被北朝总称为《清商乐》。到隋文帝灭陈，统一南北后，更将清商乐作为“华夏正声”，专门在太常卿下设一清商署，对这种音乐文化进行整理保护。并把《清商乐》列为七部伎之一，称为《清商伎》，“歌曲有《阳伴》，舞曲有《明君》《并契》。其乐器有钟、磬、琴、瑟、击琴、琵琶、箜篌、筑，筝、节鼓、笙、笛、箫、篪、埙等十五种”（《隋书·音乐志》）。

《西凉乐》是盛行于十六国北朝时的兼有汉、胡两种特色的音乐。《隋书·音乐志》说：“西凉者，起苻氏之末，吕光、沮渠蒙逊等据有凉州（今甘肃敦煌），变龟兹声为之，号为秦汉伎。魏太武（拓跋焘）既平河西，得之，谓之《西凉乐》，至魏、周之际，遂谓之国伎。”说明北魏曾给这种产生于民族融合过程中的音乐以很高的地位。从以上文献记载中亦可看出，《西凉乐》中既有秦汉旧乐技巧，又糅进了西北少数民族的声调和乐器。如其乐器既有中原传统的钟、磬，又有西来的箜篌、琵琶、筚篥等。因北魏后期以洛阳为都，所以北齐代魏以后称这种音乐为“洛阳旧乐”，隋唐时才正式称西凉乐。西凉乐在隋唐具有重要地位，在管弦杂乐中占很大比重。[1]

《龟兹乐》是南北朝时期西域音乐中最有影响的一种，也是对中原地区最富冲击力和感染力的音乐。龟兹地处中国与中亚、西亚交通线的最西面连接处，本为音乐歌舞之乡，又便于吸收境外中亚、西亚的异域乐舞伎艺，故《大唐西域记》称："屈支（龟兹）国，管弦伎乐，特善诸国。"《旧唐书·音乐志》称："自周隋以来，管弦杂曲将数百，多用《西凉乐》，鼓舞曲，多用《龟兹乐》。"《隋书·音乐志》并认为，《西凉乐》是"变龟兹声为之"，即也取自龟兹乐。龟兹乐虽早在十六国前秦时就传入内地，但在中原的兴盛风靡则是到北魏末年。《通典·乐典》载，北魏"自宣武（元恪）以后，始爱胡声。洎于迁都（东魏迁都于邺），屈茨（龟兹）琵琶、五弦、箜篌、胡簧、胡鼓、铜钹、打沙罗、胡舞，铿锵镗鎝，洪心骇耳。抚筝新靡绝丽，歌音全似吟哭，听之者无不凄怆"。到北齐代东魏，特别是后主高纬在位时，对龟兹乐的沉湎与喜好，更是如醉如痴。以致于《隋书·音乐志》称其因好此而亡国。这种说法虽不无夸张，但高纬确将龟兹乐及其乐人抬到相当高的地位，甚至封以高官王爵。史载有一曹国僧人（曹婆罗门），北魏时以善弹龟兹琵琶闻名，其子曹僧奴、僧奴子曹妙达侍奉于高纬，"以能弹胡琵琶，甚被宠遇，俱开府封王"。还有"何朱弱（何国人）、史丑多（史国人）之徒十数人，咸以能舞工歌及善音乐者，亦至仪同开府（一种很高级别的官）"（《北史·恩幸传》）。后主高纬自己更长于音律和乐器，"唯赏胡戎乐，耽爱无已，于是繁手淫声，争新哀怨"。他"自能度曲，亲执乐器，悦玩无倦，倚弦而歌，别采新声，为《无愁曲》，音韵窈窕，极于哀

[1] 《中华文明史》第四卷，第607页。

思，使胡儿阉官之辈，齐唱和之，曲终乐阕，莫不殒涕”（《隋书·音乐志中》）。1971年河南安阳北齐骠骑大将军范粹墓出土一件黄釉扁壶，壶外表饰胡人乐舞图案，有乐者奏琵琶、笛、钹，舞者做腾跳动作，均深目高鼻的胡人形象。可见当时胡乐流行情况之一斑。

另外，此时还有外来的《安国乐》《康国乐》《高丽乐》《天竺乐》等。

北魏初入主中原时，一心要以华夏正统统治者自居，官制、服制、语言、姓氏一改如汉制，禁绝一切非中原正统的鲜卑、胡等少数民族习俗。北魏晚期，尤其到东魏北齐、西魏北周时，统治集团上层又出现了一股恢复鲜卑旧俗的回潮。带有浓厚异域色彩的龟兹乐恰在这一阶段风行，除统治者的个人爱好外，主观上的兴胡排汉倾向当是重要因素之一。

乐器方面，增加了一大批全新的品种。中国古代传统乐器原主要有打击乐类的磬、钟、鼓、铎、铙等，管乐器类的笛、箎、竽、笙等，弦乐器类的瑟、琴、筝、筑等。新增加的乐器品种有：各式筚篥、琵琶、贝、凤首箜篌、方响、腰鼓、羯鼓、鸡娄鼓等。其中琵琶起源于美索不达米亚，后广泛流行于亚洲西部、西南部各地，东汉时经西域传入我国。有曲颈琵琶、五弦琵琶等，这种乐器音域广泛，表现力强，既可独奏又可合奏，传入后不久就得到迅速流行，成为大江南北拨弹乐器中居首要地位的旋律乐器。筚篥，是随龟兹乐传入的木制管乐器，有指孔和芦哨。龟兹、疏勒、安国、天竺等乐均使用，并在隋唐后普遍风行，是重要的管乐器。

此时的舞蹈，也有魏晋南朝和十六国北朝两个体系，概括说有《鞞舞》、《杯盘舞》、《巾舞》、《拂舞》以及《兰陵王入阵曲》《城舞》等。

需要说明的是，此时期中原和西域乐舞文化交流过程中，佛教寺院曾起了相当重要的沟通宣传作用。《魏书·释老志》说："今之僧寺，无处不有"，"梵唱屠音，连檐接响"。"梵唱"即梵呗，"屠音"即浮屠（佛寺塔），指佛教之音。它们都是指佛教音乐。现我国新疆克孜尔石窟、甘肃敦煌莫高窟、天水麦积山石窟和山西大同云冈石窟中，都保留着数量较大、图像较清晰的南北朝时期中外乐舞交流融合的形象资料[1]，展示出各式中外乐器和演奏及歌舞场面，有的壁画所绘乐舞场景极为宏大。其中虽许多是表现佛国仙境的礼佛内容，但人物的舞蹈动作和所持乐器仍十分写实，显然是以现实生活中的歌舞演奏实践为依据的。

[1] 阴法鲁:《中国古代文化史》乙《中国古代的音乐文化》，北京大学出版社 1991 年版，第 215 页。

第六章　中外文化交流

第一节　丝路通畅

一、面向西方

这里所说的西方，主要是指魏晋南北朝时期我国西部及西南部疆域以西或西南的中亚、西亚和印度等地。中亚指葱岭以西今阿富汗和前苏联境内的中亚细亚地区，西亚指上述地区以南，西迄地中海沿岸的亚洲部分。自从公元前 2 世纪汉使张骞通西域后，中西经济、文化交往的大门洞开，东方的丝绸和西方的特产互贸互惠，思想文化的交流与传播亦空前活跃。其中，佛教的东传自然是最重要的方面，这种全新的宗教为古老的华夏民族注入了精神、文化的新鲜血液，对社会的思想和文学艺术，乃至生活习俗，都产生了难以估量的影响。这充分显示了经由著名的丝绸之路而进行的文化交流不是单方面的，随着以精美的丝绸为标志的中国古代文化和产品的西传，同时由丝路东来的异域文明，也在中华大地上产生了深远影响，佛教正是最好的例证。因本书前面已有专节论及，此不赘述。

作为丝绸贸易的平衡手段，商人们在向西方运出中国丝绸的同时，又向国内输入了大量各类精美的西方手工艺品，如金银器、玻璃器、香料、宝石、毛织品。同时又使成批的西方金银货币，如拜占庭金币和萨珊银币得以在西域流通使用。因此学者们又将这条丝绸之路称为“白银之路”“玻璃之路”“香药之路”“珠宝之路”。

西方输入的工艺品中，以金银器皿和玻璃器皿最华美，深得各统治集团上层显贵们的喜爱，成为当时内地上流社会追求和流行的奢侈品。从十六国到北朝，东晋到南朝，历代各族统治集团的权贵们都常常面向西方，以获得那些可以向人夸耀的西方手工艺品。他们往往又将这些被视为珍宝的异域作品敬奉给佛教塔寺，或随葬入自己的坟墓，祈望到另一个世界仍继续享用。近数十年来我国各地两晋南北朝一些豪族墓葬、窖藏及佛塔遗址中出土的多批西方金银器、玻璃器、金银货币及各种异域手工艺品，正为同时期的中西交流情况提供了可靠的实物例证。

二、中国出土的波斯萨珊朝银币

三国两晋南北朝时期，我国对西方的主要陆路交通线，是横贯中亚和西亚、通往伊朗的著名“丝路”，然后经过伊朗这个中继站，又可西去东罗马的拜占庭帝国。沿着这条“丝路”，我国的丝绸和其他货物源源西运。而西方的金银器、香料、宝石、玻璃器、毛织品等，也经由这条“丝路”运来中国。近40年来，在丝路东段我国境内的新疆、甘肃等地，直到它的东端的西安，或另外几个首都（如北魏时曾先后定都的大同和洛阳）的延长线上，有许多地点都出土了有关中外交通和文化交流的遗物。这些遗物中数量最多的是当时位于我国西方的各国货币，主要是波斯萨珊朝的银币（图3）和拜占庭的金币，还有时代较迟的奥梅雅王朝的阿拉伯金币。

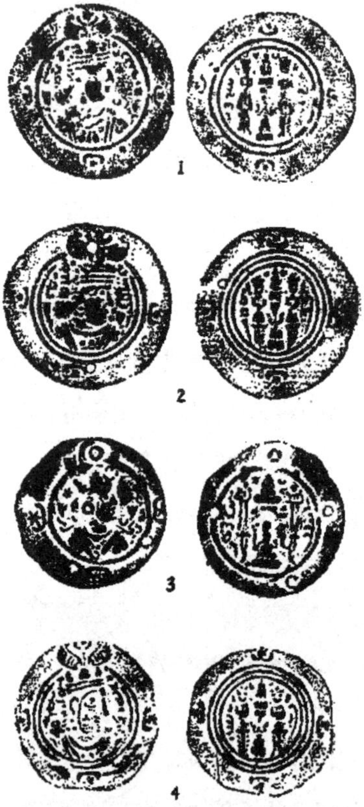

图3　中国出土的波斯萨珊朝银币

（拓片）

古代伊朗的萨珊朝时代（226—651 年），恰值我国三国两晋南北朝时期，也是两国经济交往的繁荣期。波斯萨珊朝银币在我国各地的大量发现，正好印证了这一史实。据统计，我国境内出土的萨珊银币总数已近 1200 枚，其中 1949 年以前仅在新疆的吐鲁番和库车两处发现 4 批共 6 枚；1949 年以来，又在各地新发现 40 余批共达千枚以上[1]。这些银币绝大多数是发现于“丝路”沿线和当时的首都附近，主要出土地点有新疆的乌恰、库车和吐鲁番，青海的西宁，陕西的西安和耀县，河南的陕县和洛阳，河北定县，以及内蒙古呼和浩特附近的坝口子。“丝路”在我国境内的路线，从前一般认为是由兰州经河西走廊而进入今日新疆的。由于在青海西宁发现了一批共 76 枚卑路斯银币，经仔细研究中国史书上的记载，学者们得出了新的结论，认为由 4 世纪末至 7 世纪初，青海西宁一线也有一条东西交通之路，而这条比较偏南的路线，其重要性在公元 5 世纪时可能不下于河西走廊。[2]

中国出土的萨珊朝货币都是银币，单位名称是“德拉克麦（drachm）”，平均重量每枚约 4 克左右。银币两面均有花纹，这些花纹不是熔铸而是用模子打压而成的。币上多有萨珊朝历代国王的半身像和名字，图案装饰繁缛富丽。时代由沙卜尔二世（310—379 年）起，中经阿尔达希二世（379—383 年）、沙卜尔三世（383—388 年）、伊斯提泽德二世（438—457 年）、卑路斯（459—484 年）、卡瓦德一世（488—531 年）、詹马斯波（496—498/499 年）、库思老一世（531—579 年）、荷米斯德四世（579—590 年）、库思老二

[1] 夏鼐：《综述中国出土的波斯萨珊朝银币》，《考古学报》1974 年第 1 期。
[2] 以下资料，均见夏鼐《综述中国出土的波斯萨珊朝银币》，《考古学报》1974 年第 1 期。

世（590—628年）、布伦女王（630—631年），直到萨珊朝最后一王伊斯提泽德三世（632—651年），延续近350年。其中以库思老二世银币数量最多，出土近600枚，其次为卑路斯银币，出土120余枚。此外，还有近300枚是所谓库思老二世式的阿拉伯—萨珊银币，这些银币的背面大多数加铸有铸造地点的地名，统计有20余处，分属呼罗珊、米太、胡吉斯坦、法尔斯、基尔曼、西斯坦等省区，都是当时波斯国都（萨珊朝的冬都）泰西封以东的地区内，有的就在"丝路"上。由这些铸造地点的分布，也可以推想当年中伊两国之间贸易往来的频繁和广泛。特别是在这些银币中，有些入藏的年代（在我国各地入藏）上距铸币的年代仅有10年左右，如河北定县北魏塔基的舍利函是太和五年（481年）埋入的[1]，函中随藏大批（共41枚）萨珊朝银币，其中有1枚是卑路斯在位十四年（472年）铸造的，下距在我国河北埋藏的时间仅仅10年，说明两国间交往流通的密切程度。

经过对这些银币的综合分析，我们大致可以得出几个主要结论：（1）原与中亚紧密相连的新疆地区发现萨珊银币最多，新疆及以东地区的发现地点，大都位于中西交通的几条重要通路和它们的延长线上。（2）铸造年代最早的三批即公元4世纪的银币，都集中出土于新疆今吐鲁番县城东南约50公里的高昌古城遗址之中，说明四五世纪之际，中国西北地区已与萨珊波斯有了直接或间接的交通贸易。（3）萨珊朝五世纪铸造的银币，已较多地在新疆以东发现，为5世纪到6世纪初北魏与中亚、萨珊间密切往来的文献记载提供了宝贵的实物证据。河北定县北魏塔基发现的银

[1] 河北省文化局文物工作队：《河北定县出土北魏石函》，《考古》1966年第5期。

币中，有一枚边缘压印一行哌哒文字，说明有些银币可能是由萨珊经哌哒流入我国的，反映了当时波斯、哌哒和中国三者的关系。（4）萨珊银币的用途，当时是作为一种国际货币流通于东欧、中亚间，6世纪甚至还通用于中国河西地区。根据出土情况，可以看出在新疆乌恰、青海西宁发现的两批，是作为货币而以某原因暂时窖藏起来的。但在其他广大地区，则是作为值钱的银块或银制装饰品看待的，它们有的出自佛寺塔基的舍利函中，是虔诚的佛教徒的施舍供养物；而墓中出土的银币，有的被凿出穿孔，或为佩戴的装饰品，还有不少放在死者口中，具有宗教意义。总之，我国境内的大量萨珊朝银币被发现，正是当时中国和伊朗两国经济文化交流的极好物证。[1]

三、中国出土的拜占庭金币

除了波斯萨珊朝银币外，近40年来我国出土西方货币数量最多的是拜占庭金币。公元330年（东晋成帝咸和五年），罗马帝国的君士坦丁大帝把都城由罗马东迁到拜占庭城，并改新都为君士坦丁堡（即今土尔其共和国的伊斯坦布尔）。史称这一新帝国为拜占庭或东罗马帝国（一般以公元395年东西罗马分治为拜占庭帝国的开始，1435年拜占庭覆亡）。拜占庭帝国最强盛时，所辖地域西到意大利半岛，东达小亚细亚和叙利亚，与当时的波斯萨珊国接壤。

[1] 宿白：《中国境内发现的中亚与西亚遗物》，见《中国大百科全书·考古学》卷，中国大百科全书出版社1986年版，第677页；杨泓：《与中外交通有关的遗物的发现和研究》，见《新中国的考古发现和研究》第五章，文物出版社，1984年版。

它在南北朝时便和我国建立了商贸往来关系[1]，拜占庭金币在我国的发现，正是这一历史交往的例证之一。

相当于我国南北朝时期的拜占庭金币主要发现于以下地点：陕西咸阳隋独孤罗墓出土 1 枚查士丁二世（565—578 年）金币[2]，新疆吐鲁番阿斯塔那墓地出土的东罗马金币和它的仿制品，内蒙古毕克齐镇出土 1 枚列奥一世（457—474 年）金币，以及河北赞皇东魏李希宗夫妇墓出土 3 枚金币。其中李希宗夫妇墓的 3 枚金币最具典型性。李希宗（501—540 年）及其家族是北朝时期参加统治集团的高门望族，他与北齐王朝的建立者高欢、高洋家族联姻（李希宗之女纳于齐王高洋），并是高氏集团的重要谋士。李希宗夫妇墓于 1976 年在河北赞皇县出土，其墓葬规格之高和随葬品之精美（虽经盗掘，仍出有近 200 件）均是同期墓葬中鲜见的。特别是墓中出有 3 枚拜占庭金币，格外引人注意。3 枚金币中 1 枚是拜占庭帝国的皇帝狄奥多西斯二世（408—450 年在位）时的，直径 21 毫米、重 3.6 克。这是我国境内已发现年代最早的拜占庭金币。第 2 枚是查士丁一世国王舅甥共治时（527 年）所铸，直径 16.8 毫米、重 2.49 克。币正面并列二帝的坐像，像头部有背光，两头像间有一十字架。第 3 枚金币也是查士丁一世舅甥共治时（527 年）所铸，直径 17 毫米、重 2.6 克。币正面图像与第 2 枚相同，但二帝是并坐于同一宝座上。查士丁一世（518—527 年在位）晚年挑选他的外甥查士丁尼一世（527—565 年）共同执政，自 527 年 4 月起至 8 月他去

[1] 拜占庭帝国在我国史书中称“拂菻”国。《新唐书》和《旧唐书》中均有“拂菻传”，说明拜占庭早已与我国有交往。

[2] 夏鼐：《咸阳底张湾隋墓出土的东罗马金币》，见《考古学论文集》，科学出版社 1961 年版。

世，共有4个月时间。这两枚金币便是在这一时期内铸造的。[1]

拜占庭金币在我国的出土，对于南北朝时期的中西交通史提供了可贵的实物资料。我国《隋书·裴矩传》中，曾录引七世纪隋主管对外交往的官员裴矩著《西域图记》序，详细描述了由敦煌至西海（指地中海地区）的北道、中道、南道这三条通道。其中第一条北道，便是“从伊吾，经蒲类海铁勒部，突厥可汗庭，度北流河水，至拂菻国（拜占庭帝国），达于西海”（《隋书·裴矩传》）。拜占庭金币在我国新疆、内蒙古乃至深入内地河北赞皇的发现，说明公元六世纪时两国商业交往之频繁。特别是李希宗墓出土的3枚，是在李妻崔氏尸骨旁发现，而崔氏死亡的准确时间为北齐武平六年（575年），距二金币的铸造时间（527年）不到50年。

关于我国发现的拜占庭金币的用途，一般认为在西域或与萨珊朝银币一样，是作为货币流通用的。但河北李希宗墓的3枚，一枚钻有二孔，显然是作为挂饰的佩物；另二枚剪边较多，似是依当时葬俗，被置于死者手中或口中用的。

四、西来的玻璃器

除西方货币外，魏晋南北朝时期我国由西方传入的重要物品还有玻璃器。这些玻璃器主要是罗马玻璃器和萨珊玻璃器。[2]

罗马玻璃集中发现的有两批，一批是出自长江以南的南京附近

[1] 夏鼐：《赞皇李希宗墓出土的拜占庭金币》，《考古》1977年第6期。

[2] 以下资料分析均据安家瑶《中国的早期玻璃器皿》，《考古学报》1984年第4期。

东晋和南朝墓中，以南京象山 7 号墓的两件玻璃杯为代表[1]。其中 7 号墓男棺中出有一件完整的磨花筒形杯，呈无色透明而略泛黄绿，直桶形，圜底，口缘下及底磨有椭圆形花瓣纹，腹部主要装饰带为七个大椭形花瓣纹。女棺中亦出一件与前件器形、质料相似的玻璃杯，可惜已被压碎。象山 7 号墓为东晋门阀豪族、著名的琅邪王氏家族墓之一，被推测为东晋初年王廙的墓葬。王廙是东晋初年“王与马共天下”的特殊门阀政治时期的重要朝臣，他是丞相王导的从弟，又是晋元帝司马睿的姨弟。他与夫人合葬墓中出土的这种桶形玻璃杯，不是我国的传统器形，而是罗马玻璃制品中常见的造型，制杯用的磨花技法，也是罗马工匠所熟悉并惯于使用的装饰方法。同时，南京附近的许多东晋大墓和部分六朝墓中，也发现了这种磨花玻璃器的残片。这种玻璃集中出土于同时同地的大墓中，而我国同时期的其他墓葬中未见这种器形、图案和装饰方法，故被认为是从西方输入的。特别是这批玻璃的成分与德国出土的罗马玻璃相似，尤其和科隆四世纪墓葬中出土的一块淡绿色透明玻璃瓶残片的成分几乎完全相同，而那时的莱茵河流域是罗马帝国的第二个玻璃中心。我们再将象山 7 号墓的这件完整磨花杯与约出土于东地中海地区的罗马 3—4 世纪的一件玻璃杯相对照，更能够看出它们之间极为相像。

被认为是罗马玻璃器的另一批实物是 1965 年辽宁北票冯素弗墓（415 年）出土的 5 件玻璃器[2]。这批玻璃器质薄透明，呈淡绿色或深绿色，器形都不似我国产品。其中最引人注目的是一件鸭形水

[1] 南京市博物馆：《南京象山 5 号、6 号、7 号墓清理简报》，《文物》1972 年第 11 期。

[2] 黎瑶渤：《辽宁北票县西官营子北燕冯素弗墓》，《文物》1973 年第 3 期。

注，它是以无模具自由吹制而成型的。工匠从玻璃炉中挑出已烧熔的玻璃料，经过各种努力，直到吹成需要的造型，这是要有高超的技艺才能完成的。在成型以后，还要从炉中挑出玻璃料拉成细条，在其冷却之前缠绕在器身上，形成盘卷状的美丽装饰。此鸭形器体态修长，前有张开如鸭的扁嘴，长颈鼓腹，背上粘出双翅，腹下粘出折线的双足。为了放置平稳，又在腹底粘一平整的玻璃饼。全器透明，呈淡绿色，外附白色的风化层，部分地方有蓝紫色的虹彩。它的器形与公元一至二世纪地中海地区流行的罗马鸟形玻璃器极为相似，其颈腹部以玻璃条盘卷作出装饰的方法，也是罗马玻璃器上常见的装饰手法。同时出土的还有一件深翠绿色透明的杯，一件淡绿色透明的钵和残器座。经过对已残破钵的成分分析，它属钠钙玻璃，与罗马玻璃的基本成分相似，应是一批罗马制作的玻璃器。这批珍贵的西方玻璃器，正是沿着漫长的丝路运入中国，又辗转经北方草原之路输至北燕，成为当地最高统治集团喜爱的奢侈品。[1]

除以上两批外，河北景县封氏墓群还出土 4 只玻璃碗，现存 2 只。其中祖氏墓的淡绿色波纹碗非常精致，口沿、圈足、缠玻璃条的装饰手法均与冯素弗墓相同。成分分析亦属罗马玻璃。

萨珊玻璃，是指萨珊王朝（226—651 年）时期伊朗生产的玻璃器，它们是受罗马玻璃制造业的影响发展起来的，同时又具有自己的风格。

我国魏晋南北朝时期墓葬中出土的萨珊玻璃主要有：湖北鄂城五里墩西晋墓（265—316 年）M121 出土的一件磨花玻璃碗，无色透明，稍泛黄绿色。球腹圜底，口沿外翻成侈口，平唇，腹部有三

[1] 冯素弗为北燕天王冯跋之弟，北燕国的建立者之一。死于太平七年（415 年）。

排磨花，磨花为椭圆形稍向内凹的小平面。与此件磨花玻璃碗十分相似的另一件磨花玻璃碗[1]，1988年出土于山西大同的一处北魏墓群中，这批北魏墓的时代推测在公元398年定都于平城到公元495年迁都洛阳之间。此碗为淡绿色、半透明，口微侈、圆唇、宽沿、球形腹、圜底，腹外部有四排磨花，花形亦是椭圆形稍向内凹的小平面。

这种造型和装饰的玻璃碗在我国内地近数十年来仅出土了这两件，但在伊朗高原吉兰州的3—7世纪墓葬中则有大批出土。日本4世纪末的橿原千塚126号墓也出土了同样的一件，日本学者对其进行了详尽的研究，并将我国湖北鄂城玻璃碗与日本橿原玻璃碗作了成分化学分析，结果几乎完全一致。结论是这种碗是公元3—7世纪的萨珊玻璃器。又因为鄂城西晋墓的年代不晚于4世纪初，大同北魏墓的年代不晚于5世纪，所以这两件磨花玻璃碗应是最早输入东方的一批萨珊玻璃器。

南北朝时期西方玻璃器传入我国的路线，东南沿海是以水路为主，即由红海、波斯湾东行，绕印度半岛后到达我国。南京东晋墓出土的罗马玻璃器，就应来自南方海路。而北方则以丝绸之路为主，西晋诗人有《琉璃碗赋》："览方贡之彼珍，玮兹碗之独奇，济流沙之绝险，越葱岭之峻危，其由来阻远。"[2]明确指出丝路西行的艰辛险峻。而我国丝路沿线，特别是新疆地区出土的大量罗马玻璃和萨珊玻璃残片残件，也证实了文献的记载。

需要说明的是，新疆丝路沿线地区，还出土了大量外观与成分

[1] 山西省考古研究所、大同市博物馆：《大同南郊北魏墓群发掘简报》，《文物》1992年第8期。

[2] 《艺文类聚》卷七三，中华书局1965年版。

均不同于罗马和萨珊等外来玻璃的玻璃残片，经分析被认为是在新疆当地生产的玻璃。尽管它们的生产时代较晚（被认为属宋元时期产品），但显然是受西来玻璃的影响，并学习了西方某种玻璃制造技术后完成的作品。总之，新疆地区丝路沿线保存的大量各类玻璃器皿残片残件，说明玻璃不仅作为丝路贸易的商品由西向东输入中国，而且玻璃的制作技术也由同一条路线传入中国。丝绸之路因此也被称为玻璃之路。

五、华美的金银器

中国古代的青铜工艺成熟较早，但金银器的制作工艺却发展较晚。虽然在秦以前已有了用金银为辅助物镶嵌和装饰其他艺术品的手法，但真正意义上的金银器皿的流行和使用，则是到了唐以后。此时窖藏和墓葬所出由中国自制的金银器皿，造型和装饰纹样都保留着鲜明的西方异域特征，明显是受中亚、西亚金银器强烈影响的产物。

西方金银器进入中国集中在南北朝时期。时代较早的几批实物发现，都集中在北魏定都平城时的今山西大同附近。那时北魏刚刚统一了中国北方，丝绸之路东方的端点，移至当时的政治、经济中心——国都平城，各种精美的西方手工艺品便大量传入这里。1970年，大同南郊一处北魏窖藏中，引人注目地埋藏着一批数件西方金银器，包括1件刻花人像银碗和3件高足鎏金铜杯。那件刻花人像银碗外壁表面，均匀地分布着4个圆形环状图案，每个圆环中都雕有一个侧面的人物头像。并于4环的空隙处，填饰有枝叶蔓卷的植物形纹饰。碗底留有原曾装有圈足的痕迹，或许它的原貌与同出的几件高足铜杯相近。3 件铜杯都有较高的足，但具体形貌又各有特点，以一件饰有葡萄童子图案的艺术构图最佳，其杯体表面满饰缠枝的葡萄枝藤，上面悬坠着串串果实，5 个裸身的活泼天真的童子攀枝嬉戏其间，显示出和平欢乐的情景。另外两件，杯壁表面饰有植物、动物和人物图像，都是浮出壁面呈浮雕状，其中一件还在纹饰间有红绿等颜色的镶嵌物，显得更为华美[1]。这些精美的工艺品，带有强烈的希腊化风格，很可能是由丝路运入的罗马制品。与上列物品一起被发现的还有一件银洗，器身呈椭圆形，洗体上部和口缘作八曲形，底部浮起造型奇特的海兽纹样。此器可确定是波斯萨珊朝的制品。

之后，1981 年大同附近的北魏景明二年（501 年）封和突墓又出有一件西方人像银盘[2]。1982 年大同南郊的一处北魏墓群中，于 107 号墓中出土一件西方玻璃碗和一件西方鎏金刻花银碗[3]，此银碗的形制几乎与 1970 年大同南郊北魏窖藏中那件银碗相同，都呈圆钵形，口沿处饰两周联珠纹，外壁腹部亦分布 4 个圆环状图案，每环中雕一男子侧面头像，像深目高鼻、长发披肩。每环之间满饰蔓卷的植物纹饰。这些金银器均被认为是来自中亚、西亚的作品。

西来金银器中最富艺术造型美的是所谓金银“胡瓶”。这种瓶一般呈鸭嘴形口，束颈，瓶身修长，由上到下在下腹部形成最大腹径，高圈足。瓶身一侧有曲形柄，柄上方近瓶口处，往往铸饰一异

[1] 《无产阶级文化大革命期间出土文物展览简介》，《文物》1972 年第 1 期。

[2] 马玉基：《大同市小站村花圪塔台北魏墓葬清理简报》，《文物》1983 年第 8 期。

[3] 山西省考古研究所，大同市博物馆：《大同南郊北魏墓群发掘简报》，《文物》1992 年第 8 期。

域男子头部圆雕小像。最著名的一件是1983年出土于宁夏固原北周名将李贤墓[1]，通高37.5厘米，造型基本如上述。难得华美的是此瓶外腹部用凸纹锤出三组人物图像。据发掘简报描述：

> 第一组为：左侧男子发束带，身着短袖衣和短裤，足穿靴，右手带盾牌，左手持短矛；右侧女子发束带，身着长裙，披斗篷，转身回顾男子，左手举起持一物，右手抬起，食指指向自己。
>
> 第二组为：右侧男子身着短袖衣和短裤，披斗篷；女子身着衣裙，右手在腹前持一物，左手抬起，食指指向自己。
>
> 第三组为：右侧男子头戴帽，肩披斗篷，赤身裸体，左手握住女子右腕，右手伸出二指托女子下颌；女子发束带，身着衣裙，似披斗篷，左手放在抬起的右膝上。[2]

学者们经分析研究认为，这三组图像相互联系，人物形象相同，应是表现同一对男女的三段故事。因这对男女的形象、发式和服装都具有典型的罗马特征，故它描述的也应该是一对罗马青年男女的故事。故事的内容是连续描写情人送别战士出征的过程。古代希腊实行军事民主制，公民为城邦而战是一种光荣，所以希腊艺术作品中常有反映母亲和妻子欢送儿子和丈夫出征的内容，特别在瓶绘上出现更多。罗马人继承了希腊的传统，也常有表现战士出征的

[1] 宁夏回族自治区博物馆：《宁夏固原北周李贤墓发掘简报》，《文物》1985年第11期。

[2] 宁夏回族自治区博物馆：《宁夏固原北周李贤墓发掘简报》，《文物》1985年第11期。

艺术作品。简报所称此瓶图像中的第三组，男子裸体，女子低眉含羞的神态，似是出征前夜闺房情恋的场面；第二组女子食指指自己，当为次晨的明誓告别；第一组男子已穿戴整齐，手持矛和盾，准备出征，女子手托象征爱情和胜利的碗（或小盒），向他祝福。画面到此结束[1]。此银瓶被认为是一件来自中亚地区的罗马风格的手工艺品。

我国出土的另一件有异域特征的“胡瓶”发现于辽宁敖汉旗李家营子一古墓中[2]。瓶为银质，通高 28 厘米。与李贤墓银瓶不同的是瓶腹更为肥大，曲柄不是由肩部而是直接从口沿部伸出弯下。相同之处是口沿与柄部相交处饰一鎏金人头小像，像深目高鼻，有八字胡须，高圈足，圈足边缘边有一周联珠纹。此瓶器身无纹饰，通体为素银，简洁无华。同墓还伴出一件鎏金银盘，盘心捶雕一猞猁样兽纹。此墓时代虽晚至辽，但具有典型西方特征的银瓶或为较早输入当地的产品，而猞猁纹银盘与近年出土的陕西西安何家村唐代金银器窖藏中之鎏金银盘相似，或为辽之前仿西方金银器的作品。

另外，20 世纪 30 年代，辽宁沈阳县城北辽东京府遗址出土一件用岫玉雕成的方形器物，上面浮雕一穿窄袖胡服，着云朵花纹长靴的男子，盘坐在绒毯上，手中恰好拿一件“萨珊朝当时流行的鸟头胡瓶”。日本学者鸟居龙藏认为这是一件辽代在此地建国前的“渤海人的遗物”，表现“萨珊大王酒宴”的场面，这个手执胡瓶的男子，“便是向大王捧酒的侍者”。[3]

---

[1] 以上分析，见吴焯《北周李贤墓出土鎏金银壶考》，《文物》1987 年第 5 期。

[2] 敖汉旗文化馆：《敖汉旗李家营子出土的金银器》，《考古》1978 年第 2 期。

[3] 鸟居龙藏：《石面雕刻之渤海人风俗与萨珊式胡瓶》，《燕京学报》第 30 期。

南北朝时期传入的中亚、西亚金银器，对隋唐以后中国本土金银器的制作产生了巨大的影响，西方这些华美器物的造型、装饰及加工工艺都在这之后的中国金银器上体现出来，甚至还在一定程度上影响到金银器以外的器类，如瓷器的形态。我国北京故宫博物院藏有一件精美的唐代青釉凤首壶，壶型整体酷似李贤墓的鎏金银瓶，亦有波斯风格的联珠纹装饰和高圈足。但器身细部装饰更为繁富，如曲柄制成一伏龙造型，口沿部的鸭嘴（鸟首），制成可开合的华冠钩喙的凤首。属唐代受金银器胡瓶影响的罕见的青釉瓷精品。

六、中国织锦和“波斯锦”

丝绸之路上最重要的商品自然是丝织品。两千多年来，在这条长达七千多公里的险峻道路上，先是奇异美丽的中国丝绸被运往西方，后来又有充满异域情调的“胡锦”等织物输入我国，正是这种频繁的贸易交流，促进了东西方物质和文化的融合与发展。

自从公元前二世纪张骞通西域以来，中国丝绸的魅力迅速征服了地中海以东的西方国家，古罗马贵族们不惜花费重金竞购，使其昂贵程度几与黄金等重同值。近代历史学家中有人甚至认为，罗马帝国的衰亡是因贪购中国丝绸而使金银大量外流所致，也有人认为罗马帝国的兴衰和中国丝路的畅通与否有关。这些说法虽然不无夸张之处，但确实说明了中国丝绸在古代中西交通和贸易中所占的重要地位。[1]

---

[1] 夏鼐；《中国文明的起源》第二章《汉唐丝绸和丝绸之路》，文物出版社 1985 年版。

中国丝绸所以有着如此崇高的声誉，是和当时先进的养蚕技术与高水平的织造工艺密切相关的。在养蚕技术方面，首先是改良了桑树的栽培方法，使桑叶的质量、产量大大提高，为蚕的生长和饲养创造了先决条件。其次是掌握了正确的饲养方法，在控制蚕室温度，预防鼠害方面积累了成功的经验，由此产生了优质的蚕丝。接下来便是采用了简捷而有效的缫丝方法，即所谓中国传统的“沸汤缫丝法”[1]，获得了优良的长纤维蚕丝。在织造技术方面，中国在汉代已有了带脚踏板的织机，大大提高了手的工作效率。这种有脚踏板织机的图像被我国东汉画像石清晰地勾画并记载下来，成为全世界织机上出现脚踏板最早的例证（这种当时世界上最先进的织机尽管已在中国普遍使用，但传至欧洲则晚到6世纪后，并于13世纪才广泛推广）。接着又掌握了用辅助手段模拟后来的提花机，织出平纹织物以外的绮、锦、绒圈锦等花纹更繁缛的提花织物。

据专家考证[2]，汉代最普通的丝织物是平织的绢、纱，其次为单色调的暗花绸（也称为绮，或平织绮），最高水平的丝织物便是彩色斑斓的织锦，又称汉锦。汉锦的织法基本属平纹重组织，由两组或两组以上的经线（其中轮流有一组为表经，其余为里经）和一组纬线更迭交织而成。一般纬线只有单一颜色的一组，经线可有二

[1] 中国传统的缫丝法，是先将若干蚕茧投入沸水中（使部分丝胶溶解，以便于抽丝），再拣起几个茧的丝头，并在一起，通过缫丝设置上的孔洞和钩，使各条丝纤维黏合成一条丝线，再将其卷到缫丝轴上。这种方法并不难操作，可能在汉代已有类似的技法（甚至近现代仍有使用者）。但当时国外尚不掌握，因此如他们将中国蚕种运至境外而没有同时学得此法，则仍无法获得优质的长纤维蚕丝，此据前引夏鼐文。

[2] 此处以下分析，均见夏鼐《中国文明的起源》第二章，文物出版社1985年版。

或三种颜色，以每色一根成为一副。织造时，用夹纬将每副经线中表经和里经分开。表经是需要显色以表现花纹的经线，里经是转到背面的其他颜色的经线，因每副经线包括的不同颜色的里经不能太多，故一个花饰如需要四色或四色以上，则采用分区法，在同一区中一般是四色以下。织锦中有一种更高级的绒圈锦，属经线显花起绒圈的重组织。织造这种锦时需要有一种织入绒圈经内，起充填成圈作用的假织纬（即起圈纬），它在织后便被抽掉。这种绒圈锦不仅有彩色花纹，而且还有高出锦面约 0.7—0.8 毫米的绒圈。所以使织物更显得厚实，花纹美观而富于质感，具有一种立体的效果。

除上述各种不同织法的丝织物外，汉代还在已织成的丝织物上刺绣或印染花纹。如在平织绢、平织绮上以手工绣出如同绘画般自由流畅的图样。而印染丝织物的染料色调已达到 20 种以上。

正是这些神奇而美妙的丝织品令西方人惊叹不已，公元 2—3 世纪的一位罗马人培利埃该提斯曾说过："中国人制造的珍贵的彩色丝绸，它的美丽像野地上盛开的花朵，它的纤细可和蛛丝网媲美"。[1]

汉以后，魏晋南北朝以来，丝绸之路上不仅继续有中国丝织品外运，而且又输入了许多中亚、西亚地区的织物，它们图案装饰新颖独特，最典型的是用波斯萨珊朝习用的联珠纹大圆圈，将织物表面分隔为各种花纹单元，每组大联珠圈中多猪头、立鸟、大鹿、骆驼以及成对对立的禽兽形象，如对鸟、对马、对狮、对鸭。这些织物图案色彩浓重，对比鲜明，充满异国风情，在 9 世纪以前曾深得中国人民的喜爱，被称为"波斯锦"，且广为流行。如在新疆吐鲁番

---

[1] 参见夏鼐《中国文明的起源》第二章。

高昌古墓中发现的5世纪一份购物账中，即列有“钵（波）斯锦”，吐鲁番阿斯塔那六七世纪之交的墓葬中所出随葬衣物疏，不仅列有“波斯锦”，还列有“波斯锦面依（衣）”和“波斯锦被辱（褥）”。

这种波斯锦的织法与中国织锦亦有不同之处，即不是中国式的平纹重组织，而是斜线重组织，以纬线起花，夹经常是双线的，而且所用的丝线都拈得很紧。这种织法使织物表面布满浮线，能更充分地显示丝线的光泽，所以也为中国织工学习并采用。阿斯塔那出土的一些图案为中国式花纹的织锦，如花鸟锦和彩条锦，已经采用了这种波斯萨珊式的纬线起花的斜纹重组织织法。在图案方面，中国织工也仿造出波斯纹样的作品，最为人们熟知的是1964年新疆吐鲁番阿斯塔那墓群中出土的一件“胡王”锦。此锦为一块隋代织锦残片，织锦面上的主纹为波斯萨珊式的联珠大圆圈，圆环中有正、倒对映的一组图案，表现的是一人牵驼前进。旁边又有清晰的榜题“胡王”二字，也是正反相对织成的，猛然望去，下面倒置的图像和榜题仿佛是上面正立面图像的水中倒影。不禁使人联想到行进在丝绸之路上的骆驼商队，行经当年尚波光荡漾的罗布泊旁，人、驼的影像恰好倒映水中，确是巧妙而优美的图案设计。这件对驼纹织锦，由于上面织出“胡王”汉字，表明它是由中国织工设计并织造的。但图案典型的波斯风格，又清楚地显示是受到外来影响的产物。这种类型的图案直到唐代仍颇为盛行，但这些异域图案织物的织法，仍是经线起花的平纹重组织，而不是波斯地方通用的纬线起花的斜纹重组织，即保持着中国汉锦的传统织法。或者认为这种图案的织锦，有部分就是为了适应国外市场的需求，专为外销而生产的。

七、陆路和海路

中国和西方的贸易通道，在魏晋南北朝时期已形成了相当稳定的路线，这便是北方的陆路和南方的海路。此路线直到 1877 年，才被德国地理学家李希霍芬第一次称为“丝绸之路”，以强调路的开辟主要是为着运输中国的丝绸到罗马去。

如今，“丝绸之路”这一专门名词早已蜚声海内外，但丝绸之路在当时的具体走向，特别是北方河西走廊以东，深入内地的走向尚未完全弄清，仍需要从庞杂的文献中寻觅考察，还要特别注意各地出土的与其相关的珍贵文物线索，对其进行审慎的分析判断，以得出较为明晰的结论。

关于北方陆路通道，《隋书·裴矩传》引《西域图记·序》中，已对由河西走廊的敦煌向西，直至西方终端“西海”（地中海）的走向作了明确的记载：

> 发自敦煌，至于西海，凡为三道，各有襟带。北道从伊吾，经蒲类海铁勒部，突厥可汗庭，度北流河水，至拂菻国，达于西海。其中道从高昌、焉耆、龟兹、疏勒，度葱岭，又经钹汗、苏对沙那国、康国、曹国、何国、大小安国、穆国，至波斯，达于西海。其南道从鄯善、于阗、朱俱波、喝槃陀，度葱岭，又经护密、吐火罗、挹怛、帆延、漕国，至北婆罗门，达于西海。其三道诸国，亦各自有路，南北交通。其东女国、南婆罗门国等，并随其所往，诸处得达。故知伊吾、高昌、鄯善，并西域之门户也，总凑敦煌，是其咽喉之地。

这段引文说的是由河西走廊西端的敦煌，西行去西方的路线。敦煌以东，即由中原腹地的西安、洛阳，乃至于华北、东北至敦煌的路线，传统的说法有这样几条：

其一，由西安（或洛阳）西北行，经咸阳、彬县、泾川、平凉，穿宁夏固原而抵武威、张掖，是为北路；

其二，由西安（或洛阳）沿渭水西行经宝鸡、天水至兰州，再由兰州西北行，经河西走廊至张掖，是为中路；

其三，由西安（或洛阳）沿渭水西行经宝鸡、天水至兰州，由兰州西行至西宁，再从西宁沿大通河谷至张掖[1]，是为南路。

以上三路汇合于张掖，然后西出敦煌而到新疆。后来因在青海西宁发现了一批共 76 枚波斯萨珊朝卑路斯银币，又联系史书的有关记载，学者们认为南路尚有一条可以不经张掖，而由西宁越赤岭经柴达木直至西域的路线，这条比较更南的交通线，其重要性在公元 5 世纪时可能不下于河西走廊[2]。或可算作第四条通路。[3]

除以上数条一般的传统说法外，近年来学者们研究了近数十年间沿北方草原地区，如呼和浩特、大同、河北北部及古营州（今辽宁朝阳）出土的具有显著西域特征的金银铸币、金银器皿、玻璃器皿等情况，提出了国内河西走廊以东，还应存在着一条不去中原的西安、洛阳，而是自武威东去至银川一带，再沿黄河河套北上折而向东，经包头、呼和浩特、大同、张家口，直至北京东北的赤峰、

---

[1] 冯汉镛：《关于“经西宁通西域路线”的一些补充》，《考古通讯》1958 年第 7 期。

[2] 夏鼐：《青海西宁出土的波斯萨珊朝银币》，《考古学论文集》，科学出版社 1961 年版。

[3] 以上综述参见吴焯《北周李贤墓出土鎏金银壶》，《文物》1987 年第 5 期。

营州（今辽宁朝阳）的商路，或可称为塞北线、草原线。[1]

这条道路的沿线，没有峻险的高山阻隔，地理环境大部为草原牧场。沿线地区的民族自西汉以后迁徙频繁，魏晋南北朝时期更是多民族交融会合的前沿地带，他们大多以游牧为主要的生产和生活方式。这一切都在很大程度上为胡商的往来提供了方便。1972 年，在大同的一处北魏时期的窖藏中，一次就发现了 5 件明显是来自西域的金银器。人们认为如果当时当地同类器皿的货源不充足，是不会这样成批埋藏的。大同即北魏平城，它作为北魏前期近百年的国都，全国政治、经济和文化的中心，亦必然是西来胡商进行外交和商贸活动的重要中转站。当地曾数次出土中亚风格的金银器和玻璃器，最新的材料是 1988 年大同南郊的北魏墓群中，又出土了一件萨珊式玻璃碗和一件萨珊式刻花鎏金银碗[2]。这就有力地证明了大同在这条北方草原交通线上的重要地位。

1959 年，内蒙古呼和浩特市以西的土默特左旗毕克齐镇，在一座时代约同于大同北魏窖藏的古墓中，出土了一枚拜占庭金币，系东罗马皇帝列奥一世（457—474 年）所铸[3]。或可作为此路向东延伸的蛛丝马迹。

这条交通要道东端的重要发现，是 1965 年辽宁北票北燕冯素弗墓出土的一批 5 件高水平的罗马玻璃器[4]和 1975 年辽宁敖汉旗李

[1] 宿白：《中外交通的遗迹遗物 · 中国境内发现的东罗马遗物》，见《中国大百科全书 · 考古学》，中国大百科全书出版社 1986 年版；吴焯：《北周李贤墓出土鎏金银壶》，《文物》1987 年第 5 期。

[2] 山西省考古研究所、大同市博物馆：《大同南郊北魏墓群发掘简报》，《文物》1992 年第 8 期。

[3] 《呼和浩特市附近出土的外国金银币》，《考古》1975 年第 3 期。

[4] 黎瑶渤：《辽宁北票县西官营子北燕冯素弗墓》，《文物》1973 年第 3 期。

家营子一古墓中出土的一批数件西方风格的金银器（包括一件典型的异域银胡瓶和一件银盘）[1]。这两处墓葬所在地都位于古营州地区，可视为此商路通至当地的可靠物证。

除北方的陆路通道外，当时西方（主要是萨珊波斯）与中国的主要交往通道还有南方的海路，亦被后人称为“海上丝绸之路”。据波斯人和阿拉伯人的记载，公元3世纪时，波斯军队就在波斯湾海岸建立了海港，五世纪时，波斯已有海船与东南方的印度（今印度和巴基斯坦）、锡兰（今斯里兰卡）直接通航。5世纪初的巴朗五世（421—438年在位）曾与印度一位公主结婚，从而得到印度河口的第巴尔商港作为陪嫁物（此港便是今日巴基斯坦的巴摩布尔遗址，也被认为是我国唐人贾耽广州通海夷道中的“提飓国”）。所以，波斯控制了波斯湾至印度河口沿岸的交通贸易，也垄断了波斯湾至锡兰岛之间的贸易。6世纪埃及作家科斯麻士提到当时的海道交通，便是由波斯湾至锡兰岛，然后转舵东北，沿海岸行至中国或东南亚。中国的丝绸也正是沿这条航线西运。因当时波斯是中国丝绸转口贸易（大批是转至罗马）的主要集散地，故有记载拜占庭王查士丁尼一世（527—565在位）曾派人直接到锡兰购买丝绸，企图打破波斯地方的垄断，但未能成功[2]。这条海路的走向，亦被中国史料证实。本书前述十六国时著名僧人法显，就是由北方陆路西去印度学习佛法教理，然后由南方海路经锡兰（斯里兰卡）、苏门答腊（或爪哇）回国，于东晋义熙八年（412年）在山东崂山登陆，次年到当时东晋的首都建康，历时15年之久。

---

[1] 敖汉旗文化馆：《敖汉旗李家营子出土的金银器》，《考古》1978年第2期。

[2] 以上关于海路交通的综述，均见夏鼐《综述中国出土的波斯萨珊朝银币》，《考古学报》1974年第1期。

南方有关文物的发现，也可作为有力的旁证。1960年，广东省英德的南齐墓中，曾获得3枚波斯萨珊朝卑路斯银币[1]。1973年，又在广东省曲江南华寺的南朝墓中，获得9枚被剪过边的萨珊银币[2]。此外，南京象山东晋门阀豪族王氏家族7号墓中，出有一批西方珍贵物品，包括2件罗马玻璃杯和1件当时仅产于波斯、锡兰、印度一带的金刚石指环[3]。这些西方文物珍品，都应该是由南方海路进入我国的。

第二节　三角缘神兽镜之谜

一、卑弥呼女王

日本与中国经济文化交往的历史源远流长，早在我国西汉时期，日本列岛上就有了一百多个独立的部落。到汉武帝将汉王朝势力推进到辽东半岛之后，便有30多个倭（中国汉代称日本为“倭”）部落先后与汉有了经济文化交流。东汉光武帝时，他们中的倭奴国曾派遣使节到东汉的京城洛阳，向汉馈赠了礼品，汉光武帝则赠其印绶。这件事被记载于《后汉书·东夷列传》的《倭传》中：“建武中元二年，倭奴国奉贡朝贺，使人自称大夫，倭国之极南界也。光武赐以印绶。”据考证，倭奴国在今日本九州北部的福

[1]《广东英德、连阳南齐和隋唐古墓的发掘》，《考古》1961年第3期。

[2] 夏鼐：《综述中国出土的波斯萨珊朝银币》，《考古学报》1974年第1期。

[3] 南京市博物馆：《南京象山5号、6号、7号墓清理简报》，《文物》1972年第11期。

冈县境内。极为巧合的是，1784年，日本九州福冈县糟屋郡志贺町的一位农民在平整土地时，发现了一方缀以蛇钮的金质印章，印面上以汉文隶书刻着“汉委奴国王”字样。实物与文献相印证，说明福冈县出土的这枚“汉委奴国王”金印就是汉光武帝赐给倭奴国国王之印。因此印系偶然发现，出土情况不明确，日本学术界曾就其真伪问题展开过讨论。1956年，我国云南晋宁百寨山滇墓发现了汉代金质“滇王之印”，形制与“汉委奴国王”金印相似，证实此印确为汉代赠与的金印无疑。[1]

到公元3世纪前半叶，日本岛上产生了一个臣服了20多个部落的势力强大的国家——邪马台国。《后汉书 · 东夷列传》中也记有这个国家：“其大倭王居邪马台国”。又记“桓、灵间，倭国大乱，更相攻伐，历年无主。有一女子名曰卑弥呼，年长不嫁，事鬼神道，能以妖惑众，于是共立为王。”这就是日本历史上知名的卑弥呼女王。《三国志 · 魏书 · 倭人传》更详细地记录了女王的情况[2]，说女王年事已高，无夫婿，国家政务主要由她的弟弟管理。女王平时深居简出，仅服侍她的婢奴就有上千人。她居住的宫室楼观建筑严整，守备设防，经常有卫兵守护。

当地民风淳朴，“男子无大小皆黥面文身”，这是因为他们主要以捕食海产品为生，“文身亦以厌大鱼水禽，后稍以为饰”。各部落纹身方式各异，“或左或右，或大或小，尊卑有差”。其“风俗不淫，男子皆露紒，以木棉招头。其衣横幅，但结束相连，略无缝。妇人披发屈紒。作衣如单被，穿其中央，贯头衣之”。这里“不盗窃，少诤讼。其犯法，轻者没其妻子，重者灭其门户”。

[1] 王仲殊：《说滇王之印与汉委奴国王印》，《考古》1959年第10期。

[2] 以下叙事和引文均出自《三国志 · 魏书 · 倭人传》。

曹魏明帝的景初二年（238 年），司马懿灭公孙渊，取得辽东。同年六月，邪马台国卑弥呼女王派使者至洛阳，馈赠曹魏男生口（奴婢）4 人，女生口 6 人，班布二匹二丈。十二月，曹魏朝廷回诏书给女王，表示感谢，封女王为“亲魏倭王”，赐金印紫绶。诏书中还表彰长途跋涉前来朝献的倭国使者，授之以率善中郎将、率善校尉，赐银印青绶。同时又回赠给女王许多礼物，包括“绛地交龙锦五匹，绛地绉粟罽（羊毛织物）十张，蒨绛五十匹，绀青五十匹……绀地句文锦三匹，细班华罽五张，白绢五十匹，金八两，五尺刀二口，铜镜百枚，真珠、铅丹各五十斤”。

之后，曹魏与卑弥呼女王领导的倭国交往频繁，正始元年（240 年），曹魏使臣奉诏书印绶前往倭国，拜谒倭王，并赠以金、帛、锦罽、刀、镜、采物等礼品。正始四年（243 年），倭女王又派人到洛阳，送生口（奴婢）、倭锦、绛青缣、绵衣、帛布、丹木、𤝔、短弓矢等。正始八年（247 年），卑弥呼女王病死，“大作冢，径百余步，殉葬者奴婢百余人”，即修造了直径达百余步的大坟墓，并以百余名奴婢为其殉葬。

后来，卑弥呼女王的宗女壹與继承了王位，她又遣使者来魏都洛阳，“献上男女生口三十人，贡白珠五千，孔青大句珠二枚，异文杂锦二十匹”。魏王朝同样回赠礼物。至此，中日两国交往不断，相互加深了了解和友谊，卑弥呼女王在中日古代关系史上的功绩是不可磨灭的。

二、三角缘神兽镜之谜

日本境内曾出土过数量相当多的以神兽为主要装饰纹样的铜镜。图案具有高浮雕的立体感，特别是镜的外缘隆起甚高，顶端是尖的，断面呈三角形，所以习称“三角缘神兽镜”。过去一般认为它们是从中国用船运至日本的“舶载镜”，是三国时曹魏统治者赠给当时日本倭女王卑弥呼的礼品。而且有的铜镜上出现了“景初三年”“正始元年”的纪年，以及“铜出徐州，师出洛阳”等铭文，更与《三国志 · 魏书 · 倭人传》中所记邪马台国女王卑弥呼的使者到曹魏都城洛阳的时间、地点相合。但是随着中国和日本两国考古调查发掘工作的开展，使人对上述看法产生了怀疑，因为在日本“古坟时代”的古坟中，不断发现这种所谓“卑弥呼之镜”的三角缘神兽镜，数量已达 300 枚之多，早已超过《倭人传》所记曹魏赠倭女王铜镜“百枚”的数字。另一方面在中国全国各地虽然发掘出土大量铜镜，但迄今并没有发现过一枚日本出土的三角缘神兽镜样式的铜镜。难道它们真的是曹魏君主专门为倭女王设计制造，然后又一面不剩地运去日本，因而在中国未留踪迹吗？这确实是一个谜，并引起中日两国学者的重新思索，为揭出谜底而进行新的研究。

近年中国学者提出了新的看法，认为三角缘神兽镜并不是中国曹魏时在北方铸造的铜镜，也不是魏帝给倭女王的赠品，而是渡海去到日本列岛的江南吴的工匠，在日本本土参照吴镜中的各种平缘神兽镜，以及三角缘画像镜而设计出来的新的式样[1]。在设计时不仅特别突出了三角形断面的镜缘，还重新调整了纹样的组合和构图，增添了中国铜镜中不见的“笠松形”等纹样。至于使用曹魏年号，则是由于中国工匠出走国外，而当时北方的魏象征着正统，都城洛阳是中国传统的都城，故使用了魏的年号。“师出洛阳”仅是匠师

[1] 王仲殊：《日本三角缘神兽镜综论》，《考古》1984 年第 5 期。

矜夸的虚辞，铭文中的“绝地亡出”等语才表露了工匠的“亡命而出，至此绝地”的心情。同时镜铭中也标明了工匠在中国时的故乡所在，铭文中有“京师”和“荊师”，“师”是镜师，“京”和“荊”是地名。吴时的“京”城，在今江苏省镇江市附近，后又叫“京口”；“荊”即“州”，指扬州，都是江南的吴地。因此，这些式样特殊的铜镜是吴的工匠东渡日本，在远离故乡的异地所铸造。1986年10月，日本国京都府福知山市东羽台广峰古坟群第15号坟出土了一枚有“景初四年”纪年铭的三角缘盘龙镜，做镜的工师是“陈是（氏）”，应该是与制造景初三年铭三角缘神兽镜的工匠为同一个人。据《三国志》记载，曹魏的明帝死于景初三年正月，齐王芳继位，当年仍沿用景初三年的年号，到第二年改年号为“正始”，因此中国历史上并没有“景初四年”这一年号。发生这种差误，只能是因制镜的工师远在异国他乡，不知改元的消息，才会错误地沿用“景初四年”的年号铸镜。如果真是这种情况，就为中国工匠在日本做镜增添了有力的证据。

目前虽然不能说三角缘神兽镜之谜已经解开，但是不论是哪一种主张，有一点却是不可动摇的，那就是数量众多的日本发现的三角缘神兽镜，表明中国三国时期的文明对东邻日本有着深远的影响。从上节所述《三国志》的记载看，北方的曹魏与日本的邪马台女王有经常的使节互访，还保存有当时魏皇帝赠物给女王卑弥呼的诏书的内容。同时《三国志》《后汉书》等史书中，都记载有吴地会稽的人民渡海去澶洲以及澶洲的人来会稽贸易的事。“澶洲”正是当时日本列岛的一部分，说明孙吴时中国江南与日本有海上交通。在日本的古坟中出土的铜镜中，有许多吴的铜镜，有的纪年明确，例如山梨县鸟居原古坟中出土有“赤乌元年”铭对置式神兽镜，兵库县安仓古坟中出土有“赤乌七年”对置式神兽镜等。大量吴镜在日本遗迹中出土，正是江南与日本间存在海上交通的物证。因此吴的匠师渡海东去日本，自然是可能的。

三、南朝和倭王武

到了东晋、南朝时期，古代日本与中国的使节往来，正式由北方转至江南。从东晋安帝义熙九年（413 年）到宋顺帝升明二年（478 年），日本先后在位的五位倭王讚、珍、济、兴、武等约十次派遣使节来中国，到达南朝的都城建康。

学者们详细地考证了这十次使节来访的时间[1]：第一次是在晋安帝义熙九年（413 年），第二次是在宋武帝永初二年（420 年），第三次是宋文帝元嘉二年（425 年），第四次是元嘉七年（430 年），第五次是元嘉十五年（438 年），第六次是元嘉二十年（443 年），第七次是元嘉二十八年（451 年），第八次是在孝武帝大明四年（460 年），第九次是在宋顺帝升明元年（477 年），第十次是在升明二年（478 年）。这十次的使节来访，不仅带来日本前后五位国王的问候致敬，而且都赠给南朝大量本地物产。而南朝政府也回赠了礼品，并且应倭王的要求，加封了他们多种荣誉性封号和官职。

五位倭王与南朝密切交往的这段史实，是早期中日关系史上重要的事件，但因古文献记载简略，关于五位倭王是日本历史上哪几位天皇起初并不能确指。日本学术界经过分析考证后认为，五王中最先可以确定的是最后一位——倭武王，他应是日本古史

[1] 王仲荦，《魏晋南北朝史》第九章。

中的雄略天皇，因为雄略天皇名讳为“大泊濑幼武”，所以武王即可能取自名中的“武”字[1]。其他几王的世系名讳或有可考定者，或有存争议者。

倭武王在日中关系史上引人注目的原因，还在于中国传世官方修订的正史《宋书·倭国传》中，极为难得地记录了一份倭武王在宋顺帝升明二年（478年），给南朝皇帝上奏的表文。表文中详尽地记述了倭国的祖先征服海东诸多部落的雄才武功，称自已的祖、父“躬擐甲胄，跋涉山川，东征毛人五十五国，西服众夷六十六国，渡平海北九十五国”，可见自西晋末至南朝，倭国已完成了统一周边多数部落的霸业。

尤为重要的是，倭武王的这一表文中明确透露了当时倭国与南朝交往的主要通道，是经由朝鲜半岛上当时的国家百济，而后沿大陆海岸南下江南地区的。表文中说："臣虽下愚，忝胤先绪，驱率所统，归崇天极，道迳百济，装治船舫，而句骊无道，图欲见吞，掠抄边隶，虔刘不已，每致稽滞，以失良风。虽曰进路，或通或不。臣亡考济，实忿寇雠，壅塞天路，控弦百万，义声感激，方欲大举，奄丧父兄，使垂成之功，不获一篑。”倭国是将经朝鲜半岛大陆海岸南下的路视为与南朝通好的重要“天路”，而这条路却常常被句骊，即高句丽所阻断，造成此路时通时阻，影响了倭国使者到南朝的船舶正常通行。每遇阻滞，常常错过可以助航的季风（“每致稽滞，以失良风”）。所以自倭武王的父亲倭王济时，便秣马厉兵，控弦百万，准备与高句丽决战，以打通南下之路。但“方欲大举，奄丧父兄”，正当一切准备停当之时，倭王济去世，使得前功尽弃。然而倭武王

[1] ［日］藤家礼之助：《日中交流二千年》，北京大学出版社1982年版。

并不甘心，他还要“练甲治兵，申父兄之志”。并在表文中请求南朝给他以应有的支持。根据表文这些内容，又结合当时的航海技术考虑，学者们认为5—6世纪日中之间的航路，可以推断为以下的路线：“首先抵达朝鲜半岛，再沿其西海岸北上，经庙岛群岛（庙岛群岛是像踏脚石似地把辽东半岛与山东半岛联结起来的列岛。《唐书》地理志中曾列举七条‘入四夷之路’，其中第二条是记述经山东半岛的登州入朝鲜的路线，它就是经由庙岛群岛的路线），到达山东半岛的一角——登州，以后就沿着大陆的海岸南下；或者试冒一些风险，从朝鲜半岛西岸的瓮津半岛横渡黄海，抵达山东半岛的尖端，然后同样地沿着海岸南下，到达遥远的江南地方。”[1]

应该说，这的确是一条漫长而艰险的“万里修贡”之路。倭国的使者们在前述与南朝的十余次交往中，常常是每隔五或七年就走动一次，并携带大量礼品和奴婢，可以想象他们与大陆上这个文明古国交往的决心是十分坚定的。

学者们还分析了倭国之所以坚持长途跋涉，与距离较远的南朝交往，而始终不与路途相对更近的北朝政权接触，或许是因为他们认定南朝是继承晋王朝的正朔，即与魏、汉王朝一脉相承，代表中国的唯一正统的王朝之故。[2]

四、带饰、埴轮和须惠器

南北朝时期日本与中国经济文化交流还反映在存留至今的大量

---

[1] ［日］藤家礼之助：《日中交流二千年》，北京大学出版社1982年版。

[2] ［日］藤家礼之助：《日中交流二千年》。北京大学出版社1982年版。

文物上。如江苏省宜兴发现的著名西晋周处墓中的银带饰[1]，据墓砖铭文，周处墓的年代是西晋元康七年，即公元297年。周处是当时江南地区有名的豪族，被西晋朝廷封为前将军。墓中出土的银带饰，可能是西晋首都洛阳的产品，也可能是江南当地的产品，特别是由于它与广州大刀山晋墓出土的铜带饰形制相同[2],所以更有可能是江南当地所产。值得注意的是，日本奈良县新山古坟出土的铜带饰[3],其形制和花纹几乎与周处墓的银带饰和广州大刀山晋墓的铜带饰毫无差异，这就使得我们认为，新山古坟的铜带饰是从当时中国江南地区输入日本的。

日本古代的人物形埴轮，亦与中国墓葬中的陶俑有许多相似和可比之处。人物形埴轮出现于日本古坟时代，与中国陶俑一样，也是为埋葬死者筑墓时专门制作的人物形象明器，以陶土烧制。但它与中国陶俑葬于墓内的方式完全不同，而是露天埋立在古坟的墓丘旁边。因此在人物形埴轮的下部，都制有较大的座，一般呈粗大的圆筒形状，正如立埴时埋入土中的基座。

传说埴轮的出现是为了代替殉葬的活人,《日本书纪》中保留有下述传说；原来日本王族显贵死后，要以近侍等活人殉葬，但不是埋进墓内，而是将活人立式半埋在墓葬周围。这些被半埋的人经过几天还不会死掉，终日哀号哭泣，构成极为残酷的情景。当他们死后，又暴尸于野，腐烂发臭，遭鸟兽撕噬，其状更令人惨不

[1] 罗宗真：《江苏宜兴晋墓发掘报告》,《考古学报》1957年第4期。

[2] 1931年广州西郊大刀山东晋太宁二年（324年）墓出土，为鎏金铜带饰，共19件。见胡肇椿《广州市西郊大刀山晋冢发掘报告》，广州黄花考古学会编《考古学杂志》1932年。

[3]《世界考古学大系（3）· 日本1》，1959年。

忍睹。垂仁天皇二十年冬天，他的舅舅倭彦命死后，葬于狭桃花坂，当天皇看到埋殉近侍的惨状、听到他们的哀号时，动了恻隐之心，决定改变这一习俗。所以当三十二年秋天，皇后日叶酢媛命死时，他就采纳了野见弥进的建议，令其依照人、马等形象烧制出许多陶制品，用来代替活人植立在墓葬周围。这些陶制品，就是最早的埴轮。如果这一传说可靠，那也可以说埴轮出现的原因与中国陶俑的起源大致相同。但考古发掘实物显示，日本最早埴轮的形态并不是人物，而是一种高大粗圆的红陶筒状体，上面有凸棱或镂孔装饰。圆筒形埴轮出现于公元 4 世纪，而人物形埴轮 5 世纪中叶才出现，盛行于 6 世纪。表明关于野见弥进建议下制作了埴轮的故事，虽然是现存有关埴轮年代最早的记载，但还不足以阐明埴轮的起源问题。我们这里强调的是日本埴轮中人物所穿的服装，明显地表现了中日文化交流的影响。

本来，据《三国志 · 魏书 · 倭人传》中的记载，3 世纪时，日本列岛上的倭人男子“其衣横幅，但结束相连，略无缝”。妇人“作衣如单被，穿其中央，贯头衣之”。传世的《职贡图》中所绘的“倭国使”，上身赤裸，仅被结束相连的横幅，下面赤足无履，其形象正和《倭人传》的记载相同。但是，从日本关东地区的许多古坟出土的人物埴轮看来，五世纪至六世纪的倭人，其服饰已与《三国志 · 魏书 · 倭人传》所述有了很大的变化。以群马县伊势崎市八寸古坟出土的礼装男子埴轮和礼装女子埴轮为例，男子所着已不是结束相连的横幅，而是上着交领衣，下着长袴，在膝下以带结缚，很像当时中国流行的袴褶。妇人所穿也不再是“贯头衣”，而是近似中国的长裙。据《日本书纪》（雄略天皇十四年）记载，当时日本曾向吴国（指南朝）求织工和缝衣工。因此我们可以认为，日本的古代服饰极有可能受到中国南朝的影响。

须惠器，是日本古坟时代的陶制品。据日本学者考证，是由当时的百济（朝鲜半岛上的国家）传入的。但溯其渊源，其渊源则在中国的江南地区。日本烧制须惠器的“登窑”，多是沿山坡斜面修筑的，窑身呈长条状，前边设火膛，后面接烟道。这样的形制和结构，正与中国江南地区的“龙窑”相似。须惠器中的许多“子持壶”，造型是在一个大壶上附有四个以上的小壶，这与中国江南地区东汉和吴的墓中出土的“五联壶”是非常相似的。近年来，考古工作者在江苏省的南京、高淳，浙江省的绍兴、宁波、余姚、武义、奉化等地的东汉和吴墓中，发现了这种“五联壶”。器形特点是在一个大壶的肩部附有形状相同的四个小壶，多为陶质，也有青瓷质的，表面往往施有绿釉或黄褐色釉。它们的出土量很大，分布地区也较广，可见在当时的江南地区是相当流行的。除了子持壶以外，须惠器中的脚附长颈壶、提瓶、平瓶等器物，也与中国江南地区出土的陶器有相似之处。这就是说，中国江南地区的陶瓷业，通过朝鲜半岛，影响了日本的陶器业。

第三节　高句丽和百济

一、安岳冬寿墓

高句丽是南北朝时期朝鲜半岛上国力最为强盛的古代国家，也是与中国联系和交往最密切的国家。它起初主要由貊、涉两个部落组成，政治中心先都于我国东北腹地今辽宁省桓仁县西北的纥升骨城，三国时迁移都城至今吉林省集安的丸都，南北朝时再迁到今朝鲜的平壤。其疆域最强盛时东至新罗，西抵辽水，南接百济，北邻靺鞨。

中国关于三国两晋南北朝时的史书《三国志》《晋书》《宋书》《梁书》《魏书》《南史》《北史》中均有关于高句丽的详细记载，留下历代与之交往的史实。据这些文献，我国东晋、后赵、前燕、前秦、后燕、北燕、北朝、南朝与高句丽交往频繁，几乎每年都有使节来往。高句丽派往北朝北魏、东魏、北齐、北周的使节前后有 90 次之多，派往东晋、南朝京城建康的使节也近 30 余次。每次来访，高句丽都要赠送大量礼品，如南朝宋文帝元嘉十六年（439 年），高句丽王一次就赠给南朝战马八百匹，南朝也回赠了许多礼品。北魏太武帝拓跋焘的全盛时期，高句丽每年赠给北魏王朝黄金 200 斤、白银 400 斤，北魏王朝也回赠价值相当的礼物。在北魏王朝盛典上，外国使团的接待名次高句丽使团仅排在南朝使团之后，即南朝使团居首位，高句丽使团居第二位。可见当时内地对高句丽的重视。

除文献记载以外，文物的发现也有助于了解中国与高句丽交往的历史。朝鲜安岳冬寿墓及一批有关墓葬的发掘便是典型的例证。1949 年春，在朝鲜民主主义人民共和国黄海北道的安岳郡发现了一些有壁画的高句丽古墓，其中第 3 号墓规模较大，壁画内容十分丰富，因墓中保留着明确的墨书纪年铭和墓主人官职、姓名，知其为十六国前燕国主慕容皝原司马、后投奔高句丽达 22 年之久的冬寿之墓。有关冬寿墓的发掘、研究和确认的经过情况，经中国和朝鲜两国学者撰文分析，已基本为世人所知[1]。冬寿墓早年被盗，出土文物很少，但墓葬结构独特，壁画和墨书题记保存清晰，具有重要的研究价值。这是一座用石板砌成的多室石墓，墓门南向。墓内平面由南向北依次为甬道和甬道室（羡室），前室，东、西侧室，后室，曲尺形回廊。两侧室入口处立两根四角石柱，后室与前室之间隔以三根八角石柱和一根四角石柱，后室后壁另有三根八角柱和两根四角柱，柱顶仿中国传统木结构形制，做成栌斗和一斗二升的斗栱造型，以承托墓顶条石。墓室顶部用石条叠涩砌成，最上层为错叠方形藻井。墓壁绘彩色壁画，人物众多，内容丰富，包括墓主人夫妇二人各坐帐中的肖像，场面宏大，有250多人的出行图，以及文吏、侍女、舞乐、角抵、厨炊、碓臼、汲水、马厩、牛舍、内库等表现墓主人日常生活的各类场景，笔法洒脱而传神。在壁画人像旁，又注有“帐下督”“门下拜”“记室”“小吏”“省事”类榜题。墓室顶部绘日月图形和莲花纹、夔云纹等纹饰。

前室进西侧室的左边壁上存墨书题记7行：

永和十三年十月戊子朔廿六日

〔癸丑〕使持节都督诸军事

平东将军护抚夷校尉乐浪

〔侯〕昌黎玄菟带方太守都

□□幽州辽东平郭

[1] 都宥浩：《在朝鲜安岳发现的一些高句丽古坟》见《文化遗产》创刊号，1949年12月，中译文载《文物参考资料》1952年第1期；金珞俊：《关于安岳第三号古墓的年代和墓主》，《文化遗产》1957年第3期；宿白：《朝鲜安岳发现的冬寿墓》，《文物参考资料》1952年第1期。

□乡敬上里冬寿字

□安年六十九薨官

据《晋书·慕容皝载记》和《资治通鉴》卷九五，墓主人冬寿原是前燕国主慕容皝的司马，在奉命率兵与慕容仁的战斗中，因兵败而降于慕容仁。咸康二年（336 年），慕容皝击溃慕容仁军，杀仁，冬寿又投奔了高句丽。墓铭中的永和十三年即升平元年（357 年），均是东晋的年号，冬寿在此年死去，上距他奔高句丽已有 22 年，说明冬寿在高句丽居留了 22 年时间。

冬寿墓的墓葬形制和壁画，保留着十分明显的中国中原传统墓葬特征。从墓室建造结构看，以石材造墓固然是高句丽古坟的基本做法，但冬寿墓石室更接近中国东汉以来画像石墓的结构。如它的八角石柱及柱顶栌斗，与中国山东长清县的孝堂山东汉墓地祠堂石柱做法相似；冬寿墓顶的抹角叠砌藻井亦为中国北朝所流行，敦煌石窟中同期的藻井就多有此种形式；冬寿墓的平面布局，有前、后室和东、西侧室，这也和中国中原汉魏以来的大墓形式相同。因此，学者们认为冬寿墓的布局和结构，都是受中国影响较深的[1]。墓室壁画的情况也不例外，画中的墓主人夫妇坐像、规模浩大的出行场面、各种家居生活场景（汲水、马厩、内库、庖厨、臼碓、舞乐等），更是中国汉魏以来传统的墓室壁画题材和形式。壁画中还出现了佛教艺术早期代表性的表现纹样莲花、莲座等，但还不如后来高句丽墓中那样浓厚。而这种风格的壁画，以往朝鲜发现的较少。人们还注意到，壁画中的人物服饰，也与中国魏晋以来的流行

[1] 洪晴玉：《关于冬寿墓的发现和研究》，《考古》1959 年第 1 期。

服饰多有相似之处[1]。至于墨书题记中所记的冬寿官职,既不是高句丽的制度，又不是他在前燕的原职，而是承袭晋制，如不是东晋王朝所命,也是冬寿自封,表示自臣于东晋的[2]。过去在平壤车站附近曾发现过一座单室砖墓，墓砖有“永和九年三月十日辽东韩玄菟太守领佟利造”的纪年铭文，而且墓室保留着晋墓的近方形平面，两侧壁微向外弧的传统,墓砖也用一丁三顺的砌法[3]。这也说明当时冬（佟）氏在那一地区是势力相当强大的宗族之一。同时在距冬寿墓稍北的地区，也发现过一些与冬寿墓的特征相近似的壁画墓，其壁画内容保持着汉晋传统，如平安南道的药水里壁画墓、德兴里壁画墓等[4]。在德兴里壁画墓中，也保留着与冬寿墓相近似的墨书铭记，但记明墓主接受了高句丽的“国小大兄”官职，并用了好太王的年号，纪年为永乐十八年（408 年）。德兴里壁画墓的时间比冬寿迟了近半个世纪，墨铭中使用好太王纪年并加冠高句丽官职，说明这时高句丽王室对迁入豪族的控制加强了，也反映出高句丽中央政权力量的日益增强。但是墓中墨书题铭仍保有晋代官制及沿袭中原习俗的“周公相地、孔子择日、武王 [选] 时”等迷信套语，依然表明墓主人仍能相对独立地坚持着原有的汉晋传统。此外，除前述永和九年铭墓砖外，还曾在朝鲜半岛发现过不少东晋年号的墓砖，如明帝泰宁五年（即咸和二年，327 年）、成帝咸和□年（326—334 年）、康帝建元三年（即永和元年，345 年）、穆帝永和八年（352

---

[1] 洪晴玉 :《关于冬寿墓的发现和研究》,《考古》1959 年第 1 期。

[2] 洪晴玉 :《关于冬寿墓的发现和研究》,《考古》1959 年第 1 期。

[3] [日] 榧木龟次郎、野守健 :《永和九年在铭磚出土古墳调查报告》, 1933 年版。

[4] [朝] 金基雄 :《朝鲜半岛の壁画古墳》, 六舆出版，1980 年版。

年）、安帝元兴三年（404 年）等等[1]。其中常有与冬寿墓纪年相似之处，即东晋已改元，但因路远且有阻隔，以致那里还沿用着原来的年号。这些纪年铭墓砖所显示的信息，应是与冬寿墓相同的。

二、高句丽晚期壁画墓

20 世纪 60 年代以来，文物考古工作者在辽宁桓仁和吉林集安两地，集中清理发掘了成批的高句丽墓葬。辽宁桓仁地区是高句丽早期的都城和政治中心，在当地浑江两岸共发现高句丽墓 750 余座。先后清理了其中的 40 多座[2]。这里的高句丽墓葬都是积石墓，绝大多数是用未经加工的石块叠砌的。高句丽迁都丸都山城后，其政治、经济重心移至今吉林省集安县境内，所以那里现存的高句丽古坟数量远远超过桓仁境内的高句丽墓，已登记编号的墓葬即有 11 300 座。它们中一批高句丽晚期（主要是公元四世纪以后）的封土石室墓保存较好，墓中多绘有壁画，使我们获得了有关高句丽晚期墓葬形制及当时这个东方古国政治、经济、文化及风俗生活方面的新信息，也显示了高句丽与中原文化和南朝文化的密切联系。

在所发现的高句丽晚期封土石室墓中，值得注意的有万宝汀 1368 号墓，麻线沟 1 号墓，长川 1 号、2 号墓和五盔坟 4 号墓等。

---

[1] ［日］榧木亀次郎、野守健：《永和九年在铭磚出土古墳调查报告》附《乐浪、带方郡时代纪年铭磚集录》，1933 年版。

[2] 《新中国的考古发现和研究》第五章第四节“高句丽和鲜卑族的考古发现和研究”，文物出版社 1984 年版。

麻线沟 1 号墓是 1962 年清理的[1]，主室略呈方形，甬道两侧又各有一个小耳室，墓顶近似穹隆状，墓室中央有一用石块砌成的圆柱，直顶住盖顶石。墓室内和两耳室内部都有壁画，除生活题材，如夫妻对坐、舞蹈、狩猎等以外，突出描绘了身披铠甲的武士和披有铠甲的战马。和麻线沟 1 号墓时代相近的另一些壁画墓，如 1962 年春重新清理的洞沟 12 号墓中，也有突出披铠武士用刀斩敌的图像，这些应是四世纪中叶以后高句丽战争频繁的反映。

1970 年在长川墓群发掘的 1 号墓[2],是一座重要的封土石室壁画墓。该墓有前、后两室，后室四壁及藻井满绘莲花图案，中心盖顶石绘日、月和星宿，并有“北斗七青（星）”的朱书题记；前室四壁绘有射猎、百戏、歌舞、房舍等图像；藻井四隅的抹角石上都绘托梁力士；第一重顶石按方位绘青龙、白虎、朱雀、玄武四神图像。以上壁画内容都是中国内地汉魏以来墓室壁画中常见的传统题材。但画中人物的服装仍是高句丽的特有服饰，还保留着早期壁画的特点。另外，在此墓壁画中，首次出现了包括佛像和菩萨像在内的大量佛教题材内容。如在藻井四隅抹角石的第二重顶石上，正面居中是一尊结跏趺坐于须弥座上的佛像，左右各蹲伏一只护法的狮子，佛像上右侧有一供养飞天。佛像右侧绘二男子跪伏礼拜，左侧站着手持伞盖供养的女子。在左右两面第二重顶石各绘四菩萨，立于莲台之上，在两侧还绘有莲花化生。其上的第三、四重顶石上绘有供养飞天和伎乐等图像。过去虽然在

---

[1] 吉林省博物馆辑安考古队：《吉林辑安麻线沟一号壁画墓》,《考古》1964 年第 10 期。

[2] 吉林省文物工作队、集安县文物保管所：《集安长川一号壁画墓》,《东北考古与历史》第 1 辑，文物出版社 1982 年版。

高句丽墓室壁画中出现过有关佛教题材的画像，如莲花化生、飞天等等，但是出现佛和菩萨的标准形象，在高句丽墓室壁画中还是第一次。说明佛教于四世纪中叶由汉地传入高句丽后，在当地传播得很快，上层统治阶级更是迅速接受，极为崇信，所以在他们的壁画内容中才有这样的反映。

1972年，在长川1号墓西北方清理了曾遭火焚的2号壁画墓。这座墓的壁画损毁较甚，主室四壁满绘莲花，但右耳室则绘带有"王"字纹的织锦图案，可能是模拟着华丽的织锦壁衣。特别值得注意的是在室内石棺床上，发现有一块织锦残片，织锦的组织致密，由经线显花，在桔黄色底子上织出绛红和深蓝色的纹样。和长川2号墓一样绘有模拟织锦壁衣图案的壁画墓，还有1966年清理的山城下332号墓，它的平面和长川2号墓一样，是方形主室，在甬道两侧各有一耳室。在墓室及甬道都有壁画，除甬道壁画是人物等图像外，墓室四壁都满绘模拟织锦的图案，仿横竖成行的云纹。色彩是红绿相间，在红色云纹中夹隶书黄色"王"字，绿色云纹中夹墨色或红色"王"字纹。这些模拟织锦的壁画和织锦残片的发现，使我们对当时高句丽上层统治阶级中流行这种色彩鲜艳、外观华丽的丝织品，有了比较清楚的了解。这种织锦，应该是江南地区的产品，在高句丽大量流行，说明其与当时江南政权的联系和经济交往是有一定规模的。

1962年正式清理的五盔坟4号墓，是高句丽晚期封土石壁画墓的代表,其时代约当6世纪中叶或7世纪初[1]。墓室外覆截尖方锥形的封土堆，现存高8米，周长160米。墓室四壁、藻井及甬道两壁

---

[1] 吉林省博物馆:《吉林辑安五盔坟四号和五号墓清理略记》,《考古》1964年第2期。

和棺床上均施彩绘，这时不再先涂白灰，而是直接画在石材之上，至今还保持着鲜艳的色彩。四壁壁画的题材是大幅的四神图，下面衬以忍冬、莲花、火焰等装饰的网纹衬底。墓室顶石上绘龙虎交缠的图案，抹角叠砌的部分分绘交龙、飞天、伎乐、仙人、神鸟、日月星象等图像。尤为引人注意的是在四壁的网纹衬底中绘有许多人像，其服饰已一改高句丽传统服装的样子，而穿上了南朝士大夫典型的褒衣博带、笼冠大履式服饰，这一突出变化说明当时高句丽和中原南朝文化的联系已更为紧密。

三、百济和南朝

百济是朝鲜半岛西南部的古代大国。东晋以前，在原马韩 54 个部落基础上形成了百济国家，其王室姓夫余氏，自称出于扶余王之后。据《周书 · 百济传》《北史 · 百济传》等史书记载，百济的国土东邻新罗，北接高句丽，西、南临大海，东西 450 里，南北 900 余里。土地肥沃，气候温暖，所产的五谷、杂果、菜蔬及药材多同于中国内地。唯没有驼、驴、骡、羊、鹅、鸭等家畜家禽。其服饰，男子略同于高句丽，妇女衣服似袍而袖较大。拜谒的礼节是以两手据地。兵器有弓、箭、刀、矟，风习崇尚骑射。文艺有鼓角、箜篌、筝、竽、篪、笛之乐。赋税以布、绢、丝、麻及米等，量岁丰俭，差等输之。

百济与当时中国的北朝和南朝都保持着较密切的关系。北朝方面，百济在北魏延兴元年（471 年）、北齐天统三年（567 年）、武平三年（572 年）、北周建德六年（577 年），先后数次派使节到洛阳、邺城、长安访问，并赠送礼品。《北史 · 百济传》记一次百济人在西侧海中见尸体十多具，衣物用品多件，经辨认知是北朝渔民和出使海东使者遇难，遂妥善安葬，并将情况通报给北魏王朝。

东晋南朝方面，百济交往更为频繁。据记载，东晋咸安二年（372 年）、元嘉十七年（440 年）、元嘉二十年（443 年）、泰始三年（467 年）、泰始七年（471 年）、天监十一年（512 年）、普通二年（521 年）、中大通六年（534 年）、大同七年（541 年）、太清三年（549 年）、至德二年（584 年），百济使臣前往访问东晋、南朝的京都建康达 10 多次。百济热爱中国传统文化，对儒家经典和佛教文化尤感兴趣，许多使节专门到建康“求书”，上表请精通经书的学者和佛教《涅槃》典籍，并请工匠、画师等。有一次百济使节到达建康时，正逢侯景之乱以后，京都内被毁严重，到处是废墟和瓦砾，满目疮痍，惨不忍睹。百济使者见昔日一座好端端的繁华都市被战乱搞得如此破败，不禁痛哭失声，不能自已。侯景见状大怒，竟将使者抓住关押起来。直到侯景之乱被平息后，百济使臣方得回国（事见《梁书 · 百济传》）。可见百济与南朝交好之深。

百济在中日两国友好交往史上还起过重要的中介作用。据《宋书》所记，日本的倭王武派遣到中国南朝的使节，便是途经百济而到达南朝的。中国和日本两国的文献、文物均记录和证实，中国东晋、南朝的典籍、文物，有许多正是通过百济而传入日本的。如目前日本还保存有四世纪时百济赠给的“七支刀”，刀上的纪年用的却是中国东晋的年号“泰和四年”（一般认为即晋废帝太和四年，369 年）。在《日本书纪》中，还记载了日本神功皇后五十二年时百济赠送过“七支刀”一口和“七子镜”一面，说明了当时海东这两个古代国家间的文化交流情况。而其中的“七子镜”，却是源于中国古代的一种铜镜，它的名字曾出现于南北朝时期的诗句中。中国古代诗人常常喜欢用明镜来比拟明月，如由南方入北周的著名诗人庾信诗中就有“明镜如明月”句。但是用特定式样的铜镜比拟明月，则十分罕见，仅能在南北朝时的诗中寻到。能举出的有南朝时梁简文帝的一首《望月》:“流辉入画室，初照上梅梁。形同七子镜，影类九秋霜。”诗中以“七子镜”来比喻明月，表明这种镜子是当时很有名的一种铜镜。庾信《望月》诗中亦有相似的描写：“夜光流未曙，金波影尚赊。照人非七子，含风异九华。”句中的“七子”，也正是指“七子镜”。所谓七子镜，是东汉时已流行的多乳兽带镜的一种，它的特征是除在镜钮周围分布八个小乳外，在镜内区兽纹带上又有七个较大的乳。这七个乳的形象与其他镜乳不同，中央有凸出的小钮，周围雕连弧纹，做成七面小的连弧纹镜的样子。这七个拟镜形的乳，就是大镜的七子，故名“七子镜”。七子镜这种形制特殊的多乳兽带镜，在西安、广州等地的汉墓中常有出土，盛行于东汉晚期。从南北朝诗中用它比拟明月来看，说明直到那时人们仍然珍重这类铜镜。我们之所以说百济赠给古代日本的“七子镜”源于中国，还因为在 1971 年发掘的百济王陵——武宁王陵中，出土了一面保存完好的七子镜，同时伴出的还有大量中国南朝的青铜器、青瓷器以及金、银、玉器制品。说明它们多是从南朝输入的，是当时百济和南朝友好交往的宝贵物证材料。

四、武宁王陵

武宁王，就是中国史籍《梁书》所记的百济国王余隆，他在位 23 年（501—523 年），其时百济正值中兴时期，与中国梁朝通好。武宁王的陵墓于本世纪八十年代初发现于今韩国忠清南道公州郡公州邑宋山里。墓未被盗掘，保存完好，出土了近3000件各类文物。武宁王陵的发现是韩国文物考古工作的一次重大收获，它极大地丰富了百济历史文化的研究资料，也为进一步了解古代中国与朝鲜半岛及日本国家的文化交流提供了宝贵的实物证据。

武宁王陵所在地是一处丘陵地区，原分布有许多百济时代的古坟，经日本人调查发掘的已有10多座。1971年6月，韩国文物管理局新发现并清理了一座古墓，据出土墓志，知此为百济武宁王及王妃的合葬陵。[1]

经韩国及中国学者对武宁王陵资料所作的综合整理介绍[2]，我们知这座大型王陵基本上效仿着中国南朝大型砖室墓的式样，由封土、墓道、甬道和墓室组成。封土呈圆丘形，平面直径约20米，系用拌有石灰的混合土夯筑而成。墓道位于甬道以南，长约9.3米；甬道位于墓室之南，长2.9米，宽1.04米，高1.45米。券顶，以莲花纹砖砌筑。墓室平面呈长方形，南北长4.2米，东西宽2.72米，券顶。在墓室内东、西、北三面墙壁上设5个深约8厘米的桃形小壁龛，每小龛内放一盏青瓷灯碗，碗中尚存灯芯残迹。墓室后部设棺床，上置武宁王和王妃两具黑漆木棺，王棺在东，王妃棺在西。

武宁王陵的随葬品极为丰富，位置亦很清楚。包括金冠饰、银履、各种金银和玉佩饰、青铜器、青瓷器、铜镜、玻璃制品、木枕、五铢钱、石兽、墓志石等共约2600余件。其中除墓志石、青瓷六耳罐、铁五铢钱和石兽等出自甬道，青瓷盘口壶、青铜盏等出自棺床前地面外，其余全部置于棺床之上。随葬品中最精美且数量

[1] 韩国文物管理局编：《武宁王陵》，三和出版社1974年日本版。

[2] 贾梅仙：《朝鲜南部武宁王陵简介》，见《考古学参考资料》6，文物出版社1983年版。

最多者为金银饰品，如武宁王的一顶金冠饰高达 29.2 厘米，系用金板镂空透雕成花树形，顶端有一个八瓣大莲花，在枝、叶、花的各部位用细金丝系着 127 片圆形小金片。工艺十分华丽繁复。

出土的王和王妃志石均用汉字书写，武宁王志石正面阴刻铭文 6 行：

宁东大将军百济斯
麻王年六十二岁癸
卯年五月丙戌朔七
日壬辰崩到乙巳年八月
癸酉朔十二日甲申安厝
登冠大墓立志如左

王妃志石正面阴刻铭文 4 行：

丙午年十一月百济国王大妃寿
终居丧在酉地己酉年二月癸
未朔十二日甲午改墓还大墓立

有意思的是王妃志石背面，是原武宁王买地券铭文 6 行：

钱一万文右一件
乙巳年八月十二日宁东大将军
百济斯麻王以前件钱讼土王
土伯土父母上下众官二千石
买申地为墓故立券为明
不从律令

据两块志石的纪年和内容，知武宁王自称“宁东大将军”“百济斯麻王”，这与《梁书·诸夷传》记梁朝赠授其官职“宁东大将军”“百济王”的称谓完全相合。武宁王死于癸卯年（523 年），葬于乙巳年（525 年）；王妃死于丙午年（526 年），葬于己酉年（529 年）。即妃死后三年始与王合葬，而王妃之墓志石背面为武宁王入葬时的买地券铭，故此石原为王葬时地券石，后翻过来改为王妃合葬时的志石。

关于古朝鲜半岛上的三国时代（高句丽、新罗、百济）文化，一般认为高句丽和新罗墓葬发现多，遗存丰富，是研究的重点。而百济则因资料较少，论述不多。此次武宁王陵的发掘打开了百济文化研究的新局面，使我们开阔了对古代百济国家认识的视野。

武宁王陵给人们的启示是多方面的，首先，它强烈地体现了当时的百济国家与中国内地，特别是南朝之间，在政治、经济和文化艺术上的密切联系。而南朝的文物形态明显地影响着百济，并在百济王陵中得到全面的反映。如在墓葬形制上，武宁王陵与中国近年来发掘清理的东晋南朝王陵有许多相似之处，包括墓地依山丘而建，封土高大；由墓道，甬道、墓室组成，顶为券顶或穹隆顶；墓砖模印莲花及各种纹饰；墓室壁上开桃形小灯龛；设排水沟；等等。另外，墓内置石质镇墓兽并放汉字书写的墓志和买地券。所有这些，均接近或略同于中国东晋南朝王陵的做法，如江苏南京富贵山东晋恭帝冲平陵[1]、江苏南京栖霞山甘家巷梁安成康王墓[2]、南京

[1] 南京博物院：《南京富贵山东晋墓发掘报告》，《考古》1966 年第 4 期。

[2] 南京博物院、南京市文物保管委员会：《南京栖霞山甘家巷六朝墓群》，《考古》1976 年第 5 期。

西善桥油坊村陈宣帝显宁陵[1]等。

在随葬品方面，武宁王陵出土的青瓷器在胎质、釉色、造型和纹饰上与我国江苏南朝墓葬所出青瓷极为相似，或即是由南朝输入的产品。许多器物上突出表现了莲花、忍冬等具有鲜明佛教色彩的纹饰，间接反映了当时的百济国上层统治集团中已接受了佛教信仰。王陵中出有三面中国式铜镜，很是引学者们注意，因为以往朝鲜三国时代很少发现铜镜，其中一面方格规矩神兽镜是中原汉代十分流行的式样，镜上铭文“尚方作竟（镜）真大好，上有仙人不知老，渴饮玉泉饥食枣……”更是汉镜铭的传统用语。另有一面乳钉纹七子镜（亦称宜子孙兽带纹镜），也曾在日本发现，这种镜子被认为是先由中国传入百济，又从百济输入日本，再次体现了百济在中日两国文化交流史上所起的桥梁和中介作用。

[1] 罗宗真：《南京西善桥油坊村南朝大墓的发掘》，《考古》1963 年第 6 期。

参考文献

邓之诚：《中华二千年史》，中华书局 1983 年版。

夏鼐：《中国文明的起源》，文物出版社 1985 年版。

王仲荦：《魏晋南北朝史》（上、下册），上海人民出版社 1980 年版。

田余庆：《东晋门阀政治》，北京大学出版社 1991 年版。

罗宏曾：《魏晋南北朝文化史》，四川人民出版社 1988 年版。

王瑶：《中古文学史论》，北京大学出版社 1986 年版。

曹道衡、沈玉成：《南北朝文学史》，人民文学出版社 1991 年版。

游国恩等主编：《中国文学史》，人民文学出版社 1983 年版。

陈寅恪：《金明馆丛稿初编》，上海古籍出版社 1980 年版。

陈国符：《道藏源流考》，中华书局 1963 年版。

王明：《道家和道教思想研究》，中国社会科学出版社 1984 年版。

胡孚琛：《魏晋神仙道教》，人民出版社 1989 年版。
汤用彤：《汉魏两晋南北朝佛教史》，中华书局 1963 年版。
任继愈主编：《中国佛教史》，中国社会科学出版社 1988 年版。
国家文物局：《佛教石窟考古概要》，文物出版社 1993 年版。
孙机：《中国古舆服论丛》，文物出版社 1993 年版。
杨泓：《中国古兵器论丛》，文物出版社 1980 年版。
《中国古代冶金》，文物出版社 1978 年版。
《中国古代建筑史》，中国建筑工业出版社 1980 年版。
中国硅酸盐学会编：《中国陶瓷史》，文物出版社 1982 年版。
陈传席编：《六朝画家史料》，文物出版社 1990 年版。
姜伯勤：《敦煌吐鲁番文书与丝绸之路》，文物出版社 1994 年版。
杨泓：《文明的轨迹——从考古发现看中国文明的演进》，中华书局（香港）有限公司 1988 年版。
中国社会科学院考古研究所：《新中国的考古发现和研究》，文物出版社 1984 年版。
《中国大百科全书·中国历史》，中国大百科全书出版社 1992 年版。
《中国大百科全书·考古学》，中国大百科全书出版社 1986 年版。
《中国大百科全书·文物、博物馆》，中国大百科全书出版社 1993 年版。
《中国大百科全书·美术》，中国大百科全书出版社 1991 年版。
《中华文明史》，河北教育出版社 1992 年版。